LA CIVILIZACIÓN HISPÁNICA

CLÍO

CRÓNICAS DE LA HISTORIA

La civilización hispánica
© 2018. Borja Cardelús
© 2018. De esta edición, Editorial EDAF, S. L. U.
© Diseño de la cubierta: Ricardo Sánchez

EDITORIAL EDAF, S. L. U.
Jorge Juan, 68. 28009 Madrid, España
Tel. (34) 91 435 82 60
Fax (34) 91 431 52 81
http://www.edaf.net
edaf@edaf.net

ALGABA EDICIONES, S.A. de C.V.
Calle 21, Poniente 3323,
Colonia Belisario Domínguez
(entre la 33 Sur y la 35 Sur)
Puebla, 72180, México
Telf.: 52 22 22 11 13 87
jaime.breton@edaf.com.mx

EDAF DEL PLATA, S. A.
Chile, 2222
1227 Buenos Aires, Argentina
Tel/Fax (54) 11 43 08 52 22
edaf4@speedy.com.ar

EDAF CHILE, S. A.
Coyancura, 2270 Oficina, 914
Providencia, Santiago de Chile
Chile
Tel (56) 2/335 75 11 - (56) 2/334 84 17
Fax (56) 2/ 231 13 97
comercialedafchile@edafchile.cl

Primera edición: Abril 2018

ISBN: 978-84-414-3792-0
Depósito legal: M-8366-2018

IMPRESO EN ESPAÑA — PRINTED IN SPAIN

MARBÁN. Villanueva de la Cañada (Madrid)

BORJA CARDELÚS Y MUÑOZ-SECA

LA CIVILIZACIÓN HISPÁNICA

El encuentro de dos mundos

www.edaf.net

MADRID - MÉXICO - BUENOS AIRES - SANTIAGO
2018

ÍNDICE

INTRODUCCIÓN

Naturalezas paralelas

Q<small>UISO LA</small> H<small>ISTORIA QUE FUERA PRECISAMENTE</small> E<small>SPAÑA</small> la nación que descubriera América. El país más semejante al Nuevo Mundo en términos ecológicos, pues España es, dentro del contexto de Europa Occidental, el territorio más diverso, hasta el punto de que siempre se ha dicho que en realidad es un continente en pequeño, capaz de albergar sobre su superficie un número muy variado de ecosistemas. Europa, a partir de los Pirineos, es un *continuum* ecológico, donde el ambiente predominante es el bosque templado de hoja caediza, constantemente salpicado por construcciones que privan al paisaje de cualquier connotación que pueda evocar al mundo salvaje.

Todo cambia al trasponer la cordillera pirenaica y adentrarse en la Península Ibérica, porque ese paisaje europeo uniforme, llano, monótono, densamente urbanizado, se retuerce en ásperas sierras y quebradas, o se remansa en valles amenos; se abre en llanadas inmensas, o se cierra en bosques umbrosos; se cubre de agua en tierras inundables, o se reseca en sedientos desiertos. Con razón, España es el territorio de la Unión Europea con más espacios naturales protegidos y con mayor diversidad biológica, refugio postrero de especies que antaño poblaron el solar europeo y ahora se recluyen en los pagos peninsulares, como el lobo o el oso.

España es, desde luego, una anomalía ecológica dentro de Europa, un rico continente en miniatura, y cuando los españoles pusieron el pie en América, se encontraron con unos paisajes familiares, con unos ecosistemas que les recordaban a los ya conocidos, algo que solo estaba al alcance de ese territorio diverso y multiecológico que es la Península Ibérica con sus islas.

Porque América, en el plano naturalístico, exhibía todos los calificativos posibles, todos los adjetivos de admiración ante la naturaleza más desbordante del planeta, como luego veremos. Pero eso es algo que en su momento no impresionó demasiado a los descubridores españoles, hombres sumamente prácticos y prosaicos (Cabeza de Vaca, al describir por primera vez las fabulosas cataratas de Iguazú, señala que se acercaron atraídos por el inmenso rumor de agua y, al llegar, vieron que *había un salto*).

Lo que sí sorprendió a los pobladores españoles fue la similitud de las nuevas tierras con las suyas de origen, y de ahí que sembraran la nueva geografía americana con nombres como Nueva Vizcaya, Nueva Galicia, Córdoba... Continuamente iban cotejando los paisajes inéditos con las respectivas patrias chicas, hallándolas en muchos casos harto parecidas.

El desierto es un ecosistema exclusivo de España dentro de Europa, y en América encontraron los colonizadores otros desiertos como los de Sonora, Atacama o la Patagonia. A la izquierda, el desierto de Almería. Abajo, el desierto patagónico.

Y en verdad no se equivocaban en las apreciaciones. Porque América y España presentan sorprendentes paralelismos ecológicos, comenzando por el de la gran riqueza y variedad naturalística de ambos. Pero sobre ello, los

El ecosistema del bosque húmedo más parecido a la selva amazónica (derecha) en el territorio europeo hay que buscarlo una vez más en España, un país de pluviosidad escasa, pero que cuenta con una representación semitropical en los bosques de laurisilva de las islas Canarias (abajo).

españoles vieron que los bosques templados de la Península se correspondían con los del sur americano y con los de las faldas andinas; que el ecosistema mediterráneo, tan definitorio de la Península, encontraba su exacto reflejo en la zona mediterránea de Chile; que las estepas mesetarias ibéricas se reproducían en las planicies de los Llanos venezolanos, de la Pampa o de la Patagonia; que los humedales, como los manchegos o las Marismas del Guadalquivir, se identificaban, en dimensión magnificada, con los humedales americanos del Pantanal, los Llanos o los Bañados del Este; y que incluso ecosistemas tan exclusivos, tan imposibles de hallar en Europa como el bosque tropical, en España tenían su correlato en los bosques de laurisilva de Canarias, muy fielmente parecidos al *bosque nublado* de las laderas andinas.

El archipiélago canario aportaba nuevas analogías con América: su carácter volcánico, compartido con la cordillera andina, y su clima cuasi tropical, el que toparon los descubridores al llegar al Caribe; tampoco es posible descubrir

Gredos (izquierda) y los Andes (abajo). España es la nación más montañosa de Europa y halló en América la cordillera de los Andes, el sistema de montaña más extenso del planeta.

en Europa otros desiertos que los españoles de los Monegros, Almería o las Bardenas, que tendrían su réplica mayúscula en los americanos de Sonora, Chihuahua, Atacama; y, en fin, observaron aquellos descubridores que España y América compartían asimismo un dilatado perímetro costero, otro motivo más de semejanza ecológica.

Los paralelismos no terminan en esa duplicidad de los ecosistemas, con las consabidas diferencias en tamaño a uno y otro lado del Atlántico, sino que se extienden a otros aspectos, como la fauna salvaje. El lobo, controlador máximo de la naturaleza española y pesadilla de pastores y ganaderos, tiene su correspondiente en el puma, morador de todos los confines americanos, igualmente odiado allí por los ganaderos. El rebeco de las alturas montañosas peninsulares tiene su reflejo en la vicuña; el buitre, en el cóndor y en el zopilote; la avutarda de las llanuras ibéricas, en el chajá pampero o en el caiquén patagónico, todas ellas aves grandes y perezosas de vuelo.

En definitiva, España y América se vieron unidas por algo más que por una soberanía común a raíz del Descubrimiento. Albergaban ambas unos territorios y ambiente semejantes, y tal circunstancia no habría de limitarse a dejar sobre el mapa de América unos topónimos que evocaran esos paralelismos. Porque unos cuantos escenarios físicos determinan unas ciertas actividades humanas o, con otras palabras, la cultura humana es heredera forzosa de uno u otro paisaje.

Y esto fue lo que ocurrió con la colonización española en América, que se orientó en tal o cual sentido según fuera el territorio de sustrato. Así, sobre las *tierras calientes* de Antillas se desarrolló el cultivo de plantación canario de azúcar o plátano, con su correspondiente ambiente humano. En los valles más frescos de las vertientes andinas o la meseta mexicana se extendió el cultivo mesetario ibérico del cereal; y en las tierras áridas del Norte se reprodujo un sistema de regadíos basado en el aprovechamiento extremo del agua, como en las más secas comarcas peninsulares. Sobre marcos físicos paralelos, semejantes aprovechamientos y culturas humanas.

Pero donde esto se muestra más intensamente es en las tierras extensas y desarboladas de España y América: en las llanadas de las Marismas del Guadalquivir, en las planicies andaluzas, en el oeste de Estados Unidos, en la Pampa y en los Llanos, en las estepas de México, Chile o Perú. Tierras grandes, abiertas, que en la Península fueron destinadas a la ganadería extensiva, con el caballo como instrumento de manejo de las reses, y que en América reprodujeron fielmente el modelo, marcando a América con su más fuerte impronta, la que deriva de la civilización ecuestre, de la cultura ligada al caballo. Una cultura que dejó indeleble huella en los hombres y en las tierras más carismáticas del norte y del sur del continente americano.

PRIMERA PARTE

LA CULTURA MATERIAL

I

LA AGRICULTURA

El viaje de poblamiento de Cristóbal Colón

EL ÉXITO EXTRAORDINARIO DEL PRIMER VIAJE DE COLÓN oscureció cualquier acción posterior del almirante. Pero tanta importancia como esa primera expedición, la del Descubrimiento, revistió la segunda, porque puso los cimientos de la colonización. En efecto, el otrora nutrido grupo de diecisiete barcos que enfiló la ruta recién hollada lo componía no simplemente una pléyade de aventureros, ávidos por conocer de primera mano las fábulas relatadas por los iniciales viajeros, sino una completa selección de los oficios vigentes entonces. Eran herreros, carpinteros, labradores, curtidores y artesanos de múltiples industrias. Además, las bodegas de las naos iban cargadas con infinidad de semillas de todas clases, plantones, caballos, cerdos, asnos, ovejas, gallinas, incluso de arados y aperos agrícolas.

En definitiva, todo este bastimento indicaba bien a las claras las verdaderas intenciones de los promotores de aquel viaje, los Reyes Católicos, quienes no pretendían instalar meras factorías costeras al modo portugués, para comerciar y extraer recursos, sino implantar en aquellas nuevas y lejanas tierras todo el bagaje inmenso de la cultura española, la integrada no solo por los hábitos, costumbres y lengua de un pueblo, sino por el conjunto de conocimientos sobre el entorno físico, las fuerzas espirituales, el manejo del medio, el modo de obtención de los alimentos, los vestidos o los objetos cotidianos.

Todo ese patrimonio viajaba en la segunda expedición colombina, llamada a sentar las bases de la civilización española en el Nuevo Mundo, y probando de modo muy inequívoco que la Corona española pretendía poblar *de asiento*, y no *de paso*. Numerosos documentos posteriores avalan y ratifican esta postura, como las peticiones de conquistadores que, una vez pacificada la tierra, solicitaban del rey el envío de gentes y materiales para la labor colonizadora. Así, Hernán Cortés, cuyas cualidades como gobernante y administrador, aunque poco conocidas, no van a la zaga de sus méritos militares —hasta que los celos y las envidias de los burócratas y los recelos de las autoridades hacia su excesivo poder le apartaron del gobierno de la Nueva España—, solicitaba el envío urgente de semillas, caña de azúcar, moreras, sarmientos de vid y ganados, sentando las bases del desarrollo agrícola y ganadero de México.

En las diecisiete naves del segundo viaje de Colón viajaban semillas, plantas, aperos, cabezas de ganado y todos los ingredientes de la colonización, lo que probaba que España pretendía asentarse en el Nuevo Mundo de forma estable y duradera; de asiento, *y no de paso.*

Mencionemos también la expedición de Juan de Oñate a la frontera norte de Nueva España, a los territorios del hoy estadounidense Nuevo México, que más que una entrada de conquista era un auténtico movimiento colonizador, por la cantidad de los ganados y pertrechos que le acompañaban para poblar la tierra. Todo ello muy del gusto de las intenciones del monarca Felipe II, menos conquistador que su padre, el emperador Carlos, y mucho más pacificador y colonizador.

El trasvase cultural de ida y vuelta

Pero el trasvase de elementos culturales al Nuevo Mundo no habría de operarse en un solo sentido. Si existe un campo donde más visible haya sido el fruto generado por el cruce entre ambos mundos, ese es la agricultura. Si importante fue la introducción de las plantas europeas en América, mucha más relevancia revistió la dirección en sentido inverso, porque implicó consecuencias decisivas, no solo para España, sino para Europa, para el destino ulterior del mundo occidental y para las lejanas regiones asiáticas. En efecto, el ingreso en el Viejo Mundo de nuevos cultivos permitiría remediar las cíclicas hambrunas de la población, sometida de modo maltusiano a los avatares de unas cosechas en exceso dependientes de los rigores de la helada, la sequía o el nublado. Con la introducción de la patata y el maíz pudieron resolverse las sempiternas carestías, algo imprescindible para la inminente revolución demográfica europea. Y un gran número de trabajadores era justamente lo que precisaba el próximo despegue económico, cuyas bases financieras fueron puestas en buena medida por otro producto procedente de América, los metales preciosos.

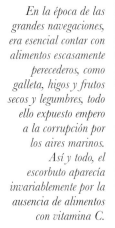

En la época de las grandes navegaciones, era esencial contar con alimentos escasamente perecederos, como galleta, higos y frutos secos y legumbres, todo ello expuesto empero a la corrupción por los aires marinos. Así y todo, el escorbuto aparecía invariablemente por la ausencia de alimentos con vitamina C.

Como sostiene Warman[1], a cinco siglos del contacto, las plantas son las que probablemente han generado más riqueza sostenida y creciente en el continente americano, calculando que solo en el año 1980 el valor de las cosechas americanas, unos doscientos mil millones de dólares, fue más alto que el de los metales preciosos exportados durante toda la época virreinal. De los siete cultivos más importantes del planeta, que son el trigo, el arroz, el maíz, la patata, la cebada, la batata y la yuca, se obtiene la mitad de los nutrientes de la humanidad, y cuatro de ellos son de origen americano. Más de una tercera parte de la alimentación mundial procede de plantas oriundas de América.

Mapa con los cultivos más importantes de América. El intercambio alimentario entre el Viejo y el Nuevo Mundo dio a conocer en Europa productos exóticos como el chocolate, la piña o el tomate, y otros trascendentales para la explosión demográfica europea, como la patata y el maíz. No solo mejoraron la dieta europea, sino que transformaron muchas costumbres, como el chocolate y el tabaco.

PRODUCTOS AGRÍCOLAS DE ORIGEN AMERICANO

Maíz

Cacao

Tomate

Aguacate

Pimiento

Frijoles

Cacahuete

Piña

Patata

Tabaco

Yuca

Técnicas agrícolas en América

La agricultura prehispánica en el momento del contacto era, en general, muy primitiva, si bien existían notables adelantos, como los que muestra el Imperio inca. Un gran porcentaje de la alimentación se basaba en la recolección espontánea de frutos y plantas, y se cultivaban con técnicas primitivas las variedades de alimentos conceptuados como básicos, los llamados por los españoles *mantenimientos*, que en América eran el maíz, la patata, la yuca o cazabe y la batata. Solamente en puntos concretos, como los valles andinos y la meseta mexicana, la agricultura se practicaba de manera intensiva. Conocemos la existencia de chinampas o huertas ganadas a las aguas del lago de Texcoco, que envolvía a la gran ciudad de Tenochtitlan, y también la agricultura de bancales y regadíos practicada por las sociedades andinas. Los habitantes de los bosques tropicales recurrían al método de quemar parcelas y cultivarlas, para abandonarlas cuando decaía su rendimiento (técnica escasamente impactante entonces, pero que, practicada en la actualidad en forma masiva, está causando la destrucción del bosque amazónico).

La agricultura americana precolombina conocía el abono y el regadío, pero no la tracción animal. La roturación de los campos se practicaba con azadas primitivas, como la coa de los valles mexicanos, y la chaquitaclla, el arado de uso corriente en el altiplano andino. Los pobladores de los Andes se quedaron asombrados la primera vez que vieron un buey arrastrando un arado.

También las técnicas agrícolas eran rudimentarias, ya que no existía la tracción animal ni la rueda, y para el trabajo existía la sola fuerza humana. Las herramientas eran muy elementales, como el palo cavador o la azada de madera llamada coa, que había de afilarse a menudo al embotarse la madera, y que se empleaba en las zonas de regadío. En los Andes se usaba la chaquitaclla, especie de azada que exigía una técnica precisa por parte del usuario, ya que había de saltar sobre la herramienta y aplicar su peso con el pie para hender la tierra. Se sabe, además, que en las llanuras de la cuenca del Plata se utilizaba como arado la escápula del guanaco, el camélido salvaje habitante de las estepas del Sur.

En cuanto al abonado del terreno, se conocía su empleo, pero la carencia de animales domésticos en México hacía muy limitado su uso. En cambio, en el espacio andino, estrechamente ligado a la agricultura, el abono se hallaba más generalizado. Se obtenía preferentemente de los camélidos como la llama y la alpaca, y también se recurría al guano de las aves y al pescado de la costa pacífica como elemento reponedor de los nutrientes del suelo.

La agricultura española

Por la misma época, la agricultura española se hallaba, en cambio, muy avanzada, fruto del paso por la Península de civilizaciones marcadamente agrarias, como la romana y la árabe. La ciencia agrícola había contado ya con tratadistas insignes, de la talla de un Columela, nacido en Cádiz en el siglo I d.C y autor de la obra *Re rustica*, que resumía los conocimientos hispanorromanos sobre agricultura, y de un Alonso de Herrera, que en 1513 dio a la luz su tratado *Agricultura general*, un completo modelo sobre la producción de plantas y animales, escrito en un bello y conceptista castellano.

El uso de animales para arrastrar el arado significó toda una revolución técnica en la agricultura europea, ya que desde la época del Imperio romano se introdujo el arado tirado por mulas o bueyes, que multiplicó la eficiencia agrícola.

Gracias a ese estado aventajado de la agricultura, la aportación española a América fue tan importante en lo relativo a las técnicas agrícolas como en la pura exportación de nuevas plantas de cultivo. El arado de hierro, el arrastre por animales o los nuevos sistemas de regadío inyectaron una cultura agrícola que se generalizó en América, con ese reduccionismo cultural que ha explicado

Foster[2] y que ciñe las variedades de la cultura material trasplantada a América a ciertas formas, con preferencia a otras usadas en diferentes partes de España. Así, aunque se utilizaban otros modelos de arado, como el radial castellano, el que se implantó en Indias fue el arado dental andaluz, también llamado *romano*. Con él llegaba la tracción animal, que permitía multiplicar el resultado del esfuerzo humano en una proporción de 20 a 1. Es famosa la descripción del Inca Garcilaso, cuando él y otros nativos del Cuzco vieron evolucionar a un buey con su arado, maravillándose del aprovechamiento que lograba la fuerza animal y atribuyendo el hecho a mera vagancia de los españoles, que para no trabajar ellos obligaban a las bestias.

Otro ejemplo de innovación técnica unida a reduccionismo cultural es precisamente el de la unción del arado al buey, pues de los sistemas vigentes en la Península únicamente prosperó en Indias el del yugo uncido directamente a los cuernos, con exclusión de cualquier otro, que aún puede verse en multitud de campos americanos.

El regadío era conocido en América antes de la llegada de los españoles; así, a las terrazas andinas llegaba el agua mediante complejos sistemas. España llevó nuevos métodos traídos a la Península por los árabes, como el sistema de acequias, introducido en especial en los valles de Nuevo México, donde el agua era escasa, e imprescindible aprovechar a fondo los pocos ríos disponibles. El propio Tribunal de las Aguas de Valencia fue reproducido en las Community Acequia *novomexicanas, aún vigentes.*

Los andaluces trasladaron a América el uso habitual del abono, así como la noria, aunque no gozó de una exagerada extensión en América, un territorio donde en general no escasea el agua. En cambio, en las zonas áridas, como en áreas de Chile y sobre todo al norte de Nueva España, las técnicas de irrigación aprendidas de los árabes gozaron del mayor predicamento y aún permanecen vivas en muchos valles secos de Nuevo México o Colorado. En estas regiones no solo se importó el complejo entramado de acequias, basado en un canal madre y en otras caceras secundarias, sino que el propio sistema de administración del riego, la *Community Acequia*, es una institución que recuerda mucho al Tribunal de las Aguas de Valencia y, como este, sirve para determinar el reparto de las aguas de riego o resolver los litigios entre los regantes.

La huerta introdujo en América notables novedades, no solo por el número y variedad de las plantas hortícolas exportadas, sino por el empleo de métodos inéditos, como el podado e injerto en los árboles, que causaba admiración entre los indígenas. También se trasladó el sistema de trillado del cereal mediante el trillo, una gran rastra de madera con pedazos de pedernal incrustados en la base, cuyo origen es el *tribulum* romano, o bien pisoteando directamente el trigo las vacas o los caballos.

Cultivos españoles en América

La caña de azúcar

La aclimatación de los cultivos europeos en Indias no fue empresa fácil. Para empezar, semillas y plantas se enfrentaban a un viaje de muchas semanas, sometidas a una humedad continua y a unos aires salobres que inutilizaban la mayoría de los productos. Y las unidades supervivientes se encontraban, al llegar, con el clima antillano, húmedo y tropical, muy diferente al castellano o andaluz de origen.

Carro transportando caña de azúcar en una plantación centroamericana. Las llamadas «tierras calientes» de América se mostraron sumamente propicias para el cultivo de productos que precisan altas temperaturas, como el azúcar, el plátano, el café, el cacao, el algodón o el henequén. Y si en un principio España los cultivó de manera moderada, y combinándolos con otros cultivos, fueron los colonos ingleses y holandeses los que descubrieron el sistema del monocultivo, vastas extensiones dedicadas en exclusiva a uno solo de estos productos. Las consecuencias humanas y ecológicas de ello se revelarían dramáticas.

El monocultivo, fuera de azúcar, frutas o algodón, se extendió en las áreas inglesas del Nuevo Mundo. Se trata de un sistema sumamente depredador de la tierra y de los hombres, ya que precisa una ingente cantidad de mano de obra. Inglaterra y Holanda, que habían introducido el monocultivo de azúcar en Jamaica, las Antillas y las colonias de la costa atlántica, importaron masivamente esclavos africanos con ese fin.

Sin embargo, en la aclimatación de cultivos jugó un papel sobresaliente la plataforma de las islas Canarias, situadas en el Atlántico como un eslabón en la ruta hacia América, poseedoras de un clima atemperado en su rigor invernal por la caricia templada de los vientos alisios. Canarias disfrutaba de un ambiente subtropical, lo que había hecho prosperar cultivos impensables en la Península, como la caña de azúcar o el plátano, y por ello el archipiélago sirvió como jardín experimental de cultivos, tanto de los exportados a ultramar, como de los americanos que venían a España y medraban en la zona antillana, como ocurrió con el tabaco.

De todos ellos, el que alcanzó más rápida implantación fue la caña de azúcar, producto traído de las cruzadas y que se había aclimatado adecuadamente en Canarias. Las tierras calientes del Caribe fueron el mejor soporte posible para este cultivo, que inició un modelo de plantación extensiva con abundante mano de obra en la zona antillana, llamado a hacer fortuna en los próximos siglos. La caña se asoció enseguida a propietarios poderosos, pues los llamados ingenios de azúcar requerían fuertes inversiones iniciales, del orden de cincuenta mil ducados para un buen ingenio, que venían a producir unos seis mil de ganancias al año. Hacían falta unos cien hombres, un hato de dos o tres mil vacas, carretas, obra de fábrica, caballos, peones, tierras extensas... De ahí que solo los grandes encomenderos como Cortés pudieran asumir tales desembolsos (aún se conservan restos del primer ingenio o trapiche de Cortés en su encomienda de Cuernavaca).

Cuenta García Mercadal[3] que, en un principio, los colonos españoles se limitaban a extraer mieles de la caña. Y que fue el bachiller Gonzalo de Veloso quien contrató peritos azucareros para La Española y construyó un trapiche con caballos, siendo el primero en fabricar azúcar. Los frailes anónimos, protegidos del Cardenal Cisneros, contribuyeron asimismo a su difusión. El primer pan de azúcar obtenido por ellos fue enviado al propio cardenal, quien lo recibió con visible emoción, y con su proverbial eficacia proveyó al incremento de la producción. Y muchos canarios, expertos en la ciencia de la obtención del azúcar, se incorporaron a las incipientes haciendas azucareras. Cinco años después de aquella primitiva muestra, fondeaba en las dársenas de Sevilla todo un cargamento de 2000 arrobas de panes de azúcar. (Por cierto, que este envío no estuvo exento de aventura. El barco fue apresado por el pirata Juan Florín, quien en otra rapiña se apoderó también de la nao fletada por Cortés y que era portadora del fabuloso tesoro de Moctezuma. El azúcar tuvo mejor suerte que el oro, y fue devuelta a manos españolas).

Ingenio de azúcar en Centroamérica. Detrás del azúcar, u «oro blanco», como detrás del resto de los monocultivos, se esconde la esclavitud africana, probablemente la mayor tragedia humana de todos los tiempos. El comercio triangular fue perverso, y extrajo de África en total a cuarenta millones de esclavos, desestabilizando el continente africano.

El procedimiento de obtención del azúcar comenzaba con la zafra o corta a mano de la caña, tras la cual pasaba esta a los ingenios, donde se exprimía el jugo, hirviéndose luego y cristalizando el azúcar en unos moldes de arcilla que se exportaban. La producción de azúcar llegó a ser ingente, afirmándose que, a falta de oro en las Antillas, el azúcar fue el sustitutivo. Los indios, que hasta la presencia hispana no habían consumido otros azúcares que los que contiene la caña de maíz, los de los panales silvestres (no conocían la domesticación de las abejas) y los de los frutos autóctonos, se aficionaron sobremanera a ella. Y la abundante producción azucarera generó a la larga una desmedida afición al dulce en todas las Américas.

Sin embargo, la dulzura del azúcar escondía una siniestra faz, y de aflorarla se encargaron países como Holanda en Barbados e Inglaterra en Jamaica, islas dejadas por España a su suerte por considerarlas «inútiles». Porque el cultivo y la producción de azúcar exigen gran cantidad de mano de obra, que las Antillas no estaban en condiciones de suministrar. Y aquí se encuentra el origen de la esclavitud africana y de las llamadas «economías de plantación», que consisten en destinar tierras a un solo producto en régimen de monopolio ecológico. El azúcar abrió la puerta, pero pronto siguieron otros como el plátano, el café, el algodón, el henequén, el cacao…, con consecuencias dramáticas sobre la población negra, sometida al tráfico negrero y la esclavitud, y sobre los suelos, ya que los monocultivos esquilman la tierra y sus nutrientes. En el azúcar debe buscarse la causa de una de las mayores tragedias que ha conocido la humanidad.

El plátano

Otro cultivo que floreció sobradamente en el área antillana fue el plátano, llevado también de Canarias, aunque en Indias se producía ya una variedad más tosca y silvestre, de la que, con las hojas de su planta se cubrían las techumbres de las chozas indígenas. Al parecer, la variedad enviada a América fue la camburi, oriunda de Guinea (significativamente, en los Llanos venezolanos hoy al plátano se le denomina cambur). Quien primeramente lo introdujo en La Española fue el obispo de Panamá, fray Tomás de Berlanga.

No resultó fácil la aclimatación de los cultivos españoles a las circunstancias ecológicas del Nuevo Mundo, en general tierras más calientes y húmedas. Fue preciso, mediante pruebas sucesivas, que cada producto se acomodara a su específico nicho ecológico, y si el plátano o el azúcar prosperaron en los ambientes tropicales, el trigo o el aceite solo crecieron en los valles templados.

En el año 1519 se desató en dicha isla una inusitada plaga de hormigas que duró dos años, ocasionó grandes destrozos y a punto estuvo de provocar un éxodo poblacional. Se atribuyó la causa a las plataneras, lo mismo que aconteció en 1543 en Lima, cuando otra asoladora invasión de hormigas provocó el pánico entre los vecinos. Las plantas del banano fueron de nuevo las inculpadas, pero esta vez el Cabildo actuó con decisión y decretó, nunca se sabrá si justa o injustamente, el arranque de todas las matas que crecieran en el interior del casco limeño.

CULTIVO DEL TRIGO Y EL MAÍZ EN HISPANOAMÉRICA

Trigo

Maíz

Las autoridades españolas mucho se preocuparon por introducir pronto en América los llamados «mantenimientos», cultivos como el trigo, la avena o las legumbres, para que proveyeran abundantemente de alimentos a la creciente población americana, fruto del encuentro de españoles y nativos.

Península del Labrador

Virreinato de Nueva España

San Francisco
Santa Fe
Los Ángeles
San Diego
El Paso
Chihuahua
San Antonio
Pensacola
San Agustín
L. Superior
Golfo de México
Zacatecas
Guanajuato
Querétaro
México
Mérida
Acapulco
Veracruz
Guatemala
La Habana
Islas Antillas
Santo Domingo
Caribe
Capitanía General de Guatemala
San José
Panamá
Caracas
Islas Galápagos
Virreinato de Nueva Granada
Bogotá
Quito
Guayaquil
Virreinato de Perú
Trujillo
BRASIL
Lima
Ayacucho
Cuzco
La Paz
Salvador
Bahía
Porto Seguro
Río de Janeiro
Sao Paulo
Asunción
La Serena
Valparaíso
Córdoba
Mendoza
Santiago
Buenos Aires
Montevideo
Capitanía General de Chile
Valdivia
OCÉANO PACÍFICO
Patagonia
Islas Malvinas
OCÉANO ATLÁNTICO
Tierra de Fuego

El plátano tardó cierto tiempo en extenderse en la zona, más que otros cultivos como la caña, pero más adelante, con la entrada del capital estadounidense en Centroamérica, se expandiría de tal forma que la totalidad del área habría de adquirir una cierta personalidad, económica, sociológica y aun política y literaria, derivada de las plantaciones plataneras, con su masivo y mínimamente pagado peonaje.

Los cereales

Los cereales fueron objeto de muy especial interés por parte de las autoridades españolas, en especial el trigo, pues no se olvide que el pan era en España uno de los *mantenimientos*, o alimentos esenciales de la población, probablemente al lado de otro gran nutriente básico, los garbanzos. Por ello hubo especial empeño en trasladar este cimiento alimentario a América, para que allí cumpliera un papel semejante. Hay constancia de cómo el propio rey Católico ordenaba que fuera el trigo en pipas y «a muy buen recaudo». Pero el mes largo de navegación hacía estragos en las semillas, que se «mareaban», esto es, se humedecían y pudrían.

Entre los cultivos exportados por España a América se encontraba el trigo. Inicialmente se pudrían los granos en los barcos de Indias debido a la humedad, hasta que algunos llegaron secos, porque venían mezclados con el absorbente arroz. Cultivado inicialmente en las Antillas, la planta crecía con gran rapidez, pero no granaba. Mediante el sistema de prueba y error acabó germinando en las áreas templadas de los valles de México.

Por si fuera poco, las que lograban llegar intactas a las Antillas, una vez sembradas crecían prometedoramente, pero no granaban. Y si por un caso llegaban a hacerlo, el clima se encargaba de arruinar la fiesta, pues nunca faltaban copiosas lluvias que perjudicaban la cosecha. Se decidió entonces enviar la variedad de trigo de ciclo corto, la tremesina, para evitar que el cereal estuviera tanto tiempo expuesto a las incertidumbres del clima, pero tampoco hubo resultados. Y para completar el desaliento, los escasos granos que llegaban a recogerse encontraban dificultades de almacenamiento bajo el clima antillano saturado de humedad. Solo cuando se accedió a los templados y más secos pagos de la meseta central de México, a los valles de las laderas andinas o a las aireadas llanuras del Plata, se logró que el trigo respondiera a las expectativas puestas en él.

En esos parajes, el arraigo del trigo no está exento de una orla de leyenda, como la creencia de que fue un criado negro de Cortés quien sembró en México los tres primeros granos de trigo, según cuenta Gómara. Y otro de los dos grandes conquistadores, Pizarro, tuvo que ver en la implantación del trigo en el Perú, pues dícese que su cuñada Inés Muñoz encontró unos pocos granos de trigo en un saco de arroz, los sembró en una maceta y de esas semillas arrancan todos los trigales peruanos. La historia es técnicamente creíble, pues, como hemos visto, el problema del trigo era que el destino habitual de las semillas era corromperse por la humedad de la travesía y del trópico, y el arroz, por su efecto desecante, bien pudo servir de escudo y salvaguarda de la entera calidad de los granos. No obstante, el historiador Pereyra mantiene que, por encima de relatos más o menos imaginativos, la realidad es que cuando los españoles, veteranos en las cosas de la agricultura, constataron la existencia de zonas más ventiladas y propicias, debieron demandar semillas de trigo en grandes cantidades.

La progresión del trigo, enconadamente buscada por la autoridad española, encontró un serio obstáculo en el gusto del indígena, que repudiaba claramente esa harina y seguía prefiriendo sus viejas tortillas de maíz. Se recurrió entonces a fórmulas como imponer como condición para el repartimiento de indios que los encomenderos se comprometieran a la siembra de trigo. Y, más aún, se llegó a exigir que el tributo indio se abonara en trigo, con el fin de fomentar su cultivo y consumo en las propias parcelas de los nativos.

Otros cereales como la cebada, el centeno, la avena y el mijo, penetraron más tarde y sin tanto apoyo oficial. En cambio, el arroz prosperó pronto y bien en el espacio antillano. Era un producto originario del Oriente, traído a la Península por los árabes, y fue Fernando el Católico quien dispuso su envío a la isla Española, de donde saltó a tierra firme. Aguantaba las travesías mucho mejor que otros productos, pues es connatural al arroz su absorción de la humedad, elemento que corrompía a otras semillas. En España se había aclimatado en las áreas peninsulares más húmedas y calientes, como los aguazales levantinos, del mismo modo que, siglos más tarde, ya en nuestros tiempos, medraría en las marismas béticas. En las islas del archipiélago caribeño encontró de nuevo el terreno más propicio a sus exigencias biológicas.

La vid y el olivo

No ocurrió lo mismo con los otros dos clásicos cultivos mediterráneos, la vid y el olivo, de origen griego, extendidos por los romanos y que, con el pan, componen el terceto de los grandes cultivos peninsulares. El olivar, el viñedo y el trigal marcan la más prístina y marcada personalidad del territorio ibérico, y se hallan estrechamente ligados a su historia, sin olvidar los altos designios litúrgicos de los tres.

Las viñas, típicamente mediterráneas, hallaron su asiento precisamente en las áreas mediterráneas de América, como en California, donde fueron introducidas por las órdenes religiosas. La fama y prosperidad del vino californiano de hoy tiene, pues, su origen en las llamadas entonces «uvas misioneras».

De ahí el especial énfasis de la Corona por trasladarlos a los nuevos reinos españoles de América, donde se querían reproducir todos los aspectos de la cultura metropolitana. Plantones de olivo y sarmientos de vid viajaron a bordo de las naos, en toneles cortados por la mitad y muy bien mantenidos durante la travesía. Como era de esperar, su arraigo en las Antillas fue rápido y espectacular. Crecieron velozmente. Pero como los duchos en agricultura preveían, la anhelada fructificación no llegaba, por más que se intentara una y otra vez. Ni siquiera prosperaba en la meseta mexicana, donde las lluvias de julio y agosto impedían que granara el fruto. Hubo que esperar y seguir probando, hasta que se descubrieron tierra adentro los climas y ambientes propicios: los valles costeros del Perú y las áreas de clima exactamente mediterráneo de Chile y California. Allí dieron fruto, al fin, los olivos y vieron la luz las primeras uvas, que, como toda primicia de un cultivo español, alcanzaron precios fabulosos.

Por entonces, obsequiar en Perú con dos aceitunas era todo un agasajo, y ofrecer media docena, un privilegio reservado en exclusiva a los pudientes encomenderos. Se sabe que la primera parra que llegó a Chile se subastó en 3000 pesos, toda una fortuna, teniendo en cuenta que un poco más tarde ese era el sueldo anual de un juez de la Real Audiencia. Los sarmientos vendíanse cada uno en cien pesos, suma que hubiera podido juntar un peón trabajando tres meses.

El olivo también se aclimató en América, si bien no tan intensamente como en el mediterráneo peninsular, ni con tanta calidad en el aceite producido, algo que ocurrió con otros productos, como el jamón, tratado de madurar en las faldas del volcán Popocatepétl, con resultados de calidad diferentes a los de España.

Como en todo lo concerniente a los albores de los cultivos españoles en ultramar, una aureola de leyenda envuelve también al olivo. Como narra García Mercadal[4], consta en el *Libro de Tesorería* de la Casa de la Contratación de Sevilla que los primeros plantones de olivo destinados al Perú fueron comprados a Juan de Baena, alcalde de la sevillana población de Olivares. Uno de estos recaló en Lima, en el huerto de Antonio Rivera, acomodado vecino que lo cuidó con tanto esmero como para ponerle incluso guardia armada.

Pero era tal la voluntad que despertaba aquel pequeño vástago, añoranza de la España remota, que pese a todas las precauciones una noche fue robado. Y quiso la fortuna que este mismo olivo apareciese muy lejos, en Chile, donde prendió y se multiplicó hasta convertirse en la génesis de los olivos peruanos. La historia se retuerce aún más, pues asegúrase que el mismo olivo fue repuesto a su huerto primitivo, el del apenado Antonio Rivera, donde pervivió cientos de años más, siendo conocido como el «olivo castellano».

El intercambio de cultivos entre España y América revolucionó la alimentación mundial y transformó los hábitos alimentarios a ambos lados del Atlántico, e incluso en el resto del planeta, ya que los cultivos europeos y americanos fueron llevados al Asia a través de la ruta regular del Galeón de Manila español. Hoy, en cualquier mercado de España y América es fácil ver productos originarios de ambos continentes.

Como puede imaginarse, ante la demanda y el precio de los primeros años, nadie pensaba por entonces en fabricar vino o aceite, y los frutos se consumían en crudo. Pero lo magnánimo del clima aumentó la oferta, y con ello cambiaron muchas cosas. En 1596, aquellas aceitunas que valían tan gruesos dineros vendíanse a razón de dos pesos la fanega, el sueldo diario de un peón. Idéntica evolución había acaecido con las uvas, pues por las mismas fechas ya se vendía una parra en tres o cuatro pesos. Por lo que se decidió pasar a la fase de producción de aceite y vino. Dos siglos después, solo en la comarca peruana de Arica se produjeron 400 000 arrobas de aceite. Y las tierras peruanas sacaban cosechas de vino continuamente, pues a diferencia de España, la vid no perdía la hoja en todo el año, y bastaba con podar según un cierto orden para que saliera fruto de modo regular.

La consecuencia obvia fue que América empezó a autoabastecerse de aceite y vino, y las importaciones españolas decayeron bruscamente. Los aceiteros y vinateros peninsulares se movilizaron de inmediato, y actuaron de grupo de presión sobre las autoridades, urgiendo a que se pusieran restricciones a ambas producciones. Lo lograron, pues se dictaron normas para frenar la siembra de nuevas plantas en América y restringir la producción, pero nada de ello se cumplió. El vino y el aceite americanos continuaron creciendo.

Otros cultivos: legumbres, hortalizas, café

Las legumbres y hortalizas españolas también fueron exportadas al Nuevo Mundo. Entre las primeras cabe citar las lentejas, las habas, los guisantes y los garbanzos. También los llamados *frijoles de Castilla*, que debieron ser la judía careta, una de las variedades de judía blanca. Las hortalizas apenas eran conocidas por los indígenas, y la colonización española sembró lechugas, escarolas, cardos, acelgas, berzas, coliflor, cebollas, cebollinos, puerros, espárragos, alcachofas, apio, borrajas, espinacas, guisantes, berenjenas y tubérculos como rábanos, nabos, remolachas y zanahorias.

Entre los muchos productos llevados a América por España, los indios apreciaron especialmente algunos. Se resistieron, por ejemplo, al trigo y prefirieron seguir comiendo su tradicional maíz. Y en cambio, apreciaron de modo especial el ajo, porque al decir suyo «les calentaba el estómago».

Algunas variedades, como las cebollas y las zanahorias, alcanzaron tamaños descomunales, como expresa la cita del insigne naturalista-escritor José de Acosta, quien dijo en el siglo XVI ver «rábanos más gruesos que el brazo de un hombre». También aprovecharon las cebollas y los ajos, estos muy del gusto de los indios, quienes en general no apetecían en exceso estos nuevos recursos vegetales, salvo excepciones, como la del ajo, que comían en crudo y con fruición porque decían que les calentaba el estómago. Los ajos fueron en un principio primorosamente sembrados y cuidados, pero se propagaron tanto que acabaron asilvestrándose y creciendo en el borde de caminos y cunetas.

También se llevaron cultivos complementarios y sazonadores, como anís, perejil, comino, laurel y jengibre. Y romero, hierbabuena, albahaca, mejorana, tomillo… Contábase que un limeño trajo en 1604 azafrán, a la vuelta de un viaje a España. Lo sembró en su huerta y le fue robado, cerca ya de la cosecha, sumiendo al dueño en profunda depresión. Entre las plantas textiles y forrajeras, citemos el lino, cáñamo, mimbre, alfalfa y trébol, así como el algodón cultivado en Europa, más fino que el silvestre que crecía en América, pero que ya sabían usar los indios, al igual que el maguey o pita nativa.

Y otro producto que llevaron incuestionablemente los españoles (pero cuya introducción en América se disputan holandeses y franceses) fue el café, que prosperó en ultramar harto mejor que en la metrópoli e incluso que en Abisinia, su lugar de origen. El café se difundió en América de modo extraordinario, hasta el punto de erigirse en uno de los signos de identidad del continente, y vastos cafetales ocupan hoy regiones geográficas enteras de Centroamérica, Brasil o Colombia.

El café, originario de Abisinia, se aclimató perfectamente en las zonas calientes de América, como el Caribe, extendiéndose más tarde a otras regiones cálidas, como Colombia. Hoy, el café es uno de los productos más representativos de Iberoamérica.

Como se ha mencionado, las primicias de cualquiera de estos cultivos eran objeto de máxima celebración por los españoles, que añoraban los alimentos de su patria chica y pagaban por ellos cualquier precio. Como observó el prestigioso y afamado barón Alexander von Humboldt, «cada vez que maduraba una fruta de Europa, venía a ser una fiesta». Cítase como ejemplo el caso del padre del Inca Garcilaso, el veterano guerrero don Andrés de Vega, quien reunió a sus antiguos compañeros de armas para compartir con ellos y saborear con unción la primera cosecha de espárragos que se recogió en el llano del Cuzco, compuesta por tres unidades.

Las frutas españolas

En América crecía una amplia nómina de frutos, pero España incorporó los suyos al continente. Se llevaron calabazas, pepinos, sandías, melones, limones, toronjas, limas, manzanas, peras, membrillos, melocotoneros, albérchigos, paraguayos, cerezas, guindas, granadas, higos, fresas y fresones, frambuesas, así como nogales, almendros, avellanos y piñoneros, según consta con la minuciosidad de rigor en el libro de la tesorería de la Casa de la Contratación, que da cuenta puntual de todos y cada uno de los embarques. En un principio se enviaron en forma de semillas, pero la práctica aconsejó remitir plantones sobre barricas cortadas por la mitad, pese al evidente gasto de espacio —y de agua— en unas naves que de por sí viajaban atestadas de personas y mercancías.

España exportó una amplísima variedad de frutos, desconocidos en América, entre ellos los cítricos, que se aclimataron perfectamente en las mismas latitudes de Valencia, como La Florida; los frutos carnosos, como el melocotón o el albaricoque; los higos o incluso el plátano, llevado de Canarias y del que solo se conocía una variedad rústica en el Nuevo Mundo.

Algunos de estos frutos se encontraban en la contraorilla Atlántica en estado montaraz, como los naranjos y los limoneros de las Antillas, pero fueron mejorados por las elaboradas y finas variedades peninsulares. Hubo diferencias en cuanto al grado de aclimatación, pues así como los higos, al decir de Mercadal, se daban todo el año, otros como el membrillo no sacaban sino un ruin fruto, pequeño, áspero y nudoso. En Lima hay cita de una granada de mayor tamaño que una botija de aceite, y los albaricoques de la huerta del limeño

Gonzalo Guillén le rendían una barra de plata cada año. La comarca central de Nueva España se caracterizó por producir copiosa y excelente fruta, y los indios recibieron con entusiasmo los frutos peninsulares, de igual modo que la carne, acaso por sus deficiencias en azúcares y proteínas, respectivamente.

Bernal Díaz del Castillo, compañero de armas de Cortés y autor de una afamada obra sobre la conquista de México, se vanagloriaba de haber sido el introductor de la naranja en América, a partir de un puñado de pepitas que sembró en su jardín de Cuba. Marchó luego a las guerras aztecas, y a su vuelta, años después, se encontró con unos hermosos naranjos que los nativos habían cuidado y librado de los insectos.

Ni que decir tiene que las primeras frutas de un árbol eran recibidas con la mayor algazara por los españoles, que llegaban a colocar las piezas en las manos de las estatuas de la Virgen y los santos, o bien en las andas del Santísimo, en la procesión del Corpus Christi. Lo propio ocurría con las flores, pues se exportaron rosas, lirios, claveles y otras muchas especies. Menciona Tudela[5] que cuando llegaron las primeras semillas de rosa a Lima, se celebró una misa con ellas depositadas sobre el altar. Y cuando la planta dio flores, el arzobispo Jerónimo de Loaysa colocó en las manos de la Virgen la primera rosa abierta en el Perú.

De esta forma, en los galeones españoles viajó el más completo muestrario de la agricultura y los cultivos ibéricos y europeos. De un modo u otro, y siempre contando con dos excelentes laboratorios de experimentación, el archipiélago canario y la plataforma antillana, arribaron los cultivos conocidos entonces en España y Europa. Repitiendo una y otra vez el método de la prueba y el error, con contumacia encomiable se logró difundir las plantas hispanas, enriqueciendo de modo extraordinario el catálogo botánico original de las Indias. Como ha señalado Weckmann[6], en 1652, de las 247 variedades explotadas en América, 199 eran de origen europeo, mayoritariamente procedentes de España. Con razón decía Cortés en una de sus *Cartas de Relación* enviadas al emperador, que:

> todas las plantas de España se dan muy bien en esta tierra, y así suplico a V.M. mande a la Casa de Contratación de Sevilla, que no se haga a la vela ningún barco para este país sin que traiga plantas y semillas.

No es de extrañar, por tanto, que Humboldt, que viajó con el bagaje de la ya difundida Leyenda Negra, pero también con la objetividad que caracteriza a los mejores científicos, al recorrer los reinos españoles de América se preguntara cómo ese juicio acuñado en Europa solo recogía los deméritos, sin apreciar los méritos. En palabras del propio barón:

Bahía
de Hudson

Estrecho de Hudson

Mar
de
Labrador

PENINSULA
DEL LABRADOR

Terranova

AMÉRICA
DEL NORTE

Superior

Núñez
Gaona

OREGÓN

Hurón

Michigan

Ontario

Erie

San Francisco

COLORADO
Santa Fe

Los Ángeles
San Diego

TEXAS
El Paso

Chihuahua   Galveston

Pensacola

Nueva
Orleans

FLORIDA

Golfo de
México

La Habana

Guadalajara   México

Veracruz

OCÉANO

Acapulco

GUATEMALA

PACÍFICO

PANAMÁ

Caracas

Bogotá

Islas
Galápagos

Ecuador

Quito

Guayaquil

Trujillo

BRASIL

Lima

Cuzco

La Paz

AMÉRICA
DEL SUR

Sao Paulo

*El trasiego de frutos entre
España y América fue
sumamente enriquecedor en
ambos sentidos, ya que
mejoró de modo
extraordinario la dieta de
ambos continentes.*

Valparaíso   Mendoza

Santiago

Buenos
Aires

Río de
la Plata

Valdivia

Bahía Blanca

Viedma

PATAGONIA

Puerto Deseado

Islas Malvinas

Tierra
de Fuego

Cabo de Hornos

¿Cómo no se ha conservado en todo el Universo el nombre de los que, en vez de asolar la tierra, han sido los primeros en llevar la riqueza de las plantas útiles al hombre?

Además de difundir los cultivos europeos, España realizó una labor de expansión por todo el orbe americano de las propias plantas del Nuevo Mundo, ya que no todas ellas gozaban de una expansión generalizada. Así, del Perú llevó la patata a México, donde era desconocida; el cacao fue trasladado de Nueva Granada a Venezuela, y el algodón desde el Perú a la cuenca del Plata.

Cultivos americanos en España. Una revolución alimentaria para Europa

Si importante fue para América el aporte de cultivos europeos, de mucho más hondo alcance fue el camino de vuelta, la introducción de plantas americanas en el Viejo Continente. Porque como señala Eloy Terrón[7], estas nuevas plantas vinieron a resolver las cíclicas hambrunas europeas, debido a que los tradicionales cultivos, salvo el mijo y el trigo tremesino, eran de ciclo largo, sometidos, pues, a los azares y rigores del clima durante muchos meses del año.

Pero a través de España llegaron a Europa dos cultivos de ciclo corto, que vinieron a mitigar los efectos del nada infrecuente fracaso de los cereales de invierno. Estos dos productos, verdaderamente fundamentales, fueron la patata y el maíz. Y merecen las más encomiásticas alabanzas, porque cumplieron ese papel protector de las clases populares europeas, las principales beneficiarias de los nuevos alimentos. A partir de entonces no solo lograron sortear el peligro siempre latente de la inanición, sino que mejoraron su dieta, al pasar de las gachas de mijo a las de maíz y a la patata cocida. Y el maíz conoció también una dispersión excepcional en el ámbito europeo, como forraje animal desde la segunda mitad del verano.

La patata

La patata conoció su mayor difusión en Irlanda y en los países balcánicos. Los agricultores de las faldas andinas, de donde es originaria la patata, (*papa* en idioma original, nombre que ha conservado en América y también en Canarias), la trabajan con una azada llamada *chaquitaclla*, algo más elaborada que la coa o palo cavador mesomexicano. Tenían gran afición por un derivado de la patata, el chuño, simples patatas puestas a secar al aire, al sol y al frío de los Andes. Una vez que la patata soltaba la aguaza, obtenían por rallado una harina, con la que hacían una especie de pan. Fue la papa el alimento por antonomasia de las clases populares andinas, ya que la aristocracia incaica se reservaba para sí el maíz, que demandaba mucha agua y las mejores tierras del altiplano, destinándose a la rústica papa los peores suelos. Pero es que los granos de maíz se consideraban alimento sagrado, ya que su tono dorado los hacía merecedores de su apelativo como «lágrimas del Sol», las que destilaba el astro rey, el dios universal del Imperio inca.

La patata y el maíz americanos llegaron a Europa a través de España. Eran cultivos de ciclo corto que lograron mitigar el hambre de las clases populares del Viejo Mundo, las principales beneficiarias de ese tipo de alimentos. Ambos cultivos se difundieron de manera excepcionalmente rápida.

La patata evitó morir de inanición a amplios segmentos de la población europea. Existen en Alemania monumentos a Drake como introductor de la patata en Europa, mas, para cuando Drake la introdujo en Inglaterra y Alemania, ya llevaba años siendo cultivada en España.

Pero como tantas veces ha ocurrido con las cosas de España, nación de tantas iniciativas y creaciones, pero tan mal comerciante de sí misma y de sus realizaciones, la gloria y los honores de una aportación trascendente para la humanidad como fue la entrada en Europa de la patata no recayeron sobre España, sino sobre terceros países, quedando para España tan solo el sabor amargo, el martilleo acusador de la Leyenda Negra.

Y es que la humilde patata, aunque descrita y sembrada en España desde los albores del siglo XVI, no gozó de predicamento en la literatura ni en la mesa de las clases pudientes, las únicas que se arrogaban entonces el derecho a hacer la historia, en la que solo entraban las cosas y los hechos reconocidos por ellas. Y, desde luego, por aquel tiempo, la modesta patata no tenía lugar alguno. Como derivado de lo que había ocurrido en el Imperio inca, era un cultivo despreciado, por reservado en exclusiva a las clases pobres, que la sembraban en áreas marginales o en los ocultos rincones de las tierras señoriales de las que eran aparceros.

La patata llevaba, pues, al menos cien años como vergonzante alimento de las clases humildes españolas, su cultivo se recluía en el ostracismo de las más ruines parcelas de los latifundios, e incluso la comían ya los ejércitos españoles destinados en Italia. Y henos aquí que un día el cultivo penetra en Irlanda, adquiere su nombre definitivo, *potato*…, e Irlanda se apropia del merecimiento de ser el país introductor por antonomasia de la patata en el Viejo Mundo.

Y, más injusto aún, consumados piratas como Walter Raleigh y Francis Drake (ambos *sir*), quedan vinculados a la historia de la incorporación de la patata al acervo alimenticio de Europa, y a *sir* Drake se le erige un monumento en Alemania como salvador de las hambrunas campesinas, al haber concedido a Centroeuropa tan maravilloso regalo. Y todo ello mientras la comarca de la Limia, en Orense, llevaba ya decenios cosechando sus excelentes patatas, y no había labrador castellano o andaluz de cien años atrás que no las conociera.

El maíz

Otro producto remediador de ayunos fue el maíz. Se atribuye a Colón haber sido su introductor en España, aclimatándose en primera instancia en Andalucía. Pero es un cultivo que demanda agua, más de la que la media del espacio rural español puede suministrar, y por ello acabó por asentarse de preferencia en la más húmeda cordillera cantábrica, donde forma parte esencial de su paisaje.

El maíz fue otro de los grandes alimentos venidos del Nuevo Mundo. También era de ciclo corto, y por ello menos sujeto a las inclemencias del clima, por lo que pudo aliviar el hambre de los pueblos europeos. En España se consumió extensamente en las llamadas «gachas», y también fue alimento del ganado. En el Imperio inca, el maíz estaba estrictamente reservado a la aristocracia.

El maíz, al igual que la patata, fue sembrado en áreas marginales de los predios españoles, a cubierto de las miradas de los amos, a salvo de diezmos, como producto clandestino y casi deshonroso. El maíz (que ya se sembraba en España en 1530, como atestigua Fernández de Oviedo, que lo vio por esas fechas en un campo de Ávila), transformado en harina y consumido en gachas, panes o tortas, vino a sustituir al mijo, y llegó a convertirse en el producto básico de la dieta europea popular, tanto o más que la patata cocida. En España, las clases rurales menos favorecidas (y España fue un país rural hasta mediados del siglo XX) tuvieron en las gachas de maíz el pilar de su alimentación, hasta que a mediados del siglo XX, cuando España dejó de ser sociológicamente rural, la harina de maíz fue casi enteramente sustituida por la más fina de trigo. En cambio, pervivió como forraje animal, al ser una cosecha de mediados de verano y principios de otoño.

El tomate, la yuca, la batata, el pimiento

El tomate es otra de las grandes aportaciones americanas a la dieta europea de la Edad Moderna. Los expedicionarios de Cortés, al penetrar en el mágico recinto de Tenochtitlan, cuyo mercado bullía de gentes y mercancías, se quedaron atónitos ante el muestrario de tomates que allí había, según relata Bernardino de Sahagún:

> los marchantes vendían tomates grandes, pequeños, verdes, delgados, dulces, grandes tipo serpiente, tomates que se cultivaban en la arena, Y los que eran amarillos, muy amarillos, bastante amarillos, rojos, muy rojos, bastante rojos, rosados… el mal vendedor era el que vendía los tomates deshechos, mal tratados y los que causaban diarreas.

Y otro ilustre partícipe de la hueste, Bernal Díaz del Castillo, cuenta que «en Cholula, Los indígenas querían matarnos y comer nuestras carnes, y tenían las ollas listas con pimientos, tomate y sal».

Los hombres de Hernán Cortés se quedaron admirados ante la variedad de tomates de todos los colores que se ofrecían en los mercados de Tenochtitlan, y así lo relatan en sus crónicas. Aunque traído a Europa en las primeras remesas llegadas de América, el tomate tardó en formar parte de la dieta alimenticia cotidiana.

No agradó en principio en las buenas mesas castellanas el aspecto ciertamente exótico del tomate, y fue repudiado durante largo tiempo, pues considerábase ponzoñoso un fruto que exhibía tan intenso color rojo (en la Naturaleza, un color vivo, como el que presentan muchas setas, es una seria señal de advertencia a los posibles aprehensores, quienes lo identifican con veneno y se alejan).

Pero luego se convirtió en un alimento de primera importancia en la dieta y en la cocina europeas, contribuyendo a ello los añadidos complementarios, como el aceite y el vinagre, del mismo modo que muchos otros nutrimentos indianos mejoraron con los ingredientes europeos.

La yuca o mandioca es uno de los grandes alimentos mundiales. Su nombre acaso dice poco a los consumidores, pero su derivado, el pan cazabe, fue uno de los principales sustentos de los españoles en América durante los primeros tiempos: «la conquista de México se llevó a cabo alimentándose de pan cazabe y tocino». Desde luego no era del gusto de la tropa, pero tenía a su favor su larga conservación, hasta un año y más, y por ello se hizo indispensable en las navegaciones y en las expediciones de conquista, acompañando al maíz, al tocino y a los puercos vivos transportados por su propio pie.

La batata o camote, como vimos antes, era uno de los cuatro mantenimientos precolombinos. Prosperó mucho su cultivo en Lanzarote, a partir de la utilización de la arena o jable, agente que pasó de ser enemigo acérrimo de los agricultores, que no sabían cómo quitarse la arena de encima, a eficiente aliado. Se aprendió a dejar las tierras en barbecho, permitiendo que penetrara el jable y refrescara los suelos antes de ser cultivados, momento en que se levantaban bardos para impedir el paso de la arena, existiendo incluso tribunales voluntarios que aseguraban el reparto equitativo del jable. Fue un caso de adaptación máxima del hombre a las condiciones ambientales, del mismo modo que, años después, el picón, la ceniza volcánica, se convirtió en otro valioso colaborador de los cultivadores lanzaroteños, por sus cualidades higroscópicas, que le permiten captar la humedad del rocío, convirtiendo al picón en sustitutivo del agua de regadío, en unos parajes prácticamente ausentes de ella.

El pimiento se difundió con rapidez en España, por su doble uso como hortaliza y como especia. Sobre la pimienta presentaba la no escasa ventaja de su precio, pues mientras esta era uno de los costosos productos orientales exóticos, el pimiento estaba al alcance de cualquiera que poseyera un pequeño huerto. El pimiento fue otra de las variedades botánicas de América que conoció en España nuevas aplicaciones, pues una vez seco y molido se obtiene el pimentón, condimento indispensable desde entonces en la charcutería ibérica.

Una subespecie del pimiento fue el chile, usado a veces como tributo, pero sobre todo como condimento en las salsas desde los tiempos precolombinos, pues en casi todos los yacimientos se encuentran restos del mortero dedicado a machacarlo. El chile imprime a las comidas su fuerza picante característica, lo que no resulta apetitoso para los paladares europeos. Algunos autores opinan que la cualidad altamente picante permitía una mayor absorción de los demás alimentos primitivos, y cabe preguntarse si la razón estriba más bien en la antigua falta de proteínas cárnicas de la población amerindia, que suplían con alimentos como el chile y que explicaría también la gran afición que, como se ha comentado, manifestaron hacia el ajo consumido en crudo, porque «les calentaba el estómago».

Del Nuevo Mundo se importaron también las judías, aunque conservaron su nombre andaluz de *frijoles*. La variedad oscura ha sido uno de los sustentos más extendidos entre las clases populares americanas, por su alto contenido proteínico, superior al de otras legumbres metropolitanas como los garbanzos, las judías blancas y los guisantes.

Otra novedad alimentaria muy popular en España fue el pimiento. Seco y molido, transformó la chacinería ibérica, ya que hasta entonces los embutidos se salaban o ahumaban. El pimiento y su derivado, el pimentón, sirvieron a su conservación y a su mejor sabor. Los frailes jerónimos del monasterio de Yuste, en la comarca de la Vera, fueron los primeros en introducirlo, aunque no se generalizó en España hasta el siglo XIX, y aún hoy el pimentón de la Vera es el que goza de mayor nombradía.

El tabaco, el chocolate

Suele decirse que las Antillas proporcionaron los productos que deleitan la sobremesa de los países europeos: el café, el azúcar, el buen tabaco y el ron. Aunque el café y el azúcar (de la caña también se extrae el ron) no son oriundos de América, puede afirmarse que fue necesario su paso por las islas caribeñas para que su consumo se generalizara en Europa, de modo que bien podemos atribuir, por adopción, la cualidad de «americanos» de ambos. Los españoles que desembarcaron en Cuba se asombraron al ver «comer humo a los aborígenes», y Alvar Núñez Cabeza de Vaca, en su relato *Naufragios y Comentarios*, citaba a los indios «que se emborrachan con humo».

Pero esta planta solanácea acabaría por incorporarse a los hábitos cotidianos occidentales. Su producción se asemeja a la de la caña de azúcar en su carácter extensivo, pero se diferencia en que la caña exige más resistencia física, mientras que el tabaco requiere más preparación técnica. Expertos canarios que se mostraron muy duchos en la técnica tabaquera fueron llamados para dirigir las plantaciones antillanas, y en las propias Canarias encontró el tabaco un clima apropiado, pero su producción no se expandió hasta que la aparición de las sintéticas anilinas dio al traste con otro producto ultramarino natural realojado en Canarias, la cochinilla, empleado hasta entonces como colorante, y que formaba parte de la base económica del archipiélago. Desde entonces, el tabaco progresó notablemente en las islas, creándose las grandes industrias tabaqueras de Canarias.

Alvar Núñez Cabeza de Vaca, en su insólito viaje a pie por el sur de los Estados Unidos, contempló por primera vez muchas novedades de los nativos americanos. Entre ellas, las manadas de bisontes, que cubrían el horizonte de las praderas, y el uso del tabaco por los indios. El consumo del tabaco alcanzó un inusitado éxito en todo el mundo.

A la nómina de las citadas delicias de la sobremesa debiéramos añadir una más, esta sí genuinamente americana, el chocolate, producto obtenido del cacao, materia prima de todas las ricas variantes de chocolate. En la América prehispánica el cacao fue producto de valía, hasta el punto de que los aztecas usaban sus almendras como moneda de pago, como pudieron comprobar los compañeros de Cortés en el misceláneo mercado de Tenochtitlan.

El mágico aditivo europeo, que transformaría al amargo cacao en exitoso chocolate, fue el azúcar. Con él, el chocolate no solo ganaba el fervor entusiasta de la población europea a partir del siglo XVIII, sino que, como en el caso del tabaco, generaba un hábito, el de la merienda. El chocolate se instalaba en las mesas tradicionales de las buenas familias europeas, hasta el punto de que, corriendo el tiempo, tomar chocolate fue considerado *conservador*, y café, *liberal*.

Sobreviven aún en las más recónditas esquinas del mundo hispánico retazos de estas viejas costumbres: la Sociedad folklorista de Nuevo México es una organización impulsada por mujeres que, ataviadas a la usanza española, celebran cada año la *merienda*, a base de chocolate y bizcochos.

Otro consumo de gran predicamento en Europa fue el chocolate, originario de México, donde lo tomaban con su sabor natural. Pero en Europa se le añadió azúcar, y desde entonces se generalizó en las mesas elegantes de Europa. En España dio origen a la costumbre de la merienda. A diferencia del café, que fue popular, el chocolate se consideró una bebida reservada a las clases acomodadas.

El girasol, el maguey, las plantas industriales

El girasol y el cacahuete se cuentan hoy entre las treinta plantas de cultivo más extendido en el mundo. El girasol, originario del norte de México, no se implantó con fuerza en Europa hasta que se afincó en las estepas rusas hacia el siglo XVIII, desde donde irradió hacia el resto del continente. Ambas plantas conocieron su propagación definitiva a partir de su utilización aceitera.

El maguey o pita y el nopal o chumbera son plantas notorias en muchos sentidos. Del maguey se extraía el pulque, la bebida azteca por excelencia, cuyo consumo creció de forma exponencial a partir de la ocupación española, causando verdaderos quebraderos de cabeza a las autoridades. Variante del pulque es la tequila, más vigorosa incluso que el pulque.

En cuanto al nopal, su historial es más denso aún en acontecimientos. En el México precortesiano lo conocían como *tunas*, y sabemos de ellas por las crónicas de aventureros como Alvar Núñez Cabeza de Vaca, quien antes de culminar su odisea de recorrer el largo sur de los actuales Estados Unidos a pie, desnudo y sin armas de ninguna clase, había vivido como esclavo de las tribus norteamericanas del Este durante cuatro años. Eran pueblos tan misérrimos que se alimentaban de *tunas* y nomadeaban por el territorio buscando la maduración del fruto. Una vez daban con un filón de tunas lo secaban al sol, haciendo algo similar a higos, y emprendían viaje en busca de otras tuneras maduras.

Nuevos episodios aguardaban a estas tunas, nopales o chumberas, pues en ellas anida y cría un particular insecto, la cochinilla, que seco y molido se usaba en el antiguo Imperio mexica para teñir de color grana intenso los tejidos. La cochinilla, a bordo de las chumberas saltó el Atlántico y fue establecida en Canarias, para que siguiera rindiendo su servicio en la industria del colorante, lo que hizo cumplidamente hasta que aparecieron las anilinas, lo que determinó su abandono. Pero la planta huésped, la chumbera, siguió dando servicios, pues por su gran capacidad de arraigo, su sobriedad hídrica y sus altas condiciones para fijar el suelo, fue empleada para formar setos vivos en las zonas más secas de España. En los paisajes actuales de Andalucía, Extremadura y el Levante abundan las chumberas, delimitando fincas y sirviendo como guardarrayas, y su presencia, acompañada no pocas veces del maguey o pita, es un eco lejano de las tierras de la América árida.

Las chumberas fueron traídas desde las regiones áridas de América a la Península Ibérica, donde en áreas igualmente secas como Extremadura y Andalucía prosperaron como linderos y guardarrayas de las fincas.

Otros cultivos de uso industrial, en este caso textil, fueron el henequén, probablemente de origen maya, y el algodón, que se cultivaba en ambos mundos, aunque el de América resultó a la larga más fino y rentable.

En esta relación de plantas útiles no debemos olvidar el árbol del chicozapote, nombre en sí poco ilustrativo; otra cosa es si reparamos en la resina gomosa que se extrae de su tronco y que los indios mascaban y llamaban *chicle*.

La planta chicozapote produce una resina gomosa llamada chicle, que desde que fue traída por los españoles sigue gozando de gran popularidad en el mundo occidental.

Otro producto masticado era la coca, asociada a los más ancestrales hábitos de los habitantes andinos, consumida para reponer el enorme gasto fisiológico que supone vivir a cuatro mil metros de altitud. Los españoles se maravillaban cuando veían cómo los nativos, masticando una bola de coca parecían no cansarse nunca mientras caminaban por aquellos senderos altiplánicos, donde falta el oxígeno. La coca, de efectos euforizantes, entró en la composición original de la famosa Coca-Cola, luego fue eliminada y, como cocaína, tras ser sometida a diversos tratamientos químicos, se convirtió en uno de los grandes problemas sociales a partir del último tercio del siglo XX en los países desarrollados. La modesta coca de los nativos del altiplano ha pasado a erigirse en una poderosísima industria ilegal, que deja un trágico reguero de miles de víctimas cada año y que mueve miles de millones de dólares, tanto para consumirla como para combatirla.

Más inocuos resultaron los excelentes frutos tropicales americanos, como la piña, la chirimoya, el aguacate, la papaya, el guayabo o la zarzaparrilla. Cuando Fernando el Católico probó la piña, la tuvo como la más excelsa de las frutas. Carlos V, al serle presentada, ponderó su aroma, mas rehusó catarla.

La botánica de América reservaba insólitas sorpresas a los europeos, como ha expresado Warman[8]. La raíz de xalapa se utilizó mucho en Europa durante los siglos XVI y XVII por sus propiedades digestivas. La corteza de la quina permitió mitigar el impacto palúdico de los grandes humedales americanos, como los Llanos, el Pantanal, la vertiente húmeda de la Pampa o la Amazonía en época de inundaciones.

No se conocían remedios contra el paludismo, hasta que los jesuitas destinados en las regiones guaraníes, al observar un puma afectado de malaria comer hojas del arbusto de la quina, dedujeron que esta planta era un eficaz remedio contra la enfermedad, como así fue demostrado más tarde. Los nativos curaban sus enfermedades utilizando plantas silvestres, cuyas propiedades conocían. Las grandes áreas naturales de América, como los Andes o el bosque amazónico, son un inmenso reservorio de plantas eficaces contra múltiples enfermedades. La mayoría de las posibilidades de esta inmensa farmacia natural que es América permanece inédita para la ciencia.

Sin ese descubrimiento, del que ya sabían servirse los nativos, hubiera sido mucho más difícil colonizar estas áreas palustres. El anticonceptivo conocido como la *píldora* se extrajo del barbasco, que germina en las costas mexicanas.

Las posibilidades que ofrece la vegetación americana son inmensas, y baste el ejemplo del arbusto guayule o jojoba, que podría poner remedio a la previsible extinción de las ballenas, pues produce un aceite sustitutivo del aceite de esperma de los cetáceos, utilizado en la industria cosmética y causa principal de la caza ballenera. Actualmente se investigan las propiedades proteínicas de alimentos indígenas primitivos, como la quinoa y el huautli. Es imposible calibrar la importancia de los secretos que para la ciencia, la medicina o la economía encierra un ecosistema tan rico y denso como el bosque amazónico, donde se sabe que existen varios millones de especies animales o vegetales sin clasificar aún y, por tanto, sin conocerse sus propiedades. Con toda probabilidad, la deforestación acelerada de esta floresta deje inéditos muchos de estos descubrimientos, sumiendo en la oscuridad eterna el inmenso arsenal de oportunidades que encierran las selvas para el futuro de la humanidad.

II

LA GANADERÍA

El déficit ganadero ancestral de América

Sᵢ ᴌᴀ ᴀɢʀɪᴄᴜʟᴛᴜʀᴀ ᴀᴍᴇʀɪᴄᴀɴᴀ ᴄᴏɴᴛʀɪʙᴜʏó a transformar el panorama social y económico de Europa, la contrapartida fue la ganadería exportada por España, que hizo lo propio respecto a América, alterando de forma radical los hábitos alimentarios y cotidianos de la población amerindia.

La ganadería poseía viejas raíces en España, y lejanos testimonios dan cuenta de la presencia de animales domesticados en Iberia. Uno de los diez trabajos de Hércules fue robar los toros del rey tartésico Geryón, cuyo imperio se asentaba a orillas del Guadalquivir, muy probablemente en los confines de las actuales marismas, tal como están confirmando recientemente las últimas técnicas de prospección arqueológica. Que no solamente localizan Tartessos en Doñana, núcleo de las marismas, sino que identifican a Tartessos con el mítico reino de la Atlántida, tal como anunció genialmente a principios de siglo el arqueólogo alemán Adolf Schulten, que situó la capital de Tartessos-La Atlántida en el Cerro del Trigo de Doñana. También Ulises, en la odisea de su viaje, nadó desde su barco, atravesando la peligrosa barra del río, hasta las extensas planicies béticas, y pudo contemplar las reses que pastaban en ellas.

Como señala Eduardo Laguna[9], la ganadería española en la época del contacto hispanoamericano era el resultado final de un largo proceso en el que se fueron acumulando los aportes de múltiples sangres, desde que los pueblos iberos y turdetanos se asentaron en nuestro solar y, una tras otra, las restantes civilizaciones que lo ocuparon dejaron su impronta: fenicios, romanos, árabes, visigodos… Hasta que, al término de la Reconquista, las llanuras andaluzas y extremeñas se erigen en regiones de vocación claramente ganadera, ya que como ha apuntado Weckmann[10], una vez que muchos de los territorios iban siendo liberados de la ocupación árabe, sus rescatadores encontraban preferible dedicarlos a la ganadería extensiva, antes que a la producción de vid o de trigo. España adoptó, pues, una nítida idiosincrasia ganadera, con su cadena de derivados: la hacienda, el uso del cuero, la trashumancia, el empleo de un vocabulario específico, la configuración del tipo humano del vaquero… Todo ello conformaba no solo una estructura económica, sino un ámbito cultural propio y de fortísima personalidad, que sería trasplantado por completo a América, donde pronto habría de adquirir carta de naturaleza y desarrollar sus propios destinos.

Mientras la ganadería alcanzaba su cénit en España, en la América prehispánica apenas se conocía. Era muy escaso el ganado autóctono disponible para los indígenas, citándose tan solo los guajolotes o pavos, los cuis o cobayos, las llamas, las alpacas, unos perros mudos de las praderas del norte y otros perros lampiños de las áreas andinas, parvo bagaje para alimentar a una población que, en el más conservador de los cálculos, sumaba una decena de millones de personas.

Manejo actual del ganado en las Marismas del Guadalquivir. El modelo de uso del territorio en las Marismas del Guadalquivir se basó en el manejo del ganado a caballo. Este modelo se reveló idóneo para implantarlo en el suroeste de los Estados Unidos, así como en las grandes planicies herbáceas americanas como los Llanos, la Pampa, el Chaco o la Patagonia, vastas extensiones muy semejantes a aquellas. Los angloamericanos, que provenían del modelo del Este de granja y heno, lo abandonaron para acoplarse al modelo ecuestre y ganadero español.

Únicamente la llama gozaba de mayor entidad, pues era empleada por los habitantes andinos para el transporte por los difíciles senderos de montaña, citándose recuas de hasta dos mil cabezas, lo que fue aprovechado por los españoles en el transporte de metales desde Potosí. Pero la llama no cubría los requisitos a entera satisfacción, pues era animal lento, en exceso flemático, así como de voluble carácter, muy en la línea de los demás camélidos. No había en el continente otros animales de tiro, a excepción de los perros de las grandes praderas, que empleaban los indios para el acarreo de las tiendas y enseres, y también como fuente de alimento.

En la América prehispánica apenas había animales domesticados, reduciéndose la relación a la llama y la alpaca, de las zonas andinas, empleados como animales de carga; el pavo o guajolote; una raza de perros usados como animales de tiro por las tribus del Norte; el cuí, que se consumía como alimento, y el perro andino, un extraño cánido desprovisto de pelo.

Precisamente a esta carencia cárnica atribuyen algunos autores la razón última de la antropofagia amerindia, que tanto espanto causó a los conquistadores. En la zona antillana era costumbre el sacrificio humano y posterior salazón de la carne y, en el valle de México, los cuerpos de los sacrificados entraban de inmediato en el mercado de consumo. En cambio, las tribus de la América del Norte no precisaban recurrir a tales extremos, abastecidos como estaban por las grandes manadas de bisontes. Asimismo, se achaca a este suministro de carne su mayor altura respecto a los indios de las áreas situadas más abajo. No debe olvidarse, empero, que existe una relación causal directa entre la altura y el medio físico, y así como los habitantes de los bosques son de baja estatura, los de las sabanas son más altos, como mecanismo de defensa y de depredación en la llanura, y esto es aplicable tanto a los animales como a los hombres. En América hallaríamos razas altas en las praderas del norte y en las del sur (por ejemplo, los indios patagones, a los que se atribuye una talla gigantesca, cazadores de guanacos en las vastas y solitarias pampas del Cono Sur).

El impacto del ganado español en América fue decisivo en varios aspectos: alivió a los indios la carga personal; sirvió como animal de tiro en las faenas agrícolas y extendió el consumo de carne, leche o huevos a unas poblaciones acostumbradas a ingerir sobre todo productos vegetales, enriqueciendo así radicalmente su dieta alimenticia.

El impacto de la ganadería española en América

En este contexto general de deficiencia de proteínas cárnicas, se entiende, pues, lo que debió significar para América el abasto regular de ganado, desde el segundo viaje de Colón, que embarcó caballos, vacas, gallinas y puercos, parte desde Andalucía, parte desde Canarias, centro de primera importancia en el suministro ganadero a América. A este viaje habrían de seguirle muchos otros análogos, debiendo destacarse el del buque *San Carlos*, llamado «el *Mayflower* del Suroeste», comandado por Portolá y Serra, y que desembarcó en la costa pacífica de Norteamérica aperos y muchas cabezas de ganado. Mientras, por vía terrestre, a través de la ruta desde México a Santa Fe, que luego sería bautizada como Camino Real de Tierra Adentro, el colonizador Juan de Oñate introducía en América del Norte caballos, ovejas y cerdos.

Unos pocos decenios después de los primeros arribos, las Antillas conocían una explosión ganadera inusitada, y lo mismo aconteció cuando el ganado español alcanzó la tierra firme. Vacas, caballos y cerdos se multiplicaron prodigiosamente, en un territorio que parecía expresamente diseñado para ellos.

No necesitaron el largo período de adaptación de las plantas, con sus continuos fracasos, que se superaban solo con la tenacidad de intentarlo de nuevo. Los ganados no precisaban cuidados y se multiplicaban solos, en lo que con certeza puede calificarse de explosión demográfica. Al fin y al cabo, como vimos antes, no era otra cosa que la ocupación de un nicho ecológico vacío, que el ganado aprovechó para multiplicarse. Lo hizo de tan incontenible modo que muchos ejemplares se alzaron, haciéndose cimarrones. Al hacerlo modificaban sus hábitos e incluso su aspecto físico. Las torpes vacas cobraban inusitadamente agilidad en la huida (aún es posible descubrir algunas vacas silvestres en la Ciénaga de Zapata, en Cuba, últimas herederas de aquellas cimarronadas antillanas), los caballos se reunían en tropas y alargaban sus crines y los cerdos se escamoteaban en la cripta sombría de la selva.

Resulta sorprendente que las extensiones herbáceas de América carecieran originariamente de ungulados que las aprovecharan. Salvo las grandes praderas norteñas donde habitaba el bisonte, las demás llanuras carecían de herbívoros en número suficiente, de ahí que el ganado español encontrara un nicho ecológico libre de competidores, y pudo multiplicarse espectacularmente.

Pero todos ellos se acercaban al hombre y asediaban y arruinaban los cultivos indígenas, al punto de que el virrey de Nueva España, Antonio de Mendoza, hubo de indicar a su sucesor en el cargo que se abstuviera de introducir nuevos ganados mayores, por los graves quebrantos que causaban a los indios, y el propio Felipe II tomó medidas para corregir los excesos de unos cuadrúpedos asilvestrados que llegaron a ser conceptuados como una plaga. Era, en definitiva, el eterno conflicto entre ganaderos y agricultores, entre nómadas y sedentarios, de tan luenga tradición en la Península Ibérica, y que no se solucionaría en América hasta el siglo XIX, con la introducción generalizada de la cerca de alambre.

En el lado positivo, la ganadería supuso toda una revolución para el mundo americano. En primer lugar, en la alimentación, pues introdujo en América la carne, de la que los pueblos nativos andaban tan cortos. En este sentido, el saldo a favor de España fue muy superior, como en lo vegetal la balanza se inclina del lado de América. En segundo término, al insertar el ganado en el Nuevo Mundo, España llevaba la tracción animal, lo que a la postre supondría la liberación del indio, habituado a cargar pesados fardos en su propio cuerpo o a trazar surcos en la tierra con su sola fuerza. Así pues, como han señalado numerosos autores, bien puede afirmarse que España trocó ganado por metales preciosos, y sin duda la América de hoy no podría entenderse sin la presencia ganadera, que ha hecho de ella el principal productor del mundo en carnes y cueros. En tal sentido se cita con frecuencia la frase del jesuita Ricardo Cappa, quien sostiene que, si se arrancaran hoy las plantas y los animales llevados por los españoles, quedaría un paisaje triste y desolador. Ciertamente, la progresión exorbitante del ganado en América nos revela que el paisaje lo estaba pidiendo, y que de algún modo los indígenas hubieran acabado poblando los campos con ganado domesticado. Pero la irrupción de los españoles anticipó el proceso, quién sabe en cuántos siglos. El historiador Francisco López de Gómara[11], testigo directo de los acontecimientos en Nueva España durante los primeros años, resumió así el impacto causado por el ganado:

> Carecían de bestias de carga y de leche, cosas tan provechosas como necesarias a la vida; estimaron mucho el queso, maravillados de que la leche cuajase; de la lana no se maravillaron tanto, pareciéndoles algodón. Espantáronse de los caballos y toros, quieren mucho los puercos por la carne, bendicen las bestias porque los relevan de la carga, y ciertamente tienen dellas gran bien y descanso, porque antes ellos eran las bestias.

El caballo

«No teníamos, después de Dios, otra seguridad sino la de los caballos», diría Hernán Cortés en su carta al emperador, en una frase que resume mejor que cualquier otra cosa lo que el caballo significó para los españoles en el Nuevo Mundo. Fue, sencillamente, la principal arma de la conquista, a mucha distancia de cualquier otra. Por encima de las espadas, las ballestas, los arcabuces y las culebrinas, el caballo fue el instrumento que permitió la penetración. «Con un caballo se gana esta tierra», diría otro conquistador, viendo cómo la sola presencia del caballo desbarataba muchas veces las filas enemigas.

El caballo fue lo que más sorprendió al indio. Al principio lo consideraban unido al hombre, como un centauro indivisible. Luego tejieron toda suerte de leyendas en torno a él, como que se alimentaba del hierro del freno, o que solo le saciaba el oro. Hay muy famosas escenas con el caballo como protagonista, como aquella galopada de Hernando de Soto, quizás el mejor jinete que hayan conocido las Américas, ante el inca Atahualpa. A fin de impresionarle en el primer encuentro que tuvo el Inca con los españoles, forzó cabriolas y corbetas a su montura y, de improviso, picó espuelas contra el emperador, deteniéndose a escasos centímetros de su rostro, hasta el punto de que los espumarajos del caballo mancharon sus vestidos, ante su impávida mirada. Por cierto, que es muy probable que los caballos causaran indirectamente la caída del Inca y de su imperio, pues, habiendo podido fácilmente destrozar a la pequeña hueste de Pizarro en cualquiera de los pasos andinos, no quiso hacerlo por la curiosidad que sentía ante los équidos, a los que deseaba ver de cerca.

Los españoles se encargaron de alimentar el terror indígena hacia el caballo, haciéndoles creer que eran inmortales, para lo cual, ante heridas incurables, los enterraban de noche, fuera de la vista de los indios. Pero estos acabaron por conocer su mortalidad, y desde entonces todo su empeño era matar caballos, teniendo en mucho más la muerte de uno solo de ellos que la de diez españoles. Aprecio en el que venían a coincidir estos últimos, pues los caballos fueron escasísimos en las más afamadas batallas de la conquista. Con Cortés entraron en México 16 caballos, y 61 eran los que irrumpieron en la plaza de la Cajamarca bajo las órdenes de Pizarro, cuando se puso fin al Imperio inca. Ya con Juan de Oñate habían cambiado las cosas, pues logró juntar 150 yeguas, 150 potros y 25 sementales para su empresa colonizadora del oeste de Norteamérica.

Los Llanos de Venezuela son las tierras americanas más parecidas a las Marismas del Guadalquivir, ya que en ellos tienen lugar igualmente los ciclos anuales de inundación y sequía. De ahí que se reprodujera en los Llanos íntegramente el modelo ecuestre y ganadero de las marismas, y también el humano, ya que el llanero es muy semejante en todo al vaquero de las marismas andaluzas.

El caballo era, pues, el ser o no ser de un soldado de la conquista, y por ello los estimaban en todo su valor. Los protegían con escaupiles, si era necesario los calzaban con herraduras de plata, y su precio en las islas antillanas, base de operaciones para la penetración en Tierra Firme, alcanzó cotizaciones tan desmesuradas como catorce mil ducados. No muchos años después, de tal modo habían proliferado los caballos, que no valían más allá de cinco pesos, y aun menos, pues llegaron a verse mendigos a caballo pidiendo limosna.

Historia de un «cambiazo» providencial

El caballo había habitado en tiempos lejanos las tierras de América, pero llegó a extinguirse, sin que se sepan las causas, hasta que mucho tiempo después reapareció bajando de las naves del segundo viaje de Colón. Por cierto, no fueron precisamente briosos corceles los que desembarcaron entonces, pues es sabido que Colón dio su aprobación a los lucidos ejemplares hispano-árabes que le fueron presentados en el alarde hecho en Sevilla antes de la partida, pero, como cayera enfermo en el momento del embarque, no pudo reparar en que los truhanes mercachifles le dieron el cambiazo, colocando en lugar de los primeros una tropilla de lo que los historiadores han calificado como «matalones», esto es, vulgares pencos.

Sin embargo, no eran tales matalones. Investigaciones recientes han demostrado, incluso con el ADN, que aquellos caballos procedían de las Marismas del Guadalquivir, muy cercanas entonces al puerto de Sevilla, ya que se extendían sobre 200 000 hectáreas. Nada más fácil para los pícaros tratantes sevillanos que acercarse a las marismas y hacer la cosecha equina de las caballadas que en estado de libertad galopaban por las extensas marismas. Allí había dos razas, la del caballo propiamente marismeño, y la del caballo de Retuerta, una amplia zona que se extiende sobre la línea de contacto entre la marisma y la tierra firme. Marismeños y de Retuerta fueron, pues, los caballos que embarcaron en las naves colombinas, ambos con la particularidad de ser más bien pequeños y de rústico aspecto, poco que ver con los soberbios ejemplares del alarde inicial.

Pero estas razas contaban con una ventaja excepcional sobre los caballos del alarde: estaban hechos a un ambiente de extraordinaria exigencia como las marismas, tierras llanas, extensas, sometidas a un cíclico período de inundación y de sequía, de frío y de calor, todo en grado superlativo, lo que obliga a sus inquilinos animales, sean caballos, vacas o fauna salvaje, a una excepcional capacidad de sufrimiento.

Y así fue que donde los espléndidos pero frágiles caballos del alarde colombino hubieran sucumbido sin remedio, los rústicos caballos de las marismas se adaptaron perfectamente. Y una de las razones de tal adaptación fue no solo que eran sufridos, sino que encontraron en América unas llanadas muy semejantes a las suyas de origen. La Pampa argentina, los Llanos de Venezuela y Colombia, los páramos de la Patagonia, las estepas de México y del piedemonte andino, las grandes praderas del suroeste de Estados Unidos…, tierras abiertas, extensas, donde las caballadas marismeñas se encontraron como en terreno propio.

De ahí que los pequeños caballos de la marisma prosperaran de tal manera en América, y que el tronco inicial del segundo viaje se extendiera por las Américas de modo fulgurante, encontrando a su favor tierras herbáceas excepcionales, muy desaprovechadas por los animales oriundos. Y con los caballos, penetró en América todo lo que les rodeaba en sus marismas de origen: el manejo del ganado a caballo. Manejo que, como veremos enseguida, se exportó a la América rural entera, de donde hay que deducir la excepcional importancia de las Marismas del Guadalquivir, hoy englobadas en el Parque Nacional de Doñana, en la colonización del campo americano.

Un azar de la historia quiso que fueran caballos de las Marismas, y no de otras razas, las que viajaran a América en el segundo viaje colombino, un suceso que tuvo trascendentales consecuencias sobre toda la cabaña caballar de la América rural. El almirante eligió en el alarde previo varios ejemplares soberbios de caballos hispano-árabes, pero enfermó el día del embarque, y los tratantes los sustituyeron por caballos marismeños, que fueron los que se extendieron por la América hispana.

El caballo, transformador de la América rural

Los conquistadores tenían dos maneras de montar: a la brida y a la jineta. La primera usa estribo largo y compacto, silla pesada, y se emplea para las marchas largas, porque descansa más el cuerpo sobre la silla. La estatua de Pizarro, en la plaza mayor de su Trujillo natal, le muestra cabalgando a la brida, de pie, la gran espada en la mano. La jineta usaba estribo corto y silla ligera, permitiendo más soltura al caballista, y era el modo de entrar en la batalla. Como dijo el Inca Garcilaso, «mi tierra se ganó a la jineta». Y para un soldado de la conquista, lo más honroso era ser diestro en ambas sillas, como lo fue Hernando de Soto.

La irrupción del caballo en América supuso la transformación de su paisaje físico y humano. Físico, porque como hemos visto acaeció una explosión demográfica equina que no solo abarató el precio de modo drástico, sino que motivó la huida al monte de muchos ejemplares, que se hicieron cimarrones. La Pampa, los Llanos, las praderas de Norteamérica, rebosaban de caballos salvajes, y desde entonces tales paisajes se unieron para siempre a la figura del caballo. Los viajeros cuentan cómo los caballos montaraces se acercaban al galope a las carretadas que cruzaban el Llano o la Pampa, con tal frenesí por hacerse con las yeguas, que llegaban a chocarse con las carretas. En el Llano fueron llamados caballos *cerreros*, *mesteños* en México y *mustang* más al norte. Estas enormes cimarronadas han desaparecido de los campos sudamericanos de hoy, con excepción de los Llanos venezolanos, donde aún es posible gozar del privilegio de contemplar, siempre de lejos, las orgullosas manadas de caballos salvajes dirigidos por el padrillo. Los llaneros continúan cazando cimarrones con diversas técnicas, como el llamado «hatajo brujo», una partida de caballos entrenados para encelar a sus parientes cerreros y llevarlos con engaño al potrero.

En otros lugares, los primitivos troncos de caballos españoles fueron descuidados o mezclados con otras razas, en especial en América del Norte, donde fueron cruzados con castas inglesas, aunque en el *mustang*, que significa caballo mostrenco o asilvestrado y libre, detectamos los ancestrales rasgos anatómicos del caballo de Retuerta de las Marismas del Guadalquivir. En cambio, en áreas como Chile y Perú se hicieron denodados esfuerzos por conservar la sangre primitiva, lográndose al cabo una raza autóctona o criolla, que mantiene las cualidades españolas.

En Perú, por ejemplo, los criadores rechazaron la incorporación de cualquier sangre ajena a la que aportaban los caballos españoles (que llevaban en la suya genes biológicos de los primitivos caballos españoles, de los africanos y de los asiáticos, traídos a la Península por los árabes). Se creó así, a través de sucesivas selecciones, el tipo *caballo peruano de paso*, planteado para las largas marchas, suave, llevadero y de mucho avance en cada tranco, sobre el que se asienta cómodo el jinete, con la rienda no tensa sino suelta, y las piernas descansando en grandes y largos estribos. También es meritorio el esfuerzo de los criadores estadounidenses del *mustang*.

Las extensiones de las montañas andinas obligaban a sus habitantes a largas jornadas sobre el caballo. En el Perú, el caballo español fue enseñado a caminar de una forma distinta a la habitual, adelantando a un tiempo la pata delantera y trasera de cada lado, y no cruzándolas. De esta forma, los peruanos se lanzan a grandes y cómodas caminatas por los parajes andinos.

El impacto de la cultura ecuestre en las llanuras americanas: llaneros, gauchos y charros

La aparición del caballo provocó un impacto mucho mayor en lo humano que en lo físico, pues desde su entrada no pudo desligarse ya a las más extensas áreas de América del Norte y del Sur de el *hombre de a caballo*. Las ilimitadas llanuras americanas parecían puestas por la Naturaleza para la instalación de esa formidable unidad campeadora que forman el caballo y su jinete. Muchos historiadores han constatado las diferencias profundas de la colonización a pie o a caballo. El poblador angloamericano llegaba a pie, mirando al suelo inmediato donde arar y sembrar, ignorando cualquier otra lejanía, buscando en la tierra un lugar donde instalarse y vivir de ella con las propias manos. El colono español llegaba a caballo, desde cuya altura se divisan infinitos horizontes, despreciando la tierra que ni siquiera pisa y que no piensa trabajar, buscando la rápida fortuna que se esconde allende la línea donde se pone el sol, en lugares ignotos, nimbados por la leyenda de escondidos tesoros, de fábulas y quimeras que él está llamado a descubrir: las Siete Ciudades, Quivira, Eldorado, la fuente eterna de la juventud, la Ciudad de los Césares... Es la diferencia entre el labrador y el aventurero, entre el sedentario y el nómada, entre el peón y el caballero.

Y el *hombre de a caballo* arraigó en América. En México se transformó en el charro, cuyo atuendo y costumbres hay que buscarlos en el charro salmantino, de las zonas ganaderas de Alba, Vitigudino y contornos, donde aún se luce el peculiar atuendo charro en las jornadas festivas. De este charro castellano heredó el mexicano no solo la indumentaria, compuesta por sombrero de ala ancha, chaqueta corta, faja ancha y botas con espuelas, sino también el arte del manejo de las reses a caballo.

Otro de los grandes caballeros de América fue el llanero, en cuya sangre corren flujos español, indígena y algo de africano. Aún puede verse a los llaneros, peones de los grandes hatos venezolanos, recorriendo el Llano a caballo, el pie descalzo sobre los estribos, sin más propiedades que la montura, el chinchorro donde duermen y su gran sombrero. Señores de las inmensas planicies del Llano, pletóricas de agua en tiempo de lluvias, resecas y amarillentas en la otra parte del año. Un territorio de rara semejanza con las Marismas del Guadalquivir, de las que han aprendido otras cosas, como las costumbres, el arte de improvisar versos, las técnicas de caza y, desde luego, el uso del caballo como vehículo único desde el que se rodean hatajos de reses, se lacean novillos, se alancean puercos salvajes o simplemente se cantan joropos acompañados del arpa, el instrumento musical por antonomasia del Llano junto al *cuatro*, la guitarra de cuatro cuerdas.

La cultura ecuestre y ganadera de las Marismas del Guadalquivir se extendió desde Colorado hasta el extremo de América del Sur, ya que las planicies se prestan insuperablemente al manejo del caballo. En México la protagonizó el charro, cuyo atuendo y costumbres hay que buscarlos en el charro salmantino, de las zonas ganaderas de Alba, Vitigudino y contornos, donde aún se luce el peculiar atuendo charro en las jornadas festivas.

El Llano y el llanero poseen una fuerte, inigualable personalidad, la del paisaje y el hombre cantados tantas veces en coplas y narradas en novelas como *Doña Bárbara* o *Cantaclaro*. Llanos y llaneros fueron decisivos en las incomprensiblemente cruentas batallas civiles de la independencia, primero bajo el mando realista del indomable caudillo Boves, después, a las órdenes criollas de Páez, el más bravo de todos lo llaneros, baquiano eximio, conocedor del terreno como para sacarle todo el partido posible y no perder jamás una batalla, que sabía utilizar con insuperable maestría las cualidades de los pequeños y veloces caballos llaneros en golpes rápidos, que no podía devolver la más elegante, pero pesada, caballería realista.

El Cono Sur de América dio origen a otros dos tipos humanos bien definidos. Uno es el huaso, el jinete de los campos patagónicos linderos con los Andes, de grandes espuelas, representante del orgullo chileno. El otro es el gaucho, el jinete de la Pampa infinita, un criollo curtido en los campos pamperos, que en los tiempos heroicos de las planicies del Plata no conoce las limitaciones, «sin dios, ni ley, ni rey», dueño absoluto de las más extensas llanuras del planeta.

Otra zona de gran predicamento ecuestre y ganadero fue la Pampa, las grandes extensiones herbáceas argentinas donde se conformó el extraordinario tipo del gaucho, «sin dios, ni ley, ni rey». El gaucho vino a desaparecer cuando, tras la salida de España del continente americano, los pobladores ingleses cercaron las grandes fincas con alambre de espino.

El origen del gaucho se encuentra en el ganado cimarrón, aquellas reses que quedaron sueltas tras la primera y abortada fundación de Buenos Aires por Pedro de Mendoza, y que a la marcha de los españoles medraron exageradamente, de tal modo que si el hambre malogró el primitivo intento colonizador, la sobreabundancia de reses permitió el segundo y definitivo. Había tantas reses montaraces que se originó primero un oficio, el de cuerear, y luego toda una industria, la de las corambres, que eran exportadas a Europa en grandes partidas. Los personajes que hicieron posible la que fue una de las principales actividades comerciales de la América española fueron excelentes jinetes que recorrían la Pampa a caballo localizando las vacas cimarronas, a las que perseguían y derribaban utilizando la desjarretadera, una pértiga rematada en un hierro con forma de media luna, que cortaba los tendones tumbando a la res. Se apeaban del caballo, la degollaban y luego separaban lenguas, lomos y, sobre todo, cueros, abandonando el resto para alimento de zopilotes, caranchos, zorros y perros salvajes.

Estos jinetes, cuando llegó la independencia, se convirtieron en los gauchos. La figura del gaucho, con sus cantares, sus decires, su sabiduría popular, sus supersticiones, fue material inagotable para la literatura épica del Plata, retratadora de un estilo de vida que decayó cuando las reses vinieron a menos, se formaron las grandes estancias privadas y se acotó la Pampa con la cerca de alambre, traída por los nuevos pobladores ingleses, siempre tan celosos de su propiedad particular, poniendo fin al romanticismo de toda una manera de entender la vida, sin pasado ni futuro, con solo el glorioso, inmenso presente, llenando el horizonte ilimitado.

Las Marismas del Guadalquivir, cantera de Hollywood

Mientras en los confines del Sur se formaba la leyenda del gaucho, muchos kilómetros al norte, en el septentrión del Imperio hispano, se estaban forjando otros mitos ecuestres. En los territorios de la frontera, en Nuevo México o Colorado, herederos de los vaqueros andaluces cruzaban el territorio a lomos de caballos españoles. Descendían estos de los dieciséis caballos que ponían pie en Norteamérica, por primera vez, bajo el mando de Hernán Cortés. Procedían también de los que trajeron Narváez, Hernando de Soto, Vázquez de Coronado o Juan de Oñate.

El manejo del ganado a caballo requiere un conjunto de elementos anejos, como el propio caballo, las vacas u ovejas, la montura, las espuelas, el vestuario vaquero, el rodeo, el hierro… Todo lo que rodea al famoso cowboy *tiene su origen en el modelo ecuestre de las marismas béticas. Los angloamericanos adoptaron por completo el modelo español de uso extensivo del ganado, y el cine de Hollywood exportó al mundo este modelo, como genuinamente norteamericano.*

Estos caballos y estos jinetes cristalizaron más tarde en el vaquero del Oeste y en el *cow-boy* americano. Ambos copiaron o adaptaron toda la cultura ecuestre y ganadera de Andalucía, pero más precisamente de las Marismas del Guadalquivir, región que desempeñó una importancia de primer orden en la colonización rural de las Américas. De allí provenía el rodeo, que no era un espectáculo circense, sino un trabajo necesario para ajustar a las reses, *rodeándolas* a caballo regularmente, algo que se sigue haciendo en las marismas cada mes de julio; el marcaje a hierro, cada hacienda con su sello propio, al modo andaluz; la montura española, excelente para pasar sobre ella largas jornadas a caballo; la doma, el rico y extenso vocabulario del manejo ganadero, el uso del lazo, el de los zahones, atuendos de Andalucía para evitar la punzadura de la semilla de la jara; el sombrero, las espuelas, la reata, la trashumancia, la carreta y tantas otras costumbres del *Southwest*, tomadas por el público (incluso por el público español) como genuinamente estadounidenses a través del cine de Hollywood, el *western*, y que no obstante pertenecen al hacer cotidiano de los vaqueros de las marismas béticas.

El indio a caballo

Los indios del norte de América también conocieron el pánico ante el primer impacto de los caballos. Eran tribus dispersas, sedentarias o nómadas, y no existía allí ninguna estructura superior organizada, como en el Imperio mexica o en el inca, lo que hizo mucho más complicada la dominación, tanto para los españoles como para los angloamericanos. Se trasladaban a pie, y vivían sembrando cultivos o cazando bisontes mediante astutas estrategias. Desconocían las cabalgaduras, y se admiraron al ver a los españoles avanzar y combatir sobre las bestias. Repuestos de la impresión, ellos mismos decidieron hacerse jinetes.

Contra lo que se cree, los caballos indios no proceden de los animales que abandonaban los campamentos españoles y se perdían en las sombras, sino de los que los apaches o comanches robaban, acercándose de noche con el sigilo típico de estas razas. La gran cantera de las rapiñas fue el Camino Real de Tierra Adentro, la caravana llamada *Conducta*, que cada tres años partía de México, la capital de Nueva España, con dirección a Santa Fe de Nuevo México, un trayecto plagado de incertidumbres y que duraba seis meses. A bordo de carretas de lona, como las que tantas veces hemos visto en las películas del Oeste, viajaban familias y frailes con sus pertenencias, para colonizar el suroeste de los actuales Estados Unidos. A la *Conducta* le seguían ganados y rebaños: vacas, cerdos, mulas, ovejas, cabras…, y también caballos. Y los indios vigilaban de lejos la comitiva, se apostaban en sus atalayas y, aprovechando las paradas nocturnas, se deslizaban en la caravana y robaban partidas de caballos. Lo cierto es que los indios aprendieron a montar a caballo, sin silla y con destreza suprema, y se aficionaron a ellos de un modo extremo.

Los caballos transformaron la vida del indio. Culturalmente, los indios de las llanuras, como los apaches, pudieron seguir a los bisontes (los *búfalos*), en sus migraciones estacionales. Y en lo militar, de inofensivos caminantes pasaron a ser temibles guerreros, que con enorme audacia y habilidad golpeaban inopinadamente los asentamientos españoles. Alzados sobre el caballo, comanches o apaches se cernieron como la permanente pesadilla de los colonos españoles, que veían inútiles todos los intentos por incorporarlos a la propia cultura hispánica. Más prácticos, y mucho menos humanitarios, los anglos resolvieron quitarlos de en medio o recluirlos definitivamente.

Los indios de las llanuras norteamericanas se hicieron con caballos españoles, robándolos de los ranchos y de las partidas que acompañaban a la comitiva del llamado Camino Real de Tierra Adentro. *Algunos de estos caballos se escaparon y asilvestraron, convirtiéndose en caballos* mesteños *o* mustang, *que todavía pastan en libertad por los páramos americanos.*

Los propios colonos angloamericanos, cuando traspasaron el Misisipi y se toparon con los colonos españoles, a quienes tachaban de pertenecer a una cultura antigua y poco desarrollada, rechazaron su propio modelo de granja, heno y trabajo a pie, y adoptaron la cultura española de uso del territorio, el medio más sabio posible para moverse en las distancias inabarcables del Oeste, netamente superior a cualquier otro sistema. E incorporaron, sin añadir cosa, todo el complejo acervo del manejo ecuestre ganadero. Los caballos traídos por los españoles se habían incorporado definitivamente al paisaje físico y humano del Oeste, así como toda la cultura ligada a él. Como con toda justicia decía el director del Woolaroc Museum, en Oklahoma, «todo cuadro en que figure en los Estados Unidos un caballo, es un tributo a España».

El cerdo

Quien viaje hoy por la América rural, por aquella que se extiende fuera del radio de acción de las gigantescas urbes, por esa América plagada de pequeños ranchos, y observe cómo no hay choza o bohío donde no correteen unos cuantos puercos grisáceos, los *chanchos*, apenas podrá imaginar que todos los millones de cerdos que hoy pueblan el continente desde Canadá a la Tierra del Fuego, proceden de los ocho puercos que llevara Colón en su segundo y tantas veces comentado viaje, el que transportó al Nuevo Mundo los pilares de la civilización española, que no era otra que la cultura grecorromana, pues al fin y al cabo lo que hizo España fue *romanizar* América.

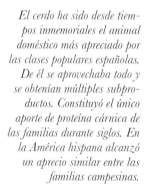

El cerdo ha sido desde tiempos inmemoriales el animal doméstico más apreciado por las clases populares españolas. De él se aprovechaba todo y se obtenían múltiples subproductos. Constituyó el único aporte de proteína cárnica de las familias durante siglos. En la América hispana alcanzó un aprecio similar entre las familias campesinas.

Al resistente cerdo rojo o negro, arrancado de las dehesas extremeñas y andaluzas, no le afectó, como ocurriera con las ovejas, el caliente y húmedo aire del trópico. Antes bien, todo indica que se encontró a satisfacción entre los enjambres inauditos de mosquitos que, si martirizaban a hombres y animales, respetaban la dura pelambre porcina, inmune a sus ataques. El cerdo, indiferente también a las acometidas de las muchas serpientes que menudean en los suelos tropicales, encontró en él alimentos alternativos a la bellota de los pagos andaluces y extremeños. En las Antillas abundaba el maíz; tierra adentro, la yuca y el algarrobo de Indias, y en las faldas andinas, el tubérculo de la patata, que desenterraba con el arado de su jeta. Gracias a todos esos recursos se desenvolvió sin mayores problemas. Ellos también conocieron una multiplicación sorprendente, alzándose no pocos hasta poblar islas enteras. Cómo sería, que los bucaneros deben su nombre al cerdo cimarrón, su alimento básico, y derivan el nombre del ahumado que hacían de su carne en unas parrillas especiales llamadas *boucans*.

No parece muy adecuada la estampa de una partida conquistadora haciéndose escoltar por una piara de cerdos, pero ciertamente fue así, y el puerco liberó del hambre a muchas huestes en camino. La idea surgió de Cortés, que se hizo seguir de una tropa de cerdos a unos días de marcha en su expedición a las Hibueras, en Honduras, lo que imitaron Belalcázar, Valdivia, Hernando de Soto y muchos otros capitanes en sus incursiones. Gracias a ello no perecieron de hambre y pudieron no demandar alimentos de las tribus nativas, lo que fue siempre innumerable fuente de conflictos con los naturales.

Ecosistemas como la selva, pese a su opulencia orgánica, ofrecían poco alimento a los soldados blancos, desconocedores de los secretos del bosque tropical. Fueron muchos los que fallecieron por la hambruna, como aconteció con el ejército de Gonzalo Pizarro en el Amazonas. Por eso, los conquistadores más exitosos, aquellos que aunaron riesgo y valor con previsión, se hacían acompañar por copiosas puntas de puercos, y con razón dícese que «la conquista se hizo al ritmo de las piaras porcinas». Y también, como cita Eduardo Laguna[12], «se descubrieron muchos territorios a lomos de un caballo andaluz y con un cerdo extremeño a la grupa».

Pasados los vendavales conquistadores, una vez que la colonización española fue depositando lentamente todo su sedimento, el cerdo se hizo popular, adoptándose por los indios por su escaso coste de mantenimiento y su alto rendimiento, pues todo en él se aprovecha, como muy bien han sabido las clases rurales peninsulares de todas las épocas. En los primeros tiempos, los españoles usaron la manteca como aceite, y con ella obtenían también sebo y jabón, cotizándose más la manteca que la propia carne. Y debe apuntarse también la curiosidad de que en América nunca se lograron excelentes embutidos ibéricos, ni siquiera en las frías regiones del Popocatépétl, o en las estribaciones andinas. En general, la tierra de América se caracteriza por su opulencia, por la desbordante prodigalidad de los recursos que produce, pero el sabor, la calidad, fueron siempre superiores en los fríos y secos ambientes de los páramos y sierras de Castilla.

El aprovechamiento del cerdo, de antiquísima tradición en la Península, como suministro dosificado de carne a lo largo del año en las familias campesinas, conoció apreciables mejoras a partir del contacto con América. Hasta la llegada de las especias orientales, la carne de cerdo se salaba o ahumaba, lo que permitía su conservación, pero no aportaba un gusto especial. Especias como la pimienta consiguieron conservar la carne en crudo, a la par que se ganaba sabor. Y la irrupción de las especias americanas, en particular el barato pimiento y su derivado, el pimentón, popularizaron el sistema, imprimiendo a los productos del cerdo su indiscutible calidad.

El perro

El perro, junto al caballo y el cerdo, es el tercero de los animales *de conquista*, los que sirvieron directamente a los conquistadores. El resto de las razas domésticas fueron animales *de colonización*. Los perros que acompañaban a aquellos, nada tenían que ver con los perritos mudos que poseían los indígenas, y que pronto desaparecieron, pues a falta de otras carnes eran llevados para el abastecimiento de las naves. Eran sobre todo alanos y lebreles, razas fuertes, agresivas, cuyo solo ladrido paralizaba de terror a los indios o les ahuyentaba sin más.

Los perros, con su proverbial inteligencia, supieron adaptarse perfectamente a los requerimientos de sus amos. Eran insustituibles en las guardas en parajes intrincados o en las velas nocturnas, y fueron innumerables las veces que anticiparon una emboscada. En los espesos breñales se movían con harta más soltura que las caballerías, y se cuenta de casos en que, acercándose por detrás, acertaron a anular una posición de eminencia sobre unas peñas lograda por los nativos.

El perro andino era el único cánido doméstico de los Andes. Se trata de un perro hosco, sin pelo, y con la cualidad de poseer una alta temperatura corporal. Por esta razón fue empleado para calentar las camas de la aristocracia inca.

Estos animales asimilaron asombrosamente la práctica de la guerra. Algunos sabían distinguir al indio pacífico del amistoso, y de ciertos ejemplares cuéntanse fabulosas hazañas, como la del lebrel de Hernando de Soto, al que llamaban *Bruto*. Él solo se bastó para detener simultáneamente a cuatro indígenas enemigos, a base de morder, derribar y correr en pos de otro. Murió acribillado por las flechas cuando, iracundo, trataba de cruzar un río para caer sobre los indios hostiles. Logró alcanzar la otra ribera, e incluso poner en fuga a los enemigos, pero murió de sus heridas. Un hijo suyo, *Leoncillo*, no le fue a la zaga en fama, pues fue el inseparable perro de Núñez de Balboa, tan eficaz en el combate que recibía un salario como un soldado más.

Tras la conquista, los indios se aficionaron a los perros españoles. Incluso les prodigaban tantos cuidados como a sus propios hijos, empleándolos en otras funciones como la caza del venado, la guarda de haciendas y ovejas, y la caza del puma o del jaguar, a los que venteaban, perseguían entre la maleza boscosa y ponían a tiro de los cazadores.

El perro ovejero se adaptó perfectamente a los páramos de la Patagonia, donde los criadores de ovejas lo utilizaron en el pastoreo. Se cuenta el caso de dos ovejeros que durante cuatro años pastorearon solos el rebaño de su dueño mientras este estuvo retenido en la cárcel; a su vuelta se encontró con el rebaño no solo íntegro, sino incrementado con los nacimientos.

Algunos perros se hicieron cimarrones, adquiriendo hábitos lobunos, actuando en manada y haciendo estragos en el ganado, e incluso constituyendo un serio peligro para los solitarios caminantes de las Américas, como los arrieros o los buhoneros. Ocurrió así en las pampas del Plata, cuando el ejercicio de ir de vaquería dejaba los campos sembrados de cadáveres, para pasto de carroñeros y también de perros cimarrones, cuyo instinto social y cazador enseñó pronto a abatir por sí mismo las presas. Proliferaron de tal modo que el virrey Toledo hubo de procurar su exterminio, disponiendo batidas en las que cada vecino debía obligatoriamente llevar machetes, hachas, horcas y cualquier arma útil, método importado con toda seguridad de la Península, campo de inveterada rivalidad entre el hombre y el lobo. Las normas sobre los cimarrones del Plata recuerdan mucho a las ibéricas batidas de lobos, como las que se conservan del Chorco de Valdeón, en los Picos de Europa, donde los vecinos de la comarca habían de concurrir armados a la primera luz y batir el monte empujando a los lobos con voces y gritos hasta conducirlos a un foso, donde les daban muerte.

El insigne naturalista Félix de Azara, desde su posición de observador autodidacta de los prodigios de América describe al perro ovejero, que antes de abrir los ojos es separado de la madre y llevado al rebaño de ovejas, donde se amamanta de las madres paridas:

> Del mismo tronco que el pastor alemán, crece con las ovejas, y de tal modo se integra con ellas que los demás perros le ladran como a extraño, si bien no tolera que pasen de ahí, pues por su tamaño se hace respetar. Es extremo en la defensa del rebaño, ya que etológicamente viene a ser una oveja más, a diferencia del mastín, que defiende al ganado por su sentido de la territorialidad. El perro ovejero hace las labores del pastor, sacando de mañana a las ovejas de los corrales, llevándolas a los pastaderos y trayéndolas de vuelta al crepúsculo.

Eso sí, cuenta Azara que deberá salir muy bien alimentado, pues si tiene hambre regresará con el rebaño al mediodía. Es notoria la historia de dos perros ovejeros de la Patagonia cuyo amo fue condenado a cuatro años de cárcel, quedando sola la hacienda. Pues bien, cuando volvió el dueño, se encontró no solo con un recibimiento de altura por parte de los dos fieles ovejeros, sino con que estos habían cuidado del rebaño todos esos años, sacando las ovejas y volviendo a diario de los pastos a los corrales.

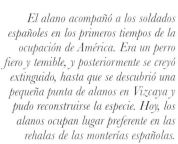

El alano acompañó a los soldados españoles en los primeros tiempos de la ocupación de América. Era un perro fiero y temible, y posteriormente se creyó extinguido, hasta que se descubrió una pequeña punta de alanos en Vizcaya y pudo reconstruirse la especie. Hoy, los alanos ocupan lugar preferente en las rehalas de las monterías españolas.

El alano, el más agresivo de los cánidos llevados a América, se creyó extinguido como raza en el siglo XX, pues había desaparecido de todas las regiones españolas. Sin embargo, una paciente investigación sobre el campo dio por resultado descubrir algunos ejemplares puros en la comarca de las Encartaciones, en Vizcaya, a partir de los cuales pudo ser reconstruida la especie. Hoy, los alanos, los perros por antonomasia de la conquista de América, no faltan en las rehalas monteras de las sierras españolas, y siguen demostrando su feroz acometividad y bravura en su lucha con los jabalíes.

Las ovejas de Nuevo México, las vacadas de Texas, los caballos, la entera cabaña ganadera que puebla hoy el Oeste americano, penetró en su día por el Camino Real de Tierra Adentro. Cada tres años partía de México esta caravana, llamada Conducta, *y tras las carretas marchaban rebaños de animales domésticos que luego se distribuían por los ranchos, misiones y presidios de la tierra de frontera.*

Mulas y burros

El principal mérito de mulas y burros fue liberar al indio de la carga. Hasta entonces, a falta de otro medio de transporte (salvo las llamas del altiplano andino y los perros de tiro de las grandes praderas del Norte), el propio indio o *tameme* acarreaba las mercancías en su propio cuerpo, y la irrupción de tan serviciales aliados significó el fin del más penoso de sus trabajos. De ahí que el presidente de la Audiencia de México, Sebastián Ramírez de Fuenleal, demandara el envío cuanto antes de trescientos borricos, para distribuirlos entre los indios.

El burro representó toda una silenciosa revolución en la vida cotidiana del indio, pues al contrario que el caballo, cuya monta le estaba vetada, sí estaba autorizado a montarlo para aliviar sus largas caminatas. Por su menor tamaño, su frugalidad y su mansedumbre, fue un animal de carga mucho más asequible a la familia india. Tanta fue la demanda que, como ocurriera con otros ganados, muchos burros se hicieron cimarrones, formando manadas silvestres, cuyos últimos residuos pueden verse en las comarcas de las riberas del Apure, en los Llanos de Venezuela.

Del mismo modo que ocurrió con los caballos, algunos burros escaparon de las haciendas y los ranchos y se hicieron montaraces. En áreas muy primitivas como los Llanos venezolanos, aún subsisten pequeñas manadas de burros salvajes, sumamente esquivos al hombre.

Si el burro tuvo definitiva importancia en la vida doméstica del medio americano, la mula la tuvo en lo económico. La mula, rebautizada como *la reina de los caminos andinos*, se manifestó como un colaborador más eficiente que la arisca e indolente llama, y desde luego, mucho más segura y tranquila en los terrenos embarazosos que el nervioso e imprevisible caballo. Era por tanto un inmejorable vehículo para las largas marchas, y muchos célebres guerreros la preferían antes que al caballo, al que reservaban para el combate. El Cid Campeador siempre se trasladaba en mula, y lo propio hacía un famosísimo personaje del Perú, Francisco de Carbajal, el mejor conocedor de los vericuetos andinos, que murió a los ochenta y cuatro años batallando a favor de Gonzalo Pizarro contra las tropas leales a la Corona de España, comandadas por Pedro de La Gasca. Carbajal sabía de la fiabilidad de la mula en los escabrosos senderos, de su seguridad infalible avanzando entre los escalofriantes abismos de la cordillera de los Andes.

Por estas razones, y por su capacidad como animal de carga, la mula adquirió enseguida una gran demanda en América. Fue empleada como animal de tiro, al modo de los labradores castellanos, que la uncían al arado, pero sobre todo en la arriería o transporte de mercancías. La arriería y sus mulas pasaron a Indias, y si bien el caballo, como hemos visto, pronto precipitó hacia abajo su precio, la mula lo mantuvo, y aun desplazó al primero en las preferencias de los criadores. No existían en América las restricciones a su cría que operaban en la Península, donde se mantuvo una interminable polémica entre los partidarios del buey y de la mula para la agricultura, y su cotización subió de plano con el descubrimiento de las minas de Potosí, en la altiplanicie de los Andes. A partir de entonces, y con el consiguiente movimiento comercial derivado del pujante foco minero, la crianza de la mula conoció épocas de esplendor.

La práctica totalidad de las mulas nacidas en el oriente y el occidente de Sudamérica se concentraban en los célebres potreros de Tucumán, donde se recriaban durante el invierno, y pasaban después a los saludables pastizales de Salta, donde apacentaban otros ocho meses. Tenía lugar entonces la mayor feria mulatera anual que se haya celebrado nunca en parte alguna, pues se ponían a la venta hasta sesenta mil mulas y cuatro mil caballos, todos expuestos en corrales. Su destino principal era la arriería, y entre los mayores compradores se encontraban los corregidores de indios de las comarcas andinas, personajes nada claros, que compraban las mulas y luego las distribuían en pequeñas recuas a los arrieros, con los que solían ir a la parte. Otras mulas iban al servicio de las minas, y no pocas se destinaban al tiro de los carruajes en las capitales virreinales.

Caminos muleros

Hubo famosos caminos arrieros, como los de herradura de los angostos pasos andinos. O las carreterías del Río de la Plata, que sendereaban por la inmensidad de las planicies pampeanas. O los arrieros de México, donde se calcula en unas 150 000 el número de las mulas arrieras empleadas en el tráfico comercial, en especial el de la feria anual de Veracruz, cuando confluían los galeones españoles para trasladar a la Península la plata mexicana y peruana. Y también el intenso tráfico mulero con ocasión de la salida o llegada desde las Filipinas del Galeón de Manila.

Otro camino mulero de gran raigambre fue el precisamente llamado Camino de las Mulas, que manifiesta el alto grado de sincronización alcanzado por España en el tráfico de metales preciosos. Desde los criaderos de mulas de México partía una recua de no menos de 300 animales, que durante varios meses recorrían México y Centroamérica, hasta confluir en Panamá. Allí coincidían con los embarques de plata procedentes de las minas de Potosí en Perú, que eran cargados a lomo de mulas y cruzaban el istmo desde el Pacífico al Atlántico, donde aguardaban los galeones para transportar el metal a la Península.

También otro gran camino mulero de la América hispana fue el Camino Real de Tierra Adentro, recorrido por la comitiva trianual desde México a Santa Fe de Nuevo México, ya en el territorio de los actuales Estados Unidos,

La mula fue otra de las grandes innovaciones españolas en el transporte. Fue llamada la reina de los caminos andinos, ya que ninguna como ella se adaptó a los difíciles pasos de las montañas, avanzando por los senderos escabrosos con pasmosa seguridad. Fue indispensable en la arriería, así como en las caravanas del Camino Real de Tierra Adentro. Los arrieros, descendientes de los pastores trashumantes ibéricos y de los arrieros maragatos, se preciaban de no perder ni deteriorar jamás una mercancía confiada a su cuidado. Protagonista de poemas y canciones, se convirtieron en una figura provista de una innegable estética.

para llevar personas, enseres y ganados para el poblamiento de la llamada *tierra de frontera*: Nuevo México, Arizona, Texas, Colorado… En un principio esta comitiva la componían pesadas y lentas carretas tiradas por bueyes, esas carretas que tantas veces hemos visto en el cine, como vehículos de los colonos estadounidenses hacia las tierras del Oeste. Pero al cabo se hizo patente que las mulas sin carretas eran preferibles, por su mayor rapidez, y poco a poco las recuas de mulas sustituyeron a las carretas.

La arriería

La arriería merece desde luego una mención aparte, porque gracias a ella pudo comunicarse con perfección encomiable el vastísimo espacio hispano. Tejió una red que descargaba los barcos en los puertos atlánticos y pacíficos, abastecía a las flotas antes de su partida hacia España y se encargaba de distribuir mercancías, cartas, alimentos y personas, en un radio que abarcaba miles de kilómetros y que no dejaba sin abasto a ninguna población de Indias, por remotamente situada que estuviera.

Era una actividad de antiguo cuño en España, monopolizada por los maragatos leoneses, que se preciaban de no haber malogrado jamás un encargo. Arrieros peninsulares trasladaron a América el oficio, donde conoció un desarrollo espectacular, insuficientemente conocido e inédito para la literatura, pese a su alto valor costumbrista. La arriería fue mucho más que un oficio, fue todo un mundo cultural que recuerda estrechamente a otra cultura ibérica, la pastoril de la trashumancia. En esta, la jerarquía era rígidamente dividida entre el *mayoral*; su segundo, el *rabadán*; los pastores llamados *ayudador*, *persona*, *compañero* y *sobrado*, y el *zagal* el último en el lugar de la escala. Cada uno tenía su específica misión y cada pastor llevaba parte en el negocio del rebaño, en una suerte de capitalismo popular.

Las recuas de mulas recorrieron las trochas andinas en convoyes de cien, quinientas o mil mulas, y en torno a ellas giraba también todo un bagaje cultural. Iban las mulas a cargo del *mayordomo*, que las más de las veces era el propietario de la recua. Bajo él se situaban en la escala jerárquica los *sabaneros* y los *cargadores*, cada uno con su específica misión, que habían de cuidar al detalle, pues cualquier pequeño error podía precipitar al barranco a una o varias mulas con su cargamento. Los *atajaderos* marchaban a los flancos provistos de látigo, y entre sus funciones estaba el acomodo de hombres y bestias en parajes propicios, tal como los pastores de Castilla hacían con sus rebaños de ovejas merinas.

Cada recua de mulas tenía a su frente a una mula *capitana* o *caponera*, la más fuerte y veterana, que llevaba una campanilla en la collera. Cuando los hatajos llegaban a los descansaderos, se dispersaban las mulas de muchas recuas para reponer fuerzas, confundiéndose las de unos y otros hatos. A la hora de partir, cada recuero no tenía nada más que pasear a su caponera, para que las mulas acudieran a su respectiva música. Otras recuas llevaban una yegua que llamaban la *madrina*, y que hacía las veces de *capitana*. Pueblos enteros vivían de la arriería, como Tucumán y Salta, los llamados *pueblos fleteros*. Como en la Península, donde los pueblos de las comarcas serranas leonesas eran tradicionalmente las canteras de la trashumancia.

La de arriero fue una profesión de extraordinaria dureza, como lo fue la trashumancia en España, donde habían de enfrentarse a los avatares de unos climas siempre volubles, a la ocasional aparición de bandoleros y a la sempiterna amenaza de los lobos, bien capaces de malbaratar una punta del rebaño de una sola lobada. Los arrieros de América hubieron de asumir parejas contingencias, agravadas por la extremosidad de la tierra americana, donde el clima era capaz de ofrecer sus más temibles perfiles, donde había cimarronadas de perros con hábitos lobunos, donde menudeaban hombres desarraigados huidos a los montes, que vivían del robo. Durmiendo siempre al raso, como los pastores peninsulares dormían a la intemperie, *a campo*.

En España, la trashumancia fue profesión de montañeses, curtidos en durezas. En América lo fue de indios y mestizos, que se hicieron a las penalidades de una vida nómada. Con seguridad, unos y otros acertaron. Los pastores ibéricos, porque prefirieron ese pasar incierto a un vivir siempre doblados sobre la azada, arañando penosamente la tierra. Los arrieros de América, porque la alternativa a esa vida nómada de inclemencias e inseguridades era un ejemplo rutinario en la plantación de caña o cacao bajo un jornal fijo, la oscuridad de la mina o la atadura del obraje. Unos y otros, pastores y arrieros, eligieron el peligro y la incertidumbre. Al fin y al cabo, ese era el precio de su libertad.

Ovejas y cabras. La trashumancia

En 1537 se fundó en México la Mesta, heredera de su homónima peninsular, la poderosísima organización ganadera a cuyo amparo se movían anualmente más de tres millones de ovejas en España. La razón última de la Mesta ibérica estribaba en el aprovechamiento integral de los pastos, pasando el invierno las ovejas en las templadas dehesas andaluzas y extremeñas, tierras «de extremos», y trashumando por las cañadas cuando el calor estival agostaba las tierras, hacia los pastos de invierno de las montañas del norte castellano, donde herbajeaban a lo largo de todo el verano.

La trashumancia fue en la Península la actividad económica más importante en épocas medievales. Cuando llegaba el verano se agostaban los pastos en las dehesas del sur, y los rebaños remontaban con sus ganados hacia los pastos de las montañas del norte. Más tarde, con el otoño, rebaños y pastores bajaban de nuevo huyendo de los fríos norteños, en busca de los pastos renovados de las dehesas. Como la arriería, la trashumancia fue otra actividad de intensa belleza y personalidad.

La trashumancia no era solo un hecho económico de la mayor trascendencia, sino, como antes señalamos, un acontecimiento cultural de primer
orden, ya que todo el tinglado que rodeaba a la migración de las merinas, con
el tejido de cañadas, la cultura pastoril y la jerarquía entre los pastores, conformaba un mundo aparte y distinto que ha subsistido, bien que a duras penas
y con las consabidas mermas, hasta nuestros días. El significado de la trashumancia fue aún más lejos. Dícese que la pericia de los pastores dirigiendo un
rebaño, con sus cálculos de las distancias, sus paradas, sus descansos nocturnos,
tenía mucho que ver con la organización de un ejército en marcha, que requiere no menos pericia, y que el entrenamiento trashumante de los pastores de
Extremadura les preparó para la conquista de América. Las gentes extremeñas
estaban habituadas a la vida nómada, a mirar más allá de la raya del horizonte,
y no tuvieron más que trasplantar su actividad cotidiana a las nuevas tierras.

*La trashumancia se
exportó a América, y
en las tierras de Nuevo
México o California
tomó carta de naturale-
za, si bien nunca con la
intensidad de la Penín-
sula. Del mismo modo
que en esta, los pastores
conducían sus ovejas a
los pastos de montaña
cuando se secaban las
hierbas de los valles.*

Nótese que a partir de la llegada de Colón a América se produjeron tan
abundantes como infructuosos intentos exploratorios de navegantes andaluces,
que no lograron otro éxito que raspar las costas americanas. Los Alonso de
Ojeda, Pedro Alonso Niño, Diego de Lepe, Rodrigo de Bastidas, Díaz de Solís
y demás llegaron muy lejos, hasta el Río de la Plata, pero no pasaron de costear
a lo largo de la fachada atlántica americana. Fue necesaria la entrada en escena
de los Hernán Cortés, Pizarro, Orellana, Valdivia, Hernando de Soto y el resto
de esa casta extraordinaria de extremeños, para que España penetrara como
una daga en el corazón del continente, y pudiera culminarse la penetración
efectiva del territorio, la verdadera conquista.

La trashumancia en América

La Mesta, que en tiempos del Descubrimiento era la estructura económica más pujante de la Península, fue, pues, trasladada a México, calcada en un principio de la castellana. Pero como ocurrió con tantas instituciones, sufrió una transformación al contacto con las nuevas tierras. Señala el historiador estadounidense Julius Klein[13], el más exhaustivo tratadista sobre la Mesta castellana, que en América no se daban las condiciones ecológicas adecuadas para la trashumancia, opinión que contraría Chevalier[14], quien demuestra que cada año se movían en el mes de septiembre, entre Querétaro y los pastos del lago Chapala, no menos de 200 000 cabezas. No obstante este efectivo movimiento y otros que ocurrían al norte de la Nueva España, debemos aceptar con Klein que la trashumancia novohispana distó mucho de la peninsular.

En efecto, no basta con que los ganados emigren de una parte a otra en busca de pastos, algo generalizado en muchos lugares donde confluyen valles y montañas, y por tanto pastos invernales y estivales. Lo que otorgaba a la trashumancia castellana su propia y especial impronta era la separación de varios cientos de kilómetros entre los pastos de invierno y los de verano, el hecho de tener que recorrer el inacabable páramo mesetario, sorteando campos de cereal y huertas, atravesando pueblos, encajonando siempre los rebaños sobre el límite estricto de las cañadas. Todo esto, y no el mero trasiego ganadero, es lo que caracteriza a la trashumancia de Castilla. Por tales razones, la Mesta mexicana nunca fue lo que su equivalente ibérica. Allí no existían cañadas, pues no había las *cinco cosas vedadas* (cereales, prados de guadaña, cultivos, huertas, viñas) que obligaban a acotar caminos específicos para el tránsito ganadero.

Uno de los motivos del nacimiento de la Mesta novomexicana fue una circunstancia inexistente en la Península: la recuperación de las innumerables cabezas que vagaban libres por los campos, el ganado perdido o *mostrenco*, adoptando medidas como la prohibición de la pértiga rematada en una hoz de media luna para desjarretar las reses, al estilo ciertamente brutal del Plata. Pero el verdadero fin de esta variante americana de la Mesta fue ejercer como mera organización gremial, que gestionó todo el ganado, y no solo el ovino, y que en realidad fue una estructura al servicio de los intereses de los poderosos ganaderos. Estos se sirvieron de ella para extender el latifundio, perjudicando a los indios con ello y con la propia presencia del ganado, y en realidad fue solo un dibujo desvirtuado de la Mesta castellana. Únicamente en California se asemejó más el modelo a la concepción original, y algunos autores afirman que la sombra de la Mesta aún perdura en el esquema ganadero californiano.

La Corona, a través de las *Leyes de Indias*, luchó denodadamente contra las molestias que el ganado español pudiera ocasionar sobre las tierras

indias. Una muestra de ello, entre otras muchas, es la Ley octava del Título tercero del Libro sexto de la *Recopilación de las Leyes de Indias*, que dispone:
«Los indios deben tener comodidad de aguas, tierras y montes, entradas y
salidas, y labranzas, y un ejido (tierra comunal) donde puedan tener sus ganados, sin que se revuelvan con otros de españoles». Y hay otros muchos artículos de parecido tenor, que una y otra vez insisten en la protección de la
integridad de las tierras indias contra las molestias de los ganados españoles.

Las ovejas no asentaron bien en las Antillas, sino en los más frescos y
aireados pagos de la meseta mexicana y en las laderas del piedemonte andino, prolongando la merina su espacio vital hasta las extensísimas planicies de
la Patagonia. La cabra, en cambio, se amoldó perfectamente a toda clase de
tierras, frías y calientes, y por su sobriedad y su nada exigente estómago, que
la habilita para comer cualquier cosa, se avino bien con el indio, que la adoptó
como cosa propia.

Difieren ambas especies en que, si bien la cabra acredita bravura y muchos ejemplares huyeron a los montes y se hicieron silvestres, las probadas timi-
dez y cobardía de la oveja nunca hicieron posible algo semejante.

*Las ovejas trashumantes
españolas eran merinas,
pero las que viajaron a
América eran churras,
procedentes inicialmente
de la churra lebrijana
de las marismas. Hoy,
la supervivencia de la
trashumencia parece
difícil de mantener en
los ultratecnológicos
Estados Unidos.*

La lana del ganado ovino suministró materia prima a los obrajes, actividad de gran calado, en particular en América del Sur. En un principio se
perdía la lana por falta de trasquiladores, incluso de tijeras. Pero, como indica
Tudela[15], los indios aprendieran a trasquilar, y hubo pueblos enteros que se
especializaron en el esquileo, al modo de algunos pueblos peninsulares como
el salmantino Béjar, que practicaban la esquila al paso de los rebaños hacia los
puertos en primavera, viviendo casi todos los vecinos de esta actividad.

En el haber de los obrajes americanos figura el suministro de paños modernos a la clase india, incapaz de vestirse con paños de Castilla importados, por su altísimo precio. Los obrajes vinieron, pues, a popularizar el vestido hispano, pero en su debe consta su particular leyenda negra, las terribles condiciones de vida a que, pese a los decretos reales en contra, se vieron sometidos los indios y negros, encadenados, y no se emplea el verbo como mera metáfora, a los obrajes. Estos fueron descritos vívidamente, entre otros, por viajeros como Jorge Juan y Antonio de Ulloa, en ediciones que tanto impacto causaron en la sociedad europea de entonces.

Las *Leyes de Indias* destilan una especial inquina contra los obrajes, prohibiendo una y otra vez que los naturales puedan ser forzosamente destinados a ellos, pero no pocas veces la extensión y lejanía de los parajes americanos, y la natural tendencia de las gentes hispanas a hacer de las leyes una mera referencia de conducta y no una norma de obligado cumplimiento, hicieron que los terribles obrajes fueran una realidad, por muchas cautelas jurídicas en su contra.

Ganado vacuno

Desde su llegada a las Antillas procrearon las vacas de modo fabuloso, como anticipo de la preponderancia que habría de alcanzar en toda América la ganadería de reses, haciendo del continente una región básicamente ganadera. Como se ha dicho con anterioridad, América estaba poblada de sabanas herbáceas muy extensas y de gran calidad, como las de la Pampa, la Patagonia, el Chaco o las grandes praderas del norte, lo que convierte en poco comprensible el hecho de que no hubiera herbívoros salvajes en cantidad suficiente para aprovechar semejante nicho ecológico. Y por eso las razas ganaderas españolas proliferaron de tal modo en América, de norte a sur, inyectando proteína cárnica a unas poblaciones que apenas disponían de ella.

Se discute sobre las razas del Nuevo Mundo, y aunque más tarde entraron la rubia gallega, la asturiana de los valles y diversas razas canarias, no cabe duda de que las primeras sangres procedieron de Andalucía, y una vez más debemos mencionar la fundamental cantera genética de las Marismas del Guadalquivir, por su cercanía a los puertos de embarque de Sevilla o Cádiz. De allí procede la vaca aún llamada *mostrenca*, de cuerno ancho y conducta muy bravía. Las vacas de amplios cuernos han sido características de América, en especial la famosa *longhorn* tejana, y es muy probable que el origen haya de buscarse en aquellas mostrencas de los terrenos encharcables, que todavía campean por las marismas, constituyendo una reliquia de enorme valor que debe conservarse a ultranza.

El auge de la ganadería antillana, y más tarde continental, fue desbordante. El valor de los animales se depreció tanto, que llegaron a pagarse cuatro pesos por una vaca y dos por un ternero, y la carne llegó a ser el único producto que en América era más barato que en la Península. Con las vacas y las ovejas entraron en Indias comestibles desconocidos como la leche, el queso y la mantequilla, mejorando notablemente la alimentación de la población. Otro nuevo recurso puesto a disposición de los nativos fue el sebo, del que se obtenían candelas. Los amerindios conocían la cera, pero no su aplicación como fuente de luz, y esta fue una de las tres cosas cuya importancia más apreciaron, junto al huevo, alimento sumamente energético, y las caballerías, que les evitaron la carga sobre los propios hombros.

La vaca mostrenca, bravía y de cuerno abierto, fue extraída de las marismas andaluzas y llevada a las grandes extensiones del suroeste norteamericano. Allí se encontró con llanuras semejantes a las marismeñas, pero también con predadores como pumas, coyotes y lobos, que encontraron carne fácil. Entonces las mostrencas, por selección natural evolutiva, desarrollaron en muy poco tiempo su cornamenta para defenderse de tales predadores, y es así como se transformaron en las longhorn, *proceso luego acelerado por los criadores americanos.*

La «civilización del cuero»

En el área del Plata, el vacuno habría de dejar huella indeleble. Ya se ha apuntado cómo las extensas praderas de la Pampa y la escasa presencia de depredadores naturales permitieron la rápida expansión de las reses a partir de las cabezas abandonadas por los primeros colonos, y unos decenios después, el número de ejemplares libres sumaba más de dos millones. A partir del siglo XVII comenzaron a darse permisos para *ir de vaquería y cuerear*, sirviéndose del caballo como medio de captura, y comenzaron a fluir cueros a Europa, a razón de unos 150 000 al año. Fue tanto el cuero a disposición de los colonos que se desarrolló la bautizada como «civilización del cuero», descrita por Domingo Sarmiento en su célebre obra *Facundo*, dedicada específicamente al gaucho y su mundo. Y aún mejor en la excepcional obra *Don Segundo Sombra*, de Ricardo Güiraldes, uno de los grandes monumentos de la literatura hispana, que describe la vida errabunda del gaucho. Terminó cuando, tras la salida de España, penetraron los ingleses en la Pampa y cercaron sus propiedades con valla de alambre, poniendo fin a la época romántica del gaucho y su mundo.

Los gauchos recorrían la Pampa cazando vacas y toros para obtener la piel, ya que el ganado vacuno se había multiplicado de un modo extraordinario en aquellas sabanas herbáceas libres de enemigos. Acosaban a las vacas y las derribaban cortándoles los tendones con la «desjarretadera», dejando la carne y llevándose el cuero. Espíritus libres y nómadas, los gauchos representaron toda una forma de vida, incorporada a la mejor literatura hispánica.

La cultura del cuero fue característica de la Pampa, pero es predicable de todos los pueblos ganaderos de América. Con el cuero se fabricaron toda clase de objetos, como odres, zapatos, tejados de chozas, camas, serones, además de los aparejos relacionados con la actividad ecuestre. En barricas de cueros se fermentaba el pulque, como en el área mediterránea europea se usaban

Marcado de reses. Alrededor del ganado vacuno se desarrolló en el Cono Sur de América la llamada «civilización del cuero», con origen en las planicies marismeñas andaluzas. Del cuero vacuno se obtenían casi todos los aperos necesarios para el trabajo ganadero, como las sillas de montar, los arreos de las bestias o el vestuario.

odres de cuero para guardar el vino y el aceite. En América se revestían de cuero las paredes de los salones de las clases señoriales y más arriba de El Paso del Norte los santeros pintaban sus imágenes en lienzos de cuero. Aún más, el grano de las cosechas fue guardado en los mismos pellejos de las reses, tras cortar la cabeza y limpiarlos bien, y lo que parecían estáticos bueyes colocados en los corrales eran en realidad almacenes de grano.

El siglo XVIII conoció el apogeo de esta actividad, aunque para entonces las circunstancias habían cambiado: el número de reses era menor y la escasez impuso la reglamentación de las labores y el nacimiento de la *estancia*, con ella las vacadas dejaban de ser bienes libres. Además, el descubrimiento cerca de Buenos Aires de las minas de sal de Salinas Grandes determinó un giro sustancial en el aprovechamiento de las reses. Si antes había tantas que solo se tomaban los cueros y algunas tajadas, abandonando el resto, ahora la carne se salaba y secaba para obtener un producto llamado *charqui*, que se consumía abiertamente y se exportaba. Con él, la industria ganadera argentina se encaminaba definitivamente a lo que luego fue uno de los pilares sustentadores de su economía nacional, pues si primero fueron los cueros y luego la carne, más tarde el beneficio se extendió a los huesos, las grasas y otros productos.

En el otro extremo del espacio americano español, también el vacuno conoció un formidable desarrollo. En las vastas soledumbres al noroeste de México, propicias para la ganadería extensiva, se formaron los ranchos, figura llamada a larga fortuna y que contó con la vaca y el caballo como piedras angulares del sistema. Ya hemos visto cómo en torno a ambos se creó un complejo entramado económico y también sociológico en el que el rodeo era parte principal.

Sin perjuicio del rodeo semanal, que recogía a las vacadas de los bordes de la estancia, existió el genuino *rodeo*, el estacional, reglamentado en los meses de junio y septiembre. El más importante era el de la hierra, cuando los ganaderos imprimían a fuego su marca (solo los propietarios de ranchos podían detentar hierro) y señalaban las orejas. Se seleccionaba y marcaba a los ejemplares jóvenes, que pasaban a ser ganado *marcado*. Existía también el *orejano*, sin hierro ni señal en la oreja porque, aunque adulto, no había podido ser enlazado para imprimirle la señal de su dueño, y vivía mezclado con los ganados vecinos. La tercera categoría era el ganado *cimarrón*, procedente de reses herradas u orejanas que se habían hecho salvajes.

Ni que decir tiene que el rodeo exigía una destreza singular en los jinetes, y en torno a su probada habilidad encima del caballo tejióse toda una cultura, la del «Oeste» o del *Western*, uno de los más acentuados signos de la personalidad del pueblo estadounidense, y que fue tomado de los vaqueros andaluces, más concretamente, como se ha dicho, de las Marismas del Guadalquivir. Una cultura que incluía aspectos como la trashumancia de las reses, que recorrían centenares de kilómetros en busca de los mercados de embarque o de los pastos estacionales y que creó su propia jerga, como la cultura pastoril de la Península creó la suya.

Muchas de las palabras españolas originales se tomaron tal cual (corral, remuda, majada…), otras se transformaron. Así, encontramos *lariat* por «la reata», *backaroo* por «vaquero», *lasso* por «lazo» y tantas otras. Hasta tres mil palabras de origen español se han contabilizado en el vocabulario ganadero del Oeste americano actual.

La hacienda y el rancho

El binomio ganado-caballo dio origen a las instituciones del rancho y la hacienda, vitales para comprender el campo del oeste americano. Ambos se originan con la concesión en el siglo XVI de estancias de ganado mayor o de ganado menor, de cinco mil y tres mil varas cuadradas, respectivamente. Poco a poco, y mediando procedimientos no siempre lícitos, estas estancias fueron creciendo, y ya el propio siglo dio luz a los *estancieros*, o señores de ganado, algunos con grandes fundos. Más adelante, estos propietarios devinieron en hacendados y mejoraron su posición social, combinando muchas veces su poder territorial con cargos en el Cabildo.

La hacienda, y su correspondiente en el norte de las posesiones españolas, el rancho, fueron sistemas agropastorales cerrados, donde el curso del año generaba múltiples trabajos, en los que la figura clave era el vaquero a caballo, como en el trabajo de la tierra lo era el peón. Había trabajos de invierno y de verano, quizá los más importantes fueran el rodeo para la selección y marcaje, y la conducción de las reses o las ovejas a los pastaderos de invierno o verano. Esta era una operación de gran significado en las llanuras del norte de México, donde los ganados eran arreados en primavera hacia las sierras altas, alejándolos así de los cultivos y asegurando su mantenimiento estival en aquellas praderas. En invierno, los rancheros se asociaron para conducir el ganado hacia los ejidos o pastos comunales, pues hay que decir que en toda fundación de pueblo o ciudad las Leyes Españolas de Indias obligaban a reservar una parte importante de las afueras para estos pastos, a imitación de las tierras comunales de Castilla.

El Rancho de las Golondrinas, próximo a Santa Fe, Nuevo México, ha sido conservado tal como estaba en la época española, como forma de vida representativa de las familias en los páramos del suroeste, donde era preciso vivir de modo autosuficiente, fabricando alimentos, ropas, velas, muebles, y siempre bajo la amenaza de un ataque indio.

El rancho y la hacienda proporcionaban múltiples productos: cuero, carne, lana, leche, sebo, grasas… Las reses abonaban los campos, y muchas estancias, con centenares de miles de hectáreas, alcanzaron dimensiones excepcionales, en especial, las áridas tierras del septentrión del Imperio español. Si bien estas vastas extensiones se fraguaron tras la salida de España del continente americano, cabe decir que en los actuales Estados Unidos muchos grandes propietarios derivan su heredad de los títulos otorgados por la Corona española, y así lo han hecho valer ante los tribunales. Y no solo eso, sino que los tribunales estadounidenses están devolviendo a los indios las tierras que les arrebataron tras la salida de España, al amparo de las *Leyes de Indias*, del *Código de las Siete Partidas* de Alfonso X el Sabio, publicado en el siglo XIII, y de los títulos otorgados hace varios siglos por el rey de España.

Otros recursos ganaderos

En La Gomera, última escala terrestre en el viaje a Indias y lugar donde solían reponerse las bajas en el ganado desde la partida de la Península, se embarcaron gallos y gallinas en las naves del segundo viaje del almirante. Se reprodujeron bien en las áreas tropicales y en la meseta de México, mejor que en el más frío ambiente de los valles andinos. Como señala Tudela de la Orden[16], los indios rechazaron al principio estas aves, pues por mucho tiempo siguieron aferrados a sus costumbres y alimentos. La Corona ideó entonces concederles tierras si criaban ganado español, y además se dispuso que cada familia india mantuviera doce gallinas de Castilla y seis de la tierra (guajolotes), pudiendo por añadidura abonarse el tributo en aves y huevos. Con tales medidas, tanto los cerdos como las gallinas se reprodujeron de forma desorbitada, si bien las gallinas nunca se hicieron cimarronas, por su falta de nervio para ello. Solo la gallina de Guinea o pintada, de la que también se llevaron ejemplares, y que tiene cierta capacidad de vuelo, logró hacerse bravía en las espesuras forestales. Como hemos visto, este inicial repudio indígena hacia la gallina derivó hasta considerar el huevo como uno de los tres grandes bienes venidos con los españoles.

Los animales domésticos llevados a América sufrieron una cierta transformación anatómica, ya que en general ganaron en presencia. Por ejemplo, el gallo andaluz, al llegar al Nuevo Mundo se revistió de un colorido mucho más vistoso.

La gallina negra de Andalucía, también llamada *moruna*, fue la más asiduamente exportada a América. De ella, como apunta Laguna, acaso proceda la raza española de Cara Blanca, señalada en los Estados Unidos como la raza mediterránea más antigua.

Otra casta llevada a América fue el «combatiente español», que había de dar lugar al llamado *gallo criollo*, vistoso ejemplar de vivos colores, grande, altivo y elegante. Además, el combatiente se empleó como gallo de pelea, espectáculo antiguo donde los haya en Europa, pues ya en Grecia y Roma eran frecuentes las riñas de gallos. En Andalucía había gran afición a ellas, y eran famosos los gallos jerezanos. Como todo lo andaluz, las peleas de gallos se trasladaron a América, y aunque el Estado hizo intentos de poner fin a este espectáculo ciertamente violento, acabó declarándolo monopolio público y cobrando impuestos por ello. Hoy subsisten las riñas de gallos en diferentes partes de América y, aunque en España han sido prohibidas hace tiempo, la afición permanece arraigada.

Debemos consignar también que de América vino a Europa el pavo o guajolote, un volátil que ya habían logrado domesticar los amerindios y al que se aficionaron sobremanera los andaluces. Fue el único producto ganadero de América que se incorporó a la alimentación europea. A su vez, el pavo real, llegado a España con la dominación árabe, aunque fue llevado a América, donde se le conoció como *pavo de Castilla*, no prosperó en su crianza.

La introducción del gusano de seda fue objeto de atención por Hernán Cortés, tan pronto como pacificó México y pudo dedicarse a la tarea de introducir la cultura española. En sus escritos consta la petición de moreras, aunque ya existía en América una variedad silvestre de este árbol, así como abejas no domesticadas. Se sabe que su hijo, Martín Cortés, poseía ya más de cien mil moreras en su hacienda de Cuernavaca, y que la producción de seda estaba en su apogeo en el valle de México, hasta que la seda de Filipinas, de más calidad y más barata, arruinó la incipiente industria sedera mexicana. Maravillaba a los españoles el hecho de que, al implantarse en el trópico, las moreras conservaban la hoja todo el año, que las semillas no precisaban guardarse un tiempo entre las ropas o contra el pecho para que germinaran con ese calor adicional y que los gusanos no morían por frío o por calor, como en la Península.

El toro bravo

Una fiesta de tanta raigambre hispana como la de los toros bravos, y de tanta devoción en Andalucía, no hubiera podido quedar al margen de la colonización española. Ya en el primer tercio del siglo XVI, tan pronto como los españoles se asentaron de modo efectivo en México, surgieron las primeras inquietudes taurinas. La vuelta de Hernán Cortés de su accidentada expedición a las Hibueras (inútil, excepto para la legión de enemigos del conquistador, que bien supieron aprovechar su ausencia) fue celebrada en la capital mexicana con una corrida de toros con ganado cimarrón.

A un primo de Cortés, Juan Gutiérrez Altamirano, se le atribuye el mérito de iniciar la crianza de ganado bravo en México. Para ello importó una casta de Navarra y formó la ganadería de Atenco, que significa «junto al río», por el lugar de su emplazamiento. Con ella inició una larga tradición mexicana de toros rizosos, de corte más bien pequeño y pelo castaño.

Una vez más, la influencia de las Marismas del Guadalquivir sobre América fue determinante, aunque en lo tocante al toro bravo, de modo indirecto. Como explica Laguna[17], a partir de reses bravas de las marismas se creó en 1740 en Utrera, Sevilla, la ganadería de Vistahermosa, los toros *condeses*, que tanto influyeron en otras líneas bravas como Parladé, Tabernero, Gamero Cívico, Concha y Sierra y Marqués de Saltillo. El influjo de los *saltillos* en las vacadas bravas mexicanas, a través de unas y otras combinaciones, sería decisivo.

México, que por algo se llamó durante trescientos años Nueva España, sería el país de América con mayor número de ganaderías bravas, hasta el punto de no poder dar abasto a la demanda. Perú y Colombia también las poseen, y durante mucho tiempo han sido muy afamados los toros criollos de Colombia, los llamados *toros llaneros*, cuyo origen se encuentra en los Llanos de la cuenca del Orinoco, que comprenden vastas extensiones de Venezuela y Colombia y que, como ya hemos explicado, guardan una sorprendente similitud con las Marismas del Guadalquivir. En las marismas se criaron durante mucho tiempo las reses bravas de Concha y Sierra, aunque las progresivas desecaciones redujeron la extensión marismeña de doscientas mil hectáreas a las cincuenta mil actuales, protegidas por el Parque Nacional de Doñana.

Al igual que otras razas, las de toros evolucionaron al contacto con el Nuevo Mundo. Si bien la presencia original se mantenía o se acrecía, no ocurría lo mismo con la bravura. Los toros, al poco tiempo de instalarse en los campos americanos, perdían una parte de su bravura originaria.

La plaza de toros de El Acho, en Lima, es uno de los referentes actuales de la fiesta taurina en América.
Por más que en los últimos tiempos estén siendo atacadas, las corridas de toros pertenecen a la más antigua tradición mediterránea e hispánica, y forman parte indisoluble de ella.

Ha sido constante motivo de interrogante y estudio el hecho de que el ganado llevado de España, al implantarse y reproducirse en América, perdía bravura. La explicación es múltiple, y reconduce a una misma causa: América es, en lo ecológico, un continente harto más pacífico que otros como Europa o África. Únicamente hay dos grandes depredadores, el puma y el jaguar (el *león* y el *tigre*), contra la pléyade de agresivos carnívoros que pueblan los otros continentes. América es, en cambio, el continente de las aves de inconcebible colorido, de la floración lujuriosa, de los escenarios naturales sobrecogedores. Una región, pues, donde todo crece sin esfuerzo, donde las cosechas se multiplican, donde la vida es fácil. La vista, la cantidad, el color, el aspecto externo, todo ello es claramente superior en América. En cambio, el sabor, el contenido, la calidad, no están a la altura de su apariencia, y ello afecta también a la bravura de los toros.

Hoy, cuando tantas voces se dirigen contra los toros, debemos recordar que la *fiesta* por excelencia se halla enraizada con la más ancestral tradición y cultura mediterráneas y que, por su extensión al Nuevo Mundo, forma parte inseparable de la rica civilización hispánica. Ya que las protestas proceden siempre de los círculos animalistas extremos, debe recordarse que la única razón de ser de la especie llamada *Bos taurus* es la tauromaquia, ya que si fuera por razón de su carne carecería de sentido mantenerla. Por tanto, suprimir las corridas de toros, destino exclusivo del toro bravo, supondría hacer desaparecer del registro de las especies vivas a una de las más hermosas del mundo animal.

III

URBANISMO, ARQUITECTURA Y ARTE

La ciudad rectangular

Sorprende a todos los viajeros la uniformidad urbanística de las ciudades hispanoamericanas, su trazado rectilíneo, su gran plaza mayor como centro neurálgico de la vida ciudadana. Una constante que se repite desde Santa Fe, en Estados Unidos, hasta los núcleos urbanos de la remota Patagonia. Resulta ilustrativo al respecto el conocido párrafo del tratadista iberoamericano Rojas Mix, cuando se encontraba callejeando por la ciudad alemana de Colonia:

> Nunca supe muy bien el nombre de las calles; mas mi sentido de orientación era perfecto, una paloma mensajera. Pero Colonia no era una ciudad de América Latina a la que estaba habituado. Su topografía no tenía nada que ver con *mi topografía mental*, que en general yo atribuía a todo trazado urbano. Depositado en una de *mis* ciudades, en cualquier calle que me encontrara, sabía que a derecha e izquierda tenía otras paralelas, que al frente y a mi espalda eran todas perpendiculares, y que en el centro se encontraba la «plaza de armas» con la catedral. ¡Pero la ciudad de Colonia ni siquiera tenía la catedral en el centro! (o en todo caso su noción de centro resultaba para mí incomprensible).
>
> Mi condición de americano se manifestaba con una condición urbanística. Me bloqueaba para concebir otras calles que no fuesen las rectas u otro tablero urbano que no fuese el damero. Descubrí entonces que aquella orientación que siempre me había parecido tan natural, que esta especie de instinto para encontrar el camino, no era producto de un sexto sentido, sino la resultante de una serie de condiciones lógicas (ideo-lógicas) que me había suministrado mi entorno. Esa imagen urbana que llevaba conmigo y que me impedía comprender la organización de la ciudad europea era el resultado de circunstancias sociales e históricas que yo había modificado y transformado en la naturaleza (la había transformado en la ciudad en sí). La imposibilidad de orientarme era consecuencia de algo muy simple: la representación que tenía del mundo físico exterior no encajaba con el mundo al cual acababa de trasladarme. La última reflexión que cruzó por mi mente fue por qué había realizado la absurda e *irracional* operación de querer traducir ese nuevo entorno en el que me hallaba al

modelo americano. Por eso, porque era el único modelo por mí conocido. Y me di cuenta en aquel momento de la importancia práctica y emotiva que para mí tenía la imagen de la ciudad americana. Era inmensa.

¿A qué se debe esta disposición de las ciudades fundadas por España en Hispanoamérica, esta exactitud del trazado, cuando las ciudades de la metrópoli se caracterizaban exactamente por lo contrario? Y precisamente en Andalucía, troquel de la colonización americana, las poblaciones presentaban una faz tortuosa, enrevesada, muy distinta al diseño reticular de los núcleos coloniales.

El modelo de ciudad rectangular, con calles largas y rectas, manzanas cortadas a escuadra y una de ellas suprimida para albergar la plaza mayor, es nota esencial del urbanismo hispano y otorga una gran claridad y uniformidad a las ciudades de América. Procede del romano Vitruvio, continúa con tratadistas como Eximeno, quien defiende también el trazo en damero, y encuentra en la Península precedentes como Puerto Real, Briviesca y, sobre todo, Santa Fe, la ciudad construida cerca de Granada para culminar la Reconquista.

Algunos autores, como Chafon, sostienen que este diseño ya se hallaba presente en las concentraciones urbanas prehispánicas. Tenochtitlan, con su trazado regular y su enorme plaza, constituiría, al igual que otras ciudades amerindias, un antecedente directo de las ciudades españolas de nueva fundación, que solo habrían incorporado elementos arquitectónicos de nuevo cuño, como la formación de paños continuos a lo largo de las calles, pero la estructura urbanística básica ya asomaría en esas poblaciones, respondiendo a la concepción que tenían las religiones indígenas del Universo, dividido en cuatro grandes regiones, la orientación que se daba a las plazas y calles precolombinas.

Esta tesis se encuentra sin embargo desechada, pues las primeras ciudades hispánicas de las Antillas, que no conocían la regular grandiosidad de las ciudades interiores de América, poseían ya esa traza uniforme, que luego iba a hacerse norma en el resto de los núcleos fundados.

La explicación hay que buscarla, por tanto, en otra parte, y para ello debemos remontarnos a Europa y tan lejos como a Grecia, donde el filósofo griego Hipodamo de Mileto ya defendía el esquema cuadriculado como el ideal de ciudad. Estas premisas fueron incorporadas por los urbanistas romanos, tan racionalistas en todo, que desde los campamentos militares o *castra* extendieron el modelo cuadriforme al resto de las ciudades, como acreditan ciudades de la órbita romana bien conservadas, como Braga, en Portugal, o Sagunto, Mérida, Valencia y Zaragoza, en España. El gran teórico de esta planificación urbana fue Marco Vitruvio, que en el siglo I a.C escribió su tratado *De Architectura*, cuyo influjo habría de prolongarse hasta quince siglos más tarde. Las tesis de Vitruvio iban a estar presentes en los tableros de dibujos de los urbanistas de la frontera entre la Edad Media y la Moderna, tanto en los de Europa como en los de la América española.

Sin embargo, el eclipse del Imperio romano y el devenir del tiempo modificaron sensiblemente el diseño original de las ciudades, sustituido por el medieval: un enredijo de calles cuyo máximo exponente se alcanza en las ciudades hispano-árabes, laberintos de calles tortuosas y curvas. Ejemplos bien representativos son la judería de Córdoba o Jerez de los Caballeros, ovillo de callejas sin apenas plaza donde la población pueda congregarse.

A diferencia del urbanismo iberoamericano, los pueblos y ciudades españoles adolecen de falta de uniformidad. Especialmente en el Sur, sus calles son estrechas, tortuosas, enrevesadas, como se aprecia en la judería de Córdoba o en Jerez de los Caballeros, producto de la herencia árabe y judía en la Península.

Esta concepción urbanística habría de modificarse de nuevo con la irrupción de las ideas renacentistas. En la Europa todavía medieval se dibujaban ya villas, bastidas o pueblos de trazo rectilíneo, que penetraban en España por esa vía de comunicación cultural tan decisiva para la asimilación de la cultura europea que fue el Camino de Santiago. El comercio influyó en el resurgir de ciudades con esta nueva planta, apreciable en núcleos como Carcassonne, en Francia.

Briviesca, en Burgos, fue llamada «la bien trazada». Reconstruida en el siglo XIV, adoptó los nuevos ideales urbanísticos. Presenta un plano de cinco calles que se cortan en ángulo recto con otras cinco, formando manzanas regulares de las que dos se suprimen para formar la plaza mayor. Briviesca fue muy visitada por los Reyes Católicos en sus viajes por la Península, y reprodujeron el modelo en Santa Fe.

Los renovados modelos urbanísticos, mitad militares, mitad comerciales, penetrarían, pues, en la Península Ibérica a través del Camino de Santiago, y se extenderían hacia el Sur y el Este con el empuje de la Reconquista. En la ruta jacobea han quedado jalones del trazado regular en ciudades como Santo Domingo de la Calzada, Puente la Reina y, sobre todo, Briviesca, en Burgos, considerada por muchos como el antecedente directo, con Santa Fe, de la ciudad hispanoamericana. La primitiva Briviesca cambió su emplazamiento en el siglo XIV y, al construirse de nueva planta, pudo incorporar las modernas ideas urbanísticas. Fue llamada «la bien trazada» y presenta un plano de cinco calles que se cortan en ángulo recto con otras cinco, para formar una regularidad de manzanas de las que dos son suprimidas para obtener la plaza mayor. En definitiva, una composición que recuerda lo que luego será la ciudad colonial. Debe tenerse en cuenta, además, que los Reyes Católicos, en sus incansables traslados para tejer pacientemente la unidad española, pasaron varias veces por Briviesca y debieron tomar buena nota de su plano, que luego hicieron reproducir en el campamento de Santa Fe, junto a Granada.

Este ideal ciudadano contaría en los siguientes años con dos puntos de apoyo. Intelectual el primero, con la tesis del fraile franciscano Eximeniç o Eximeno, quien en *El cristiá*, escrito en 1384, recogía las opiniones de Vitruvio y defendía la traza en damero con plaza mayor, como esquema ideal de ciudad. Y, desde un punto de vista mucho más práctico y efectivo, la Reconquista, que impulsaba y extendía el modelo en las regiones que recuperaba para la causa cristiana.

Nacían así muchas ciudades en el Levante, como Castellón, Nules, Almenara o Villareal de Burriana, esta de cuadro perfecto, muy en la línea de Briviesca. Y, en el Sur, a partir del siglo XIII surgían ciudades de trazo reticular, tan opuesto al de los pueblos andaluces de la dominación árabe. El Puerto de Santa María, Puerto Real, Almería, Chipiona, Cádiz, La Vera, Benamejí, entre otros, son núcleos alumbrados al amparo de esta nueva hornada urbanística.

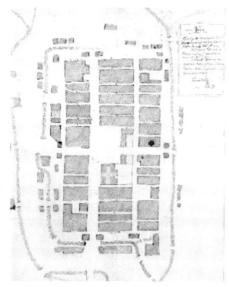

El modelo inspirador definitivo de las ciudades hispanas en América fue Santa Fe, desde la que se preparó el asalto final a Granada. Manzanas regulares, una plaza central, cuatros puertas de acceso a la ciudad y calles estrechas y rectas. En Santa Fe se percibe, ya directamente, el patrón urbanístico generalizado después en las ciudades americanas.

Pero sobre todas ellas descuella sin lugar a dudas Santa Fe, el campamento militar que fundaran los Reyes Católicos para culminar el asedio al reino de Granada. Se orientaba de acuerdo a los puntos cardinales, y dos calles principales cruzaban la plaza principal. Manzanas regulares, una plaza central, cuatro puertas de acceso a la ciudad y estrechas calles interiores completan el cuadro de la ciudad, cuya visita hoy nos traslada de inmediato a un poblado de aspecto bien distinto al habitual de la mayoría de los pueblos españoles, que aún conservan el patrón moro. En Santa Fe se palpa ya el proyecto en damero, y bien significativo es que por ella deambulara muchas veces alguien que muy poco tiempo después iba a tener una influencia personal enorme en la concepcion de la nueva ciudad de Hispanoamérica: Nicolás de Ovando, refundador de Santo Domingo de Guzmán, ciudad matriz y modelo de las muchas que vendrían después. En las instrucciones que Fernando el Católico diera a Ovando no figura de modo explícito la norma que luego aplicaría, pero sí se encuentra de forma implícita.

Santiago de Cuba, que responde de modo fidedigno al trazado reticular, fue fundada un poco más tarde y, con la caída del Imperio azteca, se desencadenó un verdadero frenesí constructor, «plaga bíblica», que diría el franciscano Motolinía, al contemplar la desaforada actividad en la recién conquistada Tenochtitlan, arrasada hasta los cimientos y erigida de nuevo. Pero es en la fundación y levantamiento de ciudades, ejes de la dominación española en el Nuevo Mundo, donde se puso más visiblemente de manifiesto el espíritu colonizador, que tantas veces se ha comparado con el otro gran imperio constructor, el romano. Las ciudades fueron, sin género de dudas, los centros de gravedad del orbe hispano, los instrumentos para la articulación efectiva del poder sobre los extensos territorios recién descubiertos y sobre sus gentes.

La pauta cuadriculada alcanzará rango legal con las famosas *Ordenanzas de Nuevas Poblaciones* de 1573, dictadas por Felipe II, que disponen la fisonomía que han de tener las ciudades que se funden en América y que no hace otra cosa que sancionar la costumbre establecida. Las calles han de trazarse «a regla y cordel», con manzanas de igual tamaño y calles que se crucen en ángulo recto, suprimiendo una o dos cuadras para crear la plaza mayor, corazón incuestionable de las nuevas ciudades.

El resultado final de la planificación urbana fue que España aplicó un patrón fijo a las numerosas ciudades por ella fundadas, y esa huella es perceptible hoy. Se generalizó una fisonomía urbana de gran claridad, en lugares llanos y abiertos, donde era fácil el acceso a los campos y la salida de la caballería en caso de amenza, una precaución siempre latente entre los colonizadores.

Los españoles que lucharon por expulsar a los moros de la Península debieron encarar muchas dificultadas en las sinuosas callejuelas árabes, donde el caballo y la espada carecían de espacio para la maniobra y tenían preferencia el peón y el puñal. Las ciudades medievales bajo la dominación árabe estaban pensadas precisamente para eludir a la caballería: núcleos sobrealzados en las cumbres de los cerros, especie de castillos urbanos, como dan fe tantos pueblos extremeños y andaluces de hoy; rodeados de murallas, serpenteantes en sus calles estrechas, recatadas de esquinas, ángulos y rincones.

Desde que pusieron pie en América, los españoles se percataron de la supremacía absoluta del caballo en el combate, pero siempre que las condiciones del terreno lo permitieran. Sobre campos llanos esa hegemonía era indiscutible, pero cedía en parajes escabrosos o de montaña. La ciudad americana, amplia, espaciosa, fue la traducción urbana del campo abierto, e incluso la plaza mayor, de impresionante dimensión, fue el equivalente a un campo de batalla, donde la caballería podía desarrollar sus acciones envolventes y evidenciar todo su poderío. La ciudad americana busca desprenderse de todas esas revueltas y recovecos de las urbes medievales, disponiendo un dibujo diáfano y lineal. De algún modo, sin perjuicio de la «borrachera de espacio» de que habla Chueca Goitia que embargó a los españoles al entrar en contacto con el Nuevo Mundo, puede afirmarse que, en buena medida, las ciudades americanas son un producto derivado de las necesidades de la caballería.

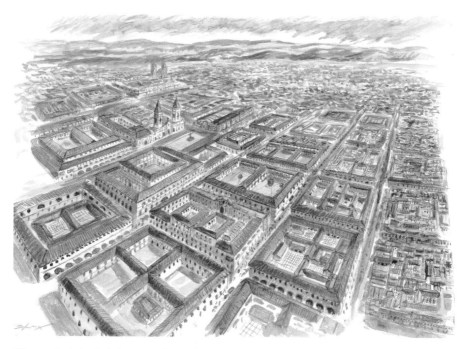

El trazado de la ciudad comenzaba por la plaza mayor, a partir de la que se delineaban las demás calles, que se cortaban en ángulo recto, «a regla y cordel». Los solares se repartían a partir de la plaza, en orden decreciente según la jerarquía de los soldados de la hueste. En la periferia del casco urbano se repartían las parcelas agrícolas y, más allá, se disponían ejidos o áreas comunales para pastos, bosques y aprovechamiento de leña, frutos silvestres o caza.

La ordenación a escuadra permitía además un fácil crecimiento de la ciudad, previsión que hizo hacedera la extensión ordenada y no anárquica de las urbes americanas, y que hubiera sido imposible de contar con murallas exteriores. Estas fueron consustanciales al paisaje urbano-medieval de España, pero en América se desecharon, en aras de la racionalidad general de la planificacion y porque convenía también a la estrategia militar, pues como hemos visto la caballería podía así salir sin trabas al combate para resolver el peligro, siempre latente, de una revuelta india. Téngase en cuenta que no era por azar que a los indios les estuviera vedado el acceso a los caballos.

Ciudades en Iberoamérica

Ciudades fundadas por España ⊙

Península del Labrador

L. Superior

Huron

Virreinato

de

⊙ San Francisco

⊙ San Juan Pueblo

⊙ Santa Fe

Nueva España

⊙ Los Ángeles

⊙ San Diego

⊙ El Paso

⊙ San Antonio

⊙ Chihuahua

⊙ Pensacola

⊙ San Agustín

⊙ Zacatecas

Golfo de México

⊙ La Habana

Guanajuato ⊙ Querétaro

⊙ México

⊙ Mérida

Islas Antillas

⊙ Veracruz

⊙ Acapulco

⊙ Guatemala

⊙ Santo Domingo

Caribe

Capitanía General de Guatemala

⊙ San José

⊙ Panamá

⊙ Caracas

Islas Galápagos

Virreinato de Nueva Granada

⊙ Bogotá

⊙ Quito

Virreinato de Perú

⊙ Guayaquil

⊙ Trujillo

BRASIL

⊙ Lima

⊙ Cuzco

⊙ Ayacucho

⊙ La Paz

⊙ Salvador

⊙ Bahía

⊙ Porto Seguro

⊙ Río de Janeiro

⊙ Sao Paulo

⊙ Asunción

⊙ La Serena

⊙ Córdoba

OCÉANO

PACÍFICO

⊙ Valparaíso

⊙ Mendoza

⊙ Santiago

⊙ Buenos Aires

⊙ Montevideo

Capitanía General de Chile

⊙ Valdivia

Patagonia

OCÉANO

ATLÁNTICO

Islas Malvinas

Tierra de Fuego

España fue una gran fundadora de ciudades en América. Es inmensa la relación de ellas, y muchas de las mayores ciudades del mundo, como Lima, Bogotá, Buenos Aires o Santiago, son fundaciones de nueva planta, construidas para consolidar la presencia española. Otras, como la capital de México, se construyeron sobre ciudades prehispánicas, como Tenochtitlan.

España impuso, pues, para las ciudades, la misma sencillez e idéntico racionalismo y sobriedad que puede apreciarse en el monasterio de El Escorial, edificio que resume mejor que nada el espíritu del monarca español, a un tiempo sobrio, metódico y, empero, grandioso. La planificación urbana de Hispanoamérica no se reproduce en Europa, que tomó un rumbo distinto para sus ciudades, como tan elocuentemente comentaba Rojas-Mix, y ni siquiera en la órbita portuguesa o anglosajona de América se impuso esta pauta, verdadera seña de identidad para el urbanismo hispanoamericano.

El rasero urbano rectangular fue generalizado, pero la topografía no siempre lo hizo posible, sobre todo cuando la elección del emplazamiento venía exigida por las circunstancias. Es el caso de las ciudades mineras, como la villa imperial de Potosí, adscrita geográficamente al cerro de su nombre, la montaña de plata tan determinante en la historia económica de la América hispana. Las calles de Potosí son un remedo de las intrincadas callejas andaluzas, que se retuercen, ascienden o bajan siguiendo las propias ondulaciones del terreno. Una estructura anárquica que desentona, por su excepcionalidad, en el cuadro general de las urbes americanas, pero que no impidió a Potosí erigirse en su momento, con sus 160 000 habitantes, en la urbe más populosa de América, superando incluso a muchas de las grandes capitales europeas de entonces.

Otras clasificaciones atienden al carácter y finalidad de las ciudades, como la que hace Solano[5], quien distingue entre ciudades político-administrativas, que son las capitales de los virreinatos; las agrícolas y ganaderas, con mucho el grupo más numeroso; los centros mineros, como Potosí y Zacatecas; las ciudades portuarias, como Veracruz; los centros militares o presidios, tan abundantes en el norte del territorio de México, donde la permanente hostilidad de los indios exigía un redoblado esfuerzo militar de protección colonial; y los centros religiosos, como los pueblos-hospital de la región de Michoacán, las reducciones jesuíticas del territorio guaraní o las misiones de la periferia del ámbito hispánico, como las de La Florida, California o Nuevo México.

El ritmo urbanizador de la América hispana, a veces en verdad obsesivo, determinó que en 1630 se hubieran fundado nada menos que 360 núcleos urbanos de cierta importancia, incluidas capitales que más adelante alcanzarían el renombre de México, Bogotá, Lima, Quito, Asunción, Panamá, Guatemala o Santiago de Chile. Lo que demuestra que la colonización española, sobre una base de fuerte personalidad rural (agricultura, ganadería extensiva), fue, sobre todo, intensamente urbana.

Entre las huestes adelantadas hubo verdadera acucia por fundar poblaciones, porque sin ese trámite no existía posesión, sino una tropa que avanzaba sin más por un territorio. Fundar era el título jurídico que consolidaba y daba forma a esos avances, lo que legitimaba definitivamente la acción del capitán y la posesión de la tierra en nombre del rey. Se fundaba además para dominar el terreno, para erigir avanzadillas sobre un espacio casi inabarcable, en el cual asentar vecinos que, en un momento dado, si el caso lo pedía, tomaban las armas y se convertían nuevamente en soldados. Y se fundaba finalmente, y esto era crucial, para constituir un cabildo que diera validez jurídica a las apropiaciones de solares y parcelas por parte de las huestes militares, convertidas en vecinos tras el cabildo.

Poblado de Santa Elena, la primera ciudad fundada por España en los Estados Unidos. Las primeras ciudades y viviendas construidas por los españoles en el Nuevo Mundo se parecían mucho a las andaluzas del siglo XVI, como puede verse en la actual aldea de El Rocío: ciudades y casas sencillas, de una planta, techumbres planas, fachadas encaladas, rejas... A medida que pasó el tiempo, las ciudades se fueron haciendo más complejas y aparecieron desagües, ajardinamientos, alamedas, fuentes públicas, monumentos...

Fundación suponía, pues, posesión del enclave en nombre de la Corona, y posesión particular de las tierras en nombre propio, particular, de cada uno de los colonizadores.

Cómo fundar una ciudad

Las *Ordenanzas* de Felipe II dictaban normas precisas sobre el modo de fundar ciudades «proveyendo para una cuidadosa elección que no malograra el intento, a cuyo objetivo se debía observar que en la comarca hubiera nativos viejos y mozos de buena complexión, copia de animales sanos y de competente tamaño, buenos frutos y no ponzoñosos, el cielo claro, benigno y suave el aire, sin impedimentos, sin exceso de frío o calor», aunque, si había que elegir, mejor que fuera frío, y rechazando de plano las zonas pantanosas. Se recomendaba mirar por la presencia de agua abundante, pastos para criar ganados, así como montes y arboledas donde proveerse de leñas y materiales para casas y edificios. Se dictaban otras pautas acerca de la ubicación de la plaza mayor, tema capital al que luego volveremos, sobre la disposición ordenada y regular de los edificios y sobre otros muchos pormenores.

La fundación de una ciudad era un momento solemne, que comenzaba con la toma de posesión física del terreno, marcando a espada los árboles o clavando las uñas en el suelo. Luego venía la llamada «tira de cuerdas», cuando se trazaban las calles iniciales «a regla y cordel».

La fundación de un nuevo centro urbano tuvo siempre mucho de solemne y algo de puramente biológico, pues se iniciaba con la declaración formal del capitán de la expedición fundadora, quien ante el escribano —la presencia de un escribano que documentara los hechos fue una constante en todos los actos púbicos de la historia colonial de América— tomaba posesión jurídica, en nombre del rey, del terreno destinado a la población. Y física, clavando las uñas en el suelo, marcando a espada los árboles, paseando dentro de los límites fijados, arrancando hierbas y matojos y realizando otras acciones de ocupación material que en nada difieren del marcaje que los mamíferos hacen de su territorio.

Levantada acta, como señala Domínguez Compañy[6], el jefe de la expedición trazaba el plano básico de la nueva población. Se comenzaba por la plaza mayor, corazón urbano del que arrancaban, delineadas a cordel, las distintas calles, en perfectos ángulos rectos. El escribano también tomaba nota de los solares distribuidos a los soldados de las huestes, en orden jerárquico decreciente a partir de la plaza, según ostentara la categoría de capitán, caballero o peón. Terminado el casco urbano, se procedía al reparto de peonías o caballerías en el anillo exterior de la población, las parcelas cedidas a los soldados para su explotación primitiva y, más allá, se señalaba el terreno destinado a ejidos o pagos comunales, según el modelo castellano de zonas comunes para pastos. Solían asimismo declararse áreas de montes, que según la normativa jurídica española eran campos extensos dedicados al aprovechamiento comunal de frutos silvestres, como caza, pesca, leñas y maderas (esta distribución del espacio es observable en cualquier pueblo castellano de hoy: aledañas a las casas se sitúan las huertas y corrales; en el siguiente anillo se encuentran los campos de cultivo, más cerca los sembradíos y más lejos los cereales; después se abren los terrenos dedicados a pastos, y se cierra el término, a lo lejos, con los montes de encina y el matorral).

La plaza mayor es otra de las notas relevantes del urbanismo de la América hispana. Surge de la supresión de una o dos manzanas y es el verdadero epicentro de la vida ciudadana, tanto en lo vecinal como en lo político-administrativo. Se caracteriza por sus enormes dimensiones, en proporción a las dimensiones colosales del territorio.

A continuación de la fundación física y la distribución de las tierras adyacentes, y muchas veces antes de ello, tocaba el turno a la elección del órgano rector, el Cabildo, institución de la máxima importancia y vigencia a lo largo de todo el período colonial, que mantuvo siempre gran enjundia, incluso mientras en la propia Península se debilitaba a instancias de la tendencia centralizadora de los reyes. El capitán nombraba entre los ya vecinos a los dos alcaldes, los regidores, el alguacil mayor y el escribano, nómina exigua y mínima que se iría haciendo más compleja en la medida que crecieran las ciudades.

La plaza mayor

La plaza mayor americana es el centro de la ciudad en todos los sentidos, su parte más vital, a partir de la cual, como en las ondas de un estanque, se fabrica el resto del organismo de la urbe. Surge de la supresión sin más de una o dos manzanas, y sus dimensiones son colosales, proporcionadas a la magnitud de las tierras del Nuevo Mundo.

La plaza mayor estaba ya en España desde el siglo XIII, pero ni con tal extensión, ni en todas partes. Mientras en Andalucía subsistía el trazado árabe, sin apenas plaza, en la mitad norte de la Península ya se encontraban notables precedentes de la plaza americana, con parejas funciones de núcleo de comercio y reunión de los vecinos. Tales serían las de Medinaceli, Cacabelos en el Camino de Santiago, Pastrana, las plazas del País Vasco, Asturias y Cantabria, y sobre todo la plaza mayor de Medina del Campo, capital de la famosa feria ganadera, de la que por su relevancia económica llegó a decirse que todos los caminos peninsulares llevaban a Medina. Esta plaza, la mayor de España, diseñada para el comercio (la iglesia disponía incluso de un altar abierto a la plaza, para que los vendedores pudieran seguir la misa sin abandonar sus puestos), está considerada como el antecedente más inmediato de las plazas hispanoamericanas. No así otras plazas como las de Madrid o Salamanca que, aunque grandes, de diseño cuadrado y bordeadas de soportales para el comercio, son recintos cerrados, sin la presencia en ellos de los edificios más importantes de la ciudad, sin la apertura a las calles contiguas, tan característica de las plazas allende el Atlántico, concebidas para el fácil acceso de la caballería. Porque, en efecto, la función primera de las plazas mayores de América fue la defensa contra los indios, y por eso se llamaron siempre «plazas de armas». En la plaza se realizaban los alardes militares, y en su centro solía estar la picota o rollo de la Justicia.

Las funciones de la plaza mayor fueron y son múltiples: la concentración del poder político; el lugar cotidiano de reunión de los vecinos, donde se comentan las incidencias del día; el comercio, ya que en ella se celebran los mercados semanales o diarios; el lugar de las grandes celebraciones; y antaño, dadas sus dimensiones, facilitar los movimientos de la caballería.

Uno de los grandes destinos de la plaza mayor fue el comercio, para lo cual se rodearon de soportales, como en muchas plazas peninsulares. En las plazas se celebraban los grandes mercados anuales y los mercadillos semanales o diarios, donde se vendían y se venden alimentos, animales, ropas y productos domésticos. No es casual que la expresión «hacer la plaza», o efectuar la compra diaria, provenga de esta costumbre, que se ha mantenido no solo en América, sino en la España de hoy, donde es hábito arraigado que los pueblos y las ciudades medias celebren día de mercado, y los vecinos prefieren comprar aquí antes que en los establecimientos modernos.

La comunicación es uno los elementos esenciales del carácter hispano, y ningún lugar como la plaza mayor para manifestarlo. Diariamente, en las plazas mayores de todas las urbes de Iberoamérica, los vecinos se reúnen a la caída de la tarde para departir unos con otros.

Porque la plaza mayor es, por encima de todo, lugar de reunión de los vecinos. En América todos fueron un día forasteros, y la comunicación con los demás fue una necesidad. De por sí, los colonos procedían de un país altamente sociable, muy dado a la tertulia, a la conversación de calle, al contacto continuo con los convecinos. En América, como casi todas las cosas, estas raíces se agrandaron y encontraron el vehículo idóneo de aplicación en la plaza mayor, prolongación del patio de vecinos, del salón de la casa propia, el lugar de intercambio de opiniones, la tertulia colectiva. Resulta sugestivo instalarse un domingo por la tarde en la plaza mayor de Santiago de Cuba, de México, de Santo Domingo, de cualquier urbe hispana, y contemplar los corrillos de amigos o parientes, los requiebros de las parejas, comprobando que la plaza sigue siendo el lugar donde se despejan todas las soledades y donde más precisamente se concreta el carácter hispano, alegre, hablador, bullicioso y comunicativo. Algo tan distinto a lo que encontramos en la colonización angloamericana, que prefirió la dispersión y el aislamiento a la concentración, y donde es imposible, por tanto, hallar algo ni remotamente parecido a la plaza mayor hispana, la que contemplamos desde Santa Fe, en Nuevo México, hasta Punta Arenas, a once mil quinientos kilómetros.

Si las ciudades hispanas fueron el instrumento articulador del Imperio español, y la plaza mayor el corazón de las ciudades, en las plazas se tejió entero el mundo de la hispanidad. En ellas se celebraban los grandes acontecimientos, como la llegada de un virrey o el nacimiento de un heredero al trono de España; en la plaza se comentaban las noticias sobre la victoria en una importante batalla o la promulgación de una norma que afectaba de lleno a los intereses de los colonos; se lamentaban los últimos ataques piratas, se escenificaban batallas famosas y se castigaba a los reos en la picota. En la plaza mayor estuvo, pues, el latido constante, el pulso diario del orbe hispano.

La plaza mayor albergaba los principales edificios de la ciudad: la iglesia, el cabildo, el palacio del gobernador. Disponían las *Ordenanzas* de Felipe II que los solares de la plaza debían dedicarse también a los servicios ciudadanos y a los establecimientos de los tratantes, pero no a casas particulares. Estas se situaban en las parcelas contiguas a la plaza, y siempre de acuerdo a la jerarquía respectiva de los colonos, de modo que la oficialidad de una hueste conquistadora retenía siempre los solares más próximos a la plaza. La evolución posterior de la población demostró que las pautas peninsulares tendían a reproducirse en las ciudades coloniales, pues las calles se fueron agrupando por gremios profesionales, como acreditan todavía hoy numerosos rótulos de calles a ambos lados del Atlántico: calle de los plateros, zapateros, talabarteros, muleros, curtidores, etc.

Evolución de la ciudad

El primer asiento del poblado, como ha reflejado Domínguez Compañy[7], es precario y provisional, pues nadie sabe si arraigará la fundación. Fueron muchas las poblaciones que, debido a los mosquitos, la insalubridad de la zona o la convivencia de su ubicación en el tejido general de las comunicaciones, cambiaron de lugar. Por eso los vecinos construían sus casas con los materiales que hallaban a mano, como guano, madera u hojas de palma. Y eso, pese a que las *Ordenanzas* disponían que las casas «se edifiquen de buenos cimientos y paredes, y vayan apercibidas de tapiales». Pero lo que imperó en los primeros tiempos fue el bohío de paja y adobe (*bujío de paja*), reservándose la piedra para los edificios principales, como las iglesias, la casa del capitán o gobernador y la sede del cabildo.

Conforme el núcleo se consolide, los vecinos tenderán a suplir el adobe por la madera, y esta, por la piedra, planta definitiva que daba paso al ansiado título de «hijodalgo de solar conocido».

Ciudad de San Agustín en el siglo XVII. Los españoles construyeron en el siglo XVI las calles y viviendas conforme al patrón andaluz que puede verse hoy en la aldea de El Rocío, en Huelva. Pero las circunstancias del clima local impusieron variantes sobre ese patrón. Así, en La Florida, región batida por lluvias y huracanes, el adobe fue siendo sustituido por la piedra, y las techumbres de paja se adaptaron mejor al entorno, quedando al final un híbrido de elementos peninsulares y autóctonos.

Numerosas disposiciones de los cabildos americanos dan cuenta de la preocupación por la salubridad del asiento urbano y por el suministro regular de aguas. Consta en innumerables actas la orden de no arrojar desperdicios a las zanjas y acequias, de no mantener a los animales domésticos en los propios patios, de limpiar el frente de las casas, de instalar en las afueras los servicios contaminantes como carnicerías, tenerías o pescaderías…

Normas tan necesarias como desoídas a lo largo del siglo XVI, en el que la insalubridad de las ciudades, tanto americanas como europeas, era lo usual, y los barrios, fuente de contagios y enfermedades. Pese a lo cual, los vecinos se esforzaban en que sus casas lucieran exteriormente con flores y adornos, y acaso ese desinterés por la higiene básica, de fondo, la que tiene que ver con los desagües y los desperdicios, curiosamente unida a la preocupación por el adorno particular e individual de las casas, tenga mucho que ver con la idiosincrasia de las gentes peninsulares del ámbito rural, donde sobre la fachada blanca, recién encalada y siempre impoluta, lucen hermosos geranios y rosas, pero ello puede ser perfectamente compatible con unas deficientes condiciones de salubridad general de la población, que no se preocupa demasiado si los residuos se acumulan o si las aguas se vierten fétidamente. Un resabio postrero de la vieja hidalguía española, la apariencia esplendorosa que oculta los defectos.

Con el curso de los años y la mejora económica general, llegaron estas prevenciones a las ciudades. Y si el siglo XVI conoce unas ciudades elementales, simples conglomerados humanos que van creciendo, a partir del siglo XVII se aprecia el interés por su embellecimiento: en las grandes ciudades americanas brotan las alamedas, los ajardinamientos, las fuentes públicas, los monumentos… La ciudad se hace más compleja en lo físico y en lo jurídico, con nuevos cargos que complicarán la nómina municipal, como alféreces mayores, alarifes, diputados, porteros, pregoneros, maceros, atambores. Las urbes americanas, desde aquellos balbuceos fundacionales no dejarán de crecer, y algunas, como Ciudad de México, se pondrán a la cabeza del planeta en número de habitantes.

Arquitecturas paralelas

El viajero español que pasee por cualquiera de las ciudades o pueblos de la Iberoamérica de hoy se siente integrado en un paisaje urbano que se le antoja próximo, conocido. Y no solo por los múltiples detalles arquitectónicos que tantas veces haya visto en su país de origen: el azulejo en una fachada, una ventana enrejada, un artesonado de madera, una casa encalada, un tejado de teja roja, un escudo nobiliario sobre una puerta…, matices todos ellos que le transportan enseguida a los pueblos españoles, siempre más conservadores del estilo y las costumbres que las grandes ciudades.

Al igual que en La Habana, en las ciudades hispanas hay siempre muchedumbres de transeúntes que revelan la tendencia de las gentes a la comunicación diaria y continua, lo que difiere no poco de las ciudades anglosajonas, sin apenas viandantes en sus calles, e incluso estas se hallan diseñadas para no albergarlos.

La atmósfera viva, el ambiente humano del núcleo hispanoamericano, le son también familiares: el hormigueo de gentes en las calles, los vendedores ambulantes, la sensación de anarquía urbana reinante y tantos otros aspectos característicos de la vida diaria ciudadana a ambos lados del Atlántico. Ciudades como Tunja, Potosí, Quito, Cuzco, La Habana, Santiago de Cuba, Zacatecas, Cartagena de Indias son verdaderos mosaicos de todos los estilos arquitectónicos peninsulares y de todos los ambientes, perfecta síntesis urbana y humana de lo hispánico.

Al viajero observador le vendrán a la mente las comparaciones. Así, Buenos Aires tiene muchas semejanzas con Madrid, con sus edificios amplios, de anchas terrazas; La Habana bien podría ser la luminosa Cádiz, con sus calles largas, estrechas y bulliciosas. Lima se empareja en muchos aspectos con Sevilla, porque de un modo u otro todo lo urbano de América *huele* a Sevilla. Y muchas ciudades americanas se corresponden con otras tantas andaluzas: San Juan; Sucre; la argentina Córdoba; Trinidad, en Cuba. El ascendiente andaluz sobre el urbanismo del Nuevo Mundo es claro, palpable. Aceptado por todos los tratadistas, está presente no solo en el aire de conjunto de las nuevas urbes, sino en la minucia de los detalles, como antes hemos apuntado.

Los materiales empleados en la construcción de las ciudades y edificios hispanos son el resultado de las aportaciones españolas y americanas. España llevó adobe, azulejos, rejas, la teja roja, encalados…, sirviéndose de los materiales autóctonos americanos, como la piedra volcánica de la fachada de la imagen.

Ahora bien, si el trasplante urbano castellano o andaluz no tiene discusión, tampoco el hecho de que, al posarse al otro lado del océano, recibiría la influencia autóctona, el giro americano que se dio en tantos otros apartados de la cultura material española. Un giro que vino dado, en primer término, por la disponibilidad de los materiales al alcance de los constructores. Hemos visto cómo los vecinos de los albores de la colonización urbana se servían de la paja o la hoja de palma para sus rudimentarias viviendas, anticipo de los condicionantes constructivos que iba a imponer el medio físico. Así, la región de Arequipa, en Perú, presenta un dominante blanco resplandeciente, por la piedra volcánica porosa del Misti. Blanco al norte del Perú y tostado en las áreas del norte de México (curiosamente, el abigarrado colorido tropical se corresponde con una arquitectura de colores suaves, y el uniforme tono del desierto, con vibrantes cromatismos arquitectónicos).

También en el Perú el terreno impuso el empleo de la quincha, un material sumamente ligero, demandado como eficaz agente antisísmico por su alta flexibilidad. Mientras, en Cuba, la sobreabundancia forestal habría de generalizar el uso de la madera en casas, techos y balcones. El factor indígena en la construcción influyó de mil formas, desde la manera de cortar los árboles en cuarto menguante, cuando la savia es más fluida y seca mejor la madera —técnica enseñada por los guaraníes—, hasta la cerámica vidriada que, aprendida de los ceramistas talaveranos, en manos nativas conoció una vistosidad y colorido deslumbrantes.

Arquitectura civil

La arquitectura mexicana es un buen ejemplo de la evolución en las formas de construcción. Durante los primeros cuarenta años, la generación de los conquistadores y primeros pobladores no las tenía todas consigo respecto a la fidelidad de los indios, y levantaron casas que eran auténticas fortalezas. Algunas eran tan importantes que el emperador, velando por la norma de que ningún vasallo podía poseer fortaleza superior a la del rey, dio instrucciones al virrey Mendoza para que vigilara tales excesos, como el cuasi castillo que se hizo construir Andrés de Tapia, compañero de armas de Cortés. Este, receloso también ante las pretensiones de la casa-fortaleza de Pedro de Alvarado, ordenó suspender temporalmente su construcción. Detentaba Cortés la propiedad de las mejores zonas de la plaza: las «casas viejas» y las «casas nuevas». Las primeras fueron dedicadas al comercio, y las segundas resultaron expropiadas para albergar el palacio del virreinato.

En las áreas del Norte, estas precauciones defensivas fueron aún más acusadas, por el carácter belicoso e indomable de los indios, que obligaba a establecer una etapa previa de apaciguamiento y cristianización, antes de emprender la colonización propiamente dicha. Con tal objeto se levantaron los presidios, institución característica de la frontera, a cargo de una guarnición militar, que generalmente se instalaba cerca de las misiones, para garantizar la seguridad de los frailes. Las propias misiones eran, muchas veces, verdaderas fortificaciones que tuvieron que resistir las acometidas de apaches y comanches.

Casa de Hernán Cortés en Cuernavaca, México. El modelo imita otros muy exitosos de la época, con origen en el Ayuntamiento de Medinaceli o en el palacete de Saldañuela, en Burgos, que fue luego replicado por Diego Colón en su casa de Santo Domingo. Las casas de los primeros tiempos de la presencia de España en América fueron, antes que viviendas, verdaderas fortalezas para defenderse de la siempre latente amenaza de un ataque indio. Así, la casa de Hernán Cortés más parece un pequeño castillo fortificado, como los ranchos del suroeste de los actuales Estados Unidos, sin apenas ventanas para reducir los riesgos.

Tiempo más tarde, cuando los colonos consiguieron asentarse, no dejaron de mirar por su seguridad y buscaron la protección del núcleo urbano, rehuyendo en general el rancho aislado. Aun viviendo dentro del poblado levantaban un tipo de casa-corral que, si hacia el interior ofrecía los accesos, hacia fuera presentaba un alto tapial de carácter netamente defensivo. Este modelo es el que presenta la aldea de El Rocío, en Almonte, una bella población asomada a las Marismas del Guadalquivir, la cuna de la cultura ecuestre y ganadera de la América rural.

La gran arquitectura civil hispana nos ha dejado restos notables, como las casas de Diego Colón en Santo Domingo y la de Hernán Cortés en Cuernavaca, que claramente imita a la primera (Cortés estuvo varios años en Santo Domingo y tuvo oportunidad de conocerla). El diseño de ambas aúna elementos árabes y románicos, y guardan estrechas semejanzas con edificios peninsulares, como el Ayuntamiento de Medinaceli, el palacete de Saldañuela, en Burgos, y el de Piedras Albas, en Trujillo. Incluso la disposición interior se asemeja, pues el palacio de Colón y el de Saldañuela cuentan con dos escaleras, una de rampas y otra de caracol, para el acceso a la planta superior.

No lejano en concepto es el Ayuntamiento de Tlaxcala, que mantiene analogías con diversos ayuntamientos andaluces, a los que se amoldaron la mayoría de los edificios municipales iberoamericanos. En este sentido debe apuntarse la singularidad del Ayuntamiento de San Clemente, en la provincia de Cuenca, que fue tomado como modelo ideal por Felipe II. Este tipo de ayuntamientos, con los pórticos en la parte de abajo y una galería balconada en la de arriba, responde a las necesidades municipales de entonces: un recinto porticado a nivel del suelo para albergar y atender a los vecinos y un corredor en la segunda planta, abierto a la plaza, para que las autoridades puedan dirigirse al vecindario en las ocasiones solemnes.

En cualquier rincón de una ciudad o de un pueblo de la América hispana de hoy, puede detectarse la presencia de los elementos arquitectónicos trasplantados desde la Península Ibérica, sobre los cuales se añadió el factor local, como el rico colorido o los materiales autóctonos, como la piedra volcánica.

Las buenas casas coloniales, las de los ricos encomenderos, los prósperos comerciantes o los altos funcionarios, respondían casi siempre al mismo patrón constructivo, en el que confluyen elementos tomados de ese crisol de razas y civilizaciones que fue la Península Ibérica. De acuerdo con el principio de la «criba cultural», según el cual no todas las variedades culturales españolas viajaron a América, sino solo una selección de ellas, en materia de edificación no se trasladaron el cortijo, la barraca y el cigarral, por citar algunos ejemplos arquitectónicos regionales, sino que en la vivienda americana encontramos incorporados los avances y ventajas de todos esos estilos y el rastro de varias civilizaciones.

A la casa se accedía por el zaguán, de claro origen árabe, espacio separador entre la calle y la vivienda, pero también el primero de los detalles ideados para combatir el calor. Quienes poblaron América provenían de un país esencialmente caliente, donde la concepción de la vivienda se esboza para atemperar los calores, máxime si se añade el origen andaluz de los colonizadores de la primera hornada, habituados a intensas canículas.

La casa andaluza es un sabio conjunto de soluciones diseñadas para combatir el calor, con elementos como el zaguán, el encalado de la fachada o la teja roja. El patio es la pieza enfriadora general, con su embaldosado del suelo, el azulejo en las paredes, las plantas, el agua de la fuente y en especial el corredor, que hace circular el aire y rebotarlo sobre los citados elementos, enfriándolo. Todas estas soluciones tomaron carta de naturaleza en un ambiente tórrido como el de las zonas cálidas de América.

Por ello, todo en la casa americana se concibe como una defensa contra las calientes temperaturas: el oscuro zaguán, cámara de aire para aislar el interior de la casa; el patio, no solo espacio para la penetración de la luz y distribuidor general de la vivienda, sino agente refrescador, pues como bien saben en Andalucía, el solo hecho de mover un aire caliente equivale a su enfriamiento. El aire penetra en el patio y entra en contacto con nuevos elementos refrescantes: el agua de las fuentes y el embaldosado del suelo. Las plantas con su evapotranspiración colaboran en el proceso, y a continuación el aire aumenta su velocidad de circulación en los corredores, instalados a lo largo del perímetro del patio. El corredor es un habilísimo descubrimiento arquitectónico que aumenta la velocidad del aire, para crear una sensación general de alivio. La enconada batalla contra el calor en la vivienda hispana, madurada en siglos de experiencia y suma de civilizaciones, se completa con las ventanas pequeñas, la oscuridad interior, las fachadas blancas y las tejas de cerámica. Andalucía y Extremadura ganaron claramente la batalla contra la tórrida temperatura estival, aclimatando las casas con toda suerte de sistemas naturales, del mismo modo que las casas del norte peninsular buscaron mecanismos contra el frío. De ahí que, con enorme agudeza, Fernando el Católico dijera un día que «en invierno hay que vivir en Burgos y en verano en Sevilla».

El esquema se duplica en un segundo patio que estructura los alojamientos de la servidumbre, y un tercero dedicado a las cuadras y los huertos. La planta baja de la vivienda se dedica a despachos y oficios, reservándose la superior para el salón y las recámaras o habitaciones, y reiterándose la composición estudiada en el espacio destinado a los sirvientes.

La vivienda de las clases medias, como ha explicado Toussaint[8], respondía a los moldes descritos, pero en general era más reducida y se solía acudir al recurso de dividir la casa en dos mitades, una para cada familia. En cuanto a la vivienda rural, Weckmann[9] ha explicado la evolución que arranca en la villa romana, de ahí pasa al *al-muniat* árabe, sigue con el cortijo andaluz y termina en la hacienda americana. Unidades no solo de vida, sino de producción, ya sea de aceite, de azúcar, de cacao o de ganado.

El otro gran diseño de vivienda española que pasó a América es el de la casa del norte peninsular. El clima de Cantabria, Asturias o Galicia, más frío y lluvioso, no requiere tomar prevenciones contra el calor, sino más bien al contrario. Aquí la casa es grande, pesada, maciza, de tonos oscuros, sin patios interiores, un recinto ideado para retener el calor y combatir el frío. Es curioso advertir el evidente paralelismo de este tipo de vivienda con la adaptación fisiológica de la fauna al clima. Es sabido que los animales de las latitudes frías son grandes, compactos, en general oscuros, sistemas todos para atesorar el calor y la energía corporal. En América encontramos los grandes ejemplares en el frío Norte, con las focas, las morsas, los osos polares, los caribúes o los bueyes almizcleros. El tamaño medio disminuye en las siguientes latitudes, y es preciso viajar hasta el sur austral, o remontar los Andes, para encontrar de nuevo grandes mamíferos como las llamas, las alpacas o los guanacos, inquilinos todos ellos de regiones frías.

En el exterior de una u otra vivienda colonial americana, subsisten otros elementos profusamente empleados en la arquitectura civil española: las rejas en las ventanas, los azulejos, el uso del hierro, la techumbre de teja roja, la madera en techos y ventanas, las celosías, los guardapolvos y tantos otros signos de identidad de la casa española. Por poner un ejemplo más, desde el Trujillo de Cáceres, y de la mano de arquitectos como Becerra, pasó a América el balcón de esquina, visible en varios edificios trujillanos, como el palacio de Hernando Pizarro.

Otros rasgos españoles solo subsisten en Canarias, como el balcón volado de madera, que tanto abundó en Andalucía, hasta el punto de cegar y ensuciar las estrechas callejas sevillanas, con las consiguientes protestas, por lo que entraron en declive hasta desaparecer. En cambio, las calles de Potosí, Lima y de otras ciudades del Perú ofrecen aún soberbias muestras de estos balcones voladizos, como grandes cajones que cuelgan sobre la calle.

Por el contrario, a ambos lados del océano subsiste la fachada blasonada, con los escudos que proclaman el origen noble o hidalgo de la familia (siempre la preocupación hispana por el linaje). Muchas fachadas americanas, con el toque indiano exuberante y característico, se adornaron y recargaron, en una variante civil de lo barroco.

Existe otro tipo de vivienda, esta vez popular, que merece estudiarse por su dualidad española y americana. Es el andaluz —también de otras regiones— corral de vecinos, que en México se llama *vecindades* y en Perú *callejones* o *conventillos*. Una vez más, descubrimos el esquema básico de la vivienda andaluza: la casa que asoma a un patio, pero esta vez un considerable recinto al que vienen a confluir las numerosas y pequeñas viviendas instaladas en los largos corredores rectangulares que circundan el patio en sus dos plantas. El corral-vecindad-callejón es sin duda la expresión máxima de la arquitectura popular, y refleja con precisión la idiosincrasia andaluza que llegó a América con las avanzadillas colonizadoras.

Arquitectura del Suroeste

Si en todos los rincones del dilatado espacio imperial español se aprecia la influencia de lo nativo, especialmente en los materiales empleados, en los territorios de la frontera del Norte, en las áridas estepas que hoy constituyen el suroeste de los Estados Unidos (Nuevo México, Arizona, Colorado…), esa influencia es mucho más apreciable, porque no solo incluye los materiales autóctonos, sino el propio estilo arquitectónico.

En efecto, los españoles se encontraron aquí con una arquitectura no muy alejada de la de su lugar de origen. De hecho, los indios «pueblo» fueron así bautizados porque sus asentamientos se asemejaban no poco a los pueblos ibéricos, como puede comprobarse en núcleos actuales como Taos. Utilizaban el adobe, y sus viviendas estaban perfectamente adaptadas a los exigentes requerimientos del desierto, de modo que los colonos tomaron una buena porción de la tipología constructiva india, y la modificaron solo para mejorarla.

Muchas de las novedades arquitectónicas traídas por los españoles fueron asimiladas por los nativos americanos e incorporadas en sus propias construcciones. Una de estas es el horno exterior de pan, profusamente utilizado en el campo andaluz y que los indios adoptaron de inmediato, hasta el punto de que en Norteamérica es conocido como «horno indio».

Así, el adobe, que ya usaban los indios, fue empleado al estilo español, con ladrillos de barro y paja secados al sol. El hogar o chimenea, que en la casa nativa se colocaba en el centro de la estancia, se trasladó al rincón de la misma, como en las viviendas españolas. Y, además, se añadió la madera en puertas, marcos de ventanas, artesonados y vigas de sustentación; se encalaron las paredes para resistir mejor el calor; se introdujeron con el mismo fin los corredores; se añadieron arcos, patios, estucos, tejas, hierros, celosías; se importó de Andalucía el horno de pan (impropiamente llamado en Norteamérica *horno indio*). Pero se conservó de los nativos el molde redondeado, sin apenas ángulos rectos en la estructura exterior de los edificios, así como el tono tostado del revestimiento.

Surgió así un estilo propio, el *Spanish style*, mezcla de lo español y lo indio, que en primera instancia fue rechazado por los nuevos ocupantes angloamericanos, como el resto de la cultura española. Pero esta no era tan burda ni tan primitiva como pretendían algunos de los nuevos conquistadores anglosajones, encabezados por el antiespañol obispo francés Lamy, sino que respondía a una inteligente simbiosis con las condiciones del territorio. Y del mismo modo que conservaron las técnicas de regadío de las acequias, se sirvieron del caballo como medio de locomoción y trabajo, y cimentaron también su modelo económico en la ganadería extensiva, pasados unos años de desprecio y destrucción de la arquitectura colonial hispana, a finales del siglo XIX retornaron a ella con inusitado vigor, y el *Spanish style* cobró un prestigio que no solo se extendió por el oeste de Estados Unidos, sino que progresó hacia el este, y de California a Florida, se puso de moda, con el empleo de tejas, hierros, azulejos, patios, muebles y demás elementos de la arquitectura colonial. Una arquitectura visible hoy en muchas ciudades del sur y el oeste estadounidenses, como en Santa Fe, que conserva esos rasgos de síntesis entre lo español y lo indio de los primeros tiempos.

El estilo y los materiales arquitectónicos llevados de España al suroeste de los actuales Estados Unidos se mezclaron con los autóctonos. Uno de estos fue el adobe, conocido ya por los indios de las praderas en una versión más tosca. El resultado de esta hibridación fue el llamado Spanish style, *que puebla las construcciones de Santa Fe, en Nuevo México, y que confiere un aspecto distinto a toda su arquitectura.*

En este sentido, no debemos dejar de mencionar, por su significado, la aldea de El Rocío, puerta de las Marismas del Guadalquivir. Los visitantes que acuden a esta preciosa población, única en España, comentan invariablemente que «parece un pueblo del Oeste». En efecto lo parece, con sus chozas bajas, de una o dos plantas, alineadas a lo largo de la calle, cada una con su vestíbulo abierto y al mismo nivel de la calle para facilitar la tertulia, y todas también con su porche, y ante él su barandal para amarrar a los caballos, pues todo en El Rocío se dispone en función del caballo, incluso sus calles sin asfaltar, de arena. Las casas del pueblo miran hacia dentro, hacia el interior del poblado, donde exhiben su parte noble: el vestíbulo rasero con la calle, el agradable porche y la puerta de entrada. En cambio, la parte trasera es un alto tabique encalado, sin concesión alguna a la estética, que cierra el recinto de los corrales y cuadras de la caballería. Esta ordenación es muy semejante a la de los poblados españoles del suroeste americano, que orientaban las viviendas hacia el centro del poblado, mientras detrás levantaban muy altos tapiales para defenderse de los ataques indios, erigiendo así una suerte de poblados fortificados que salvaron no pocas vidas.

Dicen bien los viajeros, solo que invierten los tiempos. No parece El Rocío un pueblo del Oeste, sino que los pueblos del Oeste fueron un día como El Rocío, el resultado de una civilización ecuestre extendida por Andalucía, que cristalizó en América del Norte cien años antes de que el primer angloamericano pusiera sus pies en aquella tierra.

El Rocío subsiste como modelo constructivo llevado a Norteamérica: un frente de casas orientado a la parte noble de la ciudad y una parte trasera continua, sin apenas ventanas. Fue un modelo muy válido en el suroeste norteamericano, donde las casas forman un continuum *cerrado, como defensa contra los ataques de las tribus, como se aprecia en el poblado indio de San Ildefonso. Esta semejanza hace que los visitantes de El Rocío repitan que parece un pueblo del Oeste.*

Aún quedan poblados en el suroeste de los Estados Unidos que conservan la traza andaluza. El pueblo de San Ildefonso, de los indios pueblo, es casi un remedo de El Rocío, con esa parte trasera uniforme y convertida en una suerte de tapia continua y fortificada, y una parte delantera más amable, volcada al corazón del pueblo, donde se produce la vida social.

Y en esa obsesión defensiva que es visible por doquier en la antigua «tierra de frontera» del virreinato español de Nueva España, no podemos dejar de mencionar el Rancho de las Golondrinas, en las inmediaciones de Santa Fe, Nuevo México. Porque representa el arquetipo de lo que fueron los ranchos españoles durante dos siglos y medio: con capacidad para producir todo lo que la vida cotidiana precisa, desde alimentos a vestuario; con abundantes ganados mayores y menores; con sofisticados sistemas de acequias y norias para trasladar el agua escasa hasta los últimos rincones del cultivo; con abundantes talleres, almacenes y cobertizos; y con una casa principal que más parece una fortaleza que una vivienda, diseñada para repeler los ataques de las partidas de sioux, navajos o apaches, que para angustia de las familias se produjeron en demasía.

Como se aprecia en el Rancho de las Golondrinas, en Nuevo México, los ranchos del Suroeste, la llamada «tierra de frontera», reprodujeron el modelo defensivo de los pueblos: casas semejantes a fortalezas, con altos muros y ventanas muy pequeñas, para reducir los riesgos de los ataques de las tribus nómadas, tan frecuentes en la zona.

Veces hubo en que esta disposición fortificada del rancho las salvó de la muerte. Se sabe de una que resistió durante ocho días un asedio indio, hasta que llegaron las salvadoras tropas presidiales. Las familias españolas vivieron siempre con el temor del ataque indio, hasta el punto de que incorporaron resignadamente a su imaginario que, antes o después, habrían de sufrir uno de estos pavorosos ataques. Hoy, el Rancho de las Golondrinas es un establecimiento mantenido con fines turísticos y dos veces al año se pone en pleno funcionamiento, con voluntarios ataviados a la forma española de la época. Sus norias, sus telares, sus corrales de ganado trabajan como si fuera una jornada habitual, lo que nos permite retroceder en el tiempo varios siglos y asistir en directo a la dura vida de frontera de los españoles de entonces.

Arquitectura religiosa

No vamos a estudiar en este apartado la evolución de los estilos implantados en América, pues ello será tratado en el capítulo correspondiente al arte. Tan solo vamos a examinar las líneas maestras de la arquitectura que tuvo su causa en la religión, y las motivaciones que inspiraron cada fase de ella. Avancemos que, si como ya se ha señalado, el aspecto más externo y tangible de la colonización española fue la construcción, dentro de ella la arquitectura religiosa ocupa el lugar de honor, pues la rivalidad entre las órdenes religiosas hizo que pocos años después de la llegada de los españoles América estuviera pródigamente poblada de iglesias y conventos. De modo que estudiar la arquitectura religiosa es adentrarse en uno de los ángulos más sobresalientes de la cultura trasplantada a América.

A la llegada a América de las órdenes religiosas, se produjo un verdadero frenesí constructor de templos e iglesias para reconducir a los nativos hacia el cristianismo. Inicialmente fueron pequeños adoratorios o capillas, para evolucionar hacia iglesias modestas, que fueron haciéndose sucesivamente más complejas y completas, hasta llegar a las grandes catedrales como las de México, Zacatecas, Lima o Morelia.

La primera etapa en la evolución constructiva es la de la improvisación apresurada. Superada la fase de la conquista, cuando los ídolos locales eran sustituidos en sus propios altares por imágenes cristianas y las paredes donde se alojaban aquellos eran cubiertas de cal para borrar todo vestigio de los antiguos ritos, se pasa a la fase de pacificación y cristianización de los indígenas. Era urgente levantar capillas, aunque fueran simples cobertizos de paja y barro, mínimos recintos, pero suficientes para entronizar las imágenes de Cristo y la Virgen, predicar a los indios y exhortarlos al bautismo.

Pero la tarea que había por delante, con varios millones de nativos por incorporar a la religión católica, pedía a gritos moldes constructivos menos precarios. Moldes que combinaran la necesidad de acristianar con el recelo que inspiraba todo lo europeo a unos indígenas a los que, de golpe, se había arrancado su religión y modo tradicional de vida, y en los que se sospechaban deseos de rebelión, soterrados, pero ciertos. Las primeras iglesias debían reunir, pues, ambos objetivos de evangelización y defensa, y por eso Cortés, con gran intuición, había dispuesto que, como solución provisional, los adoratorios indígenas o *cúes* fueran reconvertidos para la nueva religión y someramente fortificados.

Las primeras capillas e iglesias fueron sencillas edificaciones, construidas por los frailes de las propias órdenes religiosas, como solución urgente para cristianizar a la inmensa población nativa de América. A pesar de su sencillez, contaron con sistemas defensivos, como troneras, garitas, matacanes o murallas, al estilo de las iglesias peninsulares de los tiempos de la Reconquista contra las huestes moras.

Surgen así las primeras iglesias, concebidas con diseño basilical para albergar al mayor número de fieles posibles, al estilo de los primitivos templos cristianos. Pero al mismo tiempo, estas iglesias fundacionales serán robustecidas, en cierto modo militarizadas, para dar origen al concepto del templo-fortaleza, tan extendido en el México del siglo XVI y que, en opinión de Toussaint[10], representa «da última expresión de la Edad Media en el mundo».

En sus medievales orígenes europeos, la concepción del templo-fortaleza obedeció a la convicción de que resultaba más efectivo, y menos costoso, establecer la defensa colectiva de una población en el interior de su sólido templo, en lugar de levantar una muralla perimetral. Las ciudades americanas no se rodearon de murallas, y por ello abundan en México (no así en el resto de la América hispana) estos templos-escudo.

Esta unión de lo religioso y lo defensivo contaba con precedentes en una España batida por siglos de lucha militar y espiritual, tanto en el interior peninsular contra los moros, como en la costa mediterránea contra piratas y turcos. Vestigios de esta religiosidad acorazada son el ábside almenado de la catedral de Ávila y el recinto amurallado de la catedral de Almería. Otros autores[11] citan en el mismo sentido las iglesias con diseño de castillo del Salvador, en Calzadilla de los Barros (Badajoz); la iglesia de San Miguel, de Jerez de los Caballeros; la de Santa María del Mercado en Alburquerque (Badajoz); la de Nuestra Señora de la Torre, de Jarandilla de la Vera (Cáceres), o los monasterios cacereños de Tentudía y Guadalupe, así como otras muchas iglesias de la Baja Andalucía, teatro máximo de las confrontaciones ibéricas.

Almenas defensivas aparecen también en las iglesias parroquiales de San Pedro, de Casas de don Pedro, en Badajoz, y en la de la Candelaria de la Fuente del Maestre, en la misma provincia, o en la iglesia conventual de San Isidoro del Campo, en Sevilla, la cual cuenta con almenas en todo su perímetro.

El famoso emplazamiento de El Álamo, en Texas, fue originariamente una misión española, sólidamente defendida por muros exteriores. Hoy es uno de los lugares emblemáticos y más visitados de los Estados Unidos, porque en el Álamo tuvieron lugar notables episodios bélicos en el siglo XIX, ligados al nacimiento del estado de Texas y de la propia nación americana.

Tales precedentes se encuentran en el concepto de las primitivas iglesias, en particular las mexicanas. Así, Tepeaca recuerda a la citada iglesia de San Isidoro, con un camino de ronda que rodea su muralla. Otras muestras de religión fortificada novohispana son los conventos de Acolman, Ixmiquilpan,

Actopan y Huejotzingo. El convento de Zacualpan es una especie de castillo, y el de Atlizco presenta el aspecto de un recinto militar. Estos y otros muchos monasterios e iglesias disponían de matacanes, garitas, troneras, saeteras y otros detalles genuinamente protectores, que hablan por sí mismos del temor flotante ante un eventual levantamiento de los indios, que no se disipó hasta bien entrado el siglo XVI.

Las cautelas defensivas fueron, empero, más persistentes en las áreas del Norte, donde la amenaza india fue una constante, e incluso se prolongó más allá de la dominación española, convirtiéndose en una pesadilla para los nuevos ocupantes angloamericanos. A fin de combatir el peligro, ya hemos visto cómo el poder español recurrió a los presidios, levantados casi siempre en la proximidad de las misiones. Con ellos se estableció una línea de fortificaciones en los límites del ámbito español que jalonaron el territorio de la frontera del Norte y que recuerdan a la batería de castillos levantados en España en tiempos de la Reconquista.

Las propias misiones se construían con la doble función de predicar el cristianismo y proveer a la defensa, y muchas fueron verdaderas plazas fuertes, como la de Valero, en San Antonio, Tejas, que al decir del general mexicano Santa Anna, estaba mejor fortificada que cualquier presidio de la provincia. Las misiones jesuíticas de la frontera con Brasil también hubieron de adoptar salvaguardias, para protegerse de las incursiones de los *bandeirantes* portugueses, a la caza de esclavos indios.

Mas la colonización espiritual de América aportó otras soluciones. Si la música y el teatro hicieron mucho por atraer a los recelosos indígenas, la arquitectura religiosa también presentó fórmulas con el objetivo de cautivarlos. Para los indios resultaban sobrecogedores y nada atractivos los espacios cerrados que ofrecían las iglesias cristianas, donde el sacerdote oficiaba desde un altar cubierto, adosado a la propia iglesia, o en un balcón, y la multitud asistía al culto en un gran patio exterior o atrio cercado. De esta forma fue posible combinar la concentración de grandes muchedumbres con la costumbre indígena por el culto externo, por la religión abierta. La capilla abierta con su gran atrio hizo, pues, posible, como dice Toussaint[11], el enlace entre el templo cristiano y el teocalli indígena. Además, tal religión al aire libre se avenía bien con la reforma de Trento, que dispuso sacar la iglesia al exterior, acercarla a los fieles, tras siglos de enclaustramiento y opacidad. En cierto modo, la religión indígena primitiva estaba más cerca de Trento que la católica.

La capilla abierta con su atrio contaba también con precedentes peninsulares, como el de la plaza de Zocodover, en Toledo, pero sobre todo, con la iglesia de Medina del Campo, donde una capilla asomada a la plaza permitía asistir a la misa a los miles de concurrentes a la celebérrima feria ganadera. El mismo planteamiento hallamos por ejemplo en Puebla, cuya capilla en la plaza mayor permitía que los comerciantes pudieran seguir la misa.

Weckmann[12] encuentra semejanzas entre estos atrios mexicanos y los patios de naranjos que se extendían frente a las mezquitas peninsulares, y apunta como precedente para las capillas abiertas las pequeñas ermitas de las romerías ibéricas. Hoy es posible contemplar otros ejemplos de esta religiosidad primitiva, abierta y popular, en Metztitlan, Tlahuelilpa, Tepeji, Cuernavaca y Coixtlahuaca, entre otras poblaciones mexicanas.

Otra novedad novohispana fueron las capillas *posas*, levantadas en las cuatro esquinas del atrio y llamadas así porque servían para que las procesiones de Semana Santa detuvieran un rato su marcha, esto es, hicieran *posa* o parada, pues los atrios eran espacios procesionales. Son pequeños templetes construidos en piedra, primorosamente decorados, y aunque se les ha atribuido creación genuinamente mexicana, Weckmann señala su origen en los humilladeros que se instalaban a la entrada de las ciudades europeas y que servían de estaciones en el *Via Crucis*, como el humilladero de la Cruz del Campo, en Sevilla. Otros autores citan como precursoras las fuentes cubiertas de muchos pueblos españoles. Quedan buenos ejemplos de capillas posas en el convento de Huejotzingo y en el de Calpan.

Una novedad de las primeras iglesias mexicanas fueron las capillas posas, *que se alzaban en las cuatro esquinas del atrio, así llamadas para que las procesiones de Semana Santa hicieran en su marcha una parada o «posa». Tienen su origen en los humilladeros que se instalaban a la entrada de las ciudades europeas.*

El hecho que dio lugar a la desaforada construcción de iglesias, conventos y monasterios en América fue sin duda la competencia que se desató entre las órdenes religiosas. Ello determinó que rivalizaran entre sí para captar la potencial feligresía de la masa de indios por convertir, y el modo de hacerlo era construyendo templos e iglesias a un ritmo que no conoce precedentes en la historia de la penetración religiosa en un área.

Los franciscanos, por ejemplo, como recuerda Leopoldo Castelo, levantaron en el siglo XVI nada menos que cuarenta templos, y las demás órdenes no fueron a la zaga. Cada una presentó su propia personalidad constructora. Así, los franciscanos, fieles a las consignas de Francisco de Asís, ofrecieron en América todo un ejemplo de coherencia entre los dictados de su doctrina y la forma de vida de sus frailes, y erigieron templos marcadamente austeros. En el polo opuesto, los agustinos, que se revelaron como grandes arquitectos, levantaron colosales edificios ricamente adornados, muy en la línea trazada por el Concilio de Trento, en el sentido de ofrecer una visión externa de la religión, atractiva y cautivadora, que «entrara por los ojos». Y qué mejor lugar para poner en práctica estos principios que América, poblada por indígenas fascinados ante el esplendor de las iglesias de la nueva religión y la magnificencia del culto.

Entre los instrumentos utilizados por las órdenes religiosas para la evangelización de los nativos, los templos e iglesias figuran en puesto preeminente. Los conventos tuvieron gran importancia en los barrios, ya que tenían función religiosa, educativa y asistencial, organizaban las fiestas y las cofradías, convirtiéndose en centros neurálgicos de la vida urbana en la América hispana.

Las primeras construcciones religiosas fueron dirigidas sin profesionales de la arquitectura, diseñadas por los propios frailes o por entendidos en la materia, con esa sorprendente capacidad de los españoles para resolver sobre la marcha cualquier situación; ese generalismo improvisador que, en última instancia, hizo posible la conquista de América, donde tan pronto era necesario construir bergantines como fabricar pólvora, herraduras, espadas o torres defensivas. Entre las huestes siempre salían expertos que resolvían cualquier problema, y esa cualidad, que pervive por cierto en el español de hoy, permitió también esa «arquitectura sin arquitectos» de los primeros tiempos.

Luego llegarían los maestros titulados, como Francisco Becerra, al decir de muchos el mejor arquitecto que pasó a las Américas. Era oriundo de Trujillo, Extremadura, donde se había acreditado en varios templos y casas particulares. En América su influencia llegó a ser muy profunda, con obras como las catedrales de Lima y Cuzco, los conventos de Santo Domingo y San Agustín, en Quito, y la dirección de la catedral de Puebla, de aspecto escurialense, muy del gusto de Felipe II, y es que Becerra tenía mucho de herreriano. Era un arquitecto purista, forjador de un estilo solemne que irradiaría influjo a través de sus propias obras y de sus seguidores, como el también trujillano Martín Casillas y el resto de los arquitectos, llamados para atender esa fiebre constructiva religiosa que llenó de templos y conventos todo el orbe hispano. Deben destacarse también a Arciniega y a Lorenzo Rodríguez, otro español que empezó a fundir los esquemas peninsulares con los aportes indígenas, lo que con el tiempo alumbraría la genial creación iberoamericana del Barroco. Con los grandes arquitectos llegarían las grandes catedrales, cuyos diseños y estilos estudiamos a continuación.

Evolución de los estilos arquitectónicos

No se ha destacado lo suficiente la calidad e importancia de la arquitectura virreinal española. En ella se volcó toda la capacidad artística de los reinos indianos, muy por encima de otras artes como la pintura y la escultura, apenas esbozos al lado del descomunal esfuerzo arquitectónico. De tal modo es así, que Chueca Goitia[13] llega a afirmar que la arquitectura, junto a la religión y el idioma, son los tres ámbitos que otorgan a América su unidad española, esa unidad ecuménica que forjó Castilla sobre la base de pueblos inconexos, asentados sobre una superficie ingente, integrada por ambientes naturales radicalmente dispares.

Pese a ello, España logró cuajar esa unidad, la misma que hoy se respira en pueblos distantes entre sí miles de kilómetros. El autor atribuye a los tres elementos citados esa condición de aglutinante, del mismo modo que bajo Roma fueron el derecho, el idioma y la propia arquitectura los ingredientes cohesionadores, con la sola diferencia, respecto al Imperio español, de que el derecho quedó embebido en la religión.

Y hasta tal punto concede trascendencia a la arquitectura, que llega a afirmar que, a falta de una historia significativa, la historia de la América virreinal es precisamente eso: su arquitectura. Esta fue, según Chueca Goitia, superior a la que se hizo por entonces en España, pero además fue profundamente española, pudiendo afirmarse que todos los componentes de ella, incluso en la más desgarrada manifestación del Barroco, estaban presentes en la arquitectura peninsular; y la americana, paradójicamente, lo que haría es añadir un *plus* de españolidad a ella.

Así las cosas, conviene recordar las sensibles diferencias que se aprecian entre las construcciones peninsulares y las americanas, las cuales, partiendo de unos mismos moldes, derivaron hacia soluciones totalmente novedosas. Y considerar también que, del mismo modo que la literatura de una época narra las coordenadas y los personajes de esa época, y la pintura describe las escenas de un tiempo determinado, la arquitectura es hija de su momento y de su lugar y, como no podía ser menos, la arquitectura americana responde a un tiempo y un espacio precisos. En ello radican sus factores diferenciales, como luego veremos. En este caso, no olvidemos también que el diseño arquitectónico de las Américas tuvo un fin muy concreto: la cristianización de un continente hasta entonces sumido en la idolatría, algo que estuvo machaconamente presente en muchas de las nuevas concepciones edificatorias.

Resulta fascinante observar cómo algunos de los elementos arquitectónicos presentes en las iglesias de Iberoamérica han realizado un larguísimo viaje desde su lugar de origen. Así ocurre con los azulejos, que revisten tantas cúpulas de las iglesias americanas. Proceden de Oriente, y desde allí fueron traídos a la Península Ibérica por los árabes. Más tarde embarcaron en los navíos de la ruta de Indias, para afincar definitivamente en las iglesias de este continente.

Los tratadistas sobre la materia han observado que, hasta que América consolidó su propia personalidad arquitectónica, que no es otra que el Barroco, estuvieron vigentes los estilos heredados de España: románico, gótico, herreriano, plateresco, mudéjar…, cada uno de los cuales conoció su ciclo de auge y declive. Y esos estilos, que en España se fueron posando de manera sucesiva de acuerdo a su sedimentada ordenación en el tiempo, irrumpieron en América de forma brusca y simultánea. De este modo, como si en las páginas de un álbum pudiéramos ver fotografías de distintas épocas, es posible contemplar en una misma edificación varios estilos cuyo desarrollo requirió siglos en España. América operó, por tanto, una síntesis de estilos, y un buen ejemplo de lo dicho es la catedral de Santo Domingo, en la cual existen huellas del gótico tardío, del isabelino, del plateresco y del mudéjar, y lo propio podemos decir de muchas construcciones que hacen coincidir, en una misma estructura, formas distantes varios siglos en el tiempo. Pero así era América, un territorio nada convencional, liberado en tantos aspectos de los rígidos y atenazadores corsés de la vieja Europa.

El estilo plateresco, así llamado porque imita el trabajo primoroso de los plateros, conoció en España dos fases: el isabelino, conceptuado una transición desde el gótico flamígero hacia una variante ibérica específica, y el plateresco propiamente dicho, que representa la transición del gótico al barroco.

El plateresco se trasladó a América, donde dejó meritorios ejemplos, como el convento de San Pablo de Yuriría o la catedral de Santo Domingo, en cuya portada, aunque explícitamente plateresca, se insinúan ribetes que ya miran hacia caminos creativos diferentes y originales, que tomarán cuerpo en posteriores monumentos.

Unánimemente se acepta que el más significativo testimonio del plateresco americano es la iglesia de San Agustín de Acolman, cuya espléndida portada de dos alturas apunta ya hacia una solución llamada a hacer fortuna, la fachada-retablo. El artista se empleó a fondo en la parte inferior, la que rodea la entrada al templo, y aminoró el esfuerzo a partir del nivel superior, en el que no hay tanta profusión de figuras y motivos, alternándose estos ya con la piedra desnuda. Merece destacarse asimismo el claustro de Acolman, de dos niveles, cuyas arquerías se recargan con la típica filigrana del plateresco. A la sección circular de estos arcos lisos se han querido encontrar precedentes en el convento castellano de Las Dueñas. Empero, hay otros elementos decorativos en el friso y las arquivoltas, donde afloran motivos de frutas y otras viandas, remedo de los que adornan la sacristía mayor de la catedral de Sevilla, de lo que cabe deducir el origen hispalense del desconocido autor de Acolman. Y en cuanto a la portada, se considera una genuina obra maestra del plateresco. En ella destaca el corazón agustiniano atravesado por flechas, homenaje a la orden de los agustinos que levantó el templo. Coinciden varios autores en asignar a San Agustín de Acolman la función de erigirse en obediente seguidor de los estrictos patrones españoles y su reverso, versión más popular del estilo, vendría a ser la iglesia agustiniana de Yuriría, en la que se advierte, ya de una forma nítida, el influjo de la mano mestiza.

Otro ejemplo del plateresco fundido con las técnicas autóctonas sería la portada de la iglesia de Cuitzeo, donde de modo inequívoco se percibe el descendiente indígena: en las plumas de las alas de las águilas, en el labrado de la piedra… Todo ello bien distinto de la pureza estilística de Acolman.

En la arquitectura civil encontramos también algunas buenas muestras platerescas. Destaca la casa de Francisco Montejo, en Mérida, donde el sobrio estucado de la fachada se interrumpe por la elaboradísima portada, copiosa en estatuas y rostros humanos, y cuyo estrato superior es un verdadero tapiz pétreo. El fino labrado de este edificio, del mejor plateresco americano, lo encontramos repetido en el Ayuntamiento de Sevilla, de donde el arquitecto de la casa de Montejo debió tomar la inspiración.

Las concepciones artísticas de los primeros arquitectos y artesanos que trabajaron en América dejaron plasmada la general sobriedad española de aquellos tiempos, sumada a la que exigían las necesidades defensivas, que no hacían concesiones al ornato, y dejaban escaso margen a la imaginación al erigir esas construcciones primerizas, como los ya citados templos-fortaleza. Era la de estos tiempos pioneros una arquitectura maniatada por los rígidos prejuicios peninsulares, por las necesidades militares, por el austero carácter de las órdenes religiosas que, como la de San Francisco, trasladaban a la arquitectura el sello de su frugal personalidad. Aún estaba por explotar la fastuosa ampulosidad americana, limitada hasta entonces por los cánones peninsulares.

Esos cánones se aprecian diáfanamente en la persistencia de lo mudéjar. Chueca Goitia[14] quiere ver en las iglesias de Venezuela el muestrario más completo de mudejarismo: iglesias sobrias y encaladas, como las de Andalucía, insertas en la campiña como copos de nieve. La estructura, siempre la misma: cuerpo de tres naves separadas por columnas, y arquerías y cubiertas de madera.

Lo mudéjar, de evidente influencia en América, antes que un estilo estructural de conjunto para los edificios religiosos o civiles, será un ascendiente que irá brotando de modo recurrente en unas u otras piezas arquitectónicas. Mudéjares serán muchas cúpulas revestidas con azulejos o los pilares octogonales de los primeros tiempos, los artesonados de madera llamados *alfarjes*, técnica que sustituye a la más difícil y costosa bóveda, y que se explica por practicarse en unos lugares donde sobraban la madera y los buenos carpinteros. Ciudades como Sucre, Tunja, Bogotá o Quito conservan estas exquisitas techumbres y, en México, subsisten algunas como el enmaderado del templo de San Francisco de Tlaxcala. El influjo mudéjar se detecta también en la decoración, como ya predicábamos de la arquitectura civil. Por ejemplo, en el revestimiento que cubre muchas fachadas, en las cuales la argamasa queda impresa con un dédalo de figuras geométricas y arabescos. O en el interior de la capilla real de Cholula, que recuerda a la mezquita de Córdoba.

El diseño mudéjar conectó perfectamente con la idiosincrasia de la arquitectura indígena, hasta el punto de que autores como Bayón[15] descubren parentescos entre este estilo y los maya e incaico. Por ello, sostiene que el arte traído de España fue aceptado por los amerindios, porque coincidía con sus más íntimas convicciones, del mismo modo que la afición a la fiesta o la música que trajeron los peninsulares halló el campo abonado en los gustos nativos.

Porque lo mudéjar se haría presente en el arte americano por antonomasia, el Barroco, pues ese *horror vacui* propio de ese estilo ya estaba expresado en las concepciones decorativas mudéjares, como ocurre en la portada de la iglesia de San Lorenzo, Potosí, un perfecto y delicado encaje que nos hace pensar en las fuertes concomitancias existentes entre el mudéjar y el barroco americano.

Su contrapuesto, el austero estilo herreriano, también habría de dejar su estela en América. Lo podemos descubrir en la testera de la catedral de México, en el severo claustro del convento de Guadalupe, en México y, sobre todo, en las cuatro torres que rematan los cuatro ángulos de la catedral de Puebla, que claramente nos trasladan a la colegiata de Valladolid.

La catedral de Puebla es otra de las grandes realizaciones catedralicias de la América hispana. Como todas, presenta unas impresionantes dimensiones, necesarias tanto para albergar muchedumbres como para cautivar a los nativos. Importantes arquitectos españoles que dejaron su impronta en América fueron Francisco Becerra, Martín Casillas o Claudio de Arciniega.

De todos modos, el sobrio estilo del arquitecto del monasterio de El Escorial no casaba bien con el temperamento americano. La severidad de Juan de Herrera y la exuberancia criolla no podían llevarse bien, y el estilo herreriano fue pronto desplazado por otros conceptos, mucho más a tono con los excesos impuestos por una tierra sobreabundante.

Las grandes catedrales

Las primeras obras religiosas de gran porte que se construyeron extramuros de la Península Ibérica fueron las catedrales de Las Palmas, iniciada a principios del siglo XVI, y Santo Domingo, comenzada un tiempo después, y en la que se trabajó durante veinticinco años. Hasta finales de ese siglo no se materializó la necesidad, muchas veces denunciada, de erigir grandes templos catedralicios que otorgaran a la religión católica la relevancia debida y sustituyeran definitivamente a las improvisadas iglesias de principios de siglo, de simple diseño y construidas con materiales rústicos.

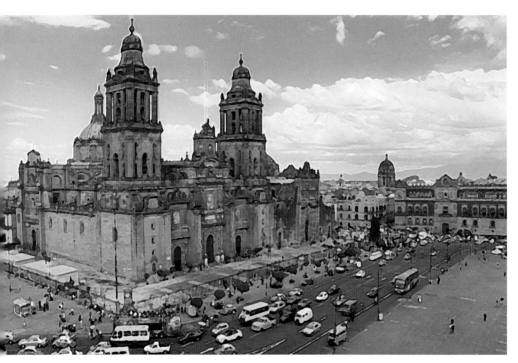

La catedral de México es un ejemplo magnificente del patrimonio religioso iberoamericano. En su construcción se emplearon doscientos años, y tan larguísimo plazo permitió que en ella se hallen presentes simultáneamente varios estilos, como el gótico, el plateresco, el isabelino, el barroco…, que tardaron siglos en asentarse sucesivamente en España.

Aparecen entonces los arquitectos profesionales, que toman como hemos visto el lugar de los maestros de obras y de los frailes que, personalmente y sin más título que la proverbial habilidad de los españoles, habían dirigido esas primeras construcciones. Es la hora de los Francisco Becerra, Martín Casillas, Claudio de Arciniega…, que llevaban en su bagaje artístico los modelos peninsulares, y cuya influencia en la arquitectura americana fue dilatada en el tiempo y en el espacio.

Esa influencia se puede adivinar en varias de las grandes catedrales góticas peninsulares, como las de Sevilla, Salamanca, Toledo o Segovia. Pero la mayor parte de los autores opinan que las catedrales americanas se inspiran en el patrón de la de Jaén, obra del genial Vandelvira. Su tipo de planta rectangular con cabecera plana lo vamos a redescubrir en las catedrales mexicanas de México, Puebla, Mérida, Guadalajara y Oaxaca, así como en las de Cuzco y Lima. Naturalmente, en cada una de ellas existen otros influjos superpuestos, como los pilares de la escuela granadina de Diego de Siloé, que inspiraron las estructuras de Guadalajara, Lima y Cuzco. Las bóvedas de la de Mérida tienen precedentes en la Casa de la Lonja, en Sevilla, y se revela la mano de Herrera en las de México y Puebla, pero debe reconocerse a la catedral de Jaén el mérito de ser la plantilla maestra de las grandes catedrales americanas.

Todos los estilos citados anteriormente estuvieron presentes de una forma u otra en dichas catedrales. No hubiera podido ser de otra manera, teniendo en cuenta la síntesis estilística que se operó en América y la duración de algunas de las más grandes creaciones, como por ejemplo la catedral de México, cuya construcción se prolongó prácticamente durante todo el virreinato, y que si en su proyecto original de Arciniega tomó principios de las catedrales de Jaén y de Sevilla, en su evolución posterior viraría hacia las de Segovia y Salamanca. La catedral de Puebla es como una hija menor de la capitalina, y la de Lima sufrió como ninguna otra las acometidas de los terremotos, que obligaron a reconstruirla varias veces y cada vez bajo conceptos diferentes.

Otra paternidad reconocible es la que menciona Chueca a propósito de la longitud de las naves. Según él, cuando los españoles comenzaron a construir en América pueblos, casas y templos, sintieron algo semejante a una «embriaguez de espacio». Habituados a la angostura de las callejas y ciudades castellanas o andaluzas, ahítos de vivir entre las apreturas impuestas por las murallas, América significó para ellos la liberación de todas las estrecheces, la posibilidad de expansión sin tasa en una tierra igualmente desacotada. Y aplicaron ese sentimiento a la dimensión de las calles, al tamaño de la plaza mayor y también a la magnitud de los templos, tanto de las naves como de los claustros. Según Chueca, en la grandeza de estos confluiría tanto ese sentimiento liberador como, una vez más, la ascendencia mudéjar, que tendía a prolongar las plantas. Lo cierto es que las catedrales de Quito, Bogotá o Caracas, por citar algunos ejemplos, presentan en sus naves una profundidad sensiblemente mayor a las de la Península.

El resultado final es que el altar se situaba francamente lejos de los fieles, separándose de ellos en un modo que era no solo físico. Lo cual convenía a los propósitos de la conversión indígena, teniendo en cuenta que también los dioses paganos se distanciaban mucho físicamente de sus devotos indios, y estos no hubieran entendido bien el acercamiento excesivo al altar en la primitiva iglesia cristiana, emplazado en el centro de la comunidad.

En opinión de Chueca, el esquema general de la construcción americana de estos grandes templos respondió a unos patrones semejantes a los romanos, donde una masiva mano de obra, pero poco cualificada, permitía levantar enormes estructuras que luego remataban y pulían los especialistas. En América, la masa indígena posibilitó igualmente erigir el cuerpo básico de monumentos gigantescos, y sobre esa estructura se aplicaban los artesanos en zonas sensibles: las fachadas, las arquerías, las portadas, la decoración…. Detallismo que no llegaba a todos los rincones, razón por la cual en los templos americanos conviven el más fino y recargado preciosismo junto a la pared descarnadamente desnuda. Como indica Chueca: «tanto la arquitectura imperial romana como la española son el polo opuesto de la gótica. Una es arquitectura de masa, otra es arquitectura de esqueleto».

El Barroco

El Barroco representa sin duda la sublimación de la arquitectura americana, incluso de su arte, porque es en él donde América vuelca por completo su creatividad artística. Y es incluso algo más que eso, pues como dice Chueca, «por el Barroco la arquitectura americana adquiere unidad».

Varias han sido las explicaciones dadas para la eclosión del Barroco americano, hallándose muy extendida la teoría del mestizaje. Según ella, el Barroco surgiría por la mixtura de lo español con lo indígena, como una manifestación más de la fusión procurada por el mestizaje. Como se indicó más arriba, el Barroco ya estaría insinuado en las creaciones incas o mayas, y por lo tanto los nativos no tuvieron sino que redefinir sus propias fórmulas.

Otro apoyo para la tesis del mestizaje vendría dado por las condiciones laborales en que se desempeñaron los nativos. Mientras que en la rigorista España seguían imperando las normas de pureza de sangre para ejercer un oficio a través del gremio, el trabajo en América no estuvo sometido a tales rigideces, y los indígenas pudieron aplicarse a labores que en España les hubieran estado vedadas.

El Barroco ha dejado en América verdaderas joyas arquitectónicas, como el sagrario de la catedral de México, el convento de Tepozotlan o la iglesia de Tonantzinztla, en la imagen. Combina materiales como la piedra, el yeso o el azulejo de varios colores, el tinte de almagre, el ladrillo blanco, la piedra volcánica roja…

La postura sobre el Barroco como producto mestizo es acaso la que ha encontrado más predicamento, en especial entre los autores de la América hispana. Así, Ramón Gutiérrez opina que, del mismo modo que en la literatura o en las artes se manifiesta el barroquismo, en la arquitectura también existe una paralela incorporación de los rasgos de las diversas culturas, que estarían emergiendo a través de los moldes traídos de la metrópoli. Estos se combinarían, pues, con la sensibilidad del mundo indígena, el cual, a través del Barroco participaría codo a codo con los sectores dominantes, haciendo aflorar su cultura. Al decir de Gutiérrez: «El Barroco expresa, como ningún otro momento histórico, la posibilidad testimonial integradora de América y, por ende, un rasgo emergente de su identidad cultural».

Otra teoría señala que el Barroco responde a una distribución general de funciones: la arquitectura sería española y la decoración indígena, de tal modo que los naturales se hubieran reservado todo lo relativo a la ornamentación. Opinión que no comparte Chueca, quien sostiene que la materia prima del Barroco ya se encontraba latente en la Península, y puede detectarse sin esfuerzo en el enredijo y la filigrana del arte mudéjar, donde es visible la preocupación por decorar todos los espacios sin dejar resquicio alguno para la nada, esa aversión al vacío tan característica del Barroco.

Desde nuestro punto de vista, la clasificación del Barroco como un estilo mestizo, síntesis de la creatividad española e indígena, aunque es sugestiva no resuelve la cuestión de modo suficiente. La teoría del mestizaje no explicaría por qué, siendo tan dispares las culturas aborígenes de uno a otro extremo del continente, el Barroco se impuso de manera uniforme a lo largo de él. Puede aceptarse que en el arte de incas o mayas se vislumbraran rasgos barrocos, pero algo así no es extrapolable a todas las culturas, desde México hasta el Cono Sur, y en cambio el estilo barroco lo encontramos en uno y otro confín. Además, tampoco puede aceptarse que el sustrato indígena influyera tan directamente sobre los diseños. Cierto que los indios acreditaron una especial capacidad para la artesanía, pero de ahí a sostener que idearon y dirigieron los modelados, hay un mundo. Con toda probabilidad es indígena la realización material de las fachadas, de las bóvedas y de los retablos, pero siempre bajo tutela española o criolla.

Suele decirse que el Barroco es un estilo mestizo que incorpora las respectivas capacidades constructivas de españoles e indios, de tal modo que la base del edificio sería española y la decoración indígena, con esa afición demostrada por los nativos hacia las artes.

Entonces, ¿cómo explicar el desarrollo del barroco americano, de tal modo divergente de los patrones europeos? Un arte que, por su desenvoltura, por el apartamiento tan radical de los cánones en su última fase, es rechazado por algunos puristas, que no saben apreciar la excelencia y originalidad sublimes de este arte singular.

A nuestro modo de ver, en la raíz del barroco hispanoamericano se encuentra una vez más el *factor ecológico*, el mismo que subyacía en las variantes de la lengua española. Ya Gavinet intuía algo así cuando afirmaba que en el Barroco acabaría dominando el «espíritu territorial» frente a la cultura importada. Se trata en última instancia, como tantas veces hemos dicho, de la fuerza de la tierra, la misma que imprime a todas las cosas ese exceso, ese grado superlativo. El Barroco se encuentra en el tamaño descomunal del lirio acuático *Victoria regia* que flota sobre las aguas quietas amazónicas; en el colorido deslumbrador del quetzal; en el diseño extravagante del perezoso; en la contorsionada prosa de los autores del siglo XX; en el surrealismo de *Cien años de soledad*; en la personalidad desproporcionada del hacendado…, y, también, en el laberinto pétreo y cromático de la arquitectura barroca. El Barroco es el puerto final de todos los caudales físicos o culturales llegados de España que, filtrados por una tierra poderosa y excepcional, desembocan en un producto criollo que es algo distinto y a veces inaudito, pero siempre extraordinario.

Se ha querido ver en el barroco americano una traslación a las construcciones del recargamiento superlativo de la naturaleza americana. La selva amazónica, con su abigarramiento extremo de formas, sonidos y colores, sería así el modelo en el que se inspiraron los artistas que decoraron barrocamente las iglesias y templos.

En el interior de los templos se muestra también hasta qué punto utilizaron los frailes la sensibilidad innata de los nativos, su tendencia a dejarse cautivar por lo que percibían sus sentidos. A ello responde la utilización de sobredorados en retablos, algunos semejando la tapa de un cofre primorosamente labrada por un orfebre.

En el caso de la arquitectura barroca, debemos recuperar ahora un comentario anterior. Dijimos que la literatura, la pintura o la escultura describen el entorno que las envuelve, los personajes, las cosas o situaciones vigentes en cada momento. En el caso de la arquitectura, Chueca ha resaltado un modelo que viene al caso: la disposición de las cúpulas de muchos templos americanos, formando grupos de ellas, de tal forma que parecerían desde lejos montículos naturales redondeados por el paso del tiempo. Es lo que llama el autor la arquitectura-montículo y que se manifiesta, por ejemplo, en la capilla del Pocito, junto al santuario de Guadalupe. Acierta Chueca en la apreciación, pero ¿acaso no imita este modelo constructivo la geología de muchas zonas de América, caracterizadas por formar un conjunto de cerros? Aquí tendríamos un remedo del entorno a cargo de la arquitectura y que nos da pie a otro de más calado aún. Porque cuando contemplamos un retablo barroco, con esa profusión amalgamada e inverosímil de motivos, perfectamente podríamos situarnos en el bosque tropical, donde la maraña vegetal es inextricable, con mil juegos de luces y de sombras, con el sol depositando infinidad de pepitas de oro en el verde rabioso de las hojas. Una confusa exuberancia, esta vez botánica, que podemos trasladar sin sobresaltos a la que impera en una portada barroca. Si consideramos, por añadidura, que muchas decoraciones barrocas incluyen figuras de flora y fauna, tendríamos que cualquiera de ellas sería como un instante fugaz de la selva tropical, una fotografía inerte, silenciosa, del mundo biológico del bosque virgen, detenido en su esplendorosa plenitud, captada para siempre por los artesanos primorosos de la piedra y el yeso.

Y, finalmente, no olvidemos el objetivo último que presidió las realizaciones arquitectónicas religiosas: la cristianización de los indígenas. Las iglesias y los monasterios fueron levantados por y para la masa nativa, no para los escasos contingentes españoles o criollos. No se olvide este dato, porque él justifica, como enseguida se verá, buena parte de las creaciones del barroco americano.

Manifestaciones del Barroco

Insistimos en ese fin primordial de conversión al cristianismo de la masa nativa, ligada espiritualmente a unas deidades placenteras en cuyo nombre se practicaban sacrificios humanos. Eran dioses crueles, distantes, emplazados lejos de los fieles, en lo alto de los *teocallis*, menos inclinados a predicar el amor y la concordia que la guerra y la venganza. Los sacerdotes españoles se vieron en el trance de sustituir toda esta teogonía por una religión cuyo Dios era infinitamente bueno y misericordioso, hasta el punto de adquirir aspecto carnal para redimir a los hombres. Un salto demasiado brusco para unos nativos acostumbrados a otro tipo de dioses.

El horror vacui *característico del Barroco lleva a no dejar sin ocupar y decorar todos los espacios. En cualquier detalle de un templo barroco descubrimos el trabajo y el tiempo desplegados para llegar al remate final. Como se ha dicho, esto tenía por objeto mostrar la magnificencia y belleza de la nueva religión que trataban de predicar a los nativos. Los antiguos dioses podían ser amenazadores e imponentes, pero nunca podrían superar a los nuevos.*

Por eso los frailes hubieron de recurrir a toda una panoplia de sistemas para operar sin traumas la sustitución y, además, como luego tendremos ocasión de ampliar, contaron con la inestimable ayuda del Concilio de Trento, que dio nuevas orientaciones en el sentido de subrayar el ornato exterior, el lujo en las formas, la atracción por los sentidos. Precisamente lo que más podía convenir a los frailes asentados en América, embarcados en su particular lucha por convertir a los infieles. La sustitución de unos dioses distantes y poderosos por otros cercanos, buenos y generosos era un cambio demasiado radical, que pudo ser viable rodeando a estos de un empaque y un boato ausentes en el sencillo cristianismo primitivo, pero alentados por el concilio tridentino. Si a ello se añade la marcada afición por todo lo externo en los ritos y ceremonias mostrada por los propios indígenas, se comprenderá que el Barroco vino a ser el arte que mejor pudo amoldarse a las necesidades de las tierras y las gentes de América.

El Barroco americano fue el estilo arquitectónico por antonomasia en el Nuevo Mundo. Fue también otro de los grandes instrumentos de los que se sirvieron las Órdenes religiosas para su misión evangelizadora. Es un estilo que retuerce la forma, que extrema el colorido, todo lo cual congeniaba a la perfección con unos naturales, tan sensibles a lo exterior. El propio concilio de Trento había recomendado la atracción de los fieles por el ornato exterior, el lujo en las formas, la excitación de los sentidos.

Las fachadas recargadas con pilares, arcos, escenas, hornacinas con figuras, con toda esa sinfonía de piedra curvada y retorcida sobre sí misma, se convirtieron en un señuelo para entrar en el templo. Dentro de él, la policromía, los sobredorados, el fulgor extremo que emanaba de esos interiores que parecían iluminados por un sol de oro subyugaban y sobrecogían a unos indios que nunca habían visto algo parecido. Sus viejos dioses podían tener aspecto más fiero, y los sacrificios embargaban el ánimo de todos, pero nunca podrían igualar la magnificencia y opulencia de los nuevos.

Todos esos elementos y motivaciones se encuentran, pues, en las grandes materializaciones del arte sacro barroco. Como en la fachada de la iglesia de la Compañía de Jesús, en Arequipa, profusamente labrada y fastuosa, como un inmenso cofre repujado, y con la concha de peregrino como motivo central, algo que se repite en muchas portadas barrocas. O la de la iglesia de la Compañía en Quito, con la apariencia de una fachada de recargada plata. Las columnas comienzan con una cierta forma, la cambian en el centro y retornan después al molde primitivo.

El Barroco, que comenzó discretamente a mediados del siglo XVII, poco a poco fue apartándose de los cauces españoles, rebasando sus límites, y adoptando formas propias, singulares, que a veces parecen emanar de una ensoñación calenturienta, aquella que no pone coto alguno al vuelo de la imaginación. La fachada de San Bernardo de Potosí está en su mayor parte cubierta por lo que parece un pavimento empedrado, y cada monumento americano del Barroco tardío es una concesión a la creatividad, sin cortapisas de su autor. Y recalquemos una vez más que al contemplar algunos trabajos barrocos, al admirar la labor inconcebiblemente prolija de sus artífices, como la que podemos hallar en la iglesia de San Lorenzo, en Potosí, no atinamos a descifrar si estamos ante un dibujo estrictamente barroco o ante los trazos laberínticos de los artistas mudéjares.

El arquitecto y el artífice del Barroco dispusieron para sus labores de materiales varios como la piedra, el yeso de diversos colores, la tintura de almagre, el ladrillo con revoque blanco, el azulejo policromático y el tezontle o piedra volcánica roja. Y aplicaron formas novedosas como el estípite, que sustituye a la tradicional columna salomónica, y que consiste en una pilastra de sección cuadrada con forma de tronco de pirámide invertida, que reproduce en cierto modo la forma de la figura humana. El estípite compareció moderadamente, pero luego se convirtió en una de las piezas maestras de la decoración barroca, el estilo que combina y contrasta los materiales citados, el que compone diferentes texturas, el que juega con el movimiento de los entrantes y salientes, el que recorta contra el cielo una profusión de siluetas. Estilo exagerado, desbordante, ávido por colonizar todos los espacios (el *horror vacui*) disponibles y que solo en México ha dejado, en opinión admitida, cuatro de las mayores joyas mundiales del Barroco: el sagrario de la catedral, el convento de Tepoztlan, Santa Prisca de Taxco y Santa Rosa de Querétaro.

Esta imaginación creativa aparece incluso en el Barroco más modesto, el de las misiones jesuíticas. Existe un barroco guaraní, que aún puede admirarse en rincones como las misiones de Chiquitos, en Bolivia. La iglesia de San Javier de Chiquitos es de estructura sobria, con sencilla cubierta a dos aguas, pero el barroquismo está presente en el vistoso colorido exterior, en la afluencia de los relieves e incluso en el movimiento cromático del empedrado del atrio. La decoración interior también es densa en todos los detalles, hasta en las vigas que sostienen el artesonado. Basta pensar en la racionalidad que impusieron los jesuitas en todas sus realizaciones americanas, para comprender que el Barroco fue algo más que un arte, fue un instrumento para cautivar al indígena, embrujarle con el esplendor de la nueva religión y atraerle a ella.

El interior de los templos también refleja esa perseguida fastuosidad, la que se aprecia en cualquiera de los innumerables retablos barrocos, como el de la capilla del Rosario, en el convento quiteño de Santo Domingo; toda una película de escenas, figuras y sucesos representados de modo simultáneo ante nosotros y envueltos en oros. O el retablo de la iglesia de Andahuayllas, en el Cuzco, tan cuajada de sobredorados que la mirada duda dónde asentarse. O el retablo del santuario de Ocotlán, en México, que semeja la tapa de una caja preciosísimamente labrada en oros por un orfebre.

Cabe pensar en la impresión general que recibirían los indios al penetrar en estos recintos fascinantes, en el lujo desplegado en «su casa» por esas divinidades que venían a suplantar a las anteriores. Qué sensaciones al acceder al interior de la iglesia de Santo Domingo, en Oaxaca, que bien parece la cámara maravillosa de un sagrario. O el impresionante interior de la iglesia de Santa María de Tonantzintla, en Puebla, verdadera gruta dorada. O las estancias internas de San Francisco de Quito y del convento de La Merced, en la misma ciudad. En todos ellos la vista es como un ave que no sabe dónde posarse, tantas son las oportunidades a su alcance, talmente como le ocurriría a un ave en el fárrago botánico de la selva tropical.

El estilo que estudiamos se ramifica en otros capítulos constructivos, como los púlpitos, que se recargan de tal manera en el Alto Barroco que convierten el estilo en caricatura de sí mismo, como puede comprobarse en los púlpitos de algunas iglesias de Cuzco, particularmente en el de la iglesia de San Blas. Y mencionar que, aunque el imperio del Barroco abarca desde la mitad del siglo XVII hasta finales del siglo XVIII, nuevas manifestaciones de este arte, como la colorida iglesia de un remoto pueblo de Chiloé, pintada en rabiosos naranjas y azules, demuestran la pervivencia del arte a través del tiempo y, sobre todo, hasta qué punto concuerda exactamente con el alma barroca de América.

La fachada-retablo

Y en este recorrido por el Barroco llegamos a las llamadas fachadas-retablo, las portadas de muchas iglesias americanas, en las que la decoración arquitectónica se limita al conjunto que rodea a la entrada. Encontraríamos aquí la expresión máxima del Barroco como señuelo, como invitación a entrar en un espacio que se supone magnífico, a juzgar por el lujo de su acceso. Se trata también de una manifestación más de la exteriorización del culto, sacando los retablos a la calle, que es como sacar el altar, llamando a adherirse a una religión abierta, del gusto de sus destinatarios. Las puertas de los templos se convierten en primorosos encajes que combinan seductoramente todos los materiales y motivos del Barroco. Y este modelo lo encontramos reproducido en innumerables ocasiones, como en la iglesia de la Compañía en Cuzco, que adquirió esta forma a partir de la remodelación impuesta por el seísmo de

1650, y que influyó notablemente en la arquitectura posterior de América. O en la fachada de la iglesia de San Francisco de Lima, que nos guía la mirada de abajo arriba, para luego pasar a la parte superior de las torres laterales, también barrocas, prescindiendo de la más prosaica base de estas. O en el santuario de Ocotlan, en Tlaxcala, el dibujo de cuya portada se prolonga más arriba, en las torres, o en la catedral de Tegucigalpa, originalmente extraña, con una gran fachada-retablo en tono blanco, semejando un enorme molde de tiza tallado.

La mirada nos lleva, pues, a interesarnos por la puerta y su rico contorno, prescindiendo del resto de la fachada, mucho más sencilla. Pero estudiando todo

Basílica de San Francisco, en Lima. La fachada-retablo es un recurso omnipresente en los templos de América. Como se ha dicho, eran decorados envolventes de las puertas de las iglesias, y en ellas encontramos la expresión máxima del barroco como señuelo, la invitación a entrar en un recinto que se supone magnífico, a juzgar por el lujo de su acceso. La mirada nos lleva a concentrarnos en esas puertas primorosas, orillando el resto de la fachada, más sencillo.

el conjunto hallamos algunas interesantes conclusiones acerca de esta modalidad del Barroco, muy extendida en España y en América. Como muestran ejemplos tales como la catedral de Cajamarca, el recargamiento ornamental se reserva para la fachada y el entorno superior, dejando paredes laterales desnudas y modestas. Lo mismo observamos en la iglesia de San Francisco, en Lima, donde la vista es conducida desde la rica portada hasta la parte superior de las torres, igualmente decoradas, evitando que se asiente en la sencilla parte inferior de esta. Y a ambos lados de la fachada-retablo de San Francisco de Quito, exuberante, se alarga la severidad rigurosa de las paredes del recinto monástico, sobriedad al por mayor, Castilla pura.

Esa atención máxima puesta sobre el conjunto de la entrada, más ese desprecio por todo lo demás, es muy revelador. Nos está indicando que los medios solo alcanzan a decorar una parte de la estructura, concentrando en ella todo el esfuerzo. Es, una vez más, la afición por las apariencias tan propia del carácter hispano, la mentalidad pobre, pero digna, del arquetipo humano altomedieval de la Península. La de aquellos caballeros empobrecidos que se habían costeado entre todos una sola capa y, no queriendo salir a la calle sin ella, se turnaban las salidas. En el arte Barroco, estas fachadas serían la capa del hidalgo, el maquillaje de una dama, la sonrisa de una persona, el escaparate de un comercio. Como decía Chueca Goitia, el espejo de un pueblo a veces pobre, pero siempre hidalgo.

Otras artes. Los santeros

Como es lógico, artes creativas como la pintura o la escultura estuvieron estrechamente ligadas a la decoración arquitectónica, y al lado del desarrollo de esta, apenas tienen relevancia como artes independientes. Donde se explayaron la pintura y la escultura fue en el acompañamiento artístico de la arquitectura: en los retablos, en las fachadas, en los coros, en los púlpitos o en las pilas bautismales, algunas tan ricamente adornadas como la de Cholula.

En pintura debe consignarse el claro predominio de la escuela sevillana y de pintores como Zurbarán, que fue muy imitado en Nueva España. Sin perjuicio de la ya estudiada aplicación de la pintura a la arquitectura religiosa, cabe añadir su empleo en los murales, en los que se muestra la capacidad indígena para todas las artes. Los murales suplieron a otros motivos decorativos, como las flores incrustadas sobre esteros, que los nativos llaman pétatl, y a los mosaicos de plumas, el llamado *arte plumario*, que ya era conocido en tiempos prehispánicos. Pero ambas eran técnicas efímeras que se deterioraban en pocos años, lo que hizo surgir las duraderas pinturas murales, de las que hay un buen y simbólico ejemplo en *Los doce primeros franciscanos*, que representa la llegada de los primeros misioneros a tierras de México. Hay otras pinturas conservadas sobre paredes, y en este sentido ha destacado Weckmann el desconocimiento de algunos frailes del siglo XVIII, quienes creyendo que los frescos pintados años atrás se habían estropeado, los cubrían de cal y, sin saberlo, estaban contribuyendo con ello a su conservación ulterior.

La escultura y la pintura desplegaron sus mejores manifestaciones como acompañamiento de la arquitectura: en coros, retablos, fachadas, púlpitos o pilas bautismales. En Nuevo México y Colorado trabajaron los santeros, que fabricaban esculturas llamadas bultos, *tallas muy populares en la tierra de la frontera. La escultura produjo notables muestras y fueron muchos los nativos que descollaron en ella. Los* bultos, *casi invariablemente se centraron sobre motivos religiosos, fueran santos, cristos o vírgenes.*

Si comparamos la pintura y la escultura de España e Iberoamérica de finales del siglo XVIII, no hallamos apreciables diferencias. Estas aparecen cuando introducimos en la escena del arte a unos personajes llamados santeros, que operaron en los territorios de Nuevo México y Colorado, allí donde la presencia española se desvanecía en la lejanía de la frontera. Y no solo en lo físico, sino en lo espiritual, porque ya asomaba con todo su vigor la agresiva civilización angloamericana, que poco tiempo después habría de apoderarse de todas aquellas extensiones dejadas por España y arrebatadas después al México independiente.

IV

MÚSICA

La España de los siglos XIV y XV estaba enfrascada en la tarea de su propia definición histórica y política. Ya se vislumbra el final de la larga ocupación musulmana, y las guerras de Reconquista mantenían vivo el espíritu militar y trashumante de los españoles que, entrenado en aquellas contiendas, habría de derramarse posteriormente en empresas de universal alcance. En las regiones recuperadas a los sarracenos se hospedaban ya los principios que habrían de definir los rasgos comunes de la múltiple personalidad española: la religión católica, el idioma castellano, la pasión por las fiestas y por la comunicación entre unos y otros, el individualismo, la generosidad, el concepto de familia amplia…

Ya era frecuente la celebración de encuentros festivos, con motivos religiosos o profanos: las grandes conmemoraciones religiosas como el Corpus Christi, las fiestas patronales locales, los grandes mercados y las ferias regionales. Eventos todos ellos que hacían confluir gran número de personas y en los que se corrían toros, se jugaba a cañas y sortijas, y en los que se confundían nobles y plebeyos.

En tales acontecimientos nunca faltaba un tipo de personaje, atraído como tantos otros por la zambra, en la que corrían a raudales alegrías y dineros. Era el trovador o juglar, especie de andariego muy en boga en la época, pues en forma de versos rítmicos contaba al público los sucesos del tiempo, tan ricos en aquella España turbulenta del estertor de la Edad Media.

Aquellos músicos-poetas llevaban, pues, en las alforjas sus romances, narración en forma versificada y monocorde de hechos, gestas o episodios satíricos. Los cantaban a «palo seco» o adornándose de la vihuela o el laúd. Había nacido el romance, por la necesidad de divulgar muchas gestas de la vida fronteriza de la España de la Reconquista, y sus ejecutores introdujeron el instrumento musical entre estrofa y estrofa, para recordar mejor la siguiente y dar tiempo al público a asimilar la anterior.

En un principio, el romance tuvo una estructura sencilla de cuatro versos octosílabos, que eran cantados de principio a fin, de corrido, por lo que también se llamaron romances *corridos* y, en Andalucía, *corridas*, *corríos* y *carrerillas*. El romance, con el tiempo se fue haciendo más complejo, derivando en géneros como el villancico e incorporando mayor complejidad instrumental.

El tronco principal de los romances radicó en Castilla, con la fecunda fuente de inspiración de las hazañas de la Reconquista, y aunque el marqués de Santillana consideró los romances un género vulgar, del que «gentes de baxa e servil condición se alegran», lo cierto es que incorporaron creaciones al acervo del romance nombres tan ilustres como Juan del Encina y Vicente Espinel, e incluso clásicos como Góngora, Quevedo y Lope de Vega. Hasta Cervantes, cuyos trabajos por desgracia se perdieron.

El romance fue la música por excelencia de los siglos XIV y XV en España. En toda fiesta popular no faltaba un personaje que narraba en forma musical los sucesos de una España que estaba rematando la Reconquista. Era el trovador o juglar, que llevaba consigo aquellas piezas poético-musicales que cantaban las gestas, los hechos trascendentes o los episodios satíricos. Se trataba, en definitiva, del Romancero, *el antecedente directo del periódico moderno, ya que a través de los romances, las gentes, antes tan aisladas unas de otras, conocían lo que ocurría más allá de sus pueblos y sus valles.*

Los romances españoles, de los que son ejemplos *Bernardo del Carpio, Don Rodrigo y la pérdida de España, Los siete infantes de Lara, Gerineldo, Don Gato, Delgadina* y otros caballerescos, históricos, de costumbres, amorosos o satíricos, habrían de traspasar las fronteras peninsulares, por mor de varios acontecimientos. En primer lugar, la expulsión de los judíos, que se llevaron el romancero en su éxodo, conservándolo durante los siglos siguientes. Y, sobre todo, con el descubrimiento y colonización de América, que instaló el romance en el Nuevo Mundo, desde Colorado a la Patagonia, influyendo significativamente en el devenir posterior de la música de América.

Veamos a continuacion algunos de estos romances, ya en su versión americana. Así, las primeras estrofas de *Delgadina*, uno de los más populares:

Un rey tenía tres hijas
y las tres eran doradas.
Y la más linda de ellas
Delgadina se llamaba.

Un día estando a la mesa
su rey padre la miraba.
—*¿Qué me mira, padre mío,*
qué me mira a la cara?
Yo te miro, hija mía,
yo te miro de la cara,
que si tu madre falleciera
serás tú mi enamorada.
—*No permita Dios del cielo,*
ni la Virgen soberana,
que de mi padre, de mi padre,
sea yo su enamorada.
¡Yo, hija, esposa de mi padre,
madrastra de mis hermanas!
—*Lleven, llévenla a Delgadina,*
enciérrenla en una sala…

Don Gato fue otro romance muy popular en América. En la versión recogida por Menéndez Pidal en Chile, afloran algunos americanismos:

Estaba el señor don Gato sentadito en su tejado
Y le llegaron las nuevas que había de ser casado.
Llegó la señora Gata con vestido muy planchado,
Con mediecitas de seda, y zapatos rebajados
El Gato, por darle un beso, se cayó tejado abajo;
Se rompió media cabeza y se descompuso un brazo.
A deshora de la noche está don Gato muy malo,
Queriendo hacer testamento de lo mucho que ha robado:
Una vara e longaniza, una cuarta e charqui asado,
Y los ratones, de gusto se visten de colorado,
Diciendo: ¡Gracias a Dios que murió este condenado,
Que nos hacía correr con el rabito parado!

Acaso *Gerineldo* sea el más extendido en América de todos los romances españoles, y por ello merece tambien su transcripción:

—*Gerineldo, Gerineldo, mi camarero aguerrido,*
¡quién te pescara esta noche tres horas en mi servicio!
—*¿Tres horas dice, señora? ¡Ojalá que fueran cinco!*
Si porque soy vuestro criado quiere usted burlar conmigo.

—No quiero burlar de ti; que de veras te lo digo.

—¿Para qué horas de la noche iré yo a lo prometido?

—Entre las ocho y las nueve cuando el rey esté dormido.

A las ocho de la noche Gerineldo va al castillo;

Halla la puerta entreabierta, da un fervoroso suspiro.

—¿Ese atrevido quién es, que ha venido a mi castillo?

—Señora, soy Gerineldo que vengo a lo prometido.

Ya lo agarra de la mano y se van para el castillo;

Ya se acuesta Gerineldo con calenturas y fríos;

se acuestan boca con boca como mujer y marido.

Cosa de la media noche el rey pidió sus vestidos;

Se los lleva un criado dél; de Gerineldo es amigo.

—¿Dónde está mi Gerineldo, mi camarero aguerrido?

—Señor se metió en la cama con calenturas y fríos.

El romance, en la segunda mitad del siglo XV estaba, pues, en su apogeo, inflamados sus compositores por la densidad de los sucesos épico-guerreros que tuvieron lugar en la Península por esas fechas. Eran de carácter marcadamente popular, y se hicieron recopilaciones de ellos, el *Romancero*, ejemplares del cual no faltaban en el equipaje de los colonizadores, que solían recordarlos con frecuencia.

Con los primeros colonizadores españoles del siglo XVI, viajó a América el Romancero, *que adquirió de inmediato una gran popularidad. Hubo romances que hicieron especial fortuna, como* Don Gato, Delgadina *o* Gerineldo. *En las caravanas del Camino Real de Tierra Adentro, que introducía desde México en los futuros Estados Unidos a personas e ingredientes de la colonización española, viajaban músicos que amenizaban la larga ruta con estos romances, que han subsistido hasta hoy entre los hispanos de Norteamérica.*

Junto a esta poesía musical popular existió una música más culta, la que se cantaba en las catedrales. Al frente de ella figuraba el maestro de capilla, que no solo componía e interpretaba la música religiosa, sino que se ocupaba de instruir a los niños y formar con ellos grupos corales. Los nobles requerían asimismo los servicios de estos músicos y, de modo paralelo al romance, la música religiosa alcanzaría en el siglo XV una notable prestancia. Ambos géneros dejarían sentir su influjo sobre la música que se gestó en la América colonial.

Mientras el romance alcanzaba su máximo esplendor en España, los habitantes de la América prehispánica manifestaban asimismo una fuerte afición por la música, si bien los instrumentos para ejecutarla eran más pobres. En el Imperio mexica había una suerte de trovadores, llamados «componedores de cantos», y se expresaban en idioma náhuatl. Y en el Imperio inca existía el llamado *amaute*, que significa «sabio prudente», funcionario de la corte del Inca, perteneciente a la nobleza o adscrito a ella, cuya misión era cantar hechos históricos o las gestas del Inca. No habiendo en el Imperio inca escritura, los amautas se encargaban de transmitir oralmente la historia, relatándola en las naciones incorporadas al incario. Narraban las gestas de los sucesivos Incas, naturalmente según la versión que convenía a cada nuevo emperador en el poder, de tal modo que ignoramos si la historia del imperio y sus gobernantes que llegó hasta los cronistas españoles se corresponde o no con la realidad.

En la América prehispánica existían precedentes musicales que tienen mucho que ver con el modelo del romance español. Así, en la corte del Inca existía el llamado amaute *o sabio prudente, cuyo cometido era cantar las gestas del Inca ante los habitantes de las naciones andinas incorporadas al Imperio inca. Al no existir escritura, los amautes eran el único vehículo oficial de transmisión de la historia entre las gentes andinas.*

Cieza de León, cronista directo de las cosas de América, contó que las coplas de los amautes tenían parecido con los romances castellanos y se trasladaban de padres a hijos, conservándose de esta forma la memoria de la nación inca. Un canto muy famoso entonces era la *harawi*, una especie de lamento triste que entonaban los condenados a muerte o destierro. Muchos quieren ver en el yaraví, que surgió tras la dominación española, al heredero de la *harawi*, glosando ahora el lamento colectivo por el imperio perdido.

En cuanto a los instrumentos, que son como la tecnología de la música, eran más simples, y con ellos apenas lograban los nativos desarrollar su innata capacidad musical, como se manifestó cuando dispusieron de los más elaborados instrumentos europeos. Bernal Díaz del Castillo habla del terror que le producía la música mexica, la ensordecedora batahola formada por el tambor de Huitzilopochtli, amén de las caracolas, bocinas y silbos que orquestaron dramáticamente las horas últimas y desesperadas del mundo azteca.

El soldado-historiador Bernal Díaz del Castillo narró el terror que inspiraba a las huestes españolas la batahola de los instrumentos aztecas, como caracolas y bocinas, en los momentos álgidos de las guerras de conquista. Pero de manera especial, el famoso tambor de Huitzilopochtli, destinado a percutir solo cuando el Imperio mexica se encontrara en grave peligro. El tambor pudo oírse en el fragor de la batalla de Tenochtitlan.

En los territorios andinos, los instrumentos más en uso fueron la quena y, sobre todo, el sicu, compuesto por varios tubos y tocado por los *sicuris*. Su música, profunda y melancólica, ha llegado hasta hoy, como seña de identidad del mundo andino, como si brotara de esos tubos colosales que son los cerros de los Andes.

Los españoles que pasaron a América, en el curso de la navegación iban escuchando romances, cantados y acompañados de vihuela por los músicos improvisados que viajaban a bordo. Apenas podían anticipar unos y otros la importancia de la presencia de esos intérpretes, para las expediciones y para la conformación posterior de la música de América. Sus canciones y sus romances siguieron disfrutándose en las hogueras de los campamentos militares, en las carretas que transitaban por el Camino Real que discurría paralelo al curso del Río Grande, en los largos crepúsculos en las plazas de los pueblos recién fundados.

Esa música era el cordón umbilical con la Península, que habían dejado lejos, y al mismo tiempo se iba deslizando en los oídos de las gentes del Nuevo Mundo. De esta primera época salieron músicos notorios, como el maestro Ortiz, citado por Bernal Díaz del Castillo, quien fue reclutado por Cortés en la población cubana de Trinidad, donde tocaba la vihuela y la viola, y colocaba el embrión de una escuela de música y danza, lo que luego pudo reproducir en el México ganado a los aztecas.

Los instrumentos musicales españoles se difundieron de forma extraordinaria por el continente americano, de manera especial los de cuerda, como la guitarra. Pero en ciertas zonas, como en los Llanos de Venezuela, el instrumento que más hondamente arraigó fue el arpa, lo que no deja de ser extraño, teniendo en cuenta la dificultad de su transporte. Pero los llaneros la llevaban en sus caballos, y fue, junto a la técnica del romance, la base de la música llanera.

Otro famoso tañedor fue «don José», varillero del Camino Real de Tierra Adentro, vendedor ambulante, cronista y músico, tipo castizo y muy popular entre los colonos de las tierras de frontera, que recibían su visita tres veces al año. Y comentemos también a los artistas que surgían de las huestes conquistadoras. Por pura necesidad militar de la época, que exigía música para estimular a los ejércitos, las tropas improvisaron bandas militares con tambores, trompetas y pífanos, y esos músicos-soldados fueron tenidos en gran estima.

Estos músicos llevaban consigo el instrumental en boga entonces en la Península: cordófonos como la vihuela, el arpa y la viola; percusión como el tambor y el atabal; música de viento como las trompetas, las chirimías, el sacabuches y las dulzainas. Y también pulsaban clavicordios, laúdes, salterios, bandurrias y cascabeles. Algunos de estos instrumentos guardaban semejanzas con los que usaban los indígenas, como el atabal y la chirimía, y por eso los naturales asimilaron unos mejor que otros. La chirimía, por ejemplo, tuvo una gran aceptación (algunos indios fueron llamados «indios chirimías»), y el arpa conoció una inusitada expansión por las regiones de los Llanos de Venezuela y Colombia, que aún perdura.

Los indígenas recibieron el sonido de estas músicas con particular delectación, y eso es algo que entrañaría consecuencias trascendentes. Es sabido que los jesuitas lograban adentrarse en el peligroso territorio de los guaraníes sin más armas que un violín, ante cuyas notas quedábanse extasiados durante horas y apaciguaban su agresividad, como mostró la película *La Misión*, de excelente factura técnica, pero poco fidedigna hacia la labor española, ya que atribuye la misión evangelizadora de los indios guaraníes a los jesuitas en exclusiva, soslayando que era España quien sustentaba a los jesuitas y sus misiones.

Otras veces tañían los instrumentos desde las barcas y los indígenas salían a la ribera a escucharlos. En una misión de la Baja California se cantó el Alabado tras el Rosario, y treinta indios dejaron su laborío en las granjas y acudieron como atraídos por una fuerza superior. Lo mismo pasaba con la medieval dulzaina, que magnetizaba a los feroces apaches de las praderas.

Los instrumentos de cuerda y de viento venidos de España sacudieron la escenografía musical de América. Al igual que había ocurrido en España, pronto se crearon las llamadas bandas de pueblo, *que combinan sobre todo la música de viento y de percusión. Estas bandas nunca faltan en las fiestas de los pueblos, y en zonas como Cuzco son tan populares que a diario recorren las calles.*

El tiempo y la fuerza del territorio empezaron a transformar las cosas. El sacabuches derivó en el trombón, la chirimía en el oboe, la vihuela de arco dio paso al violín y al violonchelo, y la vihuela de mano a la guitarra, la cual alcanzaría una espectacular difusión en el orbe americano. Al mismo tiempo, de aquellos grupos militares de música surgieron orquestas de viento y percusión, indispensables en las procesiones y en los grandes acontecimientos de la vida colonial. Y, de modo paralelo, se crearon las llamadas *bandas de pueblo*, en proceso semejante al de la Península, que lograron un gran arraigo popular y festivo.

Evangelización por la música

Ante los doce franciscanos que arribaron a México inflamados de ardor evangelizador, se levantaba una empresa de colosales proporciones: convertir a la fe cristiana a una masa indígena de varios millones de seres, que se multiplicarían tras la conquista de América del Sur.

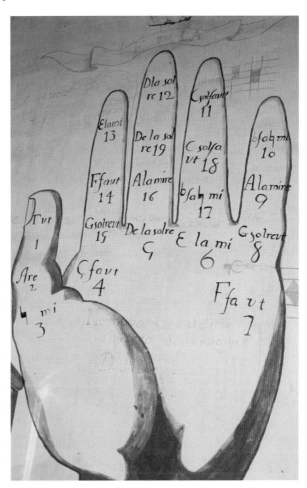

Al llegar a América, los misioneros percibieron la capacidad natural de los indígenas para la música y la aprovecharon a conciencia. Esta imagen, tomada de una de las misiones de California, demuestra hasta qué punto las órdenes religiosas utilizaron la música para evangelizar y para educar a los nativos. La música, como el teatro y la danza, eran enseñanzas obligadas en todas las misiones españolas.

Eran conscientes, además, de que no bastaba con el bautismo individual o masivo, pues los indígenas seguían aferrados a sus creencias y se mostraban reticentes hacia cuanto provenía de los hombres revestidos con sotanas. La situación se agravó cuando los frailes, cansados del apego a los antiguos ídolos, perdieron la paciencia y procedieron a su destrucción. La frialdad se trocó entonces en decidida hostilidad.

Fue entonces cuando uno de esos primeros frailes, Pedro de Gante, de quien se decía era pariente de Carlos V, observó que los cultos paganos se reducían a cantar y bailar ante sus ídolos, por lo que decidió aplicar esta práctica con fines evangelizadores. Organizó una fiesta, a la que invitó a los principales de los valles de México, y les permitió que con los suyos bailaran, cantaran y vistieran según su antigua usanza, pero en el marco de una festividad cristiana. Los nativos aceptaron y se sumaron de buena gana al acontecimiento.

Este sencillo hecho marcó un punto de inflexión en la conversión indígena. La música y la danza se revelaron como infalibles señuelos para atraer a los nativos hacia las iglesias y sus ministros. Estos ofrecieron los atrios de los templos como lugar de celebración de fiestas, por las que sentían gran inclinación los indios, de modo que, sin perder sus atávicas costumbres y sus propios ritos, de una forma tan sutil como efectiva, se acercaban a la nueva religión. Las iglesias no eran ya los lugares sombríos que tanto les cohibían, desde cuyos púlpitos los clérigos les lanzaban conceptos ininteligibles, sino unos acogedores centros de diversion y regocijo. ¿Por qué no iban a acudir ellos, los adultos, a cantar y bailar? ¿Y por qué no enviar a sus hijos a recibir aprendizaje musical de los frailes?

Pedro de Gante ideó fundar bajo estos principios la escuela musical de Texcoco, en el antiguo palacio de Netzahualpilli. Combinaba música (canto llano y canto de órgano) con educacion y religión, utilizaba música de flautas concertadas a falta de órgano, y tenía como objetivo último formar grupos selectos de niños, llamados a ejercer considerable influencia posterior en sus propios poblados. Como así ocurrió, pues fueron estos niños quienes más adelante colaboraron con los frailes en la extirpación de la antigua idolatría de su mayores, y muchos de ellos continuaron de por vida bajo el ámbito y tutela de los templos o monasterios, ya como músicos, ya como porteros, sacristanes o servidores, mientras otros se incorporaban a tareas dirigentes en sus poblados de origen.

El éxito de la iniciativa fue incuestionable, y ya fuera en el régimen inicial de internado, como en el posterior de asistencia diaria, los niños y jóvenes comenzaron a abrazar la religión cristiana a través de la música. Aprendieron las composiciones religiosas y mostraron enseguida tal capacidad, que empezaron a componer villancios y pequeñas obras musicales. Los frailes los organizaron en capillas, formándose grupos de cantores o ministriles bajo la dirección de un maestro de capilla.

Fue tal el desarrollo musical que logró este sistema, que hubieron de dictarse normas para limitar el número de músicos, pues en cuanto tales, estaban exentos del diezmo que pagaban los indígenas, y no había pueblo, por pequeño que fuera, que no contara con su propio grupo o capilla. El resultado fue notable, tanto en el plano evangelizador como en el musical, y existen testimonios de viajeros por el Perú que se maravillaban de los conciertos ofrecidos por los grupos y coros musicales nativos.

Las autoridades eclesiales no solo utilizaron la música como un instrumento de conversión, sino que se esforzaron en introducir la música religiosa en las iglesias y catedrales. El primer obispo de México, Juan de Zumárraga, hombre ejemplar en todos los sentidos, incluyó el canto gregoriano y otros cantos religiosos. También importó el primer órgano, y pronto otros órganos sembraron Nueva España de música religiosa culta. Había un gran contraste entre el gran órgano de la catedral de México, «una catedral dentro de otra catedral», y los modestos órganos de caña de bambú de las pequeñas iglesias de muchas aldehuelas.

Órgano San Gregorio Magno en la catedral de Morelia. El desarrollo que alcanzó la música religiosa fue grande, y la fundación de una iglesia o de una diócesis llevaba de inmediato aparejada la creación de la «capilla de música», con su maestro de capilla, el organista, los cantores y los ministriles. Teniendo en cuenta la importancia que atribuyeron a la música como herramienta evangelizadora los frailes de las órdenes religiosas, contar con un órgano suponía alcanzar el culmen de las pretensiones musicales. Y aunque algo tan aparatoso como un órgano exigía un traslado sumamente complejo desde la Península, a lo largo del tiempo diversos órganos se incluyeron en el equipaje de las embarcaciones hacia el Nuevo Mundo y en las carretas entoldadas que llevaban el abasto a las iglesias y misiones más remotas de la América hispana.

El desarrollo que alcanzó la música religiosa fue grande, y la fundación de una iglesia o de una diócesis llevaba de inmediato aparejada la creación de la «capilla de música», con su maestro de capilla, el organista, los cantores y los ministriles. Los dos primeros eran los puestos más apetecidos, y fueron desempeñados por españoles peninsulares primero, y más tarde por criollos. El maestro de capilla gozaba de gran peso y ascendencia en los círculos de poder de los virreinatos.

Gracias a estas capillas, la polifonía religiosa europea entró en América, importándose las obras de los grandes compositores españoles y de otros países, que convivían en las iglesias con el sencillo canto llano y con los villancicos.

Zoila Gómez y Victoria Eli[18] han podido así distinguir cuatro fases en la expansión de la música religiosa en la América española:

1. Conquista y evangelización, con la adaptación de los cantos tradicionales españoles a textos cristianos, con la introducción posterior del gregorianismo, primero en la lengua autóctona, más tarde en latín.

2. Importación de la polifonía europea, a partir de la segunda mitad del siglo XVI.

3. Auge del villancico, en el siglo XVII.

4. Alto barroco musical, en el siglo XVIII, pudiéndose hablar de un barroco genuinamente americano.

Música popular

Hemos visto cómo los indígenas se congregaban al sonido de un violín interpretado por un fraile o de un alabado cantado a coro. Y también cómo la música fue factor dominante en la evangelización de la América española.

Tal poder de penetración de la música solo puede aplicarse si aceptamos que la música era algo que llevaban dentro los indígenas, algo inmanente a su propio ser y que apenas habían podido exteriorizar por falta de medios adecuados. Igual que de los indios surgieron primorosos artesanos cuando pudieron emplear herramientas para trabajar el cuero, la madera o el metal, arraigó en ellos el sentido de la fiesta, porque ellos mismos eran festivos. De la misma forma, cuando dispusieron de los instrumentos y de los nuevos sones venidos de España, los nativos se revelaron como maestros de la música, capaces no solo de asimilar lo que les llegaba de allende el mar, sino de recrearlo y de desarrollar su propia personalidad musical, como también harían con la literatura y el arte.

Desde aquellos romances cantados con nostalgia por los primeros colonizadores, origen cierto del grueso de la música popular americana, esta se expandiría por todo el continente, adoptando en cada región sus propias formas y variantes. Zoila Gómez[19] establece varios distritos musicales en Iberoamérica, distinguiendo el «complejo del huayno», que comprende el antiguo Imperio inca, se prolonga hacia el Sur y se caracteriza por su fuerte componente indoamericana; el «complejo de la zamacueca», que incluye a Argentina, Perú Bolivia, y aquí aparece ya una sensible influencia hispánica, por el uso intensivo de la guitarra; el que denomina «complejo del punto», que comprendería el espacio centroamericano y mexicano, donde se evidencia la fuerte influencia de la música hispana y, finalmente, el «complejo de la contradanza ternaria y el vals», que se extiende por todos los países y procede de las danzas de salón de los siglos XVIII y XIX, que tienen su origen en diversos países de Europa.

Para una mejor comprensión del panorama musical iberoamericano, se ha preferido hacer un división más bien física, por regiones geográficas o ecosistemas naturales. Comenzando por el área cuya influencia se dejaría sentir sobre una zona muy extensa, pues se corresponde con el ámbito del virreinato mexicano. México impuso su propia identidad musical en el ámbito hispano, que conservó tras la independencia.

México. El corrido. El son

El corrido mexicano es un género épico-lírico-narrativo, en cuartetos octosílabos, con forma musical, que relata hechos que afectan a la sensibilidad del pueblo. Su origen se encuentra en el romance español, por más que algunos autores hayan negado las afinidades y otros quieran ver más similitudes con el cante jondo andaluz. Lo cierto es que, aunque el corrido actual se haya hecho más complejo y enriquecido de instrumentación, una vez que se despoja de tales adornos aparece de modo inequívoco la armazón del romance.

Esta es la conclusión a la que llega Vicente T. Mendoza[20], autor de profundos estudios sobre el tema, en los que, tras examinar la estructura métrica

Donde el romance castellano enraizó de modo más profundo fue en México. El corrido mexicano no es otra cosa que la adaptación local de aquel, ya que contiene idéntica estructura rítmica, musical y poética. Si en un principio los argumentos narrados fueron los traídos de la Península, como La esposa infiel *o* El conejo, *pronto el México independiente incorporó los suyos propios, derivados de sucesos tan ricos como los suministrados por la Revolución mexicana.*

del corrido, sostiene que: «Esencialmente, el ritmo del romance se apoya sobre cuatro acentos rítmicos principales que le sirven de soporte… Es esta medida y esta acentuación rítmica la que me sirve de base para establecer el parentesco íntimo que existe entre el romance español y el corrido mexicano». Y en cuanto a la melodía, también el romance es el precedente, pues «es esta manera de construcción melódica en forma de secuencias o progresiones melódicas la que aparece en multitud de casos en nuestros corridos». Con todo lo cual, concluye que «los romances tradicionales que perduran en México conservan la música primitiva con que fueron importados de España».

Para establecer tales asertos, Mendoza estudia minuciosamente diversos romances españoles, algunos muy populares en México, como *Don Gato*, *El Conde Arnaldos*, *Bernardo del Carpio*… Pero es el conocidísimo romance *Gerineldo*, originario de las regiones de Extremadura y Salamanca, el que le proporciona más luz sobre las analogías estructurales de romances y corridos:

> Los cuatro incisos musicales de *Gerineldo* se apoyan en los ritmos característicos de los corridos mexicanos… Existe en España, y ha existido desde tiempo inmemorial, una forma de romance popular que, íntegramente, fue trasladada a América, y muy en particular a México. El romance de *Gerineldo*, con la música que se canta en Extremadura, es el que ha venido a darme la clave.

Los romances, como sabemos, respondían a la edad de oro de la época caballeresca peninsular, cuando la lucha contra la invasion sarracena produjo sus gestas inspiradoras. Estos pasaron a México, muchas veces adaptados a las circunstancias locales, como *Delgadina*, que se hace transcurrir en Morelos, y que igual que *La esposa infiel* o *El conejo* todavía se cantan en los ámbitos rurales. Poco a poco, el curso del tiempo fabricó sucesos que engrosarían el repertorio del corrido, como el famoso descarrilamiento del tren de Tamanantla, que tanta impresión causó entre las gentes, u otros acontecimientos que conmovían a los ciudadanos, como crímenes notorios, historias de bandoleros y catástrofes. Pero también se cantaban coplas de amor, de almas despechadas, adulterios o relatos humorísticos y satíricos.

Los corridistas eran, en suma, verdaderos noticieros ambulantes, y se explica que su presencia en las plazas de los pueblos, narrando musicalmente los episodios, fuera recibida con expectación y ansiedad, ya que no había otro modo de conocer los sucesos. Los temas eran tan diversos, que los corridos eran conocidos entre otros nombres como *coplas*, *tragedias*, *ejemplos*, *versos* y *relaciones*.

Figura especialmente acuñada en el corrido mexicano fue la del «macho», protagonista de esforzados lances, víctima de amores imposibles. Como complemento del corrido se empezaron a imprimir hojas sueltas, especie de diario muy solicitado y que fue llamado «literatura de cordel».

El corrido, llamado así porque al igual que el romance se canta seguido, de corrido, encontró en México una enorme variedad de temas y argumentos sobre los que componer las piezas. Las catástrofes ferroviarias, los hechos luctuosos, la Revolución de Villa y Zapata suministraron materiales más que suficientes para los compositores de corridos. También los hallaron en el campo, en particular en la vida del charro, caballero elegantemente ataviado con la indumentaria que procede de los campos de Salamanca, los charros salmantinos.

Pero el destino guardaba a México otras efemérides, más épicas aún, y los compositores de corridos contaron para sus creaciones con luchas, batallas, héroes y sucesos, como cuatrocientos años antes los autores españoles tuvieron materia prima sobrada para sus romances. Fue la época del llamado «México heroico», la de los Zapata y Villa, la de la revolución agraria, la de la toma de Zacatecas, el levantamiento de Madero, el asalto a Torreón o la ejecución de Benjamín Argumedo, hitos de enjundia para alimentar el corrido, que alcanza así en México su máxima expresión y su mayoría de edad.

La estructura del corrido, tras su larga andadura mexicana, se volvió más compleja que la de su antecesor, el romance. Este es de diseño más sobrio, limitándose al relato directo o al diálogo entre dos personajes. El corrido se diferencia de él porque se trata de una narración en primera o tercera persona, o en labios de un supuesto testigo presencial del suceso. Además, comienza con un saludo y presentación del corridista y termina con una despedida y, si acaso, una moraleja final.

El entorno musical del corrido también se hizo más surtido, entreverándose en él nuevos elementos. Recordemos que en los primeros tiempos cantábase el romance español sin aditamiento musical, de corrido, de principio a fin, constando en su forma más común de cuatro versos octosílabos. Luego se le agregó la vihuela, y así pasó a México, donde pronto la guitarra suplió a aquella. Poco a poco, los cantores añadieron estribillos, frases musicales, interludios que complicaban la sencilla composición primitiva. Y, además, el acompañamiento musical se armaba con nuevos instrumentos. Se añadía el arpa, la bandurria, se incorporaban más músicas, así, hasta el estadio final, el más internacionalmente conocido, el mariachi (voz heredada del esperpento que representó el francés Maximiliano, a quien las circunstancias hicieron por unos años emperador de México, hasta que terminó su tragicomedia ante un pelotón de fusilamiento; en su época se puso de moda contratar conjuntos para que cantaran en las bodas, llamadas *mariage* en idioma francés), donde conviven varios vocalistas e instrumentos, como violines, arpa, trompetas, jaranas, guitarras y guitarrones, transformando el corrido de los principios en una composición rica, ciertamente barroca, sumamente mexicana, pero en cuyo trasfondo se encuentra siempre el sobrio, fiel y viejo romance español, con sus cuatro versos de ocho sílabas. Como sentencia el citado Mendoza:

El corrido, por la armonía implítica en sus cantos… tanto como por sus elementos externos e internos, es no solo descendiente directo del romance español, sino aquel mismo romance trasplantado y florecido en México, por lo que podemos asegurar sin temores que, en definitiva, es el romance mexicano.

A continuación, ilustremos el género con la transcripción de un fragmento del corrido *Los combates de Celaya*:

El día veintidós de abril
Los combates comenzaron
En la ciudad de Celaya:
Los carranzistas triunfaron.

Corre, corre, maquinita,
No me dejes ni un vagón,
Vámonos para Celaya
A combatir a Obregón.

Obregón está en Celya
Con toda su infantería
Y está Villa en Salamanca
Con toda su artillería.

Les decía Álvaro Obregón:
—Ahora lo vamos a ver,
Hoy nos matan o los mato,
O me quitan el poder.

*Cuando el romance español pasó a México, la vihuela cedió el sitio a la guitarra y se le adicionaron otros instrumentos como el arpa, la bandurria y la trompeta, adquiriendo la fuerza que hoy presenta el mariachi. Este nombre proviene del esperpento protagonizado por el emperador francés Maximiliano, que reinó en México un tiempo hasta que fue fusilado. Se puso de moda entonces, según costumbre francesa, invitar a las bodas (*mariage *en francés, de donde procede* mariachi) *a un conjunto de corridistas.*

El son y el jarabe guardan fuertes semejanzas, pudiendo decirse de ellos que son como dos ramas de un mismo tronco. Pertenecen al género musical bailable, y poseen un común origen español. Ambos tuvieron que pasar la nada fácil prueba de su aprobación por las autoridades coloniales cuando nacieron hacia el siglo XVIII, como ha explicado Jas Reuter[21], pues recelaban de unas piezas que se bailaban de manera sensual, con los danzantes efectuando acercamientos y rozamientos tachados de pecaminosos. El jarabe fue objeto de prohibiciones por esta causa, y en los sumarios de la Inquisición de 1776 figuraban abundantes referencias al son, cuya índole, no solo provocativa sino muchas veces anticlerical, motivó repetidas denuncias. Ambos géneros lograron pasar la barrera de la censura y, de ser perseguidos, llegaron a convertirse en símbolos del alma nacional mexicana. Y si el corrido se identifica claramente con la Revolución mexicana, el son y el jarabe se hallan unidos a los sucesos de la independencia, pues es en esa época cuando se difunden y arraigan entre la población.

El son es, sin duda, el género más importante de México. El canto se acompaña de un baile zapateado por parejas, en lo que se adivina su clara ascendencia española, pues deriva del folklore andaluz. Admite muchas variantes según el territorio, hasta el punto de que en cada zona, el son es adjetivado con su topónimo regional. Así, existe un son *jarocho*, del área de Veracruz, que toma su nombre de la jara, una antigua y robusta flecha india. Un son huatesco, llamado *huapango*, derivado del fandango andaluz. O un son *jalisciense*, conocido mundialmente como *mariachi*, y que estudiamos al hablar del corrido, pues en última instancia el son viene a ser un corrido bailable.

Ejemplos notables de esta música zapateada son *La Bamba* y los boleros del compositor Agustín Lara. Y una modalidad de estos sones, la *tapatía*, está coceptuada como el baile nacional de México.

El contenido de los sones es variado, sobresale el temario amoroso y los referidos a animales, en los que al bailar se imita incluso su movimiento. Inherente al son es la inclusión de interjecciones, ayes y gritos por parte de sus ejecutantes, para animar la música y la danza y elevar el ambiente.

En cuanto al jarabe, es tan parecido al son que algunos niegan su diferencia. Nació de las tonadillas y boleros españoles, y se intercalaba en el siglo XVIII en el intermedio de los teatros musicales, incrustado como «sonecitos de la tierra», para diferenciar su carácter local de las piezas puramente españolas. Tras la independencia, el pueblo mexicano asoció a ella el jarabe, arrinconando su indudable origen español. Como ejemplo cabe señalar el conocido *Palmero, sube a la palma*, cuya propiedad es reclamada por dos regiones mexicanas, con olvido de su inequívoca condicion canaria.

En el examen de la música de México no puede faltar una referencia a la canción mexicana, acompañada de guitarra, que gira casi siempre en torno al amor. Es una canción sentida, intimista, apasionada, cuyo máximo exponente es la ranchera, «hija del mariachi y las tabernas», nacida para sufrir y llorar amores imposibles. Está ligada al charro, el jinete mexicano; personaje viril, fuerte, orgulloso, violento a veces, amador de mujeres, devoto profundo de la Virgen de Guadalupe, que canta sus amores o siente desgarrarse su alma cuando no es correspondido, y la vacía con una ranchera.

Música de las praderas y estepas

El vasto espacio septentrional de México participó de la misma música que este, pero la tierra de frontera determinó caracteres propios. Aquí también entraron los romances españoles, que se transformaron en corridos y fueron llamados en Nuevo México *cuándos* e *inditas*. El término *balada*, como alternativo al de romance, fue muy frecuente, y en general distinguíase del romance español en su modo más melancólico, quizá debido a la nostalgia que sentían los primeros colonos.

Aún se cantan, en lo que es hoy el suroeste de Estados Unidos, coplas y romances del siglo XVI. Aurelio Espinosa[22], gran recopilador del romancero de esta tierra, de sus refranes, cuentos y cantares, ha podido confirmar el enorme reservorio de tradición hispana que supone el área del sur de Colorado y el norte de Nuevo México: «Los indios de los pueblos de Isleta, Santa Clara y San

Juan conocen versiones de romances viejos, la mayoría religiosos, aprendidos de los franciscanos». El folklore hispano acabó por convertirse en floklore indio, y todavía entre los indios pueblo se conocen romances como el popularísimo *Gerineldo*. Y la vena musical de los primeros tiempos colonizadores subsiste en las cofradías, como la de los *Penitentes*, que en Semana Santa entonan alabados y saetas, transmitidos en la cadena de las generaciones.

En el equipaje de las carretas que trasladaban a los españoles por los caminos de América como el de Tierra Adentro, el de Veracruz o el del Alto Perú, no solo había enseres, muebles y artículos de uso cotidiano, sino también canciones, romances, bailes y todo el bagaje musical de las gentes peninsulares. De esta forma, el folklore español se asentó en las Américas y se mezcló con el elemento indígena, dando lugar a un extraordinario muestrario musical conocido en todo el mundo.

No debe dejar de mencionarse en el patrimonio musical novomexicano la *décima*, muy en boga en la época de los albores de la colonización. Se trata de una composición poética que se inicia con una copla introductoria de cuatro versos y continúa con otros cuarenta, divididos en tramos de diez, separados por la copla inicial. La estructura de la rima sufrió diversos cambios, hasta que Vicente Espinel imprimió la más difundida, conocida desde entonces como *Décima espinela*.

La décima gozó de gran implantación en las tierras áridas de la frontera, y los misioneros la utilizaron en su contacto con los indios. Había familias «decimeras», esto es, habituadas a componerlas, y podían versar sobre múltiples asuntos. Así, había décimas «a lo divino», «a lo humano» o «de amor», estas muy frecuentes. La décima permitía gran capacidad de improvisación al decimista, y era corriente el verso satírico, que debía ser contestado de inmediato por el interpelado, dando lugar al *contrapunto* o *desafío*, combate poético muy extendido en la América española. La décima acabó desplazada por el corrido, pues al fin y al cabo, con muy pocas modificaciones, se convierte en eso, en un corrido.

Música de los Llanos

Es el paisaje de la tierra brava por excelencia de América, las planicies inacables de la cuenca del Orinoco, las sabanas de Venezuela y de Colombia. En realidad, tres paisajes en uno, todos opuestos: el de la época de lluvias, cuando la llanura se encharca como un mar interior de agua dulce; el de la seca, cuando la superficie es un cuero sediento y los animales salvajes y las reses se apiñan en los últimos lodazales; y en medio de ambos, el océano de hierbas que engorda al ganado.

Los Llanos del Orinoco se extienden sobre Venezuela y Colombia. Se trata de tierras de intensa personalidad en lo ecológico y en lo humano, dominadas por el llanero. El mundo del Llano ha sido plasmado en múltiples novelas, algunas tan famosas como Doña Bárbara *y* Cantaclaro, *de Rómulo Gallegos. Esta última narra precisamente la afición del llanero a componer versos musicales, el joropo llanero, que una vez más hiende sus raíces en el romance español.*

Los hombres del Llano son los llaneros, centauros de la sabana, los que forjaron la independiencia de la Gran Colombia. Los jinetes cerreros y nómadas novelados por Rómulo Gallegos en *Doña Bárbara* y también en *Cantaclaro*, donde se cuentan sus aficiones musicales. Porque en el Llano, desde que entraron los instrumentos de cuerda españoles se extendió la música, alentada por los múltiples y continuos motivos de inspiración que ofrece su naturaleza: «Las cosas de la sabana tienen la cara delante. Tú te la quedas mirando y ella te las va diciendo», decía *Cantaclaro*.

La música llanera es el joropo, que una vez más descansa en la fuente original del romance. Se trata de una larga composición poética en versos octosílabos, en la que los pares riman de modo asonante hasta el final y los impares se dejan libres. Los instrumentos de los trovadores llaneros son el arpa, el cuatro y las maracas. El arpa, en un principio y a falta de otros materiales, se hacía con un tronco hueco, cuerdas de tripa de puercoespín y clavijas de cuerno de vaca. Así exhalaba ese sonido característico, recio y tosco, como la propia llanura. El cuatro era una variante de la guitarra, de cuatro cuerdas, y las maracas, de origen indígena, se llenaban con semillas de capacho.

Con tal elemental cortejo se fabricaban los joropos, también llamados *golpes llaneros*, que han inundado de música el Llano desde hace varios siglos. Era tradición que, una vez al año, vendidas las vacas, se celebrara en los inmensos hatos del Llano una gran fiesta, en la que participaban el dueño del fundo y todos los vaqueros. Corría el vino y pronto salían los trovadores, improvisándose controversias musicales en las que se narraban los sucesos acaecidos ese año. Más de una vez, este contrapunteo terminó trágicamente, pues al calor de la fiesta y el alcohol brotaban los rencores guardados por unos y otros, y brillaban los puñales.

Cuba. La música guajira y el punto

Cuba es la «tierra caliente», la gran plataforma española para las expediciones a Tierra Firme en la época de la conquista. Los nativos cubanos bailaban el areito, una música cadenciosa que podía prolongarse durante horas. No es extraño, pues, que el romance, también rítmico y acompasado, calara bien en la isla antillana. Su fruto pervive aún en coplas famosas como el *Son de la Ma Teodora*, de origen extremeño, y *Guantanamera*, en las cuales adivínase el rastro del romance.

Con el tiempo, el romance ibérico quedó recluido en el cancionero infantil, donde aún perdura, y la música cubana evolucionó hacia otras formas. Cuba se transformó en un área de «economía de plantación», y en los cañaverales del azúcar nació la llamada *música guajira*, canciones de trabajo, cuando ya en la isla desembarcaban cuadrillas masivas de negros destinados a las plantaciones, y que se incorporaron de inmediato al panorama musical. La música guajira, con su deje triste y melancólico, se acompaña de instrumentos de cuerda, como la guitarra, y sus temas tomaron la inspiración de la carreta, el caballo o el duro trabajo en la zafra.

De ese campesinado cubano surgirían poetas-músicos que con sus coplas alcanzarían gran prestigio entre los peones. Cuba fue repoblada una y otra vez con nuevas oleadas colonizadoras, en especial de canarios, expertos en el cultivo y cosecha del azúcar. Ellos trajeron el *punto*, que modificaba en varios sentidos la guajira, como puntear la guitarra en lugar de rasgarla, y sobre todo en el carácter humorístico de los temas. Los autores de décimas, en general en versos octosílabos, rivalizaban en componer las más ingeniosas, y se desataban verdaderos torneos poéticos, en los que el público dejaba libertad a los músicos o proponía un tema, la décima «de pie forzado». Así nació el *contrapunto*, la controversia musical que tanto éxito alcanzó en el Caribe y en otras muchas partes de la América hispana, y en la que los improvisadores competían en agudeza.

La afición de los cubanos hacia la música es muy profunda. En Cuba se vinieron a mezclar las sangres de tres continentes, europeo, africano y americano, todas ellas con una gran inclinación hacia cualquier género musical. De ahí que Cuba haya sido cantera de géneros propios como la música guajira o el punto y el contrapunto, controversias musicales donde brillan a gran altura el ingenio y la improvisación de los oponentes.

Cuba, por sus aportes humanos tan diversos, en los que confluyeron tres continentes, creó otras formas musicales. Los negros, depositarios a su vez de su propio bagaje cultural, introdujeron ritmos que se fusionaron con los hispánicos, surgiendo así la alegre y sensual música caribeña: la del son, un género distinto al son mexicano, basado en la sonoridad de la cuerda de guitarra pulsada; la rumba (aún se cantan en Cuba las más antiguas, las llamadas «rumbas de tiempo España»); la habanera, que surge en el siglo XIX y guarda fuertes parecidos con el tango argentino; el bolero, narración musical larga y con un ritmo característico. El resultado es ese extraordinario sincretismo musical de Cuba, el país donde la música forma parte de su propia esencia.

Centroamérica adoptó ese ritmo sensual y festero de las tierras cálidas y caribeñas, tierras del merengue, la salsa o la rumba, y supo también desarrollar su propia personalidad musical, casi siempre dentro de la órbita original española.

Así, el sique, baile por antonomasia de Honduras, es tributario reconocido de la jota aragonesa. Panamá creo la mejorana, que es a un tiempo una canción, un instrumento y un baile. El instrumento es la mejorana propiamente dicha, con sus cuatro o cinco cuerdas, heredera de la guitarra española; el baile es un zapateo, y en cuanto al canto, se acompaña de la citada mejorana o de otra pequeña guitarra llamada socavón, y admite muchos nombres y variantes, como el mesano, el torrente gallino y el torrente zapatero. La mejorana, como vástago musical de un país que debe su existencia a un canal, canta las visicitudes de su creación: la semisoberanía americana sobre la zona, o su recuperación por Panamá.

Música andina

Los Andes, además de ser la formación montañosa más extensa del planeta, presentan una peculiaridad ecológica excepcional. A lo largo de centenares de kilómetros se ramifica en dos cordilleras paralelas, y en medio queda un zócalo elevado a una altura media de entre tres y cuatro mil metros. Es el altiplano, el ecosistema donde se fraguaron los acontecimientos más significativos de la antigüedad de América del Sur. Del seno oscuro del gran lago Titicaca, burbuja de agua colgada en la antiplanicie, dice la leyenda que surgió Manco Capac, y obedeciendo un mandato divino fundó El Cuzco, el «ombligo» del mundo, la capital del vasto Imperio inca, teocrático, autoritario, perfectamente organizado. Y al pie del altiplano, en la ciudad de Cajamarca, se produjo también su caída a manos de Francisco Pizarro, en los treinta minutos más decisivos de la historia de Sudamérica.

El altiplano es la larga y elevada franja donde se ubicaron todas las civilizaciones andinas, hasta llegar a la Inca, la última antes de la llegada de los españoles. Es una vasta región con marcada personalidad en todos los aspectos de la cultura, donde sobrevivir ha sido una titánica tarea contra las duras condiciones ecológicas. De ahí que la música sea, en cierto modo, la representación resignada y triste de unas gentes acostumbradas al sufrimiento.

Ya hemos visto cómo los instrumentos andinos son la quena y el sicu, y cómo el harawi se identificaba con el alma inca, más bien triste y taciturna. La música andina carecía de armonía, pues al no existir intrumentos de cuerda apenas era posible combinar las músicas. La música española incorporó a estas nuevas riquezas, así como la mayor variedad de tonos, ausente en las composiciones primitivas.

El yaraví es el canto andino por excelencia. En él apenas observamos reminiscencias de la música o los instrumentos españoles, sino que los de viento, como la quena y el sicu, continúan acompañando a la música. Esta es más bien triste, melancólica, como desde siempre lo fueron las gentes andinas, acostumbradas a ser dominadas por diversos imperios, como los Chavín, Moche, Tiahuanaco, Chimú o Inca, que gobernaron sucesivamente el altiplano andino con mano de hierro.

Se explica, pues, que un pueblo amante de la música como era el andino, asimilara con rapidez y plenitud las innovaciones españolas. Se produjo sobre todo una gran amalgama de instrumentos nativos e hispánicos, y la música y la danza fueron vehículos de evangelización y aculturación. Muchos textos musicales fueron traducidos al idioma indígena y, gracias a ese mestizaje, logró implantarse plenamente a la cultura material y religiosa de los colonizadores. Estos, a lo largo de los tres siglos de presencia, no dejaron de importar los ritmos y las modas musicales españolas y europeas, que al mezclarse con las autóctonas hicieron surgir un fuerte mestizaje musical. Se afirma, por ejemplo, que las famosas *Diabladas de Oruro* tienen su origen en el catalán *Vals dels diables*, y resulta difícil discernir en ellas el ingrediente indígena del español.

Al día de hoy, el panorama musical del área andina es sumamente complejo. El huayno, que se extiende por Perú, Bolivia y Ecuador, posee importancia bastante como para definir toda un área musical, el llamado *complejo del Huayno*, al decir de Zoila Gómez[23]. Región musical que incluiría al ya citado yaraví, en el que quiere adivinarse la nostalgia indígena por el imperio perdido; el propiamente dicho huayno, baile que abarca a Bolivia y a Perú. La bayuela y la vidala, melodías tristes que se deslizan hacia la Argentina, o el más festivo carnavalito.

El complejo de la zamacueca comprendería géneros bailables como la propia zamacueca, ágil y airosa; la cueca boliviana, conceptuada como la danza nacional de Bolivia; la marinera, un ritmo alegre. Los tres se bailan por parejas sueltas que hacen ondular con donaire un pañuelo, siendo la cueca la danza nacional de Bolivia. En el llamado *bailecito*, canto del altiplano, se aprecia claramente el mestizaje en la instrumentación, compuesta por quena, charangos y guitarra.

En el horizonte musical andino debemos mencionar a los decimistas peruanos. Como vimos antes, arranca la décima, en su forma más ortodoxa y definitiva, de la estructura que le otorgó Vicente Espinel, la *espinela*, refrendada por su aparición en la segunda parte del *Quijote*. La época de máximo esplendor de los decimistas peruanos fue el siglo XVIII, con la rebelión del indígena Condorcanqui, rebautizado como Túpac Amaru II, y que obligó a las autoridades españolas a movilizar doscientos mil soldados para sofocar la revuelta. Fue una época turbulenta, precursora de la independencia, y junto a la contienda militar se desarrolló la «guerra de los pasquines», cuando partidarios de uno y otro bando colocaban en tapias y fachadas sus críticas e improperios, disfrazados en décimas. Muchas de estas décimas se incorporaron a los yaravíes, y los últimos decimistas peruanos fueron negros instalados en la franja costera que mira al Pacífico.

Y al otro lado de la muralla andina, al pie de esos Andes que aún están viviendo la etapa de su levantamiento geológico, se abren otros inmensos rellanos de América: la Pampa y la Patagonia. Planicies ilimitadas, despobladas, donde habita el gaucho, el tipo humano forjado a impulsos de la fabulosa vocación ganadera de ese suelo ubérrimo.

El canto del gaucho es la vidala, entonado en varias voces, bajo los acordes de la guitarra y el golpe del tamboril. Es el canto de la libertad, pero también de la soledad, la que imponen esos horizontes desarbolados. En Argentina se baila el popular *gato*, en cuya ejecución participan dos danzantes que zapatean e imitan la persecución de la perdiz por el gato.

Y Argentina es, sobre todo, la tierra del tango, ese «pensamiento triste que se baila». De tan incierto origen, aunque son intensas sus semejanzas con la habanera. Dícese del tango que es como la encarnación musical de los habitantes de Buenos Aires, la capital de la cuenca del Plata, el destino aluvial de tantas gentes venidas de los más remotos países. Gentes que confluyeron, como todas las aguas del Plata, en los confines de América del Sur, que se alojaron en el gigantesco Buenos Aires e inventaron el tango para aliviar sus añoranzas, para desahogar su nostalgia por las patrias perdidas, y sentirse menos solos en la inmensa ciudad de un país inmenso.

La Pampa es una región de fuerte personalidad. Allí vinieron a recalar personas de muchas naciones, que supieron expresar sus añoranzas en un género musical de gran fuerza, el tango. El mayor placer de los gauchos era, finalizadas las faenas del día, reunirse en el quincho a beber mate, comer un asado, comentar la jornada y cantar tangos, la música melancólica de la Pampa.

El villancico

Al tiempo que el romance se abría paso en la Península en los siglos XV y XVI, otro género popular, el villancico, alcanzaba igual éxito en los ámbitos rurales, los que acogían entonces a la mayor parte de la población española. El propio origen del término (de *villano*, esto es, «popular» en el sentido campesre) delata esta procedencia rústica del villancico, con el que las gentes daban rienda a su inspiración poética.

La estructura del villancico es semejante a la del romance; consta de unas coplas y un estribillo que se repite. En los orígenes versaron sobre las costumbres campesinas, pero paulatinamente derivaron hacia lo religioso y se instalaron con preferencia en la Navidad, para cantar los sucesos que rodearon el nacimiento de Jesús.

El villancico pasó a América con el romance, y como todo lo relativo a la religión se difundió con rapidez, pues los frailes vieron en él un instrumento más de evangelizacion, sencillo y fácilmente asimilable por los nativos. En ambos virreinatos de México y Perú se implantó de tal modo que ha llegado hasta nuestros días apenas indemne, hasta el punto de que muchos villancicos utilizan palabras castellanas del siglo XVI, totalmente obsoletas en el español de hoy.

Los villancicos fueron cantados en un principio en las iglesias de América, intercalados en la misa, pero pronto salieron de ellas y tomaron su propio derrotero. Consistió en acompañar las efemérides de la Navidad, y aun las de muchos santos locales, para rebasar el ámbito estrictamente navideño y enraizar de modo perdurable en el cancionero infantil. Con el tiempo daría origen a nuevas formas musicales, tanto religiosas como profanas. La jácara, por ejemplo, que desciende del villancico, se ocupó primero de glosar los hechos de los santos y luego se dedicó a héroes populares. Y la valona se deslizó de modo paralelo hacia los temas mas sentimentales. Según afirma Weckmann[24], tanto la jácara como la valona, que eran cantadas en atrios y plazas, dieron origen a la canción méxicana.

El cancionero infantil

El cancionero infantil tuvo en América una importancia en verdad relevante. Primero, porque, como vimos en su momento, los niños sirvieron a los frailes, a través de la música, como correa de transmisión de la fe católica, para influir por medio de ellos en sus familias y poblados. Segundo, porque en las canciones infantiles se refugiaron definitivamente muchos de los romances en boga en los siglos XVI y XVII.

Las canciones infantiles que pasaron a América tienen diversas procedencias peninsulares, como Asturias y Extremadura. Y algunos estudiosos han querido ver en las muñeiras gallegas el antecedente directo de muchas de aquellas. El villancico es otra fuente de la copla infantil, pues el conocido *aguinaldo*, con el que hoy los niños piden en Navidad una propina, exhibiendo una rama de pino, tiene su origen en él. Jas Reuter[25] ha dividido la canción infantil en cuatro grupos:

1. El arrullo y cantos de nana;

2. Canciones que se juegan;

3. Canciones infantiles líricas, como la conocida «*estaba la rana cantando debajo del agua / Cuando la rana se puso a cantar / Vino el ratón y la hizo callar*».

4. Canciones infantiles derivadas de canciones de adultos. En este último grupo es donde el romance encontró su asilo final, y en estas canciones, que aún corean los niños de Iberoamérica, rastreamos las antiguas letras, las palabras del idioma español arcaico: *El señor don Gato, Delgadina, Dónde vas Alfonso XII, Mambrú se fue a la guerra...*

La zarzuela

Llamada así por las fiestas de corte que se daban en el Real Sitio de la Zarzuela, en Madrid, el genero nació en el siglo XVII, como equidistante entre la grave ópera y la popular tonadilla. Calderón le auguró un futuro prometedor, pero el distanciamiento que se abrió en el siglo XVIII entre los salones cortesanos y el pueblo dejó a la zarzuela sin acomodo. Inició un declive que solo terminaría en el siglo XIX, cuando volvió al primer plano de los gustos del público.

La zarzuela es un género acendradamente español, un género equidistante entre la grave ópera y la popular tonadilla, muy del gusto del público a partir del siglo XIX. En América, fue en Cuba donde la zarzuela arraigó con más fuerza, si bien añadiéndole su toque local, tanto en los cantos como en los instrumentos, surgiendo así un género propio, que mezcla ingredientes españoles, criollos y africanos.

En América acaeció un proceso similar, pues la zarzuela entró con fuerza y se representaron abundantes piezas, para languidecer poco después. Solo fue Cuba la que rescató el género, a partir de la segunda mitad del siglo XIX, pero esta vez incorporando al modelo original español elementos de su propia cosecha. Así, junto a la estructura clásica de la zarzuela española y al contenido costumbrista, Cuba ha añadido músicas, cantos, bailes e instrumentos que reflejan el mestizaje profundo de ese país, esa combinación de ingredientes españoles, criollos y africanos que impregna toda la escena musical cubana.

Música de ida y vuelta

Hemos visto en las páginas precedentes cómo ese río de la música española, en aportes sucesivos, desaguó en América todo su rico caudal: el romance, la música eclesiástica, la zarzuela… Y esos aportes se fundieron en el ubérrimo estuario con otra gran corriente, la música y la danza prehispánicas. Posteriormente, nuevos recursos musicales confluyeron desde otras partes, y el resultado final fue un conglomerado musical rico, mestizo, diverso, destacable de modo directo en espectáculos como las «danzas de la Conquista», interpretadas por los conjuntos llamados *concheros*. Cada doce de diciembre, los *concheros* presentan en el mexicano cerro de Tepéyac su homenaje musical a la Virgen de Guadalupe, y en él, como en ninguna otra muestra, se hace patente esa fusión de ingredientes de tantos orígenes.

Ese mestizaje musical, como tantas otras aportaciones de la cultura española, no fue de una sola dirección. Desde muy temprano, América ya estaba enviando a España sus creaciones musicales, como la zarabanda, cuya presencia, desconocida en España, sorprendió a autores como Cervantes y Lope de Vega. Con ellas penetraba en la ceñuda y severa España la América copiosa, exuberante y sensual. Venía con tal fuerza, que incluso se coló en las iglesias, y bajo el reinado de Felipe II hubieron de prohibirse tales excesos.

Las labores del campo han sido una inspiración constante para la música iberoamericana. Ya fuera en las plantaciones de café, azúcar o frutas, en los hatos y haciendas o entre los arrieros que transportaban personas o enseres a través del difícil pero bellísimo escenario del territorio americano, las llamadas *canciones* de trabajo *han generado piezas inolvidables en todas las épocas.*

Pero nadie pudo detener esa arroyada, y la música de América irrumpiría de lleno en el panomara español y, a través de él, en el europeo: la chacona, la pavana y, más adelante, la guajira, la habanera, el tango, la rumba… El poderoso, inagotable manantial de la música iberoamericana que, como la literatura, al emanciparse hizo brillar al orbe hispano con renovados esplendores.

SEGUNDA PARTE

LA CULTURA INTANGIBLE

V

LA RELIGIÓN

Se ha dicho por los seguidores de la Leyenda Negra que la extensión del catolicismo fue utilizada como pretexto por España para justificar su apropiación de las Indias, encubriendo el verdadero motivo, la obtención de metales preciosos y la expansión territorial. Incluso, autores como Lope de Vega dice en una de sus obras: «No es la Cristiandad lo que les mueve, sino el oro y la codicia».

Pero ni siquiera el *Fénix de los Ingenios* acertaba. Porque, sin negar otros objetivos políticos y comerciales en la sustentación de la conquista, la expansión de la religión católica estuvo en el germen mismo de la aventura americana. Ya desde el segundo viaje de Colón, cuando se comprobó que al otro lado del océano había un mundo poblado de infieles, los Reyes Católicos dispusieron que embarcara un clérigo. El encargado de organizar los asuntos indianos fue un arzobispo, Rodríguez de Fonseca, y a partir del nombramiento de Loaysa como presidente del Consejo de Indias, se ordenó que cada expedición de conquista fuera acompañada de dos clérigos.

Resulta de esencial importancia al efecto el *Testamento de Isabel la Católica*, que eleva a fuerza de ley la disposición primera del Título décimo del Libro sexto de las *Leyes de Indias*, donde se recoge el propósito y el sentido de la presencia de España en el Nuevo Mundo:

> Cuando nos fueron concedidas por la Santa Sede Apostólica las Islas, y Tierra firme de el Mar Océano, descubiertas y por descubrir, nuestra principal intención fue, al tiempo que lo suplicamos al Papa Alexandro Sexto de buena memoria, que nos hizo la dicha concesión, de procurar inducir, y traer los pueblos dellas, y los convertir a nuestra Santa Fe Católica, y enviar a las dichas Islas, y Tierra Firme, Prelados, y Religiosos, Clérigos, y otras personas doctas, y temerosas de Dios, para instruir los vecinos, y moradores de ellas a la Fe Católica, y los doctrinar y enseñar buenas costumbres, y poner en ello la diligencia devida, según más largamente en las letras de la dicha concesión se contiene. Suplico al rey mi señor muy afectuosamente, y encargo, y mando a la Princesa mi hija, y al Príncipe su marido, que así lo hagan, y cumplan, y que este sea su principal fin, y en ello pongan mucha diligencia, y no consientan, ni den lugar, a que los Indios vecinos, y moradores de las dichas Islas, y Tierra Firme, ganados, y por ganar, recivan agravio alguno en sus personas, y bienes:

mas manden que sean bien, y justamente tratados, y si algún agravio han
recevido, lo remedien, y provean de manera que no se exceda cosa alguna
lo que por las letras Apostólicas de la dicha concesión nos es inyungido, y
mandado. Y Nos, a imitación de su Católico, y piadoso zelo, ordenamos,
mandamos a los Virreyes, Presidentes, Audiencias, Gobernadores y Justicias
Reales, y encargamos a los Arzobispos, y Prelados Eclesiásticos, que tengan
esta cláusula muy presente, y guarden lo dispuesto por las leyes, que en orden
a la conversión de los naturales, y su Cristiana y Católica doctrina, enseñanza,
y buen tratamiento están dando.

Este fue el objetivo primordial de la ocupación por España de las Américas,
y todos los demás fueron objetivos secundarios, algo fuera de la comprensión
de la mentalidad mercantilista inglesa, para la que el Nuevo Mundo no ofrecía
otros alicientes que el comercio y los rendimientos económicos, sin que los
naturales desempeñaran papel alguno en sus planes. De ahí que, en las áreas
de su influencia, los indios desaparecieran por completo y hayan sobrevivido
en las españolas, con el añadido del nacimiento de una nueva clase mestiza,
surgida del cruce de los españoles con los nativos.

*No se ha reconocido suficientemente la importancia que revistieron las misiones españolas en la tarea
evangelizadora y aculturadora de los indios americanos. Fueron cientos las misiones levantadas por las
órdenes religiosas en América, en cumplimiento del mandato español, que había asumido con carácter
general la cristianización de los indios. Las misiones se fundaron con preferencia en las áreas periféricas
del Imperio español, como los actuales Estados Unidos o las selvas del territorio guaraní.*

Que lo determinante y principal fue el hecho religioso no se demuestra solo por la letra de las leyes, sino por los hechos, y hay suficientes pruebas de ello. Felipe II tomó la decisión de avanzar la penetración española sobre el suroeste de los Estados Unidos, para no desamparar a los nativos de la vasta región, a pesar de que era notorio que allí no había metales preciosos. Y el mismo Felipe II no abandonó la ocupación de Filipinas, empresa nada rentable económicamente, por no dejar sin tutela las fundaciones religiosas ya hechas.

El fin religioso apuntado en el testamento isabelino se reproduce en las *Ordenanzas de nueva población y pacificación de las Indias*, de 1573, aprobadas por Felipe II:

> Y que sean pobladas de indios y naturales a quienes se pueda predicar el Evangelio, pues este es el principal fin para que mandemos hacer los nuevos descubrimientos y poblaciones.

Tan consistentes creencias tienen su origen en el proceso de la Reconquista. España salió de ella no solo desbordante de energía expansionista, sino infundida de profundas convicciones religiosas. En la victoria final sobre las huestes moras se había querido ver la intervención directa de la divinidad, manifestada físicamente en la presencia de Santiago en las batallas combatiendo del lado cristiano, y ciertamente el pueblo y las autoridades españolas estaban imbuidos de un cierto fundamentalismo religioso, que se trasladó a dos continentes, Europa y América, determinando el curso de la historia durante los dos siglos siguientes. En ellos, España luchó en todos los frentes: el turco, el indio, el tagalo, el luterano, el inglés, el bereber, asumiendo a su costa la defensa de los principios católicos, tal como fueron expuestos en el Concilio de Trento, que alumbró la Contrarreforma, para frenar la herejía luterana. Sin postura dubitativa alguna, con el convencimiento absoluto de hallarse en posesión de la verdad, España se erigió en brazo armado de esas ideas, en paladín universal de la religión católica, y como tal se presentó en los teatros de confrontación de todos los espacios conocidos: en la Europa de la Reforma luterana, en el Asia remota, en el África sarracena, en la América por evangelizar. Este esfuerzo, prolongado durante al menos dos siglos, colosal, desproporcionado, extenuó a España, la dejó desangrada y desgarrada para las siguientes centurias, pero subsistieron los principios por los que luchó.

Tras el viaje del descubrimiento, España, necesitada de títulos jurídicos para apoderarse de las tierras nuevas con exclusión de otros afanes extranjeros, recurrió al papa, como *dominus orbis*. Y este, trazando una raya en el Atlántico, confirió a España, mediante el Tratado de Tordesillas, el dominio del Nuevo Mundo.

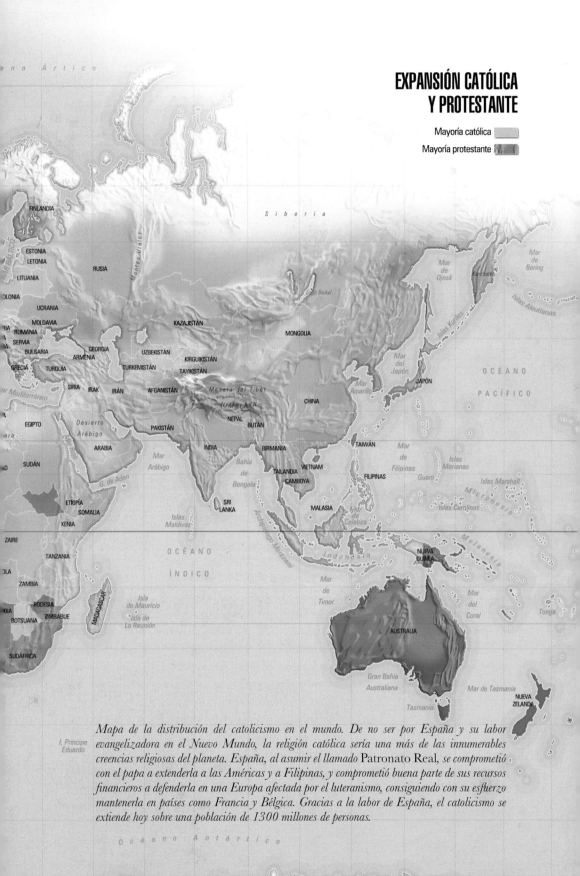

EXPANSIÓN CATÓLICA
Y PROTESTANTE

Mayoría católica
Mayoría protestante

Mapa de la distribución del catolicismo en el mundo. De no ser por España y su labor evangelizadora en el Nuevo Mundo, la religión católica sería una más de las innumerables creencias religiosas del planeta. España, al asumir el llamado Patronato Real, *se comprometió con el papa a extenderla a las Américas y a Filipinas, y comprometió buena parte de sus recursos financieros a defenderla en una Europa afectada por el luteranismo, consiguiendo con su esfuerzo mantenerla en países como Francia y Bélgica. Gracias a la labor de España, el catolicismo se extiende hoy sobre una población de 1300 millones de personas.*

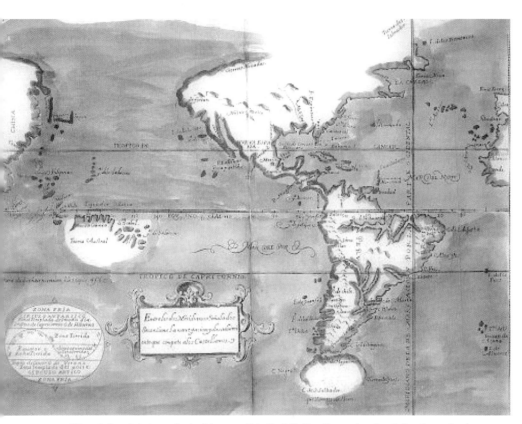

Tras el descubrimiento de América por Cristóbal Colón, Portugal reclamó derechos sobre las nuevas tierras, y el papa Alejandro VI, que había otorgado a España las bulas papales, intervino para dirimir el inminente conflicto entre ambas potencias. Por el Tratado de Tordesillas se trazó una raya en el Atlántico, que otorgaba a España el dominio mayor de América. Las presiones de Portugal consiguieron que la raya se desplazara hacia el Oeste, y esto permitió que accediera a una parte del Brasil.

Pero la concesión tuvo un precio. A cambio de ella, España se comprometía e evangelizar a su costa las tierras descubiertas, empresa que pronto se reveló abrumadora, cuando las penetraciones de los extremeños alumbraron la magnitud descomunal del continente americano. Pese a ello, la Corona española, fiel a su compromiso con el papa y el catolicismo, aceptó el reto, recibiendo el llamado *Patronato Real*, esto es, la delegación papal para cristianizar América en su nombre y en el nombre de Dios. Durante los siglos sucesivos, España asumiría esta labor, añadiendo al esfuerzo militar y al colonizador el ingente empeño evangelizador.

España organizaría la Iglesia en América, corriendo con los costes de las obras y los clérigos. Al papa solo le quedaría la misión de nombrar los cargos eclesiales que España proponía, pero ni siquiera pudo enviar a América un nuncio, ni se permitió visita ni inspección alguna del Vaticano. El rey y el Consejo de Indias, y no el papa ni su curia, eran quienes disponían en la Iglesia de la América española. Bien es cierto que tampoco el papa aceptó la propuesta de Felipe II de nombrar a dos patriarcas en América, correlato religioso de los dos virreinatos.

Las dudas sobre los derechos de España sobre América y sus gentes se agravaron con los alegatos de Las Casas, quien, al denunciar los abusos que practicaban algunos encomenderos con los indios a su servicio, estaba haciendo un impagable servicio a los enemigos de España y de su imperio, pues, so capa de estas acusaciones, lo que anhelaban era apropiarse de las riquezas americanas. Las publicaciones, vehementes y a veces histriónicas de Las Casas, consiguieron generar y avivar la Leyenda Negra, y sus escritos no cayeron en saco roto, ni siquiera en la propia España, pues figuras de la talla de Francisco de Vitoria se hicieron eco de las denuncias y negaron el derecho moral de España sobre las Indias. Cómo sería, que el mismísimo Carlos V se planteó la posibilidad de abandonar las Indias, si se demostraba que España no tenía derecho sobre ellas. Hecho que no se produjo, pero sí que se promulgaran las *Leyes Nuevas*, que limitaron estrictamente los derechos de los rapaces encomenderos sobre los naturales.

Lo cierto es que, en toda esta polémica, que levantó pasiones y que duró decenios, la preocupación religiosa fue una constante de las autoridades españolas. Como se dijo al principio, España, que salía triunfadora y pujante de la Reconquista, abordó la anexión de América como una nueva cruzada, y el sentido religioso que enarbolaba tenía mucho de fundamentalismo excluyente, como se aprecia en la imagen de Hernán Cortés destruyendo con furia los ídolos aztecas, o en la del padre Valverde, capellán de las tropas de Pizarro, que incitó al combate al grito de «sacrilegio», cuando el emperador inca Atahualpa, que no entendía el latín, arrojó el Evangelio al suelo por incomprensible. Nada que ver todas estas conductas con la dominación anglosajona en América del Norte, desprovista por entero de toda connotación religiosa, sin otro interés sobre los nativos que desalojarlos o eliminarlos para que no estorbaran, sin designios evangélicos en la metrópoli Inglaterra y sin otras miras que las de ganar dinero con el comercio.

Así pues, España entraba en América con las ideas muy claras en materia religiosa, y a la conquista militar le seguía de inmediato la conquista espiritual, y ambas empresas eran asumidas por el Estado, en una asociación sin precedentes entre el trono y el altar. Y si la primera estuvo a cargo de capitanes extraordinarios —ajenos hasta entonces a toda actividad militar, oriundos además de una tierra admirable, pero inédita en la historia, como era Extremadura—, la conquista de almas contó con unos escuadrones no menos eficaces, las órdenes religiosas, surgidas de una Europa cuyo clero distaba mucho de la ejemplaridad y que motivó la Reforma luterana.

Para ello, habían sido precisas la sagacidad y la mano pertinente del cardenal Cisneros, a quien los Reyes Católicos encomendaron la renovación del clero español. El modesto confesor de la reina se aplicó sobre la rama observante de la orden franciscana, a la que, con una mezcla de persuasión y rigor, supo reducir a las reglas estrictas marcadas por su sobrio fundador. La recuperación moral de la orden influyó en las demás y, para finales del siglo XV, la España del remate de la Reconquista, al igual que poseía un arsenal militar listo para emplearse en empresas de calado universal, contaba con una milicia espiritual preparada para asumir la ciclópea tarea de la colonización espiritual de todo un continente.

Ese territorio virgen se vislumbraba como el escenario donde habría de ser posible la instauración de la auténtica fe. La que mil quinientos años de andadura europea habían deformado. Las enseñanzas, el ejemplo de Jesucristo habían sido desvirtuados en Europa por toda clase de lacras, por la conducta poco edificante de los ministros de la Iglesia, enfangados en la acumulación y el disfrute de los bienes materiales. Europa se había apartado del camino verdadero y ahora se presentaba convulsa, en plena desazón religiosa, pero América se ofrecía como una tierra sin contaminación humana. El lugar de promisión donde sembrar el Evangelio, donde cumplir el dictado divino de

España tuvo desde el principio muy clara su misión evangelizadora en América, como atestigua el testamento de Isabel la Católica, que señala como fin de la presencia de España la conversión de los naturales, declaración que se repetiría una y otra vez a lo largo de las Leyes de Indias. *No hubo pues expedición de conquista que no llevara consigo la presencia de clérigos.*

predicar a todos los pueblos. Ese clero español, recién purificado tras pasar por el crisol cisneriano, no podía encontrar un campo sin cultivar y tan esperanzador como América. Y los miembros de las órdenes religiosas se embarcaron hacia el Nuevo Mundo, inflamados de ilusión apostólica. Ante ellos se extendía una superficie que multiplicaba varias veces la de España. Y donde habitaba un número de seres que, según el cálculo más modesto (Kroeber) ascendía a ocho millones, y según el más exagerado (Bora), a cien millones, sin duda para magnificar los excesos difundidos por la Leyenda Negra, debiendo darse como más probable la cifra de trece millones de Rosenblat.

En cualquiera de los casos, la tarea de convertir al catolicismo a una población semejante se anunciaba como una empresa gigantesca, una tarea de titanes. Sin duda, el empeño y la determinación de aquellos frailes y de los que siguieron después culminaron con rotundo éxito y, aunque los precursores no pudieran recoger la cosecha, esta fue pingüe, porque la América hispana es hoy el bastión más importante y extenso de la religión católica. Cómo lo lograron, qué métodos utilizaron para ello, es el objeto de este capítulo.

El instrumento utilizado por España para la evangelización fueron las órdenes religiosas. Entrenadas para tal fin, se lanzaron con ilusión a la tarea, desarrollando una panoplia de mecanismos para la conversión, que abarcaban la palabra, el aprendizaje de las lenguas nativas, la parroquia, el templo, la música y la danza, la arquitectura y muchas otras.

Evangelización por la palabra

El procedimiento más básico, el que adoptó el clero regular en los primeros tiempos, era el de la simple prédica. Un sacerdote, solo o acompañado de una pequeña fuerza militar, se adentraba en el territorio, se personaba en los poblados indios, y por medio de intérprete impartía las enseñanzas cristianas más elementales, y a continuación procedía al bautismo, individual o masivo. Los propios clérigos sospechaban que esta conversión tenía mucho de formal y poco de sincera, pues el entusiasmo inicial al contar el número de indios que se ofrecían voluntariamente al bautismo se enfrió no poco cuando comprobaron que seguían bajo cuerda adorando a sus antiguos ídolos. Se detectó, incluso, que con motivo de la construcción de los nuevos templos, los indios escondían sus ídolos entre los sillares, de modo que al acudir a los rezos y arrodillarse ante las imágenes, en realidad se postraban ante sus viejos dioses. El modelo de la gran conversión multitudinaria inicial, que tanta euforia levantaba entre los frailes, se reveló superficial e inútil.

Los propios clérigos comprendieron, pues, que si querían llegar al fondo del alma de los indios era necesario aprender su lengua. Y con gran dedicación aprendieron náhuatl, quechua, aymara, guaraní…, de modo que al poco tiempo se comunicaban con ellos en sus propios dialectos, lo que les sirvió también para traducir los textos evangélicos, e incluso para conocer y transcribir las costumbres indígenas, gracias a lo cual ha llegado hasta nosotros una buena parte del acervo cultural de los pueblos prehispánicos.

Pero estos continuaban mostrándose ciertamente fríos y distantes con la nueva religión. Al fin y al cabo, aquellos frailes que hablaban su propio idioma pertenecían a la misma raza de los demás blancos, muchos transformados en despóticos encomenderos. Era preciso idear nuevos métodos de acercamiento, sistemas que atrajeran de manera sincera al indio al cristianismo, y no por razón de la fuerza o el miedo ante el invasor. Era necesario no solo vencer, sino convencer. Y la fecunda imaginación de aquellos apóstoles alumbró nuevas y eficaces fórmulas.

Evangelización por las artes y la arquitectura

En el capítulo dedicado a la música, explicamos cómo Fray Pedro de Gante ideó invitar a una gran fiesta a los principales de los pueblos aztecas, en la que, en el marco de una celebración cristiana, se les permitiera cantar y bailar según la antigua usanza. Esta fusión de lo cristiano con lo pagano marcó un antes y un después en la evangelización, pues a partir de entonces los nativos vieron la nueva religión como algo más próximo a su propio culto, una doctrina que también admitía las danzas y los cantos, como en sus propios ritos.

De esta manera, la música, el teatro, la danza, son empleados a partir de entonces como herramientas de la evangelización. Los nativos gustaban de participar en los autos sacramentales, en las escenificaciones de los misterios de la religión, entonaban villancicos, recitaban poemas, formaban coros, y así iban asimilando la nueva doctrina de una forma liviana y sutil, y sumamente efectiva, contando con su gran disposición natural hacia estas artes.

Y todo ello en perfecta sintonía con las directrices del Concilio de Trento, coetáneo con hitos tan significativos como la creación de la Compañía de Jesús, y que propugnó la participación de los fieles en el culto y la utilización de medios visuales, sensoriales, relegando a un segundo plano lo teórico, y haciendo hincapié en que la religión debía entrar también por los sentidos. Fue, en definitiva, la adopción del principio de la extraversión del culto, con notable acepción por parte de unas comunidades indígenas cuyas creencias se basaban en parejos métodos.

El formato tradicional de la liturgia impartida desde el templo también sufrió adaptaciones. Como asimismo vimos en el capítulo sobre arquitectura, los indígenas eran amantes de los espacios libres y temerosos de los cerrados, y con este fin se crearon las capillas abiertas, desde donde el sacerdote oficiaba a cubierto y la muchedumbre atendía al aire libre. Un amplísimo atrio se extendía ante el templo, el cual servía a esos fines y también como plaza y mercado o *tianguez*, según el modelo de las plazas ibéricas de nombradía, como la de Medina del Campo, donde las transacciones comerciales solo eran válidas una vez celebrada la misa.

Capilla abierta del convento de Mani, en Yucatán. Los frailes pronto descubrieron el rechazo que sentían los indios hacia los espacios cubiertos, y se sirvieron por ello de las llamadas capillas abiertas, *donde el religioso predicaba o celebraba misa en el exterior, a la vista de la feligresía. De esta forma podían además predicar a grandes muchedumbres de nuevos cristianos.*

En los cuatro ángulos del atrio se instalaban las capillas *posas*, lugares de catequesis y también de parada en las procesiones, otra fórmula diseñada para el escenario americano. En el propio atrio se erigían las cruces misionales, que marcaban el punto donde tenía lugar el adoctrinamiento, y que recuerdan a las Cruces de Mayo, costumbre oriunda de Andalucía y muy afincada en América.

Otros recursos arquitectónicos fueron las capillas de miserere, que permitían asistir a los velatorios sin interrumpir otros actos; las ermitas, situadas en las afueras de las poblaciones y elegidas como destino de peregrinajes y romerías, así como los *Via Crucis*.

El convento urbano tuvo una concepción que iba mucho más allá de una iglesia con una comunidad religiosa aledaña. Porque los conventos se erigieron en verdaderos nervios de la vida urbana y de barrio, implantándose con tal fuerza, que incluso muchos barrios recibieron el nombre de sus conventos. Disponían de un espacio dedicado a la vida interior de la comunidad, pero eran más importantes los espacios públicos: la iglesia y el atrio, pero también la botica, el abastecimiento de aguas, los productos de huerta. Incluso otorgaban préstamos, pues recibían numerosos legados testamentarios. Además de ello, eran núcleos permanentes de la vida urbana, por su función educativa y asistencial, y por su papel en la organización de las fiestas patronales y otras religiosas, en las que actuaban como organizadores de las cofradías, participando en el engalanamiento de calles y edificios. El convento fue, pues, el centro neurálgico indiscutible de la vida urbana en la América hispana.

La panoplia de fórmulas ideadas por los clérigos termina con la mención a los campanarios, cuyo uso venía de antiguo en España, pero que en América cobraron dimensión especial, pues sirvieron como referencia geográfica, temporal y para la vida cotidiana. En unos espacios tan extensos, las campanas marcando las horas o los oficios religiosos fueron el elemento regulador de la jornada en las rancherías, las misiones o los dispersos poblados indios. El tañido de la campana no tuvo el significado trascendente de los grandes sonidos que España llevó a América, como la lengua y la música. Fue más modesto, pero en los oídos de los primeros colonizadores, el hondo quejido del campanario lejano era como el alma rural del viejo terruño peninsular, como si llegara volando tras atravesar el océano.

La reducción a poblado

Tanto la masa de población indígena como el modelo de asentamiento prehispánico representaron un serio problema a efectos de la conversión. No había número suficiente de clérigos para llegar a todos los rincones, y el propósito evangelizador era alcanzar a todas las almas. Por ello, se juzgó necesario combatir la dispersión rural y proceder a la reagrupación. En el área de México la decisión no implicó demasiados problemas, pues los habitantes ya poseían una intensa tradición urbana (Cholula, por ejemplo, contaba con más de 40 000 habitantes).

Otra cosa fue el virreinato del Perú, donde la población se diseminaba en pequeños caseríos y donde existía una estructura ecológico-humana basada en la transferencia de recursos entre la sierra y el valle. El virrey Toledo, tras una larga visita a su jurisdicción, resolvió no obstante la concentración, y creáronse poblados de nueva planta, o aprovechando asentamientos preexistentes, lo que sin duda produjo una seria quiebra sociológica.

La misión religiosa estuvo presente en casi todas las figuras organizativas o legales de España en América. Así, la «reducción a poblado» de los nativos tuvo por objeto no solo su mejor control, sino la mayor facilidad de adoctrinamiento religioso en pueblos concentrados que en caseríos dispersos. Del mismo modo, en las encomiendas de indios se aseguraba que el encomendero procurara la enseñanza de la fe a los indios de su encomienda.

El objeto de estas reducciones era múltiple, comenzando por el primario y más importante propósito evangelizador, pues se facilitaba el acceso de los frailes a los nativos. Pero, además, la agrupación permitía un mayor control político del territorio, sin merma de los objetivos económicos, ya que no se olvide que los indígenas se contrataron como trabajadores a sueldo en la construcción de templos o en las obras públicas.

Allí donde la reducción a poblado de los nativos coincidió con un núcleo urbano formado por los colonizadores, se estableció una rígida separación entre unos y otros. Una sólida puerta en una muralla dejaba a un lado la «república de españoles» y a otro la «república de indios», cada uno de ellos con sus propios órganos de administración. Ello se hizo a instancias de los frailes, que tenían una pésima opinión de los colonos, por el mal ejemplo que muchos de ellos daban a causa de sus vicios, y consideraban nocivo el contacto. Esta separación, con el tiempo se fue diluyendo, y los propios nativos, que en un primer momento rechazaron la concentración en poblados urbanos, poco a poco fueron incorporándose a estos, ya como sirvientes, ya como artesanos, con lo que finalmente se consolidó la integración.

El propio sistema de la encomienda fue utilizado con fines de cristianización. Los encomenderos no recibían el impuesto que pagaban los indios al Estado de modo gratuito, sino que habían de velar por su instrucción religiosa, y a tal efecto pagaban a frailes que les instruyeran. En la práctica (y esta no siempre funcionó con la debida diligencia), cada fraile tenía asignado un territorio extenso que abarcaba varias encomiendas, y las recorría impartiendo la doctrina y recibiendo del encomendero un estipendio.

Utopías: el pueblo-hospital. Las misiones

Si los métodos descritos para evangelizar significaron una innovación de calibre respecto a lo conocido, los dos que ahora abordamos pueden calificarse de revolucionarios. En el frontispicio de ambos, la obra *Utopía*, de Tomás Moro, que describe una comunidad ideal, basada en principios drásticamente contrarios a los convencionales. Una obra que cayó en las manos de cierto jurista oriundo de Madrigal de las Altas Torres, abogado de prestigio en su tierra natal, y que a sus sesenta años planificaba ya su retiro. Era imposible que imaginara que a esa edad avanzada el destino le tenía preparados otros derroteros, una nueva existencia que finalizaría con su designación como obispo y que le habría de asegurar un puesto en el libro de la historia. Se llamaba Vasco de Quiroga, y su calidad humana y profesional, requisitos muy buscados por la Corona en los españoles que pasaban a América, hicieron que fuera destinado a México como oidor de su Real Audiencia.

América, la tierra de promisión que a tantos espíritus íntegros transformaba, y de una austera vida castellana pasaban a otra de relajo y vicio, significó para Vasco el descubrimiento del indio, y quedó sobrecogido por lo que había supuesto para él el choque con la civilización europea, con la consiguiente ruptura de su comunidad entera y su caída demográfica. Fue entonces cuando le vino a la memoria aquel ejemplar de esa obra tan original que había aliviado las solitarias veladas abulenses, y resolvió aplicar sus fórmulas en el antiguo país de los aztecas, ahora la Nueva España. Había nacido el pueblo-hospital.

Hospital significa centro de curación, pero también lugar de acogida, y este sentido tuvo en la concepción de Vasco de Quiroga. El pueblo-hospital sería un espacio donde los indios quedaran al margen de los españoles, conservando su propia autonomía, «trabajando y rompiendo la tierra», y aprendiendo oficios. La unidad básica sería la familia extensa, regentada por un patriarca y compuesta por otras diez o doce familias nucleares. Cada familia cultivaría los huertos comunales y dispondría además de su exclusiva parcela. Los tributos, la propiedad privada individual y la acumulación, fuente según Quiroga de todos los males, quedarían abolidos. Los únicos españoles admitidos en esta comunidad serían los encargados del adoctrinamiento.

Al jurista castellano Vasco de Quiroga corresponde el mérito de haber ideado el sistema de la misión en su pueblo-hospital. Al contemplar el estado de postración del indio en la región de Michoacán, diseñó un poblado de acogida, donde los naturales vivieran en régimen de autogestión, recibiendo las enseñanzas de la fe y la cultura occidental. Así creó una red de pueblos-hospital en Michoacán, especializando a cada uno en un determinado oficio, especialidades que aún subsisten. Una labor perdurable y encomiable, por la que el «tata» Vasco, que llegó a ser nombrado obispo, posee una merecida estatua en Morelia.

Vasco de Quiroga, con decisión y energía encomiables, logró fundar varios de estos pueblos-hospital, que contribuyeron no poco a la regeneración psicológica, social y espiritual del indio. Su fecunda labor fue premiada con el obispado de Michoacán, donde aún se le venera. Su muerte, además de las envidias y recelos burocráticos, truncó tempranamente su obra visionaria, pero había dejado una simiente que años después germinaría en otra utopía, inspirada de modo directo en la fórmula del gran Vasco de Quiroga: la misión.

Misiones jesuíticas

Los jesuitas se adentraron en el territorio guaraní, en la frontera de los actuales Paraguay, Brasil y Argentina. Con valentía admirable, utilizando muchas veces

La mayoría de las misiones fundadas por España han sucumbido al paso del tiempo, en particular las construidas con materiales efímeros, como la madera, la paja o el barro, sobreviviendo solo las levantadas en materiales no perecederos, como la piedra. En la actualidad, por fortuna, muchas de estas misiones están siendo reconstruidas, como las de California, las del territorio guaraní o la misión de San Luis, en Florida, en la imagen.

la música para apaciguar la belicosidad de los indígenas, o recibiendo con entereza el martirio y la muerte, lograron al final no solo ser aceptados por ellos, sino que les permitieran organizar su modo de vida según el modelo trazado por la Compañía.

Los jesuitas, como antes Vasco de Quiroga, quisieron apartar a los aborígenes de la influencia directa española, creando *Reducciones*, un sistema alternativo al de su incorporación a las haciendas o minas de los colonos blancos. Su lema era «hay que hacer hombres antes que cristianos», y se lanzaron a moldear un plan que rescataba la dignidad del guaraní, le instruía en la religión católica y le capacitaba para desempeñar trabajos u oficios según las respectivas aptitudes. Y todo ello sin perder su libertad, sin entrar al servicio de los españoles como peones de fincas o de minas. Era la puesta en escena de la primitiva cristiandad, con su comunidad de bienes y el sentido solidario de la vida. Era, en una palabra, aplicar la *Utopía* de Tomás Moro, la que intentara años antes Vasco de Quiroga y que los jesuitas, con sus proverbiales disciplina, racionalidad y eficacia, supieron culminar.

Trabajo y doctrina se combinaron armónicamente en las misiones, cada una bajo la dirección de uno o dos jesuitas, los únicos blancos de la organización. La jornada comenzaba con el canto del gallo, y la comunidad acudía a la iglesia para los rezos matinales. A continuación, se dividía el trabajo. Unos iban a cultivar la tierra, otros a trabajar en oficios diversos, de acuerdo con sus aptitudes, pues la uniformidad estaba descartada en la misión, y a cada cual se le asignaban las funciones que se avinieran con sus respectivas habilidades.

En las selvas fronterizas de Paraguay, Argentina y Brasil, los jesuitas levantaron un gran tejido de misiones, para acoger a los indios guaraníes y, mediante el aprendizaje, trasladarles la fe e introducirlos en una vida civilizada conforme a los cánones de la cultura occidental. La película La Misión *narra esta epopeya con excelente factura técnica, aunque critica la postura de España y Portugal, y soslaya que las misiones no eran solo jesuitas, sino españolas, ya que era España quien mandó a la orden introducirse en la zona, y era España quien soportaba financieramente las misiones.*

Los niños recibían instrucción primaria y también hacían en la tierra labores menores, para acostumbrarles a la disciplina del trabajo, algo que el pueblo guaraní jamás había conocido.

La agricultura, base de la misión, tenía dos vertientes. El guaraní poseía una parcela propia para sus necesidades domésticas, pero una parte del tiempo debía trabajar en las tierras comunales, pues lo que se trataba de inculcar era el sentido comunitario de la propiedad, antes que el individual. Para el cultivo de la propia parcela, la familia tenía derecho a utilizar los bueyes y arados comunales.

Cada centro, y se llegaron a crear unos 180, tendía al autoabastecimiento, con ciclos cerrados y completos de todo lo necesario, pero la experiencia —el modelo fue un continuo campo de experimentación— demostró que era mucho más conveniente la especialización por zonas, pues del mismo modo que las personas, cada área poseía una vocación natural. Fue así como surgió la complementariedad entre las misiones, estableciéndose una suerte de federación, y quedando comunicadas por un admirable sistema intercomarcal que incluía caminos, postas e incluso boteros en los ríos para el cruce de personas y mercancías. Los adelantos llegaron hasta la producción en serie, cuyos rudimentos se probaron.

El trabajo, ya fuera en el campo o en los oficios y las artesanías, no ocupaba la totalidad del tiempo. Los jesuitas reservaron una buena porción de la jornada para la instrucción cristiana, para la escolar y también para la enseñanza y práctica de las artes, sobre todo la música, la danza y el teatro, conociendo la predisposición de los indios hacia ellas. En la gran plaza se celebraban autos sacramentales y piezas teatrales, siendo muy representada la batalla de Mbororé, en la que los guaraníes vencieron a los portugueses paulistas de la frontera. Los jesuitas hicieron lo posible por apartar a los indios de la que juzgaban nociva influencia española, e incluso lucharon por preservar su cultura, sus costumbres, sus cacicazgos, y llegaron a ser tolerantes con hábitos tan contrarios al cristianismo como lo poligamia. En suma, prefirieron mantenerles al margen de la hispanización, pero sin duda a través de sus enseñanzas, sus cultivos, sus escenificaciones, iban destilando y transmitiendo la cultura española.

La Compañía de Jesús, con sacrificio de mártires, logró establecer un gran tejido misional en las selvas del Paraguay. Sufrieron el acoso de los bandeirantes *portugueses, que hacían continuas incursiones en las misiones para capturar indios y venderlos como esclavos. La obra misional se vino abajo cuando, por orden de Carlos III, los jesuitas fueron expulsados de todos los territorios españoles. Sus sucesores, los franciscanos, no supieron continuar la obra, y los indios retornaron a sus selvas.*

De todos modos, no se piense que todo funcionó con el engranaje de una perfecta maquinaria, ni que la situación fue idílica. De continuo se presentaban problemas, derivados sobre todo de la índole anárquica de los guaraníes, huérfanos por completo de toda tradición de rigor y disciplina. Ocurría que los bueyes prestados a una familia para hacer la labor de su parcela fueran asados para comerlos, o el arado quemado para calentarse. Contra estas y otras desviaciones debieron luchar sin tregua los tenaces jesuitas, y el conjunto de su labor fue encomiable, pudiendo afirmarse que pocas veces en la historia la utopía cristiana original, el régimen comunal solidario de bienes, el dominio pacífico de la tierra habrán encontrado una expresión más aproximada a la teoría que la de las misiones jesuíticas.

Las misiones cumplieron un papel estratégico adicional de fundamental importancia. Al estar situadas en las áreas limítrofes con el Imperio brasileño de Portugal, frenaron su avance más allá del límite marcado por el Tratado de Tordesillas. No obstante, los portugueses de Sao Paulo, los paulistas, incursionaban de continuo para capturar guaraníes y esclavizarlos en sus plantaciones y minas. Estas entradas llamábanse *bandeiras*, y los jesuitas opusieron a los *bandeirantes* la defensa armada, adiestrando a sus fieles. Pero fue tanta la presión de los portugueses, presentes desde el primer momento en la trata de esclavos, que jesuitas y guaraníes acordaron emigrar desde la zona del Guayrá a la del río Paraná, en un éxodo fluvial que afectó a decenas de miles de indios y que obligó a empezar de nuevo.

Pero las misiones constituían una anomalía en el orden imperial hispano, que muchos no estaban dispuestos a tolerar, y un reguero de acusaciones comenzó a tejerse en torno a ellas. Los más acérrimos opositores fueron los colonos de Asunción, que sin llegar a la rapacidad de los esclavistas *bandeirantes* también querían para sí la mano de obra potencial que representaban miles de guaraníes. Los deseaban en sus hatos ganaderos, en sus tajos mineros, en sus plantaciones, y no les interesaba la recuperación de su dignidad individual y colectiva, por la que trabajaban los discípulos de Íñigo de Loyola.

Por otra parte, las misiones chocaban con la línea de hispanización marcada por la burocracia colonial, y se las acusó de lo contrario, de oponerse a ella. De no enseñar a los indios el castellano, de conservar sus costumbres, de mantenerles, en suma, al margen de la cultura española. Para probar las acusaciones se citaban ejemplos, como que no permitían visitas de españoles a las misiones. Y si algún viajero cruzaba por allí de paso, la hospitalidad exigía acogerlos, pero su estancia no podía sobrepasar los tres días, no podían hablar con los guaraníes, tenían vedado pasear libremente por el recinto y su único contacto con la realidad de la misión quedaba reducido a hablar con el fraile que la regentaba.

Cuando se produjo la expulsión de los jesuitas, hecho comentado después, las misiones quedaron sin norte, y los guaraníes sin el escudo protector de sus defensores. Desde el punto de vista geográfico, la frontera con Brasil quedó desguarnecida, y los *bandeirantes* la extendieron a favor del Brasil, mucho más allá de la línea de Tordesillas, a costa del territorio español. El pueblo guaraní, que había vivido muy integrado en la Naturaleza y que era depositario de una rica carga cultural propia, quedó definitivamente desarticulado.

Misiones del Norte

Existe una diferencia de principio entre el modelo misionero de las selvas sud-americanas y el que se aplicó en la frontera situada al norte del imperio. El primero responde al diseño trazado por el genio jesuítico, mientras que el segundo obedece a una planificación del Estado español. Corría la segunda mitad del siglo XVI, y para entonces el grueso del territorio americano había sido dominado ya por España.

La propaganda exterior tomaba cuerpo en la Leyenda Negra, comenzando a socavar la labor española. Y un Felipe II sensible a las críticas hacia la conquista, pero que no podía abandonar la misión de extender la religión en todas las tierras americanas, impulsó las *Ordenanzas* de 1573, en las que ni siquiera se empleaba la palabra *conquista*, sustituyéndose por la de *pacificación*.

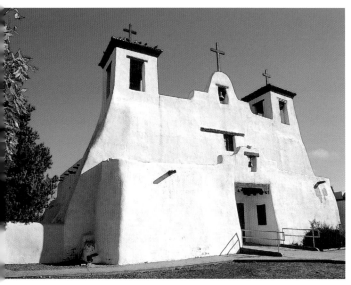

De las misiones erigidas en el suroeste norteamericano poco queda, debido a que fueron construidas con materiales efímeros como el adobe. No obstante ha quedado la obra que realizaron, nada menos que la supervivencia de las razas indias, ya que las misiones las incorporaron a la civilización, enseñando a los indios oficios, agricultura y ganadería, gracias a lo cual pudieron sobrevivir cuando los angloamericanos ocuparon el Suroeste tras la salida de España del territorio.

En esta nueva concepción, el protagonismo se encomendaba a los evangelizadores y no a los militares. A ellos correspondía la función de adelantados en las nuevas tierras, poniendo los medios para la integración espiritual y material de los indios. Ocupación, evangelización y colonización conformarían el tridente del nuevo concepto expansionista, y con la finalidad última de la preservación y asimilación de los aborígenes. Lo que establecía una diferencia radical con el espíritu que presidía el avance de los colonizadores británicos, que no deseaban en absoluto la integración cultural de los indios, sino su exclusión y su desplazamiento, por lo que el elemento indígena era una molestia.

La herramienta de este nuevo cuadro colonizador español fue la misión, y de nuevo las órdenes religiosas recibieron la procura para ello. En el sentir de la Corona, las órdenes habían cumplido ya su función en la meseta mexicana y en el núcleo de Sudamérica, y una vez reemplazadas por la Iglesia secular, tenían la opción de retirarse a sus conventos o de abordar su labor en el anillo exterior del imperio. Eligieron esta alternativa, y jesuitas, dominicos y franciscanos asumieron con renovada ilusión la delegación, si bien esta vez fueron los franciscanos los más tenaces, y a la larga quienes pusieron el sello a la evangelización de Norteamérica, desde California a Florida.

El modelo funcionó de la siguiente manera: los misioneros se adentraban en las tierras dominadas por las tribus indias para predicar una nueva religión. A veces lo hacían solos, pero más frecuentemente se hacían acompañar de un pequeño destacamento de soldados, que vigilaban a distancia. Ello dio lugar a otra institución típica de la frontera, el presidio, levantado en relativa proximidad a la misión. Su objeto era disuasorio, pues su mera presencia conjuraba las intenciones de las tribus hostiles. No obstante, se produjeron casos de martirio de misioneros, pues estos, llevados de temerario heroísmo, rechazaban la protección militar y exigían que el presidio se construyera lejos de la misión.

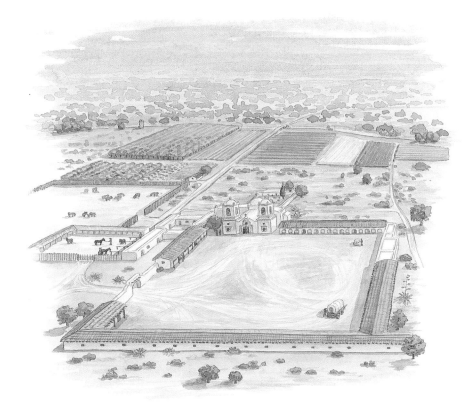

Los visitantes de las misiones californianas apenas ven la iglesia y un patio o un jardín, juzgando que en eso consistían las misiones españolas. Nada más incierto, ya que estas se extendían sobre miles de hectáreas, disponiendo de casas para los indios, huertos, campos de cultivo, corrales y potreros, zonas de pastos, bosques…, de tal modo que la misión era un conjunto autosuficiente, hasta el punto de que a los diez años de existencia, la misión se convertía en un pueblo gestionado por los propios indios.

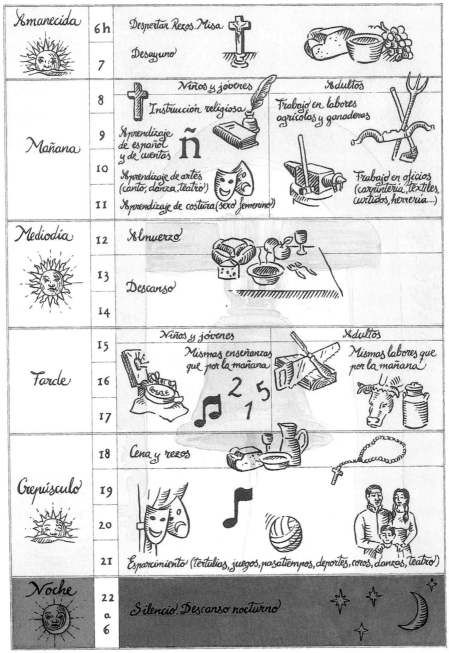

Amanecida	6 h	Despertar. Rezos. Misa	
	7	Desayuno	
Mañana	8	**Niños y jóvenes** Instrucción religiosa	**Adultos** Trabajo en labores agrícolas y ganaderas
	9	Aprendizaje de español y de cuentas	
	10	Aprendizaje de artes (canto, danza, teatro)	Trabajo en oficios (carpintería, textiles, curtidos, herrería...)
	11	Aprendizaje de costura (sexo femenino)	
Mediodía	12	Almuerzo	
	13	Descanso	
	14		
Tarde	15	**Niños y jóvenes** Mismas enseñanzas que por la mañana	**Adultos** Mismas labores que por la mañana
	16		
	17		
Crepúsculo	18	Cena y rezos	
	19		
	20		
	21	Esparcimiento (tertulias, juegos, pasatiempos, deportes, coros, danzas, teatro)	
Noche	22 a 6	Silencio. Descanso nocturno	

Bajo la dirección de dos frailes, la vida en la misión estaba sujeta a un horario estricto, que incluía doctrina cristiana, aprendizaje en técnicas agrícolas, ganaderas y en oficios. Se enseñaban también el idioma español, aritmética, música, danza…, y había asimismo tiempo para el descanso y el esparcimiento. La campana de la misión regía los tiempos asignados a cada tarea.

Las misiones estaban concebidas con una proyección temporal. Se estimaba en unos diez años el plazo para que una comunidad india recibiera la infiltración de todo lo hispánico, transcurrido el cual la misión se levantaba y trasladaba a otro punto. La misión se transformaba entonces en un pueblo, asentamiento permanente y autónomo, administrado ya por los propios indios. No pocos pueblos y ciudades de los Estados Unidos deben su origen a una misión, como San Diego, San Francisco o San Antonio.

Para la tarea misionera los frailes regulares se sirvieron de diversos recursos, como que tres familias de la antigua misión permanecieran en la nueva, actuando de enlace con los recién llegados. Con el mismo fin, se hacían acompañar desde México por grupos de aliados tlaxcaltecas, pues las tribus del Norte recelaban menos de ellos que de los blancos. Otro medio de enlace fueron los niños, preferidos por los frailes por su mayor maleabilidad y por estar llamados a ejercer influencia futura en sus propias tribus.

La misión del Norte dividía sus enseñanzas en tres apartados: doctrina católica, aprendizaje industrial y de oficios, y rudimentos de artes y letras. A través de ellos, los indios conocieron las técnicas europeas del cultivo del cereal, los árboles frutales, el manejo del ganado o la fabricación de colchas y mantas, y las mujeres eran instruidas en las labores de hilar, coser, cocinar y tejer. Algunas de estas novedades alteraron sus formas de vida. Así, la siembra de campos de trigo o la cría de ganados convirtió a diversas tribus nómadas en sedentarias, fijadas a la tierra para defenderla contra las incursiones apaches, los cuales, a su vez, de nómadas relativos habían pasado a nómadas de grandes recorridos, gracias al empleo del caballo.

La misión no se reducía a una iglesia y un jardín o un patio, como pueden observar hoy los turistas que visitan las misiones de California. Dispusieron en su día de viviendas para los indios acogidos a ellas, cobertizos, talleres, almacenes, huertos, corrales, potreros, ganados de todas clases, campos de cultivo, áreas de pastos, bosques… De modo que una misión podía extenderse sobre decenas de miles de hectáreas, y constituía un verdadero núcleo de desarrollo regional, capaz de abastecer y sustentar a toda una comunidad.

Así fueron las misiones españolas, hasta que la salida de España del continente hizo afluir a la zona políticos venales del nuevo gobierno mexicano, que pronto privatizaron en su favor los terrenos de las misiones, dejando la iglesia y poco más, sin ningún valor para su codicia. De ahí que apenas reste de las misiones un porcentaje mínimo de lo que en su día significaron.

Los indios se acercaron a las misiones porque pronto supieron que con ello tenían mucho que ganar, y tomaron o rechazaron los ingredientes culturales según su conveniencia, sin perjuicio del siempre efecto disuasorio del cercano presidio. Para el Estado español, el mantenimiento del sistema supuso una carga permanente, ya que la zona no producía minerales ni recursos en cantidad que compensara el tremendo gasto. Cada tres años partía desde México una gran caravana, la llamada *Conducta*, con bastimentos de todas clases para las misiones del Oeste («los misioneros me matan a peticiones, llegó a escribir un gobernador al rey»), recorriendo el famoso Camino Real de Tierra Adentro. Y convoyes más frecuentes abastecían las de Florida, mejor comunicada por mar desde Cuba.

Las misiones de California se hallan hoy primorosamente restauradas y conservadas. Sin embargo, lo que hoy queda de ellas, la iglesia y un patio o jardín, apenas representa un cinco por ciento de la extensión que alcanzaron en su día, ya que, con decenas de miles de hectáreas y múltiples actividades, eran verdaderos focos de desarrollo regional. Pero tras la salida de España de América, administradores mejicanos desleales se apropiaron de la parte provechosa de las misiones: las tierras, los edificios anejos, las viviendas, el ganado, los bienes…, dejando solo la iglesia y un pequeño espacio.

Resulta sintomático que el sínodo, o estipendio que recibían los misioneros, más el pesado coste de la cadena de presidios y misiones (la *ayuda de costa*), estuviera incluido, dentro del presupuesto estatal, en el llamado *Ramo de guerra*. Si España mantuvo tesoneramente esta sangría económica fue con fines cristianizadores y civilizadores, en primer lugar, y más tarde para contener la progresión de otras potencias por el subcontinente del Norte: los rusos que descendían desde Alaska, y los ingleses y franceses, desde el Este. Por otra parte, los frailes actuaron ocasionalmente como agentes del gobierno, pues enviaban informes sobre la situación y movimientos en la zona, y sobre nuevas posibilidades de expansión.

Las misiones se asocian a ilustres nombres del apostolado en la América del Norte. Como fray Junípero Serra, que dejó su huella en las misiones de California, cuyas campanas eran como los eslabones de una larga cadena que sonaba en toda la extensión del Camino Real. O como el famoso padre Kino, el llamado *primer arizonio*, que viajó incansablemente por Arizona sembrando la palabra de Dios, con un burro cargado de regalos, porque conocía la índole de los indios y sabía de su mayor predisposición cuando eran obsequiados. Kino fue además un gran explorador y geógrafo, siendo él quien concluyó que la Baja California no era isla, sino península. Sembró la doctrina evangélica y también llevó los ganados y cultivos españoles, pues, como solía decir, «es más fácil enseñar a un indio bien alimentado que a uno hambriento».

El jesuita padre Kino fue un incansable fundador de misiones en Arizona, en las que capacitaba a los indios para que pudieran desenvolverse por sí mismos. Viajaba casi siempre solo, a caballo, llevando detrás una mula cargada de regalos, para disuadir a los nativos de las ventajas de la nueva cultura. Así evangelizó a los indios, e introdujo en Arizona cambios sustanciales, ya que convirtió a los nómadas cazadores y recolectores en pueblos estables que vivían de la agricultura y la ganadería. Con toda justicia está considerado el «padre de Arizona».

El modelo misional fue, por tanto, una alternativa pacífica al modelo militar convencional, y junto al presidio, el pueblo y el rancho conformó el esquema español de asentamiento en las fronteras del norte hispánico. Muchos autores lo han tildado ciertamente de idealista, utópico incluso, en medio de un territorio particularmente conflictivo, de tribus belicosas e irreductibles, como los apaches o los comanches. Es posible que España pecara de alguna ingenuidad aplicando un plan semejante, que cambiaba la espada por la palabra, pero no cabe negar un enorme esfuerzo imaginativo para diseñar un sistema que se apartaba de la conquista tradicional, muy criticado ya en la época, y que a pesar de todo introdujo la religión y la cultura hispanas, conservando la integridad de los indios. Bajo la dominación española, los pueblos indios apenas sufrieron merma, e incorporaron una buena parte de la civilización europea. El saldo fue, en consecuencia, positivo y, como ha dicho un autor estadounidense de los muchos que se han acercado a la obra española en la región, «las misiones fueron una visible muestra del genio español de la frontera».

Las misiones de La Florida

El territorio de La Florida representa una excepción en lo tocante al desarrollo de las misiones, ya que, por las circunstancias de la tierra y los nativos, aquí no pudieron desplegarse el modelo de misión del suroeste o de las reducciones del Paraguay. Las diferencias son sensibles, porque en Florida los naturales hallábanse diseminados en multitud de pequeñas subtribus que pertenecían a federaciones más amplias, como los timucua o los apalache, y habitaban en poblados reducidos consolidados, de modo que extraerlos de ellos para alojarlos en misiones *ex novo* era empeño imposible. Los religiosos lo comprendieron así, y una vez que los jesuitas intentaron sin éxito la evangelización y se desalentaron tras varios martirios, abandonaron la región y fueron reemplazados por los franciscanos, que supieron adaptarse a las condiciones de la tierra y sus pobladores.

Así que, desechando la gran planta de la misión convencional del suroeste estadounidense, con sus viviendas para neófitos, talleres, potreros, corrales, huertos, pastizales, tierras de cultivo, montes de fruta, montes maderables, etc., se sirvieron de los propios pueblos indios para instalar dentro de ellos sus pequeñas misiones, con lugar apenas para una rústica iglesia, la residencia del padre, el taller y una pequeña huerta con una cochiquera.

Eso era todo, y los indios, en especial los niños, acudían a la misión a recibir la doctrina y la enseñanza cultural, y regresaban a dormir a sus chozas. Y de esta forma tan sencilla los franciscanos llegaron a levantar en La Florida más de cien misiones, una labor ímproba, sacrificada, tenaz, no exenta asimismo de mártires. Pero que estaba dando pingües frutos apostólicos, cuando se

Las misiones de Florida tuvieron un esquema distinto a las del suroeste. Había en la región numerosas aldeas de nativos, como los timucua y los apalache, y dentro de ellas instalaron los franciscanos sus misiones. A diferencia de las gigantescas misiones del Suroeste de miles de hectáreas, las de Florida eran recintos pequeños, limitados a la capilla, un taller de oficios, un almacén, la huerta y una pequeña granja. De esta forma, los indios no se trasladaban a vivir en las misiones, sino que estas formaban parte de su vida cotidiana, como una parroquia incrustada dentro de una ciudad.

desataron los sucesivos vendavales de los colonos británicos de Georgia y las Carolinas contra las misiones españolas, encontrando en ellas indefensos indios susceptibles de ser capturados y llevados como esclavos a las plantaciones de Jamaica. De esta forma obtenían un doble rédito, el del interés económico y el del daño a la evangelización católica.

Los autores anglosajones que tratan el tema de la extinción de las tribus indias de Florida la achacan a la mortandad provocada por las enfermedades europeas, pero no fue esa la causa, sino la referida: multitud de ataques menores por parte de propietarios esclavistas individuales, más las grandes depredaciones de James Moore y Oglethorpe, que significaron el tiro de gracia a la inmensa labor franciscana de muchos años. Así fue como se esfumó la lenta y callada labor de los misioneros españoles, y así fue como se provocó la extinción de los nativos del territorio de La Florida. En el curso del siglo XVIII, como informaron funcionarios españoles tras el último ataque masivo sobre la región, «en todos estos extensos dominios y provincias se han acabado la Ley de Dios y la predicación del Santo Evangelio».

El estado de Florida ha procedido a la labor de restauración de una de las más grandes misiones que hubo en La Florida española, la de San Luis, en Tallahassee, en el antiguo territorio apalache, así como el fuerte aledaño. Pasear por ella supone adentrarse en la vida de la misión, en la que convive, junto a la iglesia, el centro ceremonial indígena, ya que España nunca se negó a que subsistieran las costumbres nativas.

Muy pocos autores han tenido la honradez intelectual de reconocer su culpa en la extinción de las tribus floridanas. La han enmascarado acudiendo al manido argumento de los virus europeos, y aún son menos los que han contado la verdad y el mérito del esfuerzo español. Por eso, merece la pena citar textualmente uno de estos aislados casos, el del investigador estadounidense Michael Gannon (*The New History of Florida*):

> Para muchos españoles, Florida debió parecer una utopía nativa. En esta lejana periferia, de importancia estratégica antes que económica, se consiguieron los objetivos de la evangelización: los indios no fueron esclavizados, sus tierras no se expropiaron, no fueron enviados a las minas u obligados a realizar trabajos domésticos. La expansión territorial observó la fórmula de conquista por contrato: Los jefes indios, enseñados en las misiones, canalizaban trabajo y productos de los frailes, los soldados y los comerciantes españoles. A cambio, los nativos recibieron la promesa del cielo, un santuario sobre la tierra, así como herramientas útiles, plantas y animales.

El milagro de Guadalupe

Hemos querido dejar para el final de este apartado sobre los métodos de la evangelización, la mención al milagro de Guadalupe, porque sin poder estrictamente encuadrarse entre los instrumentos diseñados para la evangelización, su contribución fue decisiva, rematando de modo espectacular la diaria y paciente labor de los frailes a través de las anteriores medidas. Como ha señalado Casla[26]:

> ... lo que resultó incuestionable es que la Virgen de Guadalupe se convirtió rápidamente en el argumento definitivo para terminar de convertir al cristianismo a la población autóctona. Aquellas gentes abrieron sus corazones a la nueva fe, terminó prácticamente su idolatría anterior, y desaparecieron costumbres tan alarmantes para los europeos como la poligamia y los sacrificios humanos. Fue la base sobre la que se fraguó la unión de dos pueblos dispares y el nacimiento de una nueva nación.

En la madrugada del nueve de diciembre de 1531, un indio modesto llamado Juan Diego caminaba hacia la ciudad de México, cuando al pasar junto al cerro de Tepéyac escuchó unos cantos que provenían de la cumbre. Oyó después una voz que le llamaba, y al remontar el cerro descubrió a una señora que despedía un extraño halo y que aparecía envuelta en resplandores. Le indicó que debía erigirse un templo en aquel lugar, como expresión de su amor, compasión y defensa de los hombres.

Juan Diego acudió con el mensaje al obispo de México, Juan de Zumárraga, quien no le creyó. La dama continuó apareciéndose al indio, y una de las veces se manifestó como la Virgen de Guadalupe. Y en otra, le pidió que cortara unas rosas rojas de lo alto del cerro y las mostrara al obispo como señal de veracidad, pues en esa estación hubiera sido imposible encontrar rosas. Juan Diego consiguió ser recibido de nuevo por el obispo, y ante el asombro de todos, al desplegar su humilde tilma donde guardaba las rosas, sobre la tela apareció dibujada la imagen de la Virgen.

El episodio de la imagen en la tela, con el aditamento de unas flores en pleno invierno, no pasaría de un suceso extraño, si no fuera por ciertos aspectos que, desbordando lo meramente anómalo, sitúan el hecho en los arcanos de lo milagroso:

—La imagen de la Virgen que aparece en la tilma no está pintada ni se han utilizado pigmentos ni coloraciones de ninguna clase. Simplemente está grabada, impresa en la tela, mediante una técnica desconocida.

—La propia tilma, fabricada en fibra de maguey, debiera haberse descompuesto en unos veinte años, máximo en cuarenta. Sin embargo, persiste con su original textura y calidad casi quinientos años después del suceso.

El hecho que alcanzó más repercusión fue la escena que figura en los ojos de la figura de la Virgen. Al analizarse su retina con técnicas digitales y ampliarse la fotografía, apareció una singular imagen. En ella puede verse a una persona extendiendo una tela, y ante ella otras figuras humanas contemplando la escena. Sin duda se trata de la escena del momento de la exhibición de la tilma ante el obispo Zumárraga y sus ayudantes, y quedó grabada en la retina de la imagen.

La aparición de la Virgen de Guadalupe al tío Juan. Obra de Miguel Cabrera realizada en el siglo XVIII. *En diciembre de 1531, la Virgen se apareció en el cerro de Tepéyac a un modesto indio, Juan Diego, y le comunicó la necesidad de levantar un templo en aquel lugar. El obispo Zumárraga no le creyó, pero por mandato de la Virgen extendió ante él su tilma, y en ella apareció grabada la imagen de la Virgen y, en sus ojos, toda la escena. Desde entonces, el milagro de Guadalupe aceleró la conversión de los nativos y es el indudable referente religioso del pueblo de México.*

¿Milagro? ¿Imaginación? El suceso de Guadalupe tiene sus defensores y sus detractores. Estos argumentan el silencio del obispo Zumárraga en sus cartas. ¿Cómo es posible que un hecho de tal significado fuera obviado por el testigo más importante del suceso? ¿Acaso no fue sino un montaje de las autoridades para implantar de un modo definitivo la fe?

En el lado opuesto figuran las investigaciones realizadas sobre la imagen: que no se haya descompuesto el tejido quinientos años después rebasa lo comprensible, del mismo modo que la propia impresión de la imagen en ella. Y cuando se han analizado los ojos de la Virgen por laboratorios altamente especializados se han descubierto pigmentos desconocidos, fuera del alcance de la técnica no solo de entonces, sino de la de hoy.

La devoción por la Virgen de Guadalupe es profunda entre los mexicanos. Cada doce de diciembre millones de personas acuden al santuario levantado en su honor para conmemorar el milagro, pero todo el año lo visitan gentes que acuden en demanda de ruegos o en agradecimiento a las mercedes recibidas.

Lo cierto es que ahí están los hechos y las contravenciones palmarias de las leyes físicas. Los avances de la tecnología arrojarán sin duda nuevas luces sobre los datos inexplicables. Baste recordar ahora, una vez más, la importancia que Guadalupe entrañó para la consolidación del cristianismo, no solo en México, sino en toda la América hispana. Desde entonces se la venera de un modo fanático por los mexicanos, y fue símbolo de los indígenas, como la Virgen de los Remedios lo fue de los blancos y la Virgen del Rosario de los españoles del suroeste de Estados Unidos. Tampoco se conocen las vinculaciones de la Virgen de Guadalupe con su homónima de Extremadura, aunque la extremeña es anterior.

¿Y por qué se llamó a sí misma Guadalupe la figura del cerro de Tepéyac? Todo a su alrededor aparece envuelto en las brumas del misterio. Medio milenio después, el milagro de Guadalupe sigue arrancando pasiones, levantando polvaredas de polémica y movilizando a millares de mexicanos cada diciembre, conmoviendo la devoción católica del pueblo de México.

La Dama Azul

Cuando los franciscanos avanzaban predicando a los indios en la llamada *tierra de frontera*, el suroeste de los Estados Unidos, fundando misiones para llevar la religión y la cultura occidental a los nativos, una de las veces, para sorpresa de los frailes, tras escuchar las prédicas, los indios contestaron que esas palabras ya las habían oído de labios de una mujer vestida con una túnica azul.

Los misioneros no dieron crédito a lo oído. Pero el hecho comenzó a repetirse, a medida que progresaban en unas tierras inéditas para el hombre blanco: los indios aseguraban, una y otra vez, que una dama ataviada con un manto azul ya les había visitado e instruido sobre el cristianismo, hasta el punto de que se encontraban dispuestos a recibir el bautismo.

Cuando un grupo de franciscanos caminaba por tierras inéditas de Nuevo México predicando el Evangelio, se sorprendieron cuando los indios les informaron de que una mujer revestida con un manto azul ya les había predicado antes. Las investigaciones llegaron hasta sor María, abadesa del convento castellano de Ágreda, quien admitió haber visitado el área numerosas veces, «transportada por los ángeles», en un extraño fenómeno de bilocación aún no resuelto por la Iglesia.

La noticia llegó a oídos del superior de la orden franciscana en Nuevo México, fray Alonso de Benavides, quien tampoco en un principio le otorgó crédito, pero personalmente acudió a alguna de estas tribus, donde le confirmaron la noticia de las visitas de la misteriosa dama. Y su sorpresa fue mayúscula cuando en una de ellas le proporcionaron incluso el nombre de la presunta visitante. Decía llamarse sor María y proceder de un remoto pueblo llamado Ágreda.

El fraile se tomó en serio el asunto. Convencido de que los indios no podían inventarse las cosas, se trasladó a España y viajó hasta el pueblecito de Ágreda, en la provincia de Soria, donde radicaba un convento de monjas concepcionistas. Pidió entrevistarse con la superiora, quien para su sorpresa resultó llamarse María, y era una mujer joven y agraciada. Con pocos preámbulos le dio cuenta del motivo de su visita: según relataban los misioneros, los indios de las planicies americanas aseguraban que una mujer revestida con una túnica azul había estado predicando a los nativos. No solo eso, sino que ya estaban preparados para recibir el bautismo que les había anunciado la misteriosa mujer.

Para nueva sorpresa de Benavides, la mujer le aclaró que se trataba de ella misma: en efecto, dijo que «transportada por los ángeles», llevaba años trasladándose a esas regiones y predicando el Evangelio entre los indígenas, para desbrozar el camino a los religiosos que vendrían después.

Era un extraordinario fenómeno de bilocación, en el que intervino ya formalmente la Iglesia. La Inquisición tomó cartas en el asunto. Abrió causa, e interrogó varias veces a sor María, quien bajo juramento no se apartó un ápice de lo dicho: Había viajado unas quinientas veces a las tierras de Nuevo México, Texas y Arizona, a veces hasta dos veces al día, y no se limitó a describir con toda precisión la naturaleza de aquellas llanuras, sino que refirió las costumbres de los nativos que las habitaban, e incluso citó los nombres de muchos de ellos, para desconcierto de los pesquisidores, que comprobaron la veracidad de sus palabras.

El hecho causó gran revuelo, tanto en los territorios al norte del Río Grande como en España. Hubo detractores y defensores del prodigio, pero lo cierto era que la superiora sor María de Ágreda jamás había abandonado el convento, y por otra parte era innegable que parecía haber estado innumerables veces en aquellos territorios, predicando la palabra de Dios y allanando el terreno espiritual a los franciscanos que llegaron luego.

Cuatrocientos años después de todo aquello, el misterio sigue sin resolverse. La temible Inquisición se vio obligada a absolver a sor María y a archivar la causa, ante lo irrefutable de los hechos: separados por 9000 kilómetros de distancia, los indios conocían inexplicablemente a la abadesa, y esta, sin salir del claustro sabía muchas cosas de los indios. Y en cuanto al Vaticano, nunca cerró su causa, que sigue abierta.

En 1673 se inició el proceso de beatificación de María de Ágreda, y fue declarada venerable por Clemente X. Hoy, el cuerpo de sor María se conserva incorrupto en el convento del que fue abadesa. Con él reposa el misterio de una de las más asombrosas historias de bilocación que conserva la Iglesia. Y, como en el caso de la Virgen de Guadalupe, mucho ayudó a la conversión de los indios del septentrión de la Nueva España.

Evolución de la Iglesia en América

Para la empresa de la conquista espiritual de las Indias no bastaban hombres vulgares. «Mande religiosos de probada y honesta conducta, y además austera, pues de entregarse a las pompas habituales, causarán mucho daño a la evangelización», demandaba al rey un Hernán Cortés que ya conocía el efecto devastador que sobre la moral y las costumbres de algunos ejercía el sensual embrujo de América.

Pero la Corona, sobre la cual recaía la responsabilidad espiritual de América, por ejercer el Patronato Real, como hemos visto ya disponía de un ejército de especialistas bien entrenados para la alta misión. La obra de Cisneros había regenerado a la Iglesia española, y, a comienzos del siglo XVI, tenía listas y pletóricas de ilusión a unas milicias muy especiales, las órdenes religiosas.

España asumió la tarea ciclópea de evangelizar América, y se puso a la tarea con dedicación ejemplar. Se sirvió para ello de las órdenes religiosas autorizadas para ello: franciscanos, mercedarios, benedictinos, agustinos y más tarde jesuitas. Con enorme inversión en recursos y con muchos mártires dejados en el camino, el resultado final es la expansión del catolicismo al continente americano, y su siembra profunda en las gentes indias y mestizas del Nuevo Mundo.

Los aztecas, cuando todavía humeaban las calzadas y calles de su capital Tenochtitlan, a resultas de la cruenta batalla que puso fin a su imperio, se admiraron al ver a un grupo de hombres avanzando hacia la ciudad. Eran doce, llegaban demacrados tras el largo viaje, y no vestían lujosos atavíos, sino andrajosos hábitos, y además caminaban descalzos. Pero lo más asombroso fue que el capitán de las huestes españolas, el orgulloso y triunfador Malinche, acudiera a recibirlos a las afueras de la ciudad y, bajando del caballo, pusiera la rodilla en tierra, inclinara la cabeza y besara las túnicas raídas, en señal de máximo respeto y acatamiento.

Eran los doce primeros franciscanos, los doce apóstoles avanzadilla de los integrantes de las órdenes religiosas que les seguirían: mercedarios, dominicos, agustinos y franciscanos. Más adelante llegarían, con el consiguiente impacto en el plano sociológico, los jesuitas, y también recalarían órdenes femeninas, pero solo como contemplativas: clarisas, agustinas, carmelitas.

Llegaban henchidos de esperanza, decididos a implantar el Evangelio, lejos de un continente artificioso como Europa, que con sus defectos, pecados y corruptelas tanto se había apartado de él. Venían a traer la cristiandad sin ambages, a captar a los indígenas, inocentes y puros de alma, para convertirlos en verdaderos cristianos.

Aún quedan restos de las primeras iglesias construidas por los religiosos en América, esa «arquitectura sin arquitectos» de los primeros tiempos. Merece destacarse la labor de los franciscanos, cuya Orden contemplativa había sido recientemente reformada en España por el cardenal Cisneros. El espíritu de sacrificio y la austeridad de los francisanos fue modelo para todos los religiosos que acudieron a América.

De inmediato comprendieron que tenían que apartarlos lo más posible del contacto con los españoles. Separación que no era meramente física, como en las reducciones a poblado o las misiones, sino también jurídica, pues los frailes regulares tuvieron un especial y constante empeño por mantenerse, ellos y los indios, al margen de encomenderos, colonos y funcionarios reales, incluso dejando a los aborígenes fuera de la propia hispanización. Posibilidades tenían para ello, pues estaban encuadrados en la estructura de sus propias órdenes: desde que salían de España (incluso en el propio barco), iban a cargo de su superior jerárquico, la recluta de los frailes se hacía por el procurador de la orden, y al llegar a América se distribuían en sus conventos, todo extramuros del engranaje oficial, si bien bajo la tutela organizativa y financiera de la gobernación de España.

La autoridad civil, en los primeros tiempos se sirvió de las órdenes religiosas, relegando a la Iglesia secular, con una doble finalidad: para contar con evangelizadores de probada conducta, algo tan indispensable en el primer y delicado contacto espiritual con los nativos, y para frenar las demandas de los titulares de las encomiendas. Estos pedían fuertes compensaciones en tierras e indios, como pago a sus servicios conquistadores, y la delegación de autoridad en las órdenes permitía al poder civil establecer una barrera eficaz entre la Corona y los encomenderos. El Estado español debió entonces navegar entre poderosas fuerzas divergentes: la Iglesia secular, las órdenes religiosas, los encomenderos… Y a fe que supo salir airoso del trance. Como ha señalado Céspedes del Castillo[27]:

> El Estado castellano, con prudencia, tenacidad y acierto que no se repiten muchas veces en la historia del Estado español, logró al cabo de medio siglo canalizar las energías de la naciente sociedad ultramarina, modificar sus bruscos impulsos y encajarla en el vasto sistema de la monarquía española.

El poder político español se sirvió de las órdenes religiosas en el siglo XVI, para abordar de modo eficaz la conversión de una ingente masa de indígenas, que creían en religiones y dioses distintos. Realizaron su labor de modo entusiasta y ejemplar, pero cumplida la misión de esa primera etapa, decayó en cierto modo la tensión que habían mantenido, a excepción de franciscanos y jesuitas. Además, la autoridad española optó por dar entrada al clero secular, más manejable que el clero regular.

El efecto de la llegada de las órdenes fue visible desde el primer momento. Rivalizaban entre ellas por ganarse a la grey, y así, a finales del siglo XVI habían erigido 270 templos. Si bien no era solo cuestión de competir por la parroquia, sino que las Leyes de Burgos habían ordenado construir templos en todas partes, de modo que los indios pudieran oír misa con facilidad los domingos y días festivos. Lo que no solo cumplieron cabalmente, sino que al poco de instalarse en un área eran perceptibles los efectos, pues urdían un denso tejido religioso-social que lo abarcaba todo: escuelas, capellanías, talleres, cofradías, fiestas religiosas, actos litúrgicos…, de modo que las órdenes se encastraban de modo hondo y perdurable en la sociedad civil. Además, recibían numerosos legados testamentarios, de lo que se siguió una rápida acumulación de bienes, en un proceso que se aceleró con la implantación de los jesuitas, alcanzando proporciones inconcebibles, hasta el punto de que, a principios del siglo XVII, Cervantes de Salazar llegó a decir de México, sin exagerar, que «la mitad de esta Nueva España está hoy en poder de frailes».

Entre las órdenes no solo hubo cierta competencia, sino distintas personalidades colectivas. Los dominicos fueron tradicionales y racionalistas, protectores de los nativos, y a través de sus primeros predicadores, espolearon la conciencia de los encomenderos y de la Corona en relación con las Indias y los indios.

Los mercedarios fueron más controvertidos. Había sido fundada la orden en 1218 en Barcelona por San Pedro Nolasco[28] y se les autorizó a pasar a América, aunque hasta 1575 no fueron conceptuados oficialmente como orden evangelizadora en sentido estricto, de lo cual devenía la grave consecuencia de que no se les abonaban los gastos de las expediciones religiosas que enviaban. Ello repercutió negativamente en su acción evangelizadora, pues estuvieron ausentes de la conversión en Antillas, México y las áreas periféricas del imperio, y solo pudieron desempeñarse en parte de América del Sur, y eso a pesar de haber sido, con los franciscanos, los primeros en llegar a América. Pero, si evangelizaron poco, conquistaron bastante, y capellanes mercedarios proveyeron espiritualmente muchas empresas de conquista, siendo gratificada la órden con solares, tierras y encomiendas de indios, como los demás conquistadores. Lo que les granjeó no pocas críticas, unidas al hecho de que, precisamente por esa participación directa suya, nunca pusieron en tela de juicio la actividad de conquista.

A la vista de los hechos, no es de extrañar que Carlos V distinguiera con sus preferencias al resto de las órdenes, mas no precisamente a los mercedarios. La Corona española, en ejecución de sus prerrogativas derivadas del Patronato Real, había prohibido que se instalaran en América otras que no fueran las mendicantes, esto es, aquellas que se mantenían primordialmente de las limosnas recaudadas entre los fieles. Lo que incluía a franciscanos, dominicos y agustinos, pero no a los mercedarios, que en cuanto no mendicantes podían sustentarse sobre los bienes propios de la orden, y esta excepción cometida con los mercedarios debió ser otro argumento para el disfavor del emperador (más tarde, la excepción se ampliaría con la autorización dada a los jesuitas).

Los agustinos habían nacido como orden en Italia en 1256, de resultas de la fusión de varias congregaciones de ermitaños. Como indica Borges[29], estos orígenes eremíticos condicionaron su labor en América, un tanto indecisa al principio, pues el paso que dieron no fue solo geográfico, sino de desviación desde los dictados fundacionales, puramente contemplativos de oración y penitencia, hacia posiciones más activas. Pero las dudas iniciales fueron resueltas a partir de la incorporación de muchos criollos, y los agustinos se decantaron por un mayor pragmatismo en su acción, que incluyó su acreditación como grandes constructores de templos y su asentimiento hacia otros recursos que las meras limosnas, pues se hicieron con buen acopio de propiedades rústicas y urbanas, que en el siglo XVII, solo en el virreinato del Perú, les proporcionaban 75 000 pesos anuales.

Los jesuitas llegaron más tarde que las demás órdenes, pero supieron recuperar el tiempo perdido. Habían nacido como brazo armado religioso de la Contrarreforma, y cumplieron el papel que en lo político y militar representó España. Los religiosos de la orden fundada por Ignacio de Loyola contaban con una preparación técnica excelente, que aplicaron con éxito en América. Al poco tiempo de su llegada se habían hecho con el control de la educación de las clases superiores y manejaban grandes propiedades.

La labor de los franciscanos merece renglón aparte. La orden creada por Francisco de Asís en 1209 aspiraba a instaurar la *Nueva Cristiandad*, que no era otra que la predicada por Jesucristo, y que se basaba por encima de todo en el ejemplo de la pobreza absoluta, la que practicó durante toda su vida el Hijo de Dios, que despreciaba el atesoramiento de riquezas. Pero fueron necesarios trescientos años más desde su fundación, para que los franciscanos lograran hacer realidad su modelo de vida, hallando el lugar propicio en el Nuevo Mundo. Acudieron allí y se pusieron a trabajar con espíritu encomiable, que ciertamente no decayó cuando el ímpetu inicial dio paso a cierta decepción, y mientras otros representantes de la Iglesia caían en el desánimo o en la indolencia, ellos persistieron, creando fórmulas nuevas, probando una y otra vez, inasequibles al desaliento. Frente al lujo e incluso ostentación de los templos de otras órdenes, los franciscanos se mantuvieron en una línea de constante sobriedad. En un medio tan pródigo como América, donde tan fácil era dejarse llevar por la bonanza, ellos mantuvieron la austeridad de costumbres, el ejemplo permanente de pobreza y vocación, tan escaso y tan necesario en una atmósfera generalmente relajada y tendente no pocas veces a la inmoralidad.

Los jesuitas llegaron más tarde, pero ciertamente supieron recuperar el tiempo perdido, y durante los dos siglos que permanecieron en América hicieron notar su vigorosa personalidad. Para comprender cabalmente su papel se hace preciso examinar cómo fue evolucionando el hecho religioso en la América hispana. Vimos que el poder civil, en el siglo XVI se sirvió de las órdenes para recortar las pretensiones de los encomenderos y para abordar la tarea de cristianizar de un modo eficaz la ingente masa indígena. La balanza del siglo fue favorable a la labor de los frailes, quienes habían logrado más que parcialmente sus objetivos, en parte por sus propios méritos, en parte por el entreguismo de los nativos a la nueva religión, visto el evidente fracaso de sus propios dioses, que no fueron capaces de evitar la ocupación española.

El Estado español miró entonces las cosas de otra manera. Las órdenes, ya fuera porque una gran parte de la población indígena estaba convertida, ya porque vieran que, a pesar de las apariencias, persistían las antiguas creencias (muchos indios fueron sorprendidos practicando a escondidas sus viejos ritos), decayeron bastante (con la excepción franciscana) en su entusiasmo inicial. Pero es que, además de ello, el poder civil no veía con buenos ojos el ascendente que las órdenes regulares poseían sobre los indios, ni tampoco su relativa autonomía respecto a las autoridades estatales, ya que su jerarquía se encuadraba dentro de la propia orden.

Aplacada con las *Leyes Nuevas* la presión y la fuerza de los encomenderos, el Estado deseaba ahora rebajar el poder de la Iglesia indiana, haciéndola mucho más sumisa a los dictados gubernativos. Para ello, del mismo modo que colocó a sus funcionarios en el tejido civil, facilitó la entrada en América a la Iglesia secular (de *saeculum*, o «que está en el siglo», contraria a *regulum*, o «sujeto o regla»). Los sacerdotes seculares no debían obediencia a una orden, sino directamente al obispo, y teniendo en cuenta que la Corona ejercía el control de la Iglesia americana a través del Patronato Real, el clero secular sería mucho más manejable por la autoridad civil. Además, para el Estado no tenía sentido que la América urbana, ya acristianada, continuara en manos de las órdenes, concebidas más bien para la difícil evangelización de los territorios vírgenes.

De esta forma, el Estado, que había defendido la autonomía y el poder de los frailes regulares frente a la Iglesia secular, favoreció ahora la acción de esta, la tradicional jerarquía eclesiástica construida sobre el eje diócesis-parroquia, y que se inicia con el obispo hasta llegar al simple cura de aldea. El primer obispado de América fue el de Santo Domingo, creado en fecha tan temprana como 1504, pero en 1550 ya había 22 diócesis. Más tarde, los obispados de Santo Domingo, México y Lima fueron elevados a la categoría de arzobispados. En cuanto a las parroquias, fueron la célula de la Iglesia local indiana, como quería el Concilio de Trento, y se encargaron de mantener la fe entre las comunidades españolas. Había entrado, pues, la burocracia eclesiástica, apelmazada y rutinaria, frente a las ágiles, selectas e idealistas tropas de las órdenes mendicantes, como los funcionarios reales habían desplazado en la organización del territorio a los conquistadores y los encomenderos.

El momento religioso más importante de la historia de América se produjo cuando Hernán Cortés recibió a los primeros doce franciscanos, venidos a México para iniciar la siembra del cristianismo. Cortés bajó de su caballo y se arrodilló ante ellos, lo que significaba la supeditación absoluta del poder político a los propósitos evangelizadores de España en el Nuevo Mundo, claramente señalados en el testamento de Isabel la Católica y mantenidos sin vacilaciones en las Leyes de Indias.

Para sufragar el coste de todo este aparato, que incluía la construcción y mantenimiento de templos, la labor hospitalaria y de caridad pública, las obras pías y el pago de los clérigos, la Corona, en cuanto titular del Patronato Real, cobraba el diezmo sobre los llamados *frutos de la tierra*: la agricultura y la ganadería, de modo que en última instancia fue la tierra la que sostuvo a la iglesia católica en América.

En este contexto es cuando irrumpen en América los jesuitas: cuando la inicial moral evangelizadora había decaído; cuando la cristianización quedaba reducida a los peligrosos territorios de las fronteras; cuando la organización eclesial convencional ganaba el terreno a la especializada; y cuando el Estado había mostrado su faz centralizadora, confinando a las órdenes a las periferias del imperio y colocando en las áreas consolidadas al sacerdocio secular.

Los jesuitas supieron navegar con firmeza entre tantas corrientes contrarias. Habían nacido en 1540, erigiéndose bajo la energía de Ignacio de Loyola en el brazo religioso que precisaban las reformas tridentinas, como la España de Felipe II cumplió ese papel en lo político y militar. Al igual que otras órdenes, hallaron en América el campo idóneo para la instauración de la prístina fe cristiana, y tras la masiva evangelización de la primera hornada recibieron el encargo de propagar el catolicismo en los arrabales del imperio. Muy pronto habrían de demostrar que, como colectivo, habían heredado el talento indiscutible de su fundador. Porque tuvieron que desenvolverse entre múltiples fuerzas enfrentadas, y con mezcla de firmeza y diplomacia salieron airosos y encontraron su sitio en esa América española que parecía, a su llegada, vedada ya para el clero regular.

En lo personal demostraron la mayor honestidad moral, y se mantuvieron siempre al margen de los escándalos que acompañaban con frecuencia la conducta de otros clérigos. En lo individual daban ejemplo de religiosidad, preparación, austeridad y de nulo apego a los bienes materiales, lo que no era óbice para que la Compañía regentara sus posesiones con extraordinario rendimiento. Por títulos de compra, donación o herencia fueron acumulando una gran riqueza, seleccionando las mejores tierras, los más rentables ingenios azucareros, las cabañas ganaderas más prósperas, y también poseían minas y obrajes textiles. Sus haciendas agrícolas y ganaderas eran las más productivas, aplicaban técnicas capitalistas modernas, ensayaban nuevos cultivos y métodos, y además, en ellas era donde mejor se trataba a los peones. Mantenían buenas relaciones con las demás órdenes e incluso con el clero secular, así como con la autoridad civil, lo que no impedía que defendieran su posición y sus derechos con la mayor firmeza. Su sumisión al papa era total y ciega, pero guardaban una absoluta fidelidad al soberano español, al que entregaban puntualmente los diezmos debidos y la tributación de los indios a su servicio. En suma, los jesuitas fueron un modelo de buen hacer, de sabiduría económica, religiosa y política, en ese entresijo de intereses antagónicos que fueron las Indias de la época española.

La suma de todas sus pericias llevó a la Compañía a acopiar inmensas propiedades. Con las rentas producidas en sus haciendas e ingenios pudieron construir templos y conventos, sufragar la actividad misionera y atender el otro gran ámbito de su actividad en América, la educación. Gestionaban los mejores colegios en las ciudades, otorgando grados universitarios, y puede afirmarse que lo más selecto de la clase criolla pasaba por sus aulas. En algún momento fueron responsables casi absolutos de la educación en América, lo que habría de levantar no pocas suspicacias.

Con lo expuesto, se entrevén las coordenadas de la Iglesia indiana del siglo XVII. Época que se caracteriza por la cristianización completa de los nativos, que no debe atribuirse en exclusiva al apostolado de los sacerdotes seglares, sino que se recoge ahora la cosecha de la tenaz labor del clero regular sobre los niños, operada en la centuria pasada.

Otra nota del siglo es que el Estado español puede al fin aplicar su propia política, y no la de otros estamentos, como la de los conquistadores o las órdenes religiosas. No está dispuesto a que no se haga efectivo su control y a que no se hispanice por completo a los nuevos reinos, como pretendían los frailes, que querían mantener a los nativos al margen de los españoles. Para ello utiliza al más moldeable clero secular, pero esto trae consigo una clara burocratización de la Iglesia indiana. Los sacerdotes no se hallan imbuidos de la misma espiritualidad y vocación, la mayoría caen en la rutina pastoral y se muestran menos comprensivos con las desviaciones idolátricas de los indígenas, que extirpan violentamente y sin contemplaciones, en especial donde estas afloraron más explícitamente, que fue en el área andina.

La evolución de los templos de la América hispana comienza con las primeras sencillas capillas, adaptación cristiana de los propios adoratorios indios. Apenas eran unos pequeños cobertizos de paredes de adobe y techumbre de broza, pero los primeros frailes suplían la modestia de esas primitivas capillas improvisadas, con una desbordante ilusión evangelizadora. Más tarde llegarían de Extremadura y Andalucía los arquitectos profesionales, diseñadores de los grandes templos y parroquias que imprimen tanta personalidad al paisaje urbano de Iberoamérica..

Muchos sacerdotes se apartan de la rígida observancia de las propias costumbres y se comportan de modo indecoroso, cuando no escandalizan con grave degradación moral, que pasa desde extorsionar a los pobres indios en aldeas perdidas, hasta mantener concubinas y tener descendencia. La población asistió a estos descarríos con cierta indiferencia, cuando no fatalismo, pues el poder de la Iglesia era omnímodo, y semejantes conductas llegaron a considerarse moneda corriente.

La Inquisición americana, instaurada contra la idolatría, fue mucho menos activa que la peninsular, pues los indios estaban exentos de su jurisdicción, aunque tuvo algún efecto en frenar la vida licenciosa de los sacerdotes.

La Iglesia acumuló incontables riquezas en este siglo, producto del diezmo y de sus propias transacciones, con el resultado de que el lujo entró en sus ministros, así como la codicia, extendiéndose a buena parte del clero la meta de todo inmigrante en Indias, que no era otra sino enriquecerse. Había obispados con rentas fabulosas, como el de Cuzco, que rendía 400 000 pesos al año. Pero fue inherente a este siglo que los obispados permanecieran vacantes mucho tiempo desde su último titular, lo que repercutía muy negativamente en la calidad religiosa de la diócesis.

Entre las órdenes religiosas, los franciscanos y los jesuitas fueron quienes más firmemente supieron resistir el embrujo y la sensualidad de América, que arrastró a tantos otros hacia la relajación de las costumbres y la disciplina. Pero ellos persistieron, dando ejemplo siempre de probidad moral y de sobriedad. Al cabo, los discípulos de la orden de San Francisco y de la Compañía de Jesús fueron los que dejaron una huella más perdurable en América.

Las notas negativas apuntadas no fueron empero generales, sino más bien minoritarias, ya que hubo modestos curas de conducta ejemplar, que dedicaron su vida entera a la vocación apostólica. Pero el ruido suena más que el silencio, y la impudicia de unos cuantos contaminó a la Iglesia americana. Como poco, vicios aparte, cabe acusarla en este siglo de pasividad, rutina y nula imaginación en el desempeño, salvo la desplegada en las fronteras del imperio, donde franciscanos y jesuitas libraban su particular batalla por la cristianización. Fue, pues, una Iglesia pasiva, y de semejante siembra solo cabría esperar cosecha de hostilidad por parte de la población en el siglo siguiente.

A lo largo del siglo XVIII, las características de la Iglesia indiana que marcan el siglo XVII cobran mayor intensidad. El lujo da paso al boato, y los viajeros Jorge Juan y Antonio de Ulloa narran las situaciones escandalosas de algunos eclesiásticos, que a la vista de todos mantienen barraganas, tienen hijos, comercian, y su vida dista mucho en todos los sentidos de la requerida a un representante de la Iglesia. Entre las muchas anécdotas cuentan la de los curas que, no contentos con percibir el diezmo, cada domingo celebran el santo correspondiente, y con tal motivo exigen a los nativos dádivas suplementarias.

En el clero indiano se reproduce el conflicto que afecta ya a otros estamentos de la vida civil: la criollización. Entre los nacidos en América y los peninsulares se traza una raya, que va a envenenar la sociedad de Indias, y a ello no son ajenos los clérigos. Cada vez que ha de proveerse un cargo en una comunidad religiosa, se genera un agrio debate que trasciende a la calle, hasta el punto de que fue necesario el sistema de turno entre criollos y peninsulares para cubrir los puestos. Todas las órdenes, incluso la sobria franciscana, resultaron contagiadas por estas disputas, en ocasiones verdaderamente violentas, preludio claro de las posteriores guerras civiles de la independencia. Solo se mantuvieron al margen de ellas los jesuitas, cuyas disciplina y estructura jerárquica estuvieron por encima de fruslerías semejantes.

Pero los jesuitas tenían por entonces otros problemas. Su patrimonio había seguido creciendo sin cesar y regentaban los mejores colegios de la América hispana. Demasiado poder como para no suscitar recelos en el poder político, demasiado éxito en un país como España, tan inclinado a la envidia, vicio de soterrada acción, pero de efectos destructores. Los jesuitas serían víctimas de una campaña que al cabo entrañaría consecuencias letales sobre la América española.

La difícil posición de equilibrio de los jesuitas en los distintos frentes del escenario americano acabó pasando factura. Mantener su propia personalidad costó enfrentamientos con los funcionarios civiles, con los obispos y el clero secular, con las demás órdenes, con los colonos. Pero más grave fue la insidia desatada en la Península sobre una orden que obedecía directamente a Roma, y cuya férrea estructura jerárquica impedía manipulaciones desde Madrid, Lima o México. Comenzó una persistente campaña de descrédito, tildando a los jesuitas de desleales a la Corona y de inculcar en sus alumnos ideas contrarias a España y favorables a la Independencia. Además, estaba la cuestión del «Estado jesuítico paraguayo», sus reducciones guaraníes, en las que, se afirmaba, no admitían injerencia gubernamental alguna y, si se daba el caso, estaban en condiciones de levantar en armas a sus indios. Acusaciones injustificadas, tras las cuales había no pocas dosis de envidia y de codicia hacia las fabulosas propiedades de la orden.

Todas estas imputaciones sonaron una y otra vez en los oídos de Carlos III y sus ministros, amplificadas por la distancia, y el monarca resolvió finalmente, en 1767, decretar la expulsión de la Compañía de Jesús de todas las posesiones españolas en América. La notificación del decreto a virreyes y gobernadores se mantuvo en el mayor secreto hasta el mismo día de la expulsión, y fue acatado por los jesuitas con la disciplina y obediencia propias de la orden. En las siguientes semanas, 2500 frailes saldrían de América, y todas las propiedades de la Compañía quedaron confiscadas.

La expulsión de los jesuitas constituyó un hecho de una envergadura sin precedentes, y sus consecuencias fueron decisivas. De golpe, las misiones se quedaron sin sus rectores, y muchos colegios sin profesorado. Haciendas, fincas, obrajes, todo quedó sin gestores, y el Estado dispuso que los bienes fueran administrados por las otras órdenes.

Pero las consecuencias intangibles fueron mucho más importantes. Con la marcha de los jesuitas, la sociedad americana quedó desvertebrada. Sus detractores les habían acusado de dedicarse a formar a las clases criollas dirigentes, y que el criollismo era el germen de la independencia. Cierto que por las aulas de la Compañía pasaban los vástagos de las mejores familias criollas, y que en ellas se ponderaban las excelencias de América, pero otra cosa es que alentaran la emancipación. Antes al contrario, los jesuitas guardaban una fidelidad y una lealtad absolutas a la Corona de España, la cual inculcaban a sus alumnos.

Desaparecidos de la escena, el alumnado no tuvo ya ese patrón fiel y seguro de la lealtad al rey que exhortaban los jesuitas. Sin ellos, no solo los colegios y las misiones, sino la compleja red cívico-espiritual montada por la Compañía en las ciudades, se vino abajo. La sociedad se quedó sin su armazón principal, allanándose de esta forma el camino a la independencia. La historia ha sido unánime al juzgar la expulsión de los jesuitas como un gran error político, toda una mancha en el reinado de ese excelente rey que fue Carlos III.

El poder, tanto en el plano educativo como en el material acumulado en América por la Compañía de Jesús, levantó en América grandes envidias, del mismo modo que estaba ocurriendo en la propia Península Ibérica. Innúmeras acusaciones sin fundamento llegaron a los oídos de Carlos III, quien dejose llevar por ellas y ordenó la expulsión de los jesuitas de todas las provincias españolas, incluidas las americanas. Esto supuso un golpe letal para la Compañía en América y facilitó los movimientos de independencia.

Las descritas fueron las líneas maestras de la trabajosa andadura de la religión católica en América. Al Nuevo Mundo pasaron, no solo la esencia del credo, sino los rasgos particulares de la religiosidad andaluza. Así, la emotividad por encima de la convicción racional, la creencia ciega, la fe sin asomo de duda, con esa especie de fundamentalismo heredado de los invasores árabes y que portaban los primeros colonizadores.

Gracias a la ímproba labor de España, sus órdenes y sus religiosos, la religión católica caló profundamente en la población americana. El fruto fue una religión muy semejante a la andaluza, trufada de elementos festivos y sensoriales, propia de gentes proclives a lo que perciben por los sentidos externos. Una religión esmaltada de ritos y cultos, adornada de resplandores, pero anclada firmemente en el alma de América.

También pasó a América el carácter extravertido y festivo de la religión, su vinculación con el fulgor externo, esa religión que penetra por los sentidos corporales y anímicos. Relacionado quizá con el gusto por la apariencia, por lo formal por encima del fondo, por la preferencia a cuidar el escaparate antes que la trastienda, algo propio de la hidalguía que pululaba entonces por las tierras españolas.

Otro rasgo exportado fue la relación de la religión con la evolución biológica de los individuos. Desde el nacimiento a la muerte, la religión impregna las vidas: el bautismo, la eucaristía, la ceniza, el matrimonio, las exequias, el día de difuntos.

A América llegó también el culto a las imágenes y a los símbolos, que tan fácilmente puede derivar en superstición y magia. Y como nota adicional y común a América y a Andalucía, la devoción profunda hacia la Virgen, cuya imagen presidía invariablemente los barcos de los navegantes españoles.

Tal fue la religión que se implantó en el Nuevo Mundo. Religión esmaltada de ritos y cultos, adornada de resplandores, con abundantes visos de superficialidad, pero profundamente anclada en el alma de América.

VI

EL IDIOMA ESPAÑOL

La génesis del español

En la Península Ibérica se hablaban diversas lenguas de origen iberocéltico que, con la excepción del vascuence, recibieron con el tiempo aportaciones diversas, procedentes de pueblos exteriores que contactaron con los peninsulares, como fenicios, griegos, romanos, visigodos y árabes.

Cuando los romanos penetran en la Península Ibérica hacia el año 206 a.C., imponen el uso del latín para la comunicación oficial con la metrópoli. Las clases hispanas cultas lo aprenden porque el latín es entonces la lengua de prestigio, y el camino necesario para escalar puestos en la burocracia imperial. Pero, además, se dio la circunstancia de que el habla popular romana era altamente parecida al habla popular hispana, por lo que el latín llegó también a las clases sencillas de la Hispania. Pero un latín modificado, porque para solucionar los conflictos entre la lengua original española y la latina se estableció una suerte de vocabulario de compromiso entre una y otra, una lengua romanizada que en parte es autóctona hispana y en parte romana, que es la que encuentran los visigodos a su llegada, y que constituye el antecedente del español. Los visigodos descubrieron muchas afinidades entre su idioma y el dialecto hispánico romanizado, porque ambos poseían abundantes vocablos de raíz celta.

La caída del Imperio romano supuso la dispersión del latín, que va a saltar en fragmentos, quedando como tronco común de las lenguas románicas que se forman a partir de entonces. La ocupación visigoda da lugar a la creación de formas dialectales propias en las diversas regiones geográficas españolas. Algunas de ellas acabarán desvaneciéndose, otras quedan ancladas en comarcas concretas, como expresión ulterior de su personalidad. Pero uno de esos dialectos está llamado a desbordar sus estrechos límites, para convertirse en idioma universal. Es el castellano.

Pronto el castellano se separa de los otros dialectos, por su sonido y por su difusión. Como explica Rafael Cano[30] dice *muger* en lugar de *muller* y *noche* por *noite* o *nit*, y es en los primeros tiempos de su génesis cuando más radicalmente se aparta de ellos, cuando más innovaciones produce. Luego refrena sus diferencias, pero es entonces cuando adquiere su mayor proyección.

CONSOLIDACIÓN DEL CASTELLANO Y DEL POBLAMIENTO ESPAÑOL

- Expansión del castellano
- Ciudades fundadas por España
- Universidades fundadas por España
- Camino Real de Tierra Adentro
- Galeón de Manila

El castellano, que había logrado imponerse a los demás dialectos peninsulares tras el fin del Imperio romano, viajó a las Indias con los colonos españoles y se extendió por el continente americano, alcanzando áreas de Asia y África, hasta llegar a convertirse en la tercera lengua del planeta, tras el chino mandarín y el inglés, la tercera en internet y la segunda del mundo en las redes sociales.

Con el idioma se trasladaron los demás ingredientes del poblamiento español: personas, ciudades y pueblos, iglesias y edificios, universidades, hospitales, caminos... el conjunto de la cultura material e inmaterial española, injertada en el Nuevo Mundo como una prolongación de la propia España.

Península del Labrador

Virreinato de Nueva España

San Francisco
San Juan Pueblo
Santa Fe
Los Ángeles
San Diego
El Paso
Chihuahua
San Antonio
Zacatecas
Guanajuato
Querétaro
1553 México
Veracruz
Mérida
Acapulco
Guatemala
Capitanía General de Guatemala
San José
Panamá
Pensacola
San Agustín
La Habana
Islas Antillas
1538 Santo Domingo
Caribe
Caracas

Virreinato de Nueva Granada
1680 Bogotá

1586 Quito
Guayaquil
Virreinato de Perú
Trujillo
1551 Lima
Ayacucho
1677
1692 Cuzco
La Paz

BRASIL
Salvador
Bahía
Porto Seguro
Río de Janeiro
Sao Paulo

Asunción

La Serena
Valparaíso
Mendoza
1619 Santiago
Buenos Aires
Montevideo
1613 Córdoba
Capitanía General de Chile
Valdivia
Patagonia

Islas Galápagos

Islas Malvinas
Tierra de Fuego

Capitanía General de Filipinas

OCÉANO PACÍFICO
Islas Marianas
Manila
FILIPINAS
I. Guán
Cebú
BORNEO
Islas Célebes
Islas Molucas
Indonesia
PAPUA

Guinea Ecuatorial

Malabo
I. Bioko
CAMERÚN
OCÉANO ATLÁNTICO
Bata
GUINEA ECUATORIAL
I. Príncipe
GABÓN
I. Santo Tomé
Port-Gentil

La circunstancia que hace posible esta expansión es la Reconquista. Castilla fue la única región que mantuvo de una forma sostenida la lucha contra el invasor árabe. Una tras otra, a su impulso iban recuperándose las tierras ocupadas, y a continuación se imponía la castellanización del territorio, con el idioma y la religión como arietes de la nueva civilización. El dialecto castellano resultó el más al alcance de unos y otros para entenderse entre sí. Los judíos lo utilizaron como seña de identidad común, al vivir diseminados en regiones dispersas. Cuando sean expulsados de España seguirán usándolo por la misma razón, y lo conservarán en su prístino estado hasta nuestros días. Los vascos, a cuyo particular idioma no había llegado la romanización de modo explícito, también aprendieron el castellano, con el fin de poder comunicarse con la mayoría de los pueblos peninsulares.

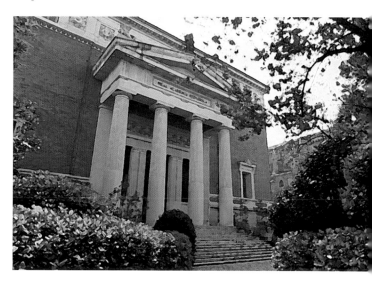

Tras la caída del Imperio romano, el latín queda como tronco común de las lenguas que surgen como derivados de él. El proceso de formación de dialectos regionales se agudiza con los visigodos, y mientras algunos de ellos se desvanecen, habrá uno que se impondrá sobre todos los demás, y primero se impone en la Península Ibérica y luego se hace universal. Es el castellano o español, cuyos parámetros se encargará de definir y fijar la Real Academia Española.

El castellano que va a servir de factor de nexo entre todos procede de Castilla la Vieja, en concreto de la zona del Alto Ebro, donde confluyen los reinos de Castilla, Navarra y Aragón. Este idioma común no va a superponerse sin más a los otros dialectos, sino que incorpora numerosos elementos de ellos, hasta el punto de que algunos han visto en el castellano una *koiné*, o lengua de intercambio. Sin llegar a ello, sí es cierto que el castellano, a la par que iba desplazando a los dialectos hablados por las gentes de otras regiones que acompañaban a los castellanos de la Reconquista, asimilaba modos y palabras de ellos. Es claro al efecto el caso de Andalucía, donde el sustrato árabe dejó un legado importantísimo en el léxico, buena parte del cual pasó a ese castellano en tránsito hacia el español. Un idioma cuya forma más cultivada de la época pasaba por ser la de Toledo, correspondiendo a Burgos la versión más innovadora.

El primer gran documento literario escrito en español es el *Cantar de Mío Cid*, magna obra escrita en el siglo XII. En 1492, Nebrija alumbra su *Gramática de la Lengua Castellana*, con intención de fijar las bases y reglas del idioma. Ya entonces, el español había adquirido esos caracteres de sonoridad y precisión por los que sería conocido. El momento para la edición de la *Gramática* era por demás oportuno, pues los Reyes Católicos acababan de labrar la unidad de los principales reinos españoles, sentando los cimientos del Estado español, y el idioma de esta nación estaba, pues, listo para recibir la mayor expansión territorial y demográfica de una lengua románica. Adelantemos que este idioma presentaba una construcción y unos vocablos que el tiempo ha ido modificando. Pero que, para fortuna de historiadores y lingüistas, es posible aún encontrar vestigios vivos del español del siglo XVI a uno y otro lado del Atlántico.

El castellano, surgido de la Alta Castilla, se impuso sobre los demás dialectos peninsulares, pero también incorporó elementos de ellos. La primera gran obra del castellano es el Cantar de Mío Cid, *escrita en el siglo XII. Y en 1492 Nebrija publica su* Gramática de la Lengua Castellana, *para sentar las bases del idioma. El momento es no solo oportuno, sino estratégico, pues en esa época los Reyes Católicos rematan la Reconquista, y el castellano será el instrumento lingüístico de la unificación de España.*

Antes de entrar en esta cuestión, es menester detenerse un instante en la Sevilla de finales del siglo XV, una ciudad que, liberada de la ocupación mora el año 1258, irradiaba todo el dinamismo de que era capaz la sociedad española de la época. Sevilla era entonces el crisol donde se fusionaban todas las energías de España. Había mercaderes judíos, terratenientes andaluces, aventureros castellanos, navegantes de muchos orígenes, soldados, pícaros, ocasioneros… Cristianos, moros y judíos se fundían en una ciudad que había acumulado gruesos capitales, que iban a ser invertidos en la gran empresa que estaba a punto de gestarse, la mayor de los siglos venideros, y para la que sobraban dinamismo y pujanza en esa comarca sevillana que ya se asomaba a la Edad Moderna.

Pero lo que ahora nos interesa es el modo de hablar de Sevilla. Siglos de dominación árabe habían dejado una impronta especialísima en el lenguaje. No era solo que una interminable ristra de palabras de sonido árabe se habían incorporado al español. Lo particular, lo trascendente a los efectos de nuestro estudio, era el acento singular de las gentes de Sevilla y su comarca. Esa confusión entre la *s* y la *c*; la *j* pronunciada como una *h* aspirada; la tendencia a la pérdida o relajación de consonantes.

Esas y otras notas componían el acento andaluz, de incuestionable herencia árabe, haciendo de Andalucía una región de habla peculiar, que en las mujeres sonaba sumamente atractivo, al decir de los viajeros de la época.

Contingentes andaluces fueron quienes nutrieron los primeros embarques de América, hecho que revistió decisivas consecuencias en muchos aspectos de la futura civilización americana, incluida el habla. Unos años antes, esas mismas gentes habían tomado parte activa en la conquista del archipiélago de Canarias, lo cual sirvió como base de experimentación de fórmulas que luego se aplicarían en la conquista del Nuevo Mundo. Señalemos por ahora que el modo de hablar andaluz de estas huestes influyó sobre el habla canaria, pero no exclusivamente, pues, como cualquier visitante de las islas puede comprobar, la variedad canaria presenta perfiles propios, más parecidos a ciertas regiones de América que a la propia Andalucía.

Como todo lo español, el idioma castellano se trasladó a América con los primeros pobladores peninsulares. Sevilla fue el puerto de embarque de las personas que se trasladaron al Nuevo Mundo, y por tanto es lógico que las primeras oleadas procedieran del entorno de la ciudad, más concretamente de los pueblos del Bajo Guadalquivir. Por tanto, su modo de hablar, su acento y sus giros, influirían notablemente en el habla americana.

El núcleo andaluz de los iniciales colonizadores pasó pues a América, asentándose primeramente en las Antillas. Con esa base, merced al genio conquistador de los adelantados extremeños, se internaron en la tierra firme, y desde México hasta la Tierra del Fuego se instaló el idioma español en el continente americano, ejerciendo desde entonces como vehículo fundamental de unidad de la América hispana y posthispana. Puesto que estos pioneros eran esencialmente andaluces, el habla andaluza, con sus rasgos, determinó de modo general la médula de los dialectos americanos, y puede considerarse Sevilla como epicentro de todas las variantes habladas de ese continente.

En aquellos tiempos, el español era llamado *castellano*, y los propios indios hicieron esfuerzos por aprenderlo, como otrora habían hecho los nativos peninsulares con el latín, pues el castellano era la lengua de los dominadores, el idioma de peso, el vehículo imprescindible para prosperar («hablar pura Castilla», en cita recogida por Manuel Alvar). Castilla y lo castellano representaban, a los ojos indígenas, todo el universo, el reino invencible que se extendía allende el reducido círculo de su tribu o su comarca.

El español de América

Resulta evidente que el sonido del habla hispanoamericana es distinto al de los españoles peninsulares, y también es palmario que el español suena diferente según la región americana de que se trate. Para explicar las causas de tales diferencias, se ha recurrido básicamente a dos teorías: la del andalucismo y la del sustrato indígena.

Siendo en general la cultura hispana un producto mestizo procedente de España y de América, es dable pensar que, tanto los idiomas locales americanos como los giros andaluces, influyeran sobre el definitivo modo de hablar de la América hispana. Esto ha dado lugar a una intensa polémica entre los que defienden la mayor influencia del náhuatl, quechua, maya y otros en el idioma, frente a los que defienden la mayor importancia de los giros andaluces, como el seseo, *el* voseo *o el* yeísmo.

Fontanella de Weinberg[31] ha documentado las razones de ambas posturas, señalando que la tesis del sustrato es generalmente apoyada por los neófitos que se acercan al tema por vez primera. Según ellos, los dialectos hispanos responderían en cada zona a la influencia del lenguaje indígena respectivo. Así, Lenz sostenía que el modo de hablar de los chilenos es un español con sonidos araucanos, trayendo a colación el empleo sibilante de la *r* y del grupo *tr.* De la misma opinión es Amado Alonso, para quien el seseo —confusión de los sonidos *s* y *c-z*—, característico de América, es un rasgo que ya estaba presente en las lenguas prehispánicas, mientras que otra nota de la región, el *yeísmo*, no es exclusivamente americana, sino compartida con otras zonas peninsulares.

Defensor de la teoría del sustrato indígena es también Henríquez Ureña, cuya postura se basa en la gran cantidad de españoles no andaluces, y por tanto no seseantes, que pasaron a América, por lo que los lenguajes náhuatl, maya, quechua, araucano y guaraní debieron confluir con la aportación española, influyéndola.

Para Fontanella, la tesis del sustrato indígena se encuentra empero totalmente desacreditada. La teoría andalucista, a partir de su formulación por Max Wagner en 1920, que desató amplia polémica, habría ganado terreno a costa de cualquier postura. Según Wagner, la población andaluza, incluso extremeña, que se descolgó sobre América en los primeros tiempos, habría tenido fuerza bastante como para trasladar sus propios rasgos dialectales, como el *seseo*, el *voseo* y el *yeísmo*. De la misma opinión fueron Lapesa y Menéndez Pidal, que recalcan el intenso origen andaluz de los primeros pobladores. Boyd Bowman confirmó la tesis definitivamente, al igual que Diego Catalán, quien destaca la extensión del ceceo andaluz a través del paso Canarias-Antillas-Continente, señalando además que, tras el inicial aporte popular andaluz, se produce la llegada de burócratas y letrados de Madrid, de formación más culta, que tamizarían y limarían los rasgos más exagerados del primitivo acento.

Así pues, concluye esta posición en el ascendiente básicamente andaluz del habla hispanoamericana, explicando las diferencias dialectales en circunstancias como la entrada de inmigrantes de otras regiones peninsulares, pero nunca por el contacto del español con las lenguas prehispánicas.

El factor ecológico en el lenguaje

Ahora bien, a nuestro modo de ver, el tema requiere una ulterior profundización, a la luz de un factor que apenas se ha tenido en cuenta al estudiar el lenguaje americano: la influencia que pudo ejercer la propia naturaleza del territorio, lo que pueden denominarse *factores ecológicos*.

En efecto, al arribo de la primera generación de pobladores oriundos de la Península y Canarias, hubo en América dos niveles de habitantes: los españoles, mayoritariamente usuarios del habla andaluza, y los indígenas, titulares de sus propias lenguas. Durante esta primera generación, qué duda cabe que cada grupo conservaría sus acentos: los españoles, el suyo andaluz; y los indios, el del propio idioma, incluso aunque pudieran haber aprendido el de los ocupantes.

El llamado factor ecológico, *el sustrato local, tiene poderosa influencia sobre el habla de cada región geográfica de América. En definitiva, es el responsable de la conformación en América de un modo de hablar y de un acento particulares y muy característicos. Y, además, distintos según las regiones, de modo que el acento de los chilenos, por ejemplo, difiere no poco del caribeño o el mexicano.*

Pero a partir de la segunda y las siguientes generaciones, surge una circunstancia nueva, que va a alterar sensiblemente el estado de cosas. Los españoles se mezclan con las indias, alumbrando una raza distinta, que por mestiza participa obligadamente de ambas. Las parejas de los primeros pobladores españoles tienen descendencia, y sus vástagos no han nacido en España, sino en América, una tierra con una fuerza poderosísima, que imprime un sello especial a todos los seres vivos, animales o vegetales, que crecen en ella. Quienes recorrieron aquellos territorios se admiraban de la vegetación exuberante del bosque tropical y, cuando sembraban, era prodigiosa la velocidad de crecimiento de las plantas, que doblaba a la de la Península. Se recogían rábanos «grandes como brazos», y de igual modo la fauna del continente americano es deslumbradora, en particular en el reino de las aves, que exhiben unos plumajes y unos colores desconocidos en Europa. La espectacularidad de especies como el quetzal, el papagayo o el colibrí no tiene parangón en el Viejo Continente. El rey zopilote, carroñero del chaco, ostenta una gama de colores muy superior a su equivalente peninsular, el buitre leonado, inquilino de las cárcavas y cortados peninsulares.

Si la naturaleza americana se presenta así de dadivosa con las especies animales y vegetales, ¿por qué no había de imprimir tal carácter con las personas? Observadores de la época comentaron que, ya desde la primera generación, los descendientes españoles que nacían en América, los primitivos criollos, eran más grandes, más vistosos. Del mismo modo que el gallo criollo, siendo la misma especie ofrecía una policromía muy superior a la de sus sobrios ancestros peninsulares, el criollo humano también se diferenciaba de sus padres, como todo en la desbordante naturaleza americana. Existe, pues, el factor ecológico, con fuerza bastante como para influir sobre el aspecto físico de todos los seres vivos, incluido el hombre, con todas sus manifestaciones fisiológicas, de las que el lenguaje es simplemente una más. Pero antes de examinar este punto, es preciso volver a ese eslabón entre España y América que fueron las islas Canarias, puente geográfico y cultural en la ruta de América.

El archipiélago canario presenta unas condiciones distintas de las que imperan en el resto de España. Los vientos alisios conforman un clima suave y agradable a lo largo del año, lo que permite la presencia de formaciones boscosas casi tropicales, inexistentes en Europa, como la laurisilva. Todo esto configura a las islas como una región más «americana» en lo ecológico, lo que encuentra su correlato en el acento, más parecido al hispanoamericano que al peninsular.

Pocos años antes del descubrimiento de América se había conquistado el archipiélago para la Corona española, e inmediatamente se procedió a su asimilación cultural, mediante el asentamiento de peninsulares. Castellanos y andaluces engrosaron esta colonización, y acudieron pertrechados de sus costumbres, su filosofía vital y sus respectivos acentos. Pero en Canarias, a diferencia de América, el mestizaje no fue significativo, y por tanto no existirían razones para que los canarios hablaran con una entonación distinta a la andaluza o a la castellana. Y sin embargo, fácil es comprobar que el acento canario difiere tanto del andaluz como del castellano. El canario es un habla más abierta, más arrastrada, con un sonido que no podemos hallar en la Península Ibérica. Para descubrir algo parecido hemos de atravesar el Atlántico y situarnos en el Caribe. Ahí es donde localizamos de nuevo la tesitura amplia, el tono abierto, melodioso y chispeante de las gentes de Canarias, ¿Cómo puede explicarse tal cosa? ¿Por qué la inmigración andaluza o castellana no lo fue *in toto*, incluyendo el deje andaluz o el sonido duro castellano? ¿Por qué algunos decenios después de la llegada de los inmigrantes a Canarias, sus descendientes ya hablaban de forma distinta a la de sus abuelos peninsulares?

Puesto que no existe causalidad posible por parte de un sustrato indígena que fue irrelevante a estos efectos, la explicación hay que buscarla de nuevo en la naturaleza de las islas Canarias. Su latitud y la influencia de los húmedos vientos alisios, determinan un clima particular, claramente distinto al de cualquier parte de la Península. Un clima suave que permite el crecimiento de una vegetación subtropical e incluso, en ciertas áreas como los bosques de lauráceas, el desarrollo de una vegetación con exuberancia pareja a la de la selva tropical. Canarias es, en lo botánico, un área singular, muy diferente a la europea, englobada desde el punto de vista biogeográfico en la llamada *región macaronésica*, y donde la flora ofrece manifestaciones excelsas. En definitiva, el clima ambiental de Canarias es muy *americano*, más propiamente caribeño, y esto nos va a proporcionar las claves para responder a las preguntas anteriores.

En efecto, del mismo modo que la tierra americana habría influido sobre los propios rasgos fisonómicos de los criollos (también entre los canarios son perceptibles cambios semejantes), la tierra, americana o canaria, sería parcialmente causante del habla, entendida como una parte más de la configuración física, además de cultural, de una persona. El *factor ecológico* impondría sus condiciones, y en Canarias, de clima suave, húmedo, y hasta sensual, llevaría a un deje abierto y característico. El mismo que encontramos en la contraorilla atlántica, en las Antillas, donde las condiciones ambientales son semejantes y donde tampoco el acento es exactamente andaluz, pese a la masiva llegada de andaluces en las primeras hornadas, sino más aproximado al canario.

Esta confluencia de acentos entre Canarias y Antillas obedecería en última instancia a la aplicación al hombre de una ley ecológica, según la cual, a climas semejantes corresponden ecosistemas similares. Es curioso constatar, por ejemplo, que los nacionales de Venezuela, un país que recibió una intensa inmigración de canarios, mantengan el acento más aproximado que se conoce al habla Canaria, incluido el particular curso de la *ch*, idéntico en ambas áreas. Pero esto solo se produce en las regiones venezolanas de clima caribeño, no en las otras, donde ya el habla suena de distinta manera, a pesar de que también fueran canarios sus colonizadores.

En definitiva, lo que se trata de subrayar es que, por encima del origen andaluz o castellano de la inmigración a América, el *factor ecológico* tuvo que influir necesariamente en el modo final de hablar. Influyó en los andaluces y castellanos que fueron a Canarias, e influyó en los andaluces que fueron a América. En las Antillas y las Canarias se forjaron hablas paralelas, debido a las confluencias ambientales. Y ello explicaría, al menos parcialmente, las diferencias dialectales de las distintas regiones americanas. El habla de las tierras llanas en cualquier lugar del mundo es más abierta que el habla de los montañeses, y por eso, por encima de la nacionalidad de los inmigrantes, no sería posible a largo plazo que los habitantes del Perú andino hablaran con el mismo sonido que los de las tierras calientes antillanas.

El sustrato indígena

Establecido, pues, que el origen andaluz debió ser elemento concausal del habla americana, junto a las circunstancias ecológicas que modificarían el acento de aquellos colonizadores, detengámonos un momento en otro de los factores presentes, fuertemente debatido y modernamente rechazado, la posible influencia del llamado sustrato indígena, sobre los dialectos hispanos.

Una vez más, el factor ecológico como elemento preponderante en el acento aparece en el habla de los habitantes de Guinea Ecuatorial. Allí apenas hubo mestizaje biológico, pero sí lo hubo en otros aspectos de la cultura, como en el habla. El de los oriundos guineanos, el castellano es un idioma duro, fuertemente influido por el idioma autóctono.

Para adentrarnos en el tema, acudamos a otro territorio también colonizado por España, pero muy lejano del continente americano en todos los sentidos, como es Guinea Ecuatorial. Allí no hubo mestizaje, y cientos de años después de la ocupación española, en esa república africana conviven dos razas, la española y la guineana. Ambas hablan español, pero hay sensibles diferencias en el acento. Mientras el de los españoles es un idioma perfectamente castellano, el de los guineanos es un castellano fuertemente influido por el idioma autóctono, mayoritariamente el *fang*. Aquí, por tanto, el sustrato ha sido determinante en el modo de hablar el castellano empleado por la población.

El caso guineano nos va a servir para arrojar luz sobre el americano. A la llegada de los primeros pobladores, habría una población española hispanoparlante Y una indígena que hablaría su propia lengua, el aymara, el quechua, el guaraní o cualquier otra.

En una segunda fase, se producirían dos hechos: los indios aprenderían a hablar el castellano, y lo manejarían con un acento influido por su lengua originaria, del mismo modo que los nativos de Guinea con la suya. El hecho segundo es que el déficit de mujeres españolas impondría los cruzamientos entre españoles e indias. De estos nacerían vástagos, partícipes de ambas sangres y razas, esto es, mestizos.

¿Qué idioma hablarían estos hijos mestizos? Indudablemente, el castellano, que era el idioma de la clase dominante, el que posibilitaba escalar posiciones en la clase social. Recibirían aprendizaje en las escuelas y conventos de parte de maestros y sacerdotes españoles, pero también escucharían hablar castellano en sus propias casas, de modo preponderante de la madre, la más próxima a los hijos. Ese castellano no sería el ortodoxo de Madrid o Toledo, sino el pronunciado con el ascendiente indígena, como el de los oriundos de la Guinea de hoy. Y, forzosamente, ese modo mestizo de hablar se trasladaría a los pequeños en mayor o menor grado, pero en todo caso en algún grado. Y de esta forma, tendríamos conformado el panorama lingüístico general de los reinos americanos: habría españoles venidos en sucesivas oleadas de la Península, destinados a los puestos burocráticos en Indias, quienes hablarían el español culto y cortesano de Madrid; blancos criollos, nacidos en América, influidos en su habla por factores ecológicos, según el territorio donde vivieran; mestizos cuyo castellano aparecería influido con intensidad variable por los dialectos autóctonos; y, finalmente, indios puros, que hablarían, además de su propio idioma, un castellano con fuerte acento procedente de su lengua de sustrato.

Variantes del español

Entre el español que se habla en Castilla y el de la América hispana existen diferencias de dos tipos: las dialectales y las del léxico o vocabulario empleado. Las primeras admiten múltiples variantes, explicables por la inmensidad del territorio cubierto por el idioma español, pero hay algunos rasgos que son comunes a todos los países y regiones hispanohablantes. La nota distintiva más común del español de América es todo lo concerniente a la letra *s*. En un plano destacado, el *seseo* o confusión en la acción de pronunciar la *c* (con sonido *z*) como *s*. Aquí encontramos nítidamente el legado andaluz de las primeras levas colonizadoras. Y aunque también arribaron muchos castellanos no seseantes, se impuso la costumbre, no solo por el superior aporte andaluz, y también canario, sino por la mayor facilidad que implica el *seseo*. La *s* es una sibilante palatal, y la *z* una sibilante dental, y resulta más simple reconducir ambas a una sola forma.

Las variantes del léxico iberoamericano son abundantes, y muchas de ellas proceden de la cuna fundamental de los colonizadores de las primeras oleadas: los pueblos y ciudades del Bajo Guadalquivir, el triángulo formado por Cádiz, Sevilla y Huelva. Se da la circunstancia de que las gentes de esta región son las que más acusadamente representan el estereotipo andaluz, entre lo cual destaca la intensa afición a la comunicación entre unos y otros. En la imagen, la plaza de La Palma del Condado, con muchas semejanzas con las plazas mayores americanas.

Así, los hispanos de América dicen *haser* por *hacer*, uso que afecta a todas las clases, ya sean populares o cultas. Con la particularidad de que la pronunciación de la *s* es predorsal, empleándose la parte anterior del dorso de la lengua, como en Andalucía, a diferencia del modo castellano que hace intervenir al ápice de la lengua, o modo apical.

El *seseo* o pronunciación de la *s* como *c*, puede tener la variante inversa, el *ceceo*, que es la pronunciación de la *s* como *c*, tal como se hace en algunas comarcas andaluzas, concretamente en las onubenses, en algunos de cuyos pueblos se dice *zomos* por *somos* y *zeñora* por *señora*. El *ceceo* resulta menos refinado al oído que el *seseo*, modo este último que incluso aligera y suaviza el sonido del español, considerado excesivamente duro por los hispanos, precisamente por el empleo fricativo, el ortodoxo, de la *s*, la *z* o la *j*. Pero el *ceceo* podría perfectamente haberse extendido por el orbe hispano, dada la índole ceceante de la mayor parte de los andaluces que fueron a América, muchos de ellos oriundos del entorno de las Marismas del Guadalquivir, donde abunda el *ceceo*. Y si no lo hizo, según el parecer de los tratadistas, es porque el *ceceo* fue refrenado por los pobladores castellanos, que paliaron la confusión de la *s*, dejándola reducida finalmente al *seseo*.

La *s* no termina aquí su condición de factor dialéctico diferencial de América, pues en este continente se observa también su pérdida frecuente en las terminaciones. Así, *Jesú* por *Jesús*, o *vámono* por *vámonos*. O, más precisamente, añadiendo al final una suerte de *h* aspirada y casi imperceptible, como *cruh* por *cruz* o *treh* por *tres*. Modalidad en la que, sin género de dudas, encontramos incólume el habla de los colonizadores andaluces. Como igualmente la hallamos en la frecuente aspiración de la *s* (*ehto* por *esto*, *cohta* por *costa*). Otras veces, cuando la *s* cierra sílaba, se hace implosiva, esto es, se retrae, como en *moca* por *mosca*.

Otro rasgo diferenciador del español de las respectivas riberas del Océano es el llamado *yeísmo* o pronunciación indistinta de la *y* y la *ll*, reconducida esta a la primera. Así, se diría *cabayo*, y no *caballo*.

Pero el *yeísmo* no es, en modo alguno, un elemento distintivo de ambos españoles, tan remarcado como el irregular empleo de la *s*, este sí generalizable para toda América. Porque el *yeísmo*, sobre ser de uso creciente en España, no es de uso en algunas regiones americanas, como Paraguay y ciertas áreas andinas, que conservan la distinción. En realidad, la confusión entre *ll* e *y* gana terreno rápidamente en España y América. Primeramente fueron *yeístas* los andaluces, más tarde los castellanos y la mayor parte del territorio americano, y la tendencia futura apunta claramente en el mismo sentido.

Por otra parte, en las propias áreas del *yeísmo* hay distinciones, pues hay regiones donde se debilita de tal modo que se convierte en *i*, como en *cabaio* por *cabayo*. Y otra deformación harto conocida de la *y* es la que tiene lugar en Argentina y Uruguay, con su *y* rehilada. Esta *y*, tan característica de estos dos países del Cono Sur, ofrece nuevas variantes, que van desde el rehilamiento convencional hasta el de las clases populares porteñas, entre las que la *y* llega a convertirse en *s*, de modo que el *yo* llega a aproximarse mucho al *so*, o el *cabayo* deriva en *cabaso*. Y en este tenor extremo se produce una clara afinidad con algunas áreas de los extrarradios urbanos españoles, principalmente en Madrid, donde la *ll* se transforma igualmente en una *s* arrastrada (la *casse* por la *calle*).

Otra distorsión del español ocurre con el uso de la *r*. Bien sola, bien en el conjunto *tr*, en algunas áreas se pronuncia no de forma vibrante (cuando al pronunciar, se produce un rápido contacto oclusivo entre los órganos de la articulación), sino fricativa (sonidos o letras consonantes como *f*, *s*, *z*, *j*, cuya articulación va acompañada de una salida continuada de aire, que produce cierta fricción o roce en los órganos bucales). El sonido producido se ha querido asimilar al de la *ch*, pero la *r* en Costa Rica, o la *tr* en Chile suenan más bien perfectamente inglesas. Tampoco se asemeja este sonido al del País Vasco, pues allí la *r* es de tal modo destacada, que donde esté presente apaga por completo a las letras acompañantes (*Madrrrid*, *rrromper*, *grrracias*).

Hay nuevas disparidades en el español de América, aunque todas ellas, como afirma de modo rotundo Ángel Rosenblat[32], son prolongación de unas u otras zonas de la España peninsular, pues según él, y en ello coinciden la mayoría de los filólogos, no hay ni un solo rasgo del español de América que no tenga su origen en España.

Así, se amortigua la pronunciación de la *j* (*haca* por *jaca*) y la n (*pá* por *pan*). Y las terminaciones *ado*, *ido* se debilitan en numerosas zonas, como en Venezuela (*mojao* por *mojado*). Deje este hondamente peninsular ibérico, pues en sus zonas rurales parece como si la *d* acompañando a una sílaba estorbara, y se tiende a su supresión: *verea, cebá, ná, Cái*, por *vereda, cebada, nada, Cádiz*, que se oye en amplias comarcas castellanas, andaluzas y extremeñas.

El léxico que viajó a las Indias con los primeros pobladores españoles era la lengua que se hablaba en España en el siglo XVI. Pero el idioma se transforma con el uso en el devenir del tiempo, y mientras en España las sucesivas generaciones incorporaban nuevas palabras y desechaban otras, lo propio ocurrió en la América hispana, pero no en la misma dirección, ya que, al tiempo que recibían numerosos anglicismos, conservaban en uso términos como «abarrotes», palabra medieval que se desvaneció en la Península Ibérica.

La *l* y la *r* admiten diversas modalidades. Es frecuente en ciertas zonas la confusión entre ambas, como en *calta* por *carta*, o *comel* por *comer*, algo que oímos en Cuba, de modo más acentuado entre las clases populares, y que podemos escuchar también en la Castilla rural, donde su empleo es muy abundante (en ciertos pueblos castellano, los viejos animaban a los mozos diciendo: ¡a *cantal*, a *cantal*!). Pero otras veces es la *l* la que deja el paso en beneficio de la *r*, como en *borsa* por *bolsa*, en lo que encontramos reminiscencias puramente andaluzas.

La *r* también puede no ya transformarse, sino simplemente perderse, como en *canne* por *carne*, *comé* por *comer*, giros reproducidos en España, pero, más que en el medio rural, entre las clases populares de las ciudades.

La pérdida de la segunda persona del plural —vosotros—, y su sustitución por el *ustedes*, es, con el *seseo*, otro de los fenómenos lingüísticos generalizables a toda América. Un continente donde no se emplea el *vosotros tenéis*, sino el *ustedes tienen*, o los *váyanse*, *juegue* o *diga*, en el trato familiar y coloquial (es conocido, a este efecto, que es difícil que un niño repita la palabra *albóndiga*, pues cuando la oye contesta invariablemente: *albón*). Esta costumbre se encuentra aún vigente en Andalucía Occidental, patria chica de los primeros colonizadores, así como en Canarias.

Otra particularidad lingüística, ampliamente estudiada, es el *voseo*, que se produce cuando el *vos* sustituye al tú. Casi siempre el *vos* se une a formas también *voseantes*, como *vos tenés* o *vos cantás*, y su uso pasa como creación específica y genuina del hablar argentino y uruguayo, pero en realidad se trata, como el resto de las variantes lingüísticas, de una modalidad arcaica del habla peninsular. En este caso, de principios del siglo XVI, cuando el *vos* se usaba entre hidalgos, y el *tú* para dirigirse a gente vulgar. Pero a lo largo de los siglos XVI y XVII, el *vos* desciende de su pedestal para emplearse en el trato a los inferiores. No pocas reyertas —y cuántas terminaron en cuchilladas— ocasionó el inadecuado uso del término, entre unas gentes españolas con una altísima estima de su propia condición, y que si algo no perdonaban era un tratamiento indebido a su categoría. El caso es que, probablemente para evitar pendencias, el degradante *vos* fue siendo desplazado en la Península por el *usted* y el *tú*.

Mas para entonces, el *vos* ya se había instalado en América, donde también sufriría un proceso de debilitamiento, pero menos intenso y con otros matices. Cuervo quiere ver en el *vos* americano, un resto de la altanería con que los primitivos peninsulares tratarían a los indios y criollos. Y también, la misma que usarían estos para denigrar a los recién llegados de España. La reacción que contra el *vos* se observó en España alcanzó también a las tierras de América, de la mano de letrados, funcionarios y otra gente culta. El *tú* fue desalojando al *vos*, primero en Antillas, luego en los virreinatos de México, Perú y Nueva Granada, pero quedó confinado en el virreinato de la Plata, erigiéndose como emblema lingüístico de Argentina y Uruguay.

Hay otras muchas desviaciones del español académico entre los hispanohablantes de América. Los autores americanos han querido ver en ellas vestigios del siglo XVI peninsular, especialmente andaluz, hoy caídos en desuso. Lo cual es cierto para las ciudades, pero no para el medio rural (e incluso también para el habla de los barrios populares de las ciudades, en los que se alojan muchos inmigrantes procedentes del campo), donde perviven abundantísimas modalidades arcaizantes, que encontramos en ambas márgenes del Atlántico.

Así, la confusión entre la *e* y la *i*, como se aprecia en *torcidura*, o entre la *eu* y la *u* (*Usebio*, *Ugenio*, *Ulogio*). El *haiga* por el *haya*, *pacencia* por *paciencia*, los *naide*, *semos*, *perfeto*, *dotor*, *dende*, *estrutura*, *dijistes* y tantas otras expresiones que se atribuyen en exclusiva al habla americana, pero que el lector español reconocerá de inmediato como patrimonio actual del campo castellano. En cambio, hay otros modos arcaizantes que subsisten en América y que han sido del todo erradicados del hablar peninsular, como *vide*, *trujo*, *nomás*, *dizque* o *agora*, bellas expresiones, verdaderas joyas lingüísticas mantenidas en América, y que nos permiten recrear el dialecto castellano del siglo XVI.

También muy americanas son expresiones como *tá bien* (por *está bien*) o *pelo e'guama* (*por pelo de guama*). Consideremos, además, que todos estos modismos, este conjunto de locuciones, pervivan o no en España, sean o no más o menos ortodoxas, han pasado a la moderna literatura hispanoamericana, formando ya parte inseparable y peculiar del paisaje idiomático de esas tierras, como si aquella prosa fascinante, con toda la singular originalidad de sus anomalías lingüísticas, encarnara el infinito caudal de fantasía de Hispanoamérica.

«Botica» es otra palabra que cayó en desuso en España, pero que se ha mantenido en Hispanoamérica, del mismo modo que «venta», y tantas otras que hacen divergir los idiomas en diferentes direcciones. Incluso dentro de la misma América existen vocablos españoles antiguos que en algunas regiones han desaparecido y en otras se mantienen.

Digamos también que en América no existe el *leísmo* (sustitución de *le* por *la* o *lo*). En el español ortodoxo, el leísmo es considerado vulgar (*le tengo* por *lo tengo*), pero hay sectores puristas del castellano, como los del área de Valladolid, considerada cuna del mejor español actual, que mantienen el leísmo. Menos defendible es el *laísmo*, (*la dije* por *le dije*), también excluido en líneas generales de América, donde es más usado el más tolerable *loísmo* (a Pedro lo voy a perseguir), costumbre está muy arraigada en Andalucía. No obstante, existe una cierta confusión en el empleo de estos pronombres, pues, como cita Fontanella[33], en América se emplean frases como *si no se los dijera, me iría molesto*; *a Juan lo he pegado duro, la pijama, el lente, la caparazón*. Confusiones que se extienden al uso del *de que*. Este se suprimió en América, pues tampoco se usaba en el español medieval. Así, se diría *no se puede hablar que exista*, en lugar de *no se puede hablar de que exista*.

Hay, pues, un deficiente uso del *de que* por defecto, mientras que en España existe, de forma creciente, un mal uso por exceso (*pienso de que es necesario acudir*).

Hablemos, finalmente, de la *x* de México, siguiendo al ilustre lingüista Ángel Rosenblat[34], quien resalta lo curioso de que esa *x* se haya hecho de algún modo bandera de izquierdismo, en contraposición a la *j*, a la que se considera signo conservador y arcaizante. Curioso, porque la verdaderamente arcaica es la *x*, y la moderna, la *j*. En el castellano de antaño, convivían ambas *x*: la que se pronunciaba *ks* y la que se pronunciaba *j*. Hasta que en el siglo XIX, la Real Academia dispuso que cuando se pronunciara *j* se escribiera *j*. Por tanto, continúa el autor, la conservación de la *x* de México es un claro ejemplo de «fetichismo de la letra», algo que irritaba sumamente a don Miguel de Unamuno. Aunque lo académicamente correcto sería escribir *Méjico*, no existe inconveniente alguno, por deferencia hacia el uso corriente del país, en escribir *México*. Pero ello entraña el riesgo, este sí grave, de su incorrecta pronunciación como *Méksico*, como se observa en el *Méxique* francés o en el *México* alemán, así como en la jerga de los medios de comunicación. Es como si se escribiera, e incluso se pronunciaran, *Guadalaxara*, *Xaén* o *Xerez*.

Léxico

El español se estableció en América al ritmo de la civilización hispana. Pero, al tiempo que este idioma forastero en Indias se abría paso por obra, espontánea o inducida, de frailes, burócratas y colonos, el diccionario español abría sus páginas y, como si fueran puertas abiertas, recibía un raudal de palabras que inundaban el vocabulario castellano con los frutos de la hasta ahora inédita realidad americana.

Los nuevos inquilinos del territorio ultramarino, al topar con las novedades que exhibía la tierra, se vieron en la necesidad de bautizarlas. Y para ello, encontraron tres opciones: La primera, aplicar el nombre español cuando se trataba de cosas semejantes. Por ejemplo, cuando vieron al puma decidieron que se parecía al león, y así lo llamaron. Las manchas del jaguar les recordaban vagamente al tigre, y con tal nombre se quedó, del mismo modo que los caimanes fueron llamados lagartos. Esta solución, altamente simplificadora, es, por otra parte, muy española, propia del común de los primeros contingentes pobladores, pues evita prolijas descripciones. Esto último, la descripción minuciosa, es el segundo de los recursos para identificar las cosas, y se revela más propio de los escritores de la época, que emplean largos párrafos en detallar los rasgos del objeto o criatura descritos.

La tercera de las soluciones para definir los objetos estribó en utilizar el nombre indígena. El taíno, el quechua, el náhuatl, el guaraní, comenzaron de inmediato sus préstamos al castellano, que recibió de golpe una rica herencia de nuevos términos. Los españoles no incorporaban la palabra tal cual, sino en el modo como la escuchaban, recurso también hondamente ibérico por lo que tiene de simplificación. Por las mismas razones que llevaron a llamar a los piratas Jean Rivault y Walter Raleigh, *Juan Rivao* y *Guatarral*, el impronunciable dios azteca Huiztilopochtli, fue pronto rebautizado como *Huichilobos*, y lo propio ocurrió con muchos otros vocablos nativos, pues a saber, por ejemplo, cómo se llamaba en realidad Moctezuma, algo sobre lo que nadie se pone de acuerdo.

En el interior de los Estados Unidos, y de manera especial en el suroeste, se conservan algunos términos del hablar arcaico español. Así, la expresión «ojo de agua», las surgencias naturales de agua que aliviaban a los viajeros del Camino Real de Tierra Adentro en su largo peregrinaje desde México a Santa Fe. Este bello vocablo se conserva hoy no solo en Nuevo México, sino en las Marismas del Guadalquivir, de donde procede.

Lo que ocurrió con esta adaptación de palabras indígenas fue lo mismo que sucedería con la música, el arte o la sangre, un fenómeno de mestizaje. El español se extendía en Indias, pero recibía un enorme flujo de términos que enriquecerían al castellano, del mismo modo que, unos siglos atrás, el idioma se había poblado de palabras arábigas. De este modo, entraron en el vocabulario términos como *zopilote, zamuro, quetzal, tabaco, cacique, canoa, yuca, chocolate, tiza, cóndor, piraña, tucán, ñandú, pampa, cacahuete* y tantos otros, descriptivos de las cosas del Nuevo Mundo.

Uno de esos nuevos elementos que más nombres demandaron fueron evidentemente los topónimos. A diario surgían parajes, ríos, golfos y accidentes que era preciso identificar. Siguiendo a Fontanella de Weinberg[35], se acudió para ello a diversos recursos: el ya señalado de servirse del nombre indígena, como en México o Bogotá; una denominación religiosa, como Santo Domingo de Guzmán o Santiago del Estero; una expresión que describa el objeto, como el Río Negro o los Llanos; algo que apunte hacia una expectativa de riqueza, como Eldorado o el Río de la Plata; la referencia a algo mítico o fabuloso, como Amazonas o Patagonia; y, en fin, el traslado de topónimos españoles, ya fuera por su parecido con el original (Nueva Galicia), ya por el origen del descubridor o adelantado (Nueva Granada, por la cuna de Jiménez de Quesada).

El español que se llevó a América era el del siglo XVI, un idioma cuajado de término rurales, como la España de aquella época. La evolución de los tiempos y de los acontecimientos habría de tener su reflejo correspondiente en el vocabulario empleado en América: la llegada de legiones de burócratas y letrados, con su hablar cortesano y culto, los sucesos de la emancipación, las nuevas repúblicas… Cada momento iba a dejar su impronta en el léxico hispanoamericano, pero subsistiría acantonado, como anclado en el tiempo, aquel primitivo español rural, el idioma de las faenas agrícolas, del manejo ganadero, del pastoreo, del transporte a lomos de burros y mulas, de los viejos oficios artesanales. Un español considerado arcaico, y que muchos autores confinan en exclusiva a las tierras y gentes de América, olvidando que todavía hoy conviven la España de las ciudades, donde el habla medieval quedó arrumbado hace mucho tiempo, y la España de los pueblos, donde ese habla subsiste en gran medida. Weckmann[36], por ejemplo, adscribe a la zona del Bajío, en México, voces como *apear*, *andurriales*, *bastimento*, *cuadrar*, *conocencias*, *menester*, *tentar*, *zarcear* y otros, que atribuye al idioma de los siglos XV y XVI. Pero estas voces felizmente no están extintas en España, sino que son perfectamente reconocibles hoy en los pueblos andaluces y castellanos, donde oír hablar resulta una exquisita delicia para el atormentado oído de los habitantes de las ciudades.

Ejemplo de lo que acabamos de decir aparece en la obra *Hispano Arts and Culture of New Mexico*, de Mary Montaño[37], quien identifica veinte palabras que, según la autora, ya no se emplean en España, pero sí en el Nuevo México de hoy, que vendría a ser la última trinchera del lenguaje arcaico castellano del siglo XVI. Pues bien, de esas veinte palabras que cita, la mitad se encuentran en efecto en desuso y olvidadas en la España actual. Son voces antiguas como *agora*, *mijor*, *muncho* y *trujo*. Otra cosa ocurre con las diez restantes: *asín*, *celebro*, *dende*, *emprestar*, *escribir*, *escuro*, *mesmo*, *tresquilar*… Términos en perfecto uso en el ámbito rural español. El público ciudadano considera este modo de hablar no ya antiguo, sino incorrecto, inculto en el estricto sentido de la palabra, el de personas sin cultivar. Nada más injusto que esa apreciación, porque en realidad los paisanos de Castilla, Andalucía, Extremadura o Aragón lo que hablan es un correcto castellano del siglo XVI, que se desvió y transformó en las ciudades por las múltiples influencias que inciden en esas zonas de frontera que son todos los núcleos urbanos, donde confluyen muchas gentes e información abundantísima, donde los ritmos vitales son trepidantes, la inestabilidad es la norma, así como la afición al cambio, a la novedad, y hay una gran recepción hacia la innovación.

El medio rural tiene su propio ritmo, el de la Naturaleza, el de la cadencia de las estaciones y los años, y desde siempre ha estado infiltrado por muy pocos canales de información, lo que ha determinado un mayor sosiego ante los cambios y las modas, a los que son refractarios, y que llegan con retraso y muy moderados. Y aunque hoy están cambiando aceleradamente las cosas, los pueblos españoles han sido tradicionalmente custodios de costumbres, de fiestas, de alimentos, de vestuarios, de prácticas religiosas… y también de la lengua.

En una plaza de Morelia se levanta una estatua de Miguel de Cervantes en cuyo pedestal reza la siguiente bellísima leyenda: «Al crear la figura de don Quijote, labró la memoria eterna del genio hispano. Morelia, castellana y nobilísima, rinde homenaje al inmortal soldado de Lepanto».

Fueron las ciudades las que transformaron las costumbres y el lenguaje, pero los pueblos no hallaron motivos para hacerlo. Y el hombre urbano que desee rastrear esas tradiciones olvidadas, contadas por los padres y abuelos, sabe que aún puede encontrarlas, aunque cada día con más dificultad, en los viejos pueblos de la España de hoy, donde aún es posible toparse con un habla que era cotidiana en la España de hace cuatro siglos.

Un habla, por otra parte, altamente más rica y más precisa que la que nos ofrecen a diario los medios de comunicación. Un ciudadano convencional distingue tan solo un monte de un valle, pero cualquier pastor de Extremadura diferencia, y así los cita, entre un *cerro*, un *teso*, un *cueto*, un *otero*, un *mogote*, un *collado* o un *terromontero*, pues cada accidente pose su propia definición física, del mismo modo que no todos los valles son iguales, sino que hay *rasos*, *rañas*, *navas*, *navajos*, *vegas*, *pandos* y *hoyadas*. Este es el vocabulario arcaico que permanece vivo, tanto en América como en las zonas rurales españolas. Vocabulario excluido de las ciudades, donde se reduce y empobrece día a día a causa del mal uso del mismo por los medios de comunicación, por una parte, y por otra, a causa de la invasión de términos foráneos, esencialmente anglicismos, pretendidamente más adecuados para traducir las necesidades de la economía y el comercio.

El futuro del español

Como se ha expuesto en los párrafos anteriores, cuando el español se asentó en las Américas, tomó prestados vocablos de las distintas lenguas indígenas que encontró a su paso, e igualmente adoptó formas fonéticas y dialectales diversas, según las regiones. Pero existe una unidad básica del idioma de un extremo a otro del área hispana, uniformidad mayor incluso que la que se escucha entre los dialectos del interior de la Península Ibérica, como han señalado varios autores. Y esta unidad idiomática es el fundamento más importante de la unidad cultural del mundo hispano, desde Madrid a México, Lima o Buenos Aires. Cuando le preguntaron a Federico De Onís cuál era el mejor escritor hispanoamericano, respondió: Miguel de Cervantes. Y este español es patrimonio común del orbe hispano, construido cada día en las academias española e iberoamericanas, y en el cotidiano uso de los hispanohablantes.

Tras la independencia de las repúblicas americanas, se suscitó la posibilidad, para la mayoría con temor, para algunos espíritus romos con alborozo, de que España sufriera la misma diáspora que había afectado al latín, cuando se fraccionó en lenguas distintas tras la caída del Imperio romano. Se veía concebible que México, Perú, Argentina y las demás naciones edificaran su propia variante del español, perdiendo así este su función de ensamblaje cultural básico de países afines. No ocurrió tal, porque el mundo de hoy no es el mismo que el de hace mil quinientos años. Los transportes y los medios de comunicación han conseguido tejer un planeta todo él más próximo, más relacionado, una aldea global. Y el idioma español, a la par que ha explosionado en el número de sus parlantes, erigiéndose en una de las grandes lenguas de la humanidad, no se ha diversificado como preveían algunos, sino que se ha erigido en vector esencial de la cultura hispana.

Aseguran los lingüistas que solo existe un idioma cuando cambia, cuando evoluciona, y en otro caso desciende a la condición de las lenguas muertas. Muerto es el judeoespañol de los judíos expulsados de España, porque se conserva inmutable, fosilizado, pero no lo es el del resto de hispanohablantes del mundo. Todo lo contrario. El español es seguramente el idioma más dinámico, más cambiante del orbe, reflejo en cierto modo de las gentes que lo utilizan.

Cambios que apenas afectan a la gramática, ya que las escasas innovaciones que recibe en este campo las puede asimilar con facilidad. No ocurre lo mismo con el dialecto, donde se produce una incesante renovación que supera en mucho la capacidad de absorción de las academias de la Lengua. Dijérase que nuestro idioma es una verdadera fábrica de innovaciones, con tres polos básicos de influencia: España, Hispanoamérica y el idioma inglés.

El idioma español se ha encaramado a las cumbres de las lenguas mundiales. Once premios Nobel de literatura así lo acreditan. La combinación de la lengua española con la fantasía americana produjo el llamado «boom» de la narrativa hispana y el «realismo mágico», con nombres señeros como Mario Vargas Llosa, Gabriel García Márquez o Miguel Ángel Asturias, entre otros muchos que impulsaron la novela hasta niveles superiores.

España y los territorios hispanos son genuinos laboratorios de vocabulario, activos agentes inventores y difusores de nuevas palabras. En España se ha creado un ámbito nuevo de creación léxica: las ciudades, con Madrid a la cabeza. En los últimos tiempos se ha acuñado, desde la juventud, una jerga novedosa que poco a poco se va filtrando hacia niveles más cultos. Algunos de estos términos ya están pasando al diccionario formal, en el tan repetido proceso de trasvase de todo lo popular, ya sean palabras como costumbres, a los demás niveles de la sociedad.

El otro gran foco de recreación del idioma es Iberoamérica, donde a lo largo de los siglos se han ido gestando vocablos distintos, originales. Son palabras que emplean mucho la terminación en *ada*: *atropellada, bellaqueada, cacheteada*; infinitivos que expresan muy expresivamente las acciones: *balconear, potrear, bellaquear, balacear*; terminaciones en *era*: *apretadera, chilladera, potrera*. Son expresiones que, también por sí solas, forman diccionarios propios, de americanismos, y que, usadas por el pueblo, han recibido definitiva sanción oficial, cuando la literatura hispanoamericana del siglo XX incorporó a sus novelas este enorme caudal de voces.

El crecimiento de la lengua española en los Estados Unidos parece imparable. Esta nación ha sido llamada «cementerio de idiomas», pues todos han sucumbido a partir de la segunda generación de inmigrantes que hablaban un idioma distinto del inglés. Tal parecía que iba a ocurrir con el español desde que comenzaron a entrar en Estados Unidos los primeros aportes iberoamericanos, en especial de México, Cuba, Centroamérica y Sudamérica. Sin embargo, es tal la continuidad del flujo inmigrante, en especial mexicano, que el español ha logrado consolidarse como segunda lengua.

En ninguno de estos dos manantiales lingüísticos, el español y el iberoamericano, se encuentra peligro alguno para el idioma, antes bien, de ellos solo puede venir enriquecimiento constante, ese dinamismo que reclama toda lengua que se precie de estar viva. La amenaza se encuentra en el tercer foco de influencia, la lengua inglesa. Como hemos dicho repetidamente, el español, idioma de origen y carácter medievales, se adapta mucho peor que el inglés a los tiempos modernos. Se ha dicho que el *Diccionario de la Real Academia Española de la Lengua* es el mejor diccionario medieval que existe. Se diría más: es un diccionario concebido y elaborado para el ámbito rural.

Es asombrosa la cantidad de términos de uso rural que contiene, muchos de ellos en completo olvido en el hablar corriente, porque la España de hoy es un país básicamente ciudadano. Y, sin embargo, son palabras en modo alguno desechables, porque permanecen vigentes en el campo español, así como en las áreas rurales de América, incluido el sur de los Estados Unidos. Ni *camino de ripio* o de *zahorra* se emplean ya en el diálogo corriente, como tampoco se emplea *lubricán* por *crepúsculo* o *escueto* por *despejado*, ni se usan *fucilazo*, *tollo*, *carear*, *sierro*, *galayo*, *otero*, expresiones que, en cambio, sí son moneda de cambio habitual en las áreas rurales de Castilla, Andalucía o América del Sur.

Pero el idioma español, si es capaz de ofrecer el más rico, preciso y bello repertorio de vocablos relacionados con la tierra y su uso, es poco dúctil a la hora de traducir las expresiones de la economía, la técnica y el comercio, los sectores en boga en el mundo intercomunicado de hoy. Hace años, Torres Quevedo propuso elaborar un diccionario tecnológico de la lengua castellana. No cuajó el intento, y nuestro idioma está pagando ahora la factura, porque sufre de continuo la intromisión léxica del inglés, lengua ideada para la transacción mercantil, la economía y la tecnología. El Imperio hispano se asentaba sobre los valores de la tierra, y se correspondía con un idioma rural, el español. El Imperio inglés, proseguido sin interrupción por el estadounidense, se basó en la economía y el comercio, y se sustentó sobre un idioma mercantil, el inglés. Continuamente, el español recibe la intromisión de anglicismos, que traducen aparentemente mejor el tráfico económico.

Mucho se comenta que nuestra lengua progresa en el propio corazón de los Estados Unidos, a través de la imparable progresión del núcleo hispano.

No obstante la progresión del español en Estados Unidos, este se halla contaminado por multitud de anglicismos, hasta el punto de que en muchos puntos ha surgido una tercera lengua, el spanglish, *un idioma trufado de palabras inglesas y españolas, o más bien un español intervenido por vocablos ingleses españolizados.*

También se dice que, fruto de la convivencia, está naciendo una lengua intermedia, el *spanglish*, que tomaría elementos de una y otra. Hay que advertir, empero, que este híbrido es más bien invasión del español por el inglés, antes que fusión igualitaria de ambos. El español pierde palabras y las importa de la lengua vecina. Dentro de límites razonables, algo así no es rechazable, sino saludable, pero es que en las últimas décadas, la velocidad de asimilación de palabras anglófonas es tan alta que, más que incorporación, parece un asalto en toda regla que socavara las estructuras de la lengua. Una invasión pareja a la evidente colonización cultural del mundo anglosajón de Norteamérica que, huérfano de un bagaje cultural del peso y la tradición del hispano, exporta el american *way of life*, simples modas y costumbres de limitada enjundia, pero que están arrumbando buena parte del edificio cultural no solo hispano, sino del resto de las culturas.

En defensa del español se han mostrado mucho más activos, quién lo dijera, los países hispanoamericanos que la propia España. Cada vocablo, cada término de la lengua inglesa es combatido en Hispanoamérica con ahínco, colocando, por ejemplo, *alto* o *pare* en una señal de tráfico, cuando aquí insertamos el *stop* con la mayor naturalidad. Solo en los últimos tiempos, con la creación del Instituto Cervantes, España, madre del español, ha empezado a mostrar beligerancia en la defensa del idioma. Un idioma que, sin apoyos, sin las masivas ayudas que otras naciones europeas otorgan a su lengua, con sus más de seiscientos millones de hispanohablantes, ha doblegado y dejado muy atrás al altanero francés y gana terreno en todos los frentes.

VII

FIESTAS

El sentido festivo hispano

LA FIESTA ES CONSUSTANCIAL A ESPAÑA Y AL SER ESPAÑOL y, por extensión, todo lo hispano se halla impregnado de modo indisoluble del elemento festivo. Para quienes hayan nacido bajo esta cultura algo así parece natural, como una prolongación de la personalidad individual y colectiva. Pero basta con asomarse a otras culturas para reparar en que esta fusión con lo festivo es poco común. El pueblo anglosajón, por ejemplo, es escasamente celebrador, y las suyas son fiestas de poca complejidad. Ninguna de las innumerables fiestas del mundo hispano, ni la más sencilla celebración del santo patrón del más modesto de los pueblos hispánicos, se saldarían con la mera degustación de un pavo en familia, como acontece con la más sonada de las fiestas norteamericanas, el *Thanksgiving*. No, las fiestas de baja intensidad de otros pueblos desarrollados nada tienen que ver con el bullicio, la fuerza y, en no pocas ocasiones, la vehemencia desbordada de las hispánicas.

Existe un factor de fondo en todo este conglomerado festivo hispano, inherente también a él, que es la religión católica, en cuyas conmemoraciones descansa una inmensa porción del conjunto del patrimonio festivo. El año cristiano está ricamente surtido de fastos, desde los grandes momentos de la Natividad y la Semana Santa, a los menos ceremoniosos, pero adecuadamente repartidos a lo largo del año, como la Candelaria, el Corpus Christi o San Juan. Ahora bien, cabe preguntarse si el cristianismo hizo festivos a los españoles, o si los españoles aceptaron tan intensamente el cristianismo por su índole naturalmente festiva. Porque en verdad, resulta sorprendente el calado que logró el catolicismo entre el pueblo español tras la dominación romana, donde arraiga como en ningún otro país del orbe occidental, al punto de que, siglos después, cuando emerge la reforma luterana, es España y son sus reyes los que empuñan el timón de la fe cristiana y mantienen firmemente el rumbo entre las aguas encrespadas de una Europa sacudida por el temporal religioso.

Acaso la respuesta a la enconada, inalterable convicción cristiana provenga en el inicio de esa peculiaridad del catolicismo, como una religión plagada de cultos de gran parafernalia y esplendor, de conmemoraciones, una religión que si tiene mucho de hondura, no menos posee de escaparate, de

escenificación. En una palabra, de excitación de los sentidos corporales anímicos. El español ha sido siempre alguien que se deja cautivar por los gestos,
por los estímulos directos que percibe a través de los sentidos, y menos por la
traducción racional de los mismos. Más motivado, pues, por el corazón que
por la cabeza, posiblemente le hechizó la pompa del cristianismo: sus ritos,
sus fiestas, los sonidos recargados de las procesiones, el olor a incienso y mirra
en los templos, la magnífica puesta en escena de los cuadros litúrgicos. La fe
católica prendió pues en un país propicio para ello, como el fuego en la yesca.

La rica parafernalia de los ritos religiosos católicos encontró campo abonado en la idiosincrasia tanto andaluza como nativa americana, esencialmente festivas, una de las razones por las que el catolicismo prendió en ambos mundos de modo tan extraordinario.

En la época del descubrimiento de América, todo el extenso y complejo aparato ritual de la religión católica estaba en su punto de ebullición, en
un país que abanderaba la fe, que se estaba erigiendo en brazo armado del
catolicismo contra la Reforma protestante y que acababa de expulsar de sus
dominios al infiel.

Y en ese instante de triunfante paroxismo de la religión católica, se produce la arribada a las costas americanas y el desembarco de unas gentes enar-
decidas, convencidas de que sus logros se debían a la intervención de la divinidad. Y he aquí que todo ese equipaje espiritual que transportan, con su denso
bagaje ceremonial y festivo, viene a instalarse en un área, América, cuyos habitantes no eran menos proclives al culto exterior y a las pomposas celebraciones
que los pueblos que venían a incorporarlos a su propia cultura.

Lo que importa retener ahora es que si la religión católica echó raíces
de tal modo en España fue, en no poca medida, por el efecto deslumbrador
de su culto externo y la presencia de sus celebraciones, y esta circunstancia

contribuyó sobremanera en su trasvase a Iberoamérica, que se convirtió en una nueva plataforma del orbe católico, tomando incluso el relevo de España en el siglo XX.

Que lo festivo subyacía en la personalidad española, antes incluso del advenimiento del cristianismo, y que sigue latiendo en el trasfondo de la esencia española, lo demuestra el hecho de que, aunque se debilite lo religioso, persiste lo festivo. Existen celebraciones, como las de Moros y Cristianos, que en su momento nacieron como victoria del cristianismo sobre el infiel, pero que en el devenir de los siglos han ido desvirtuándose, reduciéndose a una batalla entre «buenos y malos», en la que se pierde el cariz religioso, pero queda incólume la carcasa lúdica.

La Semana Santa, con su profusión de procesiones, cirios, pasos, vírgenes, música y percusión, ofrecía toda la plasticidad necesaria para cautivar a unas gentes tan sensibles a ella como las de ambas orillas del Atlántico, y por eso fue muy utilizada por las órdenes religiosas.

Una pareja evolución puede apreciarse para otras muchas fiestas que surgieron desde la religión y que, tras muchos años de fervor sostenido, se fueron despojando de su argumento espiritual, hoy apenas una percha, un motivo lejano y difuminado para mantener lo que de verdad importa, lo festivo. De muchas romerías famosas se ha olvidado su sentido religioso y solo queda el bullicio de unas jornadas campestres llenas de algazara. Incluso la Semana Santa, epicentro del ceremonial cristiano, tiempo de dolor y de reflexión interior, pierde en muchos lugares su recogimiento y se convierte en un espectáculo más o en una mera atracción turística, en la que el pueblo se sigue volcando como siempre, pero al que muchos acuden ya atraídos por la teatralidad del conjunto, como espectadores curiosos de una tramoya, sin sentirse partícipes del fervor espiritual de otros tiempos, sin saber en realidad qué es lo que se está representando.

En el fondo de todo ello trasluce la capacidad inigualable del español para la fiesta, para transformar cualquier cosa: la religión, el trabajo, el nacimiento, la muerte incluso, en motivo y ocasión para una celebración. Todo puede ser derivado hacia el terreno de lo festivo, al llanto puede suceder la risa sin solución de tránsito. En la España de hoy, altamente secularizada en las ciudades —siempre los pueblos del ámbito rural conservan más tiempo las esencias, como el mar mantiene mucho más estable la temperatura—, donde la religión cede terreno a otros estímulos materiales, que ofrecen más atractivo para unas gentes instaladas en la órbita vertiginosa del consumo, las fiestas siguen ocupando un papel de primer orden, tanto o más que en cualquier otra época histórica, aunque desprovistas de sus motivaciones originales. En buena medida son solo fachada, folklore, turismo o cartón-piedra, pero eso no impide que la fiesta española continúe brillando con todo su esplendor.

Aún siguen celebrándose, tanto en España como en América, los Moros y Cristianos, la escenificación de las luchas de la invasión árabe de la Península Ibérica, y la posterior Reconquista por las tropas cristianas. En América han recibido asimismo otros nombres, como el de las «Luchas de la conquista».

Acaso ocurra que la razón última de todo pueblo amante de la fiesta, como el español, descanse en ese pozo insondable de pobreza remota, de lucha permanente para sacar partido a una tierra mezquina y escasa. Un estado de sempiterna miseria que ve en la fiesta la liberación, la ruptura contra el cotidiano y penoso quehacer.

Y como la religión es al alma, la fiesta es al cuerpo. Así como la religión recompensa en otra vida, futura y eterna, los gruesos pesares de esta, la fiesta en cambio premia también los sufrimientos de la escasamente atractiva vida diaria, pero no de un modo retórico y a largo plazo, sino de manera tangible y a fecha fija. En última instancia, pueblos pobres, como lo fue de siempre el español, pudieron sobrellevar la penuria cotidiana con la promesa cierta de las celebraciones: las fiestas de la cosecha, las patronales, la Pasión de Cristo, las

Navidades, San Juan…, hitos todos ellos obsequiados por el calendario como descansaderos de la pesada rutina diaria. Promesas de regocijo que faltan en otros países desarrollados, o donde no son tan abundantes, y cuyas gentes pasan por ser menos festivaleras. En España, religión y fiesta se fusionaron de modo indisoluble, porque el carácter español lleva implícito esta última, y la religión católica encontró su horma en el talante hispano.

El toro es uno de los ingredientes básicos de la fiesta hispana, como la familia, la comida o el fuego. En forma de corridas, embolados, ensogados o toros de fuego, el toro no suele faltar en toda fiesta hispana.

Cada país posee una imagen, una impronta internacional, y la de España es la de un país bullanguero y festivo. Nada más cierto. La fiesta se halla instalada en el ser español como necesidad, como evasión de antiguas penurias, conformando una colectividad que se encuentra a sí misma en el ocio antes que en el trabajo, contrariamente a otros países, que se realizan en el trabajo y no en la fiesta. El protestantismo, con su derivación calvinista, prescindió de recompensas ultraterrenales y valoró al máximo los logros y premios de esta vida. La Reforma vino a definir su personalidad al mundo anglosajón, como el catolicismo al mundo hispano; el primero, volcado en el trabajo y el dinero, y el segundo, en valores más trascendentes. ¿Acaso no encontramos en el episodio evangélico de Marta y María esta contraposición, dibujada con centenares de siglos de adelanto? Marta, afanada en las faenas domésticas, María oyendo la palabra de Cristo, y cuando aquella recrimina a su hermana, Jesús da la razón a María. Marta representaría al calvinismo, con su énfasis en lo material, y María al catolicismo, con su sentido espiritual y humanista. De las posturas de ambas hermanas, andando los siglos brotarían las dos concepciones del mundo que se enfrentaron en la Edad Moderna y que tuvieron como escenarios a Europa primero y a América después.

Andalucía, cuna de la fiesta

Todo lo expuesto para el ser español se exacerba en Andalucía. Una tierra con un carisma impresionante, tan poderoso y expansivo que rebosa su propio marco regional y lo endosa a un país, España, cuya personalidad en el mundo se halla identificada con la de Andalucía, y a la mitad de todo un continente, Iberoamérica.

El inicial aporte colonizador español fue andaluz, y con él se trasladaron las costumbres y el carácter andaluz. Uno de esos ingredientes la afición a la fiesta en sus múltiples versiones, como las romerías, de las que la del Rocío es acaso la más multitudinaria y famosa.

Por las fechas del contacto entre Europa y América, Andalucía y su capital, Sevilla, encarnaron plenamente el ideal español de entonces, precisamente el que portaban los hombres y mujeres que acometieron la aventura americana. Con ellos viajaba también su carácter y, por encima de todo, su forma particular de entender las cosas, la vida. Esa filosofía vital, intensamente aferrada al presente, saboreadora de los placeres momentáneos y actuales, que relegaba las penurias pasadas y aún más las incertidumbres futuras.

Ninguna ocasión tan propicia para exteriorizar un carácter así como las fiestas. Andalucía es esencialmente festiva, pero de un modo no solo diametralmente opuesto al de otros países, sino distinto incluso al del resto de la Península. Porque Andalucía no es que disfrute con las fiestas, sino que vive para ellas, sueña con ellas. En la región que se dice de la improvisación, la Semana Santa sevillana se ensaya en las calles desde muchos meses atrás, y en todos los bares de la aldea de El Rocío hay calendarios cuyo único objeto es marcar claramente los días que faltan hasta la romería.

Hay un paralelismo evidente entre la tierra y las gentes de Andalucía. La tierra en invierno descansa de labores. El frío la atenaza, la entristece, la hace dormir bajo sábanas de nieblas mañaneras y días pálidos, de tímidos soles. Pero cuando irrumpe el mes de abril, el astro vuelve a refulgir como antes, despierta a la tierra y esta explota en profusión extraordinaria de colores y aromas. Lo que eran páramos durmientes y estériles, se convierten en ubérrimos plantíos, en huertas feracísimas.

Así también las gentes, cuyo humor colectivo parece aletargarse en invierno, los otrora duros tiempos de brazos caídos y nulos ingresos por falta de trabajo. Mas, cuando en el estertor del invierno la Semana Santa siembra de procesiones las calles, Andalucía entera se lanza a la fiesta. Toda ella despierta con la primavera, y la alegría, que es también la alegría de la tierra, no se extingue hasta el otoño. Y si la tierra entonces produce flores, frutos y cosechas, la inventiva humana ofrece un profuso rosario de fiestas: las romerías, San Juan Bautista, la Feria de Abril, los Mayos, las fiestas de la cosecha… Un repertorio feriado que abraza a todos los andaluces, pues las fiestas no se ciñen a uno u otro pueblo, como ocurre en Castilla, sino que es toda la colectividad la que se embarca en ellas. El Rocío no es de Almonte, ni Santa María de la Cabeza de Andújar, ni la Feria de Abril es solo de Sevilla; a esas celebraciones acuden romeros venidos de todos los rincones de Andalucía que, de alguna manera, en esta época se hace ella misma romera y trashumante, y se moviliza entera para la fiesta.

No es preciso ser un agudo observador para comprobar hasta qué punto los andaluces se sumergen en la fiesta, se imbuyen por completo de ella, con qué gozosa plenitud la viven. Cómo tienen olvidadas sus penas, sus deudas, sus problemas, para disfrutar sin límite del instante actual. Que no es efímero, por cierto, que no se reduce a un simple ágape, ni siquiera a un día, sino que dura varias jornadas, acaso una semana entera, incluso más, como la romería del Rocío.

También pueden advertirse algunos de los rasgos diferenciadores de ese carácter festivo andaluz. El principal de ellos, la religiosidad de fondo, pues en torno a la religión giran la casi totalidad de las celebraciones andaluzas. Una religiosidad teñida de acentos particulares, exclusivos, como la veneración por la Virgen María, diversa en los múltiples santuarios, ermitas e iglesias donde se rinde tributo a su imagen. El culto a las imágenes en «da tierra de María Santísima» se encuentra en las raíces mismas de la espiritualidad andaluza, y las llegan a considerar como seres vivos. Son vestidas, embellecidas, recargadas de joyas, rodeadas de flores, y luego piropeadas, cantadas, admiradas, en una adoración que tiene mucho de sensual, muy en línea con lo que mueve y conmueve el corazón andaluz, que es todo aquello que haga vibrar los sentidos: una Virgen preciosa elevada sobre unas andas, envuelta en sus vestidos de gala, enjoyada, con la luz de los cirios alumbrando cálidamente su rostro arrasado en lágrimas, transportada a pura fuerza muscular por los hombres, con el sonido melancólico de trompetas y tambores, recibiendo el homenaje de una saeta… Toda esta escenificación fastuosa colma la sensibilidad andaluza, la arrastra, y la hace prorrumpir en emoción y devoción vehementes, que no son meramente espirituales, sino sensoriales, virtualmente físicas.

Lo festivo en América

Esa capacidad española para la fiesta, decantada al máximo en Andalucía, pasó a América, y cayó en campo abonado, pues las crónicas prehispánicas nos pintan a unos indígenas muy aficionados a una diversión que mezclaba elementos religiosos y puramente lúdicos, también al modo hispano. Ya hemos tenido oportunidad de explicar cómo, por conducto de la fiesta, la música y el teatro, los misioneros de las órdenes religiosas lograron sus mejores frutos sobre unos indios que se manifestaban fríos ante la sola e insulsa palabra. Cuando la religión mostró su faz más vistosa y perceptible a los sentidos, cuando se exhibió acompañada de toda su teatralidad, fue cuando los nativos optaron por la conversión y cundieron los bautismos.

Los frailes habían descubierto, en suma, la enorme afición indígena por la fiesta, y lo aprovecharon a fondo. Como también el poder civil se sirvió de ello, con el conocido aforismo de las tres bes (*baile*, *botella* y *baraja*), para encandilar al pueblo. Algo muy semejante al «pan y circo» romano.

Las órdenes se encargaron, pues, de importar de España el rico repertorio festivo católico, reproduciendo los grandes hitos del ciclo cristiano: Cuaresma, Semana Santa, Cruces de Mayo, Corpus Christi, San Juan, Santiago, Navidad… Pero esta traslación no se hizo al azar, sino mediante una cuidadosa selección que dio importancia a unas fiestas, desechando otras. Se dio máxima importancia a celebraciones como el Corpus Christi y Santiago, en detrimento de otras festejadas en España y que apenas pasaron América, como San Blas o Santa Águeda e incluso, en el ámbito secular, los Carnavales, muy populares en España y con menos acogida en la América hispana (probablemente no gustaran a las órdenes religiosas).

El escenario por excelencia de la fiesta en América fue la plaza mayor. Sin perjuicio de su uso regular con fines comerciales o de esparcimiento cotidiano de los vecinos, la plaza sirvió de marco para todo gran acontecimiento. El nacimiento de un infante real, el cumpleaños del gobernador, la llegada de un nuevo virrey, o la celebración de una victoria en alguno de los numerosos frentes de guerra abiertos por España en casi todo el orbe, eran objeto de un solemne festejo en la plaza. Lo usual era que se corrieran toros, se ensartaran sortijas desde el caballo o se jugaran cañas, una especie de torneo en el que los contendientes se enfrentaban con cañas de manera incruenta, aunque alguna vez hubo muertos en esos combates, de donde viene la expresión «las cañas se tornaron lanzas». Era un espectáculo comparable, por su popularidad, al fútbol de hoy, pues sus resultados ocupaban las conversaciones de los vecinos durante muchos días.

La capital del Imperio inca, el Cuzco o Cusco, conocía su mayor festividad en la fiesta del Sol, el dios de los incas. Las órdenes religiosas lo aprovecharon para hacer del Corpus Christi la fiesta mayor del virreinato peruano. Esto equivalía a sustituir una religión y una cultura por las anteriores.

Otras veces se montaban en la plaza grandes representaciones teatrales o autos sacramentales, e incluso se rememoraban batallas, con decoración de bosques, animales o barcos, comparsa de soldados, indígenas, disparos y cañonazos. Cuando el Cabildo de México tuvo noticia de la victoria española en la gran batalla de Lepanto, escenificó en la plaza mayor todo un combate naval.

El acto más solemne de las festividades coloniales era el Paseo del Pendón Real, reservado para las grandes ocasiones. El pendón era conducido por el gobernador, seguido por todo el séquito de nobles y altos funcionarios de la

Administración colonial, con gran aparato de música, tambores y cantos. Esta costumbre fue suprimida por las Cortes de Cádiz en 1812, pero mantenida como Pendón de la Madre Patria se incorporó más tarde al elenco festivo de las repúblicas americanas, transformada en el Paseo de la Bandera Nacional, con parejos ceremonial y etiqueta.

Ingredientes de la fiesta hispana

Al día de hoy, España y América guardan estrechas semejanzas en sus fiestas y en su forma de celebrarlas. Los ingredientes son los mismos, como vamos a explicar a continuación, si bien las fiestas americanas presentan mayor barroquismo.

En primer lugar, y como se ha reiterado, el trasfondo religioso es inherente a la gran mayoría de las celebraciones. Se vierte en el homenaje popular a Cristo y la Virgen, festejados de mil maneras: santuarios, romerías, procesiones, cruces adornadas, y otras muchas manifestaciones de la adoración a los dos grandes símbolos de la fe cristiana; con la observación de que, como ocurre en Andalucía, en América la Virgen es objeto de especial veneración. Esa religiosidad se vierte también en el santo patrón de cada ciudad, localidad o pueblo, centro y motivo de sus festejos más importantes.

Ingredientes esenciales de la fiesta hispana. La familia amplia y los amigos, la comida y la bebida, el toro, el fuego, la alegría a raudales son algunos de los elementos sin los cuales no puede concebirse la fiesta, tanto en España como en la América hispana.

Pero la fiesta no se reduce a lo estrictamente espiritual. Si no hubiera una vertiente festiva y lúdica de la conmemoración religiosa, esta no se celebraría. Solo la Semana Santa escapa a esta regla, y aun habría mucho que matizar al respecto. El resto, ya sean los Mayos, la Candelaria, las fiestas patronales, las romerías, el Corpus Christi, San Juan, o cualquier otra, presentan esa doble arista religioso-festiva. Es más, en el fondo lo religioso es un pretexto para lo festivo, verdadero y último estímulo que arrastra a las gentes hacia los actos. Mucho más en los últimos tiempos, cuando lo espiritual se desdibuja y emerge en solitario el segundo aspecto.

Íntimamente relacionado con ello, la comida y la bebida forman parte indisoluble de la celebración, y si no fuera por ellas su popularidad también caería en picado. Muchos manjares se asocian directamente con la fiesta: las torrijas, con la Semana Santa; los pestiños, turrones y polvorones, con la Navidad; los buñuelos de viento y los «huesos de santo», con los días de difuntos; el roscón, con la Epifanía… Las fiestas de Moros y Cristianos terminan con un masivo ágape que disfrutan los participantes, y las romerías españolas no se concebirían sin la tortilla campera, las chuletas, las sardinas a la brasa o el surtido de embutidos. Los andaluces decoran sus cruces de mayo e invitan a beber a quienes acuden a admirarlas, y las visitas a los deudos en los cementerios mexicanos se convierten en una degustación por todo lo alto de comida y bebida. Esa derivación festiva de lo religioso tiene un alcance adicional en Andalucía, donde no hay celebración que no termine en cante y baile. Ya sean las Cruces, San Juan, las ferias de primavera, las romerías a las ermitas, los bautizos o las bodas, todo ha de acabar con coplas y bailes flamencos, el «sesgo andaluz» de las celebraciones ibéricas.

Otro ingrediente básico e inseparable de todas las fiestas hispanas es la familia. A la fiesta se acude con la familia, y ella es un inmejorable motivo para estrechar los lazos parentales. Pero no solo de los que unen a padres e hijos, sino de los que se desbordan hacia tíos, primos, sobrinos o cuñados. Es la amplia familia hispana institución principalísima de la personalidad colectiva de esta cultura, y encuentra en la fiesta la ocasión para reafirmarse, para consolidar los vínculos en el momento de la alegría. Estos serán el fundamento para, más adelante, compartir los pesares, porque la extensa familia hispana se manifiesta como tal en la dicha y en el dolor.

Acaso pudiéramos extender esta cohesión que surge de la fiesta hacia los amigos, porque también amalgama los lazos de amistad: cofrades, compadres, vecinos, compañeros de trabajo, amigos de infancia… La fiesta sirve para la trabazón de esas relaciones que, para no perderse, han de practicarse y ejercitarse de modo regular, y la fiesta es, una vez más, el mejor vehículo posible para esta cohesión. Por tanto, familia y familiaridad entran en ese conglomerado cultural que es la fiesta hispana y que va mucho más allá de la simple celebración de un evento.

El enfrentamiento entre el bien y el mal también forma parte de la fiesta hispana con gran frecuencia. Lucha que reviste muchas variantes, como los Moros y Cristianos, o los Diablos y los Castos. Curiosamente, en América se halla muy extendida la rivalidad entre Moros y Cristianos; aunque es evidente que los moros no pisaron suelo americano, esta denominación engloba cualquier otra, como las Luchas de la Conquista, en las que se enfrentan indios y conquistadores.

Los Matachines *son una extraña derivación de los Moros y Cristianos, por una parte, y por otra de la memoria azteca. Con personajes como la niña Malinche, el abuelo, personificación del bien, y el toro, personificación del mal, resulta un perfecto producto sincrético, un híbrido del pasado indígena y el español.*

El fuego es un elemento frecuente en las fiestas hispanas. Aparece en una hoguera que alumbra la noche, en unas brasas que se saltan o pisan, en un muñeco de Judas que es públicamente quemado, en unos decorados destruidos por las llamas, en un toro que despide chispas o que lleva los cuernos entorchados, en un castillo de fuegos artificiales, en disparos, petardos, salvas y cañonazos, en antorchas que descienden de una montaña o que son arrojadas al mar desde un acantilado.

Y como pieza recurrente de la fiesta española, y esta vez con menor difusión en América, el toro, protagonista de tantos festejos a lo largo y ancho del solar ibérico. El toro, que es corrido en encierros en Pamplona, pero también en otros muchos puntos, como Arcos de la Frontera o el Puerto de Santa María, reminiscencia de aquellos toros que, el día anterior a la corrida, eran arreados a pie desde las dehesas y entraban de noche en las calles del pueblo hasta los encerraderos. Al toro se le esquiva en el toro ensogado o enmaromado, se le torea en capeas camperas o en plazas permanentes o improvisadas, o se le remeda en el toro de fuego. Porque el toro es un ingrediente especial de las fiestas españolas; esa punta de vértigo y de picante pánico que su sola presencia produce entre los españoles, ahítos de asociar la imagen del toro con las peores tragedias. El toro no es solo una honda tradición mediterránea, al extenderse a las Américas se convirtió en parte inseparable de la civilización hispánica, y de ahí la torpeza y ceguera intelectual de tratar de suprimirlo del elenco de las fiestas hispanas.

El toro se halla ligado a las raíces más ancestrales de la cultura hispana, y pasajes antiquísimos, como la presencia de Tartessos en la Península Ibérica, atestiguan su presencia en el sur de España. Uno de los famosos diez trabajos de Hércules consistió precisamente en arrebatar los toros al rey tartésico Geryon.

Tales son los elementos básicos de las ruidosas, bulliciosas fiestas hispánicas, con tantas variantes como pueblos. Como decíamos antes, el factor religioso, primitiva razón de ser de la fiesta, se desvanece paso a paso, quedando solo el aspecto folclórico. Acaso en este resto descanse la auténtica razón vital del ser hispano, la que se revela en toda su plenitud existencial con la fiesta.

El calendario festivo

El alborear del año

Cuarenta días después del alumbramiento de Jesús, la familia acudió al templo de Jerusalén para la Presentación del Niño y para cumplir con el rito judío de la purificación. De lo cual deriva la costumbre de la cuarentena, el plazo en el que antiguamente las mujeres paridas se recluían en el hogar, y término recomendado también para no tener contacto carnal. De aquí viene también la costumbre de la llamada *misa de parida*, según la cual las mujeres que habían dado a luz acudían a oír misa en acción de gracias, dos o tres semanas después del parto. Una costumbre que aún pervive en Chiloé, Chile.

De ese suceso arranca la Candelaria, que se conmemora cada 2 de febrero en todo el ámbito hispano, y cuyo denominador común son los fuegos o candelas. En Asturias, la tradición decía que este era el único día en que los niños confinados en el limbo veían la luz, por la rica iluminación de los cirios encendidos en honor a la Virgen. Las velas se prenden con gran profusión en este día —en muchos lugares la fiesta es conocida como *Las Candelas*—, y se hallan dotadas de cualidades milagrosas, pues si se encienden cuando amenaza tempestad, protegen la vivienda de los rayos. Y en Polán, Toledo, la vela que lleva la Virgen en la procesión predice el tiempo, pues si se apaga es señal de que aún durará el invierno. También es costumbre en este día regalar manjares, que en Polán son pichones, y roscas en muchos otros pueblos. Hay que decir que Nuestra Señora de la Candelaria es la invocada no solo en las tormentas, sino cuando hay enfermos graves y, en general, en caso de extrema necesidad.

El dos de febrero se celebra en el mundo hispano la fiesta de la Candelaria, que conmemora la presentación del Niño en el templo, y para cumplir el rito judío de la purificación. De ahí que el fuego sea protagonista eminente de la celebración, y las candelas se propaguen de uno a otro extremo del mundo hispano, como en la fiesta de la Candelaria de Almendralejo, Badajoz, donde se queman brujas y demonios.

En América, la Candelaria, como todas las fiestas dedicadas a la Virgen, goza de gran predicamento. Llegó allí desde las Canarias, escala obligada en el viaje y gran suministradora de caudales culturales, entre los que no podía faltar la Candelaria, uno de los motivos más celebrados en el archipiélago.

No pocas veces se entremezcla en América la fiesta con otros eventos, como la Candelaria de Tlacotalpan, Veracruz, que dura una semana y en la que hay rodeo, exhibición de jinetes charros, danzas de huapango, simulacros de corridas de toros, desfiles de figuras grotescas, y al final la ritual procesión a la Virgen. Pero esta Candelaria es incluso superada por la de San Juan de los Lagos, también en México, que dura dos semanas y que incluye combates de Moros y Cristianos.

El carnaval

El carnaval se sitúa en la frontera entre el invierno y la primavera. Sus celebraciones responden a esta ubicación en el calendario, pues simbolizan el final del largo ciclo de austeridad y privaciones, tanto en la tierra como en las cosas concernientes al hombre. Pero cuando los rayos del sol restauran su vigor, despiertan los campos de su letargo y un látigo nuevo de vitalidad penetra en todos los rincones. Las gentes de las épocas pasadas, recluidas en sus casas administrando las reservas y calentándose con el fuego, percibían también ese soplo de energía y salían a celebrarlo con enorme jocundidad. Ese es el carnaval, fiesta antigua donde las haya, pues aunque su origen inmediato se encuentra en las saturnales romanas, se sabe que ya los griegos lo celebraban. Etimológicamente procede de la voz *currus navalis* o «carro naval», y aún hoy algunas poblaciones se vinculan a este pasado marítimo, haciendo pasear por las calles una barca montada sobre ruedas o incluso atracando en el puerto una nave profusamente adornada de guirnaldas.

El carnaval se sitúa al final del invierno y abre las puertas de la primavera, siendo una fiesta no religiosa, una explosión de sensualidad, un poco antes del recato inminente de la Cuaresma. Nunca fue bien visto por la Iglesia, pero siempre ha gozado de gran estima por el pueblo, alcanzando gran notoriedad en lugares como Canarias y Cádiz y, en América, el famoso Carnaval de Brasil.

El carnaval, también llamado las *carnestolendas*, es sin duda una fiesta sensual, carnal y pagana, que nunca fue bien vista por la Iglesia. Muchos reyes condenaron sus excesos, como el emperador Carlos V, mientras que otros como Carlos III alentaron la celebración. Pero el pueblo siempre fue muy adicto a esta apoteosis de los sentidos físicos, la ocasión en que las pasiones podían desatarse sin reservas. En tiempos de Franco fue prohibido en España, pero continuó festejándose bajo el nombre de *Fiestas del invierno*, destacando Canarias como exponente máximo de los carnavales. Son un canto a los valores materiales, a los sentidos corporales, especie de triunfo momentáneo de la carne y el diablo sobre el espíritu, que tiene su reflejo en la conducta de las personas, liberadas por una vez de ataduras morales y entregadas a los placeres sensuales, a las mascaradas, a los disfraces, a los excesos y, en ocasiones, a juegos tan censurables como tirar de la cabeza de un gallo o un pato que penden de una cuerda, el «pato ensebado».

No obstante, la virtud sigue agazapada y se va abriendo paso. El carnaval finaliza con la quema de un muñeco que encarna el mal, o con el «entierro de la sardina», que simboliza la conclusión del pecado y el comienzo del tiempo recatado y sobrio de la Cuaresma.

Proviene la tradición de que, con ocasión del carnaval, se imponía el sacrificio de suprimir la carne de la dieta (*carnestolendas* viene del latín *carnis tollentis*, que significa «quitar la carne»), y esta se reducía a sardinas saladas, único cargamento que podía traerse sin corromper desde los puertos. Por eso, enterrar la sardina suponía retornar a la libertad gastronómica.

En sus orígenes, como explica Mena[38], el carnaval fue cosa de las clases superiores, que en la Edad Media se disfrazaban con criados y amigos para hacer representaciones. Estas comparsas teatrales pasaron a las clases populares, naciendo las peñas.

Teniendo en cuenta el poder que ejerció la Iglesia en Indias, resulta lógico pensar que el carnaval no fuera bien visto por las autoridades. Pero la fiesta iba en el alma de muchos pasajeros, y el carnaval se instaló, a pesar de todo, en América, aunque no desde luego con la pujanza de las celebraciones religiosas, como el Corpus o la Semana Santa.

Aparte el Carnaval de Río de Janeiro, mundialmente famoso, merecen destacarse los del estuario del Plata, en las ciudades de Buenos Aires y Montevideo, tradición que podemos ver también en La Habana, y que recuerda sobremanera a las chirigotas de Cádiz (ciudad que, por cierto, se asemeja muy estrechamente a La Habana), cuando la canción se interpreta y se transforma en sátira caricaturesca. En Cádiz cantan y actúan comparsas, chirigotas, coros y otros grupos y, probablemente, la propia Cuba, con el alma verbenera de los negros y mulatos de la isla, debió influir en los carnavales gaditanos, a través del tráfico marítimo que se inicia cuando el puerto de Cádiz reemplaza al de Sevilla en el tráfico indiano.

Debe destacarse, entre otros carnavales famosos de Sudamérica, las Diabladas de Oruro, en Bolivia, que, como es usual en el mundo hispánico, se prolongan durante una semana. Comienzan con la llegada a la ciudad de las tropas de bailarines o comparsas, cada una con gran compaña de enseres y personas, como si acabaran de llegar de un largo viaje. Se dirigen a la plaza entre música y bailes y de aquí van a la iglesia, donde son bendecidos por el cura. Durante los siguientes días, y con profusa distribución de vino, se producen las luchas entre los diablos y los ángeles, decantadas en primera instancia a favor de los primeros, hasta que la intervención de la Virgen del Socavón, patrona de los mineros, decide la victoria a favor de los ángeles, símbolos del bien.

Las Diabladas de Oruro, en Bolivia, es otro de los grandes momentos de celebración del Carnaval en Iberoamérica. Se producen combates entre los ángeles y los diablos, algo muy común en las fiestas del Carnaval, también profusamente adornadas en todas partes por comparsas, bailes y chirigotas.

La Semana Santa

Con el miércoles de ceniza termina el carnaval y comienza un período de cuarenta días —otros cuarenta—, hasta la Resurrección. Es la Cuaresma, que rememora el ayuno de Jesucristo en el desierto, cuando logró vencer las tentaciones del demonio. La Iglesia, con la imposición de la ceniza, recuerda a los hombres su origen y destino mortales y, de esta forma, desde el frenesí del carnaval les hace volver al redil de la virtud y la penitencia, el camino para salvar el alma. Se trata de un cambio brusco, radical, tan hispano por otra parte, con esa sorprendente facilidad para pasar de la risa a la lágrima, del libertinaje al recogimiento, del abandono del cuerpo al cultivo del espíritu. La Cuaresma es tiempo de ayuno, y la tradición exigía celebrar el *Vía Crucis* cada viernes, una costumbre muy mermada en España, que conserva apenas el del Viernes Santo, aunque muchos caminos de su medio rural estén jalonados con las «estaciones» de este rito.

El contrapunto del Carnaval es la Semana Santa, la conmemoración de la Pasión de Jesucristo. Fue una fiesta intensamente utilizada por las órdenes religiosas en América, para conmover y cautivar a unas gentes nativas profundamente sensibles a lo externo. Las procesiones con los pasos de la Virgen y el Cristo, los cirios, la música, el dolor de la Virgen madre… todo ello altamente cualificado para prender en las almas sensibles de los nativos.

En América, la Cuaresma y los *Via Crucis* penetraron con fuerza, debido al interés de los austeros franciscanos, los colonizadores espirituales de la primera época tras el Descubrimiento, que instituyeron la costumbre de situarlos en parajes abruptos, en la tradición cristiana de los sacromontes.

El período cuaresmal termina con el momento cumbre del cristianismo, la Semana Santa, la conmemoración del sacrificio de Jesucristo para redimir a la humanidad. El pilar maestro de la religión y, como tal, objeto de las más grandes celebraciones del orbe católico.

La Semana Santa cuenta con el prolegómeno del Domingo de Ramos, la entrada triunfal de Jesús en Jerusalén a lomos de un sencillo burro. Domingo que se celebra de un extremo a otro del ámbito hispano, y en el que las ramas de palma, en memoria de la que portaba en la mano el propio Jesucristo, juegan importante papel. No solo porque los fieles forman verdaderos bosques de ellas a la entrada de las iglesias, sino porque las palmas no terminan su misión ese día, ya que prolongan su función todo el año, con esa tendencia fetichista de las gentes hispanas. Tras ser bendecidas, son colocadas en los balcones o atravesadas en la parte exterior de las ventanas, para proteger las casas de las tormentas. En casos extremos, cuando la tempestad se anuncia grave e inminente, se llega a quemar un cabo de vela como medida precautoria.

Cada uno de los episodios que ocurrieron en la Semana de Pasión es objeto de especial culto. Culminan en los días grandes de la Semana Santa, los que rememoran el martirio y la muerte del Señor. Son días de reflexión interior para los católicos, de sacrificio, de penitencia incluso. Tanto en España como en América hay eventos dedicados a ello, como los «empalaos» de Valverde de la Vera, que caminan por las calles del bello pueblo cacereño en cumplimiento de alguna promesa, soportando las férreas y crueles ataduras que sostienen un madero portado por el penitente con los brazos en la cruz, mientras una corona de espinas le desgarra las sienes.

Los Penitentes de Nuevo México celebran sus ritos de Semana Santa en el mayor secreto. Cuando España abandonó el territorio, las fiestas religiosas fueron sañudamete perseguidas por el obispo católico Lamy, deseoso de congraciarse con los nuevos amos norteamericanos, y por ello los católicos novomexicanos practican los ritos a cubierto de las miradas.

Aunque la autoflagelación se reduce ahora al marco de las conmemoraciones, en siglos pasados era moneda corriente en cualquier cristiano devoto. Los nativos de las praderas norteamericanas se asombraron de que el propio jefe de la expedición conquistadora, Juan de Oñate, se aplicara latigazos sobre la espalda desnuda, y le tomaron por loco. Pero la costumbre se había implantado en el territorio, y las flagelaciones eran habituales en los solitarios barrancos de Nuevo México. Incluso un asombrado periodista relató no hace mucho su sorpresa al sorprender a alguien en cumplimiento de su penitencia.

El clímax de la Semana Santa llega con las procesiones. España despliega entonces toda su capacidad colorista, pues, si en algo puede acercarse al barroquismo y exageración de Iberoamérica, es precisamente en las fiestas en general, y en las de la Semana de Pasión en particular. Suelen hacerse distinciones entre el carácter de las procesiones según las regiones españolas, y así las castellanas serían más sobrias, frente a la ampulosidad y el derroche de fantasía de las andaluzas. Porque en las procesiones de Andalucía entran en juego todos los ingredientes que conmueven la rica imaginación de esta tierra: las tallas primorosas, con el Cristo llevado al sacrificio y la Virgen doliente, expresando en el rostro lacrimoso todo el dolor de una madre, ese dolor que lacera el alma de las mujeres andaluzas; la luz cálida de las decenas de cirios que alumbran los pasos y despiden aromas; el olor perfumado de la cera consumida; la música grave que atraviesa el corazón; las saetas que horadan el ambiente denso, humeante; los penitentes, sobrecogedores con sus capirotes y sus antorchas, algunos los pies ensangrentados de arrastrar cadenas; y debajo, los costaleros, compartiendo con su propio sufrimiento el de las imágenes que soportan. Paso a paso, la comitiva rompe camino entre la multitud henchida de fervor ante una coreografía fabulosa, que incita e invita a sumarse al supremo duelo del cristianismo. Y si se trata de Sevilla, el Paseo del Jesús del Gran Poder o el de la Virgen de la Esperanza Macarena, avanzan dejando detrás una estela de lágrimas.

Todo lo concerniente a la Pasión tuvo enorme predicamento en España, que salió de la Reconquista enardecida de espíritu religioso católico y lo mantuvo férreamente e incólume, frente a las vacilaciones europeas de la Reforma protestante. Uno de estos ritos son los «empalaos» de Valverde la Vera, en Cáceres, donde los penitentes reproducen dolorosamente el camino hacia la Crucifixión. Todo este colorista conjunto de ritos y ceremonias se trasladó con éxito a la América hispana, y sirvió eficazmente a los propósitos de la evangelización, ordenada inequívocamente por la Corona y las Leyes de Indias.

En algunos pueblos de América se repiten los ritos de la Semana Santa con una teatralidad exuberante, como en Antigua, Guatemala. Procesiones notables son las de Popayán, réplica ajustada de las andaluzas, o las de México y Lima. En ciertos lugares, el sesgo americano imprime notas originales, como en las «enramadas» de Nicaragua. Aquí, en las grandes fiestas como la Semana Santa, los nicaragüenses no solo llevan en procesión sus imágenes, sino que las sacan fuera de los templos y las alojan en ciertos cobertizos cubiertos de ramas, venerándolas como si estuvieran a la vera del camino de un pueblo ambulante, pues es así, como un pueblo peregrino, como se ven a sí mismos los nicaragüenses.

Común a España y a América es la Cofradía, institución de ancestros medievales, básica para comprender la Semana Santa, pues es a ella a quien corresponde su organización. Y no solo eso, pues la pertenencia a una cofradía supone el nacimiento de lazos de solidaridad y colaboración muta entre los hermanos, función que, si hoy ha perdido importancia con los avances de la ayuda pública, en su momento revistió singular trascendencia. Las cofradías ejercieron un servicio auxiliar de primer orden en la evangelización efectiva de los indios, que asimilaron de buen grado la pertenencia a ellas y el trabajo derivado: la organización de las procesiones de Semana Santa, la de las fiestas patronales y los desfiles del Corpus.

Son muchas las cofradías de América y España, pero debemos destacar, por lo que significa de fidelidad a unas tradiciones en medio de un ambiente poco propicio, la cofradía de Nuestro Padre Jesús Nazareno, que opera en Nuevo México y sur de Colorado, las áreas de más acendrado hispanismo de los Estados Unidos. Las cofradías cumplían una función no solo de organización de las fiestas religiosas, sino también un papel protector de los cofrades, asistencial en caso de necesidad, y en general de solidaridad con los hermanos. Existen unos requisitos para formar parte de la Hermandad y seguir perteneciendo a ella, como llevar una vida decorosa y no revelar jamás la ubicación de la *morada*, especie de sede de la cofradía. Para esta, el momento culminante del año llega con la Semana Santa, a cuyos ritos y tradiciones se aferran los cofrades como los defensores a ultranza de su herencia hispana. Y aunque procuran mantener las celebraciones con discreción, preservando el auténtico espíritu cristiano de la Pasión, se han convertido sin duda en un atractivo turístico que sorprende a los visitantes en la nación de la más avanzada tecnología.

La primavera

Con la primavera llegan celebraciones más festivas, porque la Naturaleza invita a recrearse en la dulce atmósfera del rebrotar ecológico del año. En España tienen lugar la mayor parte de las romerías y las fiestas de los Moros y Cristianos, que por su importancia en América merecen un comentario expreso. Estas fiestas conmemoran las victorias de los reinos cristianos sobre los invasores musulmanes, ocupantes de parte de la Península Ibérica durante casi ochocientos años, y que a la fuerza habrían de dejar una visible impronta cultural, especialmente en Andalucía, que posteriormente se trasladaría a América con los españoles.

Los Moros y Cristianos conmemoran la Reconquista, la recuperación de la Península Ibérica tras su ocupación por los árabes. En apenas unas horas quedan resumidos ocho siglos de guerras, desde la entrada de los moros, el robo de la imagen cristiana y su traslado al cuartel general moro, y posteriormente la reacción cristiana, con la participación de san Jorge o Santiago, que desnivela la batalla del lado cristiano.

Los Moros y Cristianos, que comprimen en una escenificación teatral todos esos siglos de ocupación, gozan de gran predicamento en el área de Levante, Baleares y Andalucía Oriental. Son muy famosos los de Alcoy, que resumen todo el recargamiento levantino y musulmán. Común a estas fiestas es su inicio con el alarde o presentación, brillante y colorido, de las fuerzas cristianas y moras. Luego ocurre el robo de la imagen de la Virgen o del Santo Patrón, que es conducida al cuartel general de las tropas moras. Este hecho sacrílego desencadena la reacción cristiana, y se suceden los ataques y contraataques, en los que al principio el bando cristiano lleva la peor parte. Pero ya con sus solas fuerzas, ya con la intervención de san Jorge o de Santiago, se vuelca la balanza a favor de los cristianos, que consiguen asaltar el castillo moro y recuperar la imagen robada, que será repuesta en su lugar con todos los honores. La intervención de algún santo supone la participación divina en la batalla, y lo vamos a ver reproducido infinidad de veces en España y América, sobre todo tomando la imagen de Santiago Apóstol, desnivelando siempre la lucha del lado cristiano. Una visión que estuvo presente en muchas batallas reales de la Reconquista ibérica y que también se mostró junto a los conquistadores españoles, pues muchos soldados, e incluso nativos indios, una vez terminada la lucha, daban por cierto haber visto a un bravo guerrero a lomos de un caballo blanco, que se bastaba él solo por deshacer las formaciones enemigas.

La puesta en escena de los Moros y Cristianos fue exportada a los nuevos reinos americanos, donde adoptó múltiples formas. Sirvió no poco a los frailes para su misión evangelizadora, pues los indios gustaban de participar en estos juegos que evocaban en última instancia la victoria del bien sobre el mal, y de la verdadera religión sobre la idolatría. En América la fiesta siguió llamándose de Moros y Cristianos, pero dentro de ella cabía ya cualquier cosa que significara combate entre dos bandos, como las batallas entre amerindios y conquistadores, y como ocurre en las actuales fiestas del poblado andino de Huapango, en las que existen anacronismos de gran calibre, como que el héroe sea nada menos que el Inca Garcilaso, el mestizo americano que alcanzó renombre literario en España.

Otra variedad festiva es el *Yawar Fiesta*, la *Fiesta de la Sangre*, celebrada con gran ritual en los Andes, y que rememora la lucha de los españoles contra los indios, representados por un toro y un cóndor. El cóndor es amarrado al lomo del toro, y se produce entre ambos una cruenta lucha, que termina con la victoria de unos de los dos. Si vence el toro, simboliza el triunfo de los españoles, y augura malos tiempos, todo lo contrario a si la victoria se decanta del lado del cóndor, el gran carroñero de los Andes.

Como todas las fiestas españolas, los Moros y Cristianos se trasladaron a América, adaptándose a la realidad regional bajo múltiples variantes. Una de ellas es el Yawar Fiesta *o* Fiesta de la Sangre, *que recuerda la lucha de los españoles contra los indios, representados por un toro y un cóndor. Este es amarrado al lomo del toro, produciéndose una feroz lucha que termina con la victoria de uno de los dos. Si vence el cóndor, augura buenos tiempos, y malos si vence el toro.*

Los Moros y Cristianos, bajo diversas variantes, se implantaron también en América del Norte. La primera función tuvo lugar para celebrar el cumpleaños de Juan de Oñate, el tenaz colonizador de aquellas tierras. Una vez más la fiesta se empleó como factor de adoctrinamiento, y los indios se sumaron a ella. La gloriosa batalla en la que el gobernador Anza, mediante una hábil estrategia logró vencer en el Llano Estacado al famoso jefe comanche Cuerno Verde, invencible hasta entonces en un territorio que conocía a la perfección, pasó a la historia y al folclore de Nuevo México y Colorado. Desde aquella fecha se representa en Taos, en Tomé y en otros lugares, la pieza llamada *Los Comanches*, que rememora la lucha entre los españoles y los indomables indios de las praderas americanas.

Otra variante de los Moros y Cristianos son los *Matachines*, danza en la que aparecen los personajes de la conquista de México: Hernán Cortés, la Malinche, Moctezuma, y el toro, símbolo del mal. La danza, colorista, termina inevitablemente con la muerte del toro. Los *Matachines* han estado representándose en Nuevo México hasta tiempos recientes.

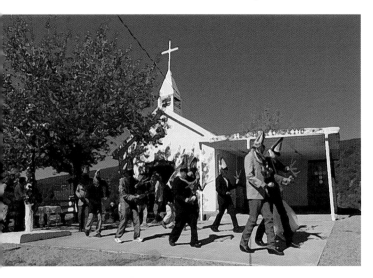

Una nueva variante de los Moros y Cristianos son los Matachines, *muy populares en Nuevo México hasta tiempos recientes, donde aparecen los personajes protagonistas de la conquista de México. Aquí el mal está representado por el toro, y el baile, acompañado de una cadenciosa música, termina inevitablemente con su muerte.*

Las romerías

Las romerías a los santuarios marianos ocupan todo el espacio de la primavera española, están presentes en todas sus regiones y también fueron incorporadas al elenco religioso y festivo de América. Casi todas responden a un parecido patrón: descubrimiento de una imagen de la Virgen en algún intrincado paraje boscoso, que suele correr a cargo de un pastor o pastora, ya que con motivo de la invasión árabe muchas imágenes de Vírgenes fueron ocultadas en espesuras y arcabucos para salvarlas de la profanación. Redescubierta la imagen, se erige un santuario, que va ganando en envergadura conforme aumenta la devoción al lugar, lo que tiene que ver con la tercera de las fases, la atribución a la Virgen de diversos milagros.

Ya están colocados los ingredientes necesarios para hacer del sitio un lugar de peregrinación, un destino al que acuden los fieles para orar, para solicitar curaciones, en cumplimiento de promesas y, desde luego, para gozar de una o varias jornadas campestres en las que se canta, se anda o se marcha en carreta o a caballo, se bebe, se merienda y se disfruta plenamente de la Naturaleza en familia y en buena compañía. Esta es seguramente la última de las fases en el patrón de las romerías andaluzas, el aspecto festivo, que al cabo termina por predominar sobre el sentido religioso. Es el caso de las más conocidas romerías españolas: la Virgen de la Cabeza, en Andújar; la Virgen de la Peña, en Puebla de Guzmán, Huelva; las romerías de la Virgen del Sol, en Adamuz; la de la Guía, en Aguilar de la Frontera; la de la Sierra, en Cabra, así como la de la Virgen de los Milagros, en Palos de la Frontera, Huelva, cuya celebración, por entonces el 3 de agosto, provocó sin género de dudas el retraso de la partida de los expedicionarios del primer viaje de Cristóbal Colón. Retraso sobre el que mucho se ha especulado, pero que, conociendo la idiosincrasia andaluza, no existe duda alguna en atribuir a la participación de los marineros palenses en su romería —en 1993, el papa Juan Pablo II acudió a La Rábida para, con asistencia de los reyes de España, proclamar a la Virgen de los Milagros como Madre de España y América—.

De todas las romerías españolas, la de la aldea de El Rocío es la más célebre. No solo de los contornos, sino de toda Andalucía, acuden romeros a la ermita de la Virgen del Rocío, la Reina de las Marismas. Son jornadas festivas por todo lo alto, que duran quince días entre la ida, la vuelta y la estancia en la aldea, y en ellas se baila, se canta y se goza con la plenitud con que saben hacerlo las gentes andaluzas.

La más famosa de todas las romerías ibéricas es la de Nuestra Señora del Rocío. El Rocío congrega en la aldea almonteña a cerca de un millón de peregrinos llegados de todas las regiones de España. Es, sin duda, la gran fiesta campera andaluza, y en su ciclo total de ida y vuelta invierten los romeros casi dos semanas. Por el camino de Huelva, por el de Sevilla y por el más bello de todos, la travesía del Coto de Doñana, convergen los peregrinos hacia la preciosa aldea blanca, de casas bajas, emplazada como una terraza sobre las Marismas del Guadalquivir, donde se levanta la gran iglesia que un día fue minúscula ermita.

Sin duda El Rocío ha perdido mucho de su religiosidad primitiva, pero el fervor devocional hacia la Reina de las Marismas sigue siendo el motivo principal que empuja a tantos romeros hacia la que, por un día, se convierte en capital espiritual de Andalucía.

La dimensión colonizadora andaluza inicial fue la responsable de trasladar esta devoción mariana a América, pues la Virgen caló en el Nuevo Mundo más hondamente que la veneración a Jesucristo. Uno tras otro, y respondiendo a parecidos principios citados para los españoles, fueron surgiendo los santuarios americanos y sus correspondientes peregrinaciones: Nuestra Señora de Cocharcas, en Apurímac, Perú; Nuestra Señora de Luján, en Buenos Aires; Nuestra Señora de la Candelaria de Copacabana, en Bolivia, a orillas del lago Titicaca; la Dolorcita, en Quito; la de Altagracia, en Santo Domingo; la muy famosa de la Caridad del Cobre, en Cuba, y las no menos famosas Virgen de Coromoto, en Venezuela, y Virgen de Andacollo, en Chile. Todos ellos centros de peregrinaje de sus respectivas regiones y países, canalizadores de la enorme veneración mariana de América.

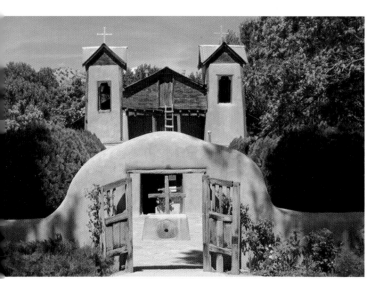

El santuario de Chimayó es el epicentro de la devoción religiosa de los hispanos que habitan en el suroeste de Nuevo México. Se trata de un lugar de peregrinaje regular a lo largo del año, y en él hay un pozo de arena considerada milagrosa, y dícese que el pozo nunca agota su caudal de tierra, cual si fuera un manantial inagotable.

El subcontinente del Norte participa también de esta devoción, donde es famosa otra romería de indudable ascendencia hispana, la del santuario de Chimayó, en Nuevo México. Centro de peregrinaje durante todo el año, pues en una diminuta estancia del santuario brota en el suelo un pequeño pozo de arena que los fieles recogen, pues dícese que esa tierra posee propiedades curativas milagrosas y que el pozo nunca agota su caudal de arena.

Y, por encima de todas en cuanto a renombre, la Virgen de Guadalupe, en México, con connotaciones ciertas, pero todavía no del todo reconocidas, con su homónima de Extremadura, de la cual eran muy devotos tanto Cristóbal Colón como Hernán Cortés, quién regaló para su manto un escorpión de oro.

El indiscutible centro religioso de la América hispana es el santuario de Guadalupe, en México. Allí, un día la Virgen se apareció al indio Juan Diego, pidiéndole se levantara un templo en el lugar. Para corroborar el hecho ante el obispo, cuando el indio extendió su tilma ante él aparecieron rosas frescas y la imagen de la Virgen grabada milagrosamente en la misma. El milagro supuso un decisivo paso adelante en la conversión de los nativos al cristianismo.

La polémica envuelve, y de un modo apasionado, a la Virgen de Guadalupe, desde que se mostrara en la colina de Tepéyac al indio Juan Diego, y desde que este desplegara su tilma ante el obispo Juan de Zumágarra y sus acompañantes, produciéndose el milagro. En el capítulo dedicado a la religión hablamos sobre este suceso, que tanta influencia tuvo en la cristianización definitiva de México. Baste decir por ahora, que Guadalupe se erigió desde entonces en el epicentro de la devoción católica mexicana, y que cada diciembre tiene lugar la peregrinación al santuario, pudiendo comprobarse allí hasta qué punto, por encima de unas u otras opiniones sobre el suceso, la Virgen de Guadalupe ha arraigado en el corazón de los mexicanos de cualquier condición.

Si la Virgen acapara la mayor parte de las romerías hispanoamericanas, el Cristo tiene también su lugar y su tiempo. Es el mes de mayo, la apoteosis de la primavera, y las fiestas de las Cruces de Mayo, también llamadas *Mayos* o *Mayas*, quieren simbolizar este éxtasis de la Naturaleza, adornando cruces con ramas y flores y acudiendo los fieles a postrarse y cantar ante ellas, con el consabido festejo que acompaña a toda variante de las romerías. El nombre correcto de la conmemoración es la Invención de la Santa Cruz, y su origen, el descubrimiento por la madre del emperador Constantino de la auténtica cruz de Jesucristo, ocultada por los discípulos. Fragmentos de la cruz se repartieron por toda la cristiandad, los *lignum crucis*, reliquias veneradas de su madera.

Cada tres de mayo, múltiples cruces en todo el mundo cristiano se engalanan con flores y tallos de matojos, alcanzando la fiesta en Andalucía gran predicamento. Mena[39] señala cuatro modos de celebrar los mayos, desde los pueblos que mantienen una cruz permanente, bien en las afueras, bien en una capilla especial, y que adornan cada tres de mayo, a las cruces que son erigidas y decoradas para la ocasión, en la parte inferior de las casas o en los patios o las plazuelas. Como en Córdoba, capital de los bellos patios andaluces, donde las cruces son visitadas y admiradas para orgullo de las personas que las han decorado.

Estos mayos de patio o de barrio son desde luego los más populares y, tras los rezos de rigor, llega el no menos consabido cante y baile, que durará hasta bien entrada la noche. También hay mayos en otros puntos de la España rural, como en Orense, donde se alza una especie de pirámide que culmina en una cruz profusamente adornada de motivos vegetales, o en Albarracín, donde se corren toros con bolas inflamables.

Los *Mayos* fueron trasplantados a América, reproduciéndose allí la fórmula del decorado vegetal, supliendo la carencia de flores de las regiones australes en el mes de mayo por flores artificiales, como ocurre en tantas poblaciones argentinas. Desde México a la Patagonia se celebran las Cruces de Mayo, y en Cuba, hasta bien entrado el siglo XX, las familias entronizaban en las propias casas una pequeña cruz y bailaban, comían y festejaban hasta la madrugada avanzada, tal como se hace en los pueblos andaluces. En el Cuzco existe la curiosa creencia de que la víspera del tres de mayo, al anochecer, una cruz verde se ilumina con tonos muy vivos en lo más alto de las cumbres nevadas, y cada año los fieles hacen enconados esfuerzos por descubrirla.

En Santo Domingo son muy devotos de la cruz, que colocan en esta fecha en la linde del Camino Real, adornándola con flores y papeles coloreados. Y en el mismo país, en la localidad de El Seibo, que se halla acogida al patronato de la cruz, los festejos se prolongan durante nueve días. Cada barrio presenta su propia cruz, y las celebraciones incluyen toros, juegos de sortijas, palo ensebado, danzas, músicas y otras diversiones.

Los honores a la cruz son muy profundos en Bolivia, más en otros tiempos que ahora, y en ellos se mezcla la devoción con los excesos. En La Paz se ascendía a un cerro cercano, llamado *Caja del Agua*, donde se honraba a la cruz entre comparsas, disfraces, música y promiscuidad. Y en Cochabamba aún está vigente la veneración a un Cristo situado en una estancia próxima llamada *Santa Vera Cruz*, donde se celebra una jornada de fiesta en el sentido más amplio del término.

Los homenajes a la cruz cuentan con un precedente más remoto, las fiestas en honor del árbol, que era guarnecido con flores y que fue poco a poco sustituido por un palo, alrededor del cual se ejecutaba, y se ejecuta aún, la danza de las cintas, muy popular en núcleos rurales de España y América. Es el *Palo-Mayo*, heredero del árbol y antecedente de la cruz, que se bendice en las iglesias y alrededor del cual bailan los vecinos.

Las Cruces de Mayo, o simplemente los Mayos, *tienen su origen en el descubrimiento por la madre de Constantino de la verdadera cruz de Jesucristo. Cada tres de mayo se conmemora el hecho, que alcanzó gran predicamento en Andalucía y pasó a América.*
Las afueras de los pueblos o los barrios instalan cruces adornadas con flores de la recién estrenada primavera. Con el mismo fin se engalanan con flores las casas o los patios, como en la famosa fiesta de los patios cordobeses.

San Isidro

De san Isidro, patrón de los labradores, son muy devotos en España, pero mucho más en Hispanoamérica. Fue un santo humilde, de piedad suma, de quien se cuenta que, al necesitar agua su amo, golpeó con su cayado en una peña y la hizo brotar, y que, recriminado por rezar en horas de trabajo, pudo comprobarse que sus bueyes araban solos mientras él oraba.

San Isidro es también el patrón de la villa de Madrid. Goya registró para siempre en un lienzo la popular pradera de San Isidro, cuando cada quince de mayo los castizos madrileños acudían a las campas de la vera del río Manzanares y pasaban un memorable día de churros, chocolate y fiesta por todo lo alto. Mas el insaciable avance urbano acabó con la pobre pradera: la canalización del Manzanares terminó con su carácter de río natural, para pasar a ser una simple conducción superficial de agua; la pradera fue sacrificada para levantar sobre ella vulgares bloques de viviendas y, por si fuera poco, una autovía sustituyó a la antigua umbrosa ribera por sendas vías de asfalto a ambos lados del río, atestadas de coches a todas horas.

San Isidro es el patrón de los labradores. España fue un país secularmente agrícola, donde el caballo de batalla fue siempre la lluvia, que muchos años no se prodigaba. Para conminar la sequía, los campesinos sacaban cada quince de mayo a san Isidro sobre su pedestal, y la procesión recorría el término bendiciendo los campos.

Con lo único que no terminó la voracidad urbana y constructora fue con la alegría de los madrileños, que fielmente acuden cada año a venerar al Santo en la ermita que guarda sus restos en urna de plata. Vuelven los trajes de chulos y majas, y el aroma de las rosquillas y los churros invade el ambiente una vez más. Y, sobre todo, san Isidro otorga su nombre a la feria taurina de Madrid, la más larga y famosa del mundo.

San Isidro es festejado el quince de mayo en la España rural. Pero, además, hay que tener en cuenta que España es un país seco, y al patrón de los labradores le corresponde la tarea de garantizar el agua. Cuando las lluvias resisten, cosa frecuente, san Isidro es paseado en rogativa de lluvia, confiándose en su bondad para que socorra a los sufridos agricultores.

El santo labrador, como muchos otros santos españoles, pasó a América en el recuerdo y en las intenciones de los colonizadores, muchos de ellos procedentes de ámbitos rurales. Son innumerables los lugares donde el santo es paseado en su onomástica. Destaca sobremanera la devoción por él en los territorios de Nuevo México, donde aún se le implora en demanda de favores. Hasta hace poco tiempo, en el pueblo novomexicano de Córdoba, la imagen era sacada de su iglesia el 14 de mayo y llevada al campo, donde los más fieles la veneraban toda la noche. Al alba, la comitiva con las gentes del pueblo abría camino e iba recorriendo los campos y suertes para quedar bendecidos con la visita. En muchos pueblos de Nuevo México y Colorado se sigue repitiendo este ceremonial cada 15 de mayo, y una imagen del santo se encuentra presente en casi todas las iglesias.

Nuevo México es una región de grandes parecidos con las tierras más áridas de España. Aquí la lluvia tampoco está asegurada, y los españoles que afincaron en el septentrión de Nueva España trajeron consigo la veneración al santo protector de las cosechas. Aún hoy, san Isidro es paseado por los campos de Nuevo México en el día de su festividad.

Cuando la sequía aprieta, se recurre a su protección. En Arani, departamento de Cochabamba, en Bolivia, si llega el caso se baja la imagen de su pedestal, la llevan a las afueras del poblado y la dejan en la ribera del río, hasta que su presencia convoque a la esquiva lluvia. Se cuenta que cierta vez un hombre confundió en la oscuridad a la imagen con un malhechor, y la roció de balas. Los vecinos, conmocionados ante el sacrilegio, recogieron con mimo la maltrecha figura y la repusieron en su sitio. Durante semanas no dejaron de prodigarle misas y rezos para paliar la ofensa.

En Jaumave, estado de Tamaulipas, la sequía espolea la iniciativa de los indígenas, que tras sacar a las huertas la imagen del *Tata* (padre) Isidro, danzan respetuosamente alrededor suyo para agradecerle la bendición del agua caída del cielo.

Pero América, salvo algunas zonas, no se caracteriza precisamente por su falta de agua, sino por su contrario, el exceso, y aquí también es invocado el patrón de todos los agricultores. En la gran isla de Chiloé, la demasía de lluvias provoca invocaciones del siguiente tenor: «San Isidro labrador, ruega a Dios que salga el sol». Y en Cuba, cuando el sol amenaza lluvias gruesas, los niños hacen una cruz de ceniza y dicen: «San Isidro labrador, quita el agua y pon el sol».

El Corpus Christi

El curso del calendario festivo nos lleva a continuación a la más grande de las fiestas religiosas de América, por encima incluso de la Semana Santa: el Corpus Christi. El homenaje al misterio de la Eucaristía nace cuando, corriendo el siglo XIII, santa Ana de Lieja vio alzarse a la luna sobre los rosales de la tapia de su convento, pareciéndole una hostia elevándose contra el cielo en las manos de Dios. Comunicó el hecho el obispo al papa, quien tiempo después declaraba la festividad del Corpus Christi, para honrar a la Eucaristía. Desde entonces se celebra, y se acostumbra acompañarla de ciertas escenificaciones teatrales, que derivan de los antiguos autos sacramentales, muy extendidos en España en su día, y de los que sin duda quedan visibles vestigios, pues el espectáculo religioso-teatral de ayer hoy es una miscelánea de procesiones sacras, lucha de ángeles y diablos, calles alfombradas de flores, desfiles de animales mitológicos, máscaras y gigantes. Colorista mixtura de elementos profanos y sacros, espirituales y mundanos, tan del gusto de los españoles.

El Corpus Christi, el homenaje a la Eucaristía, es una de las fiestas mayores del catolicismo. Hay tres ciudades que pueden considerarse capitales de las celebraciones: Roma, Toledo y el Cuzco. En la localidad toledana de Camuñas tiene lugar el enfrentamiento entre los Danzantes y los Pecados, lo que significa entre el bien y el mal. Los Pecados corren hacia la cruz profiriendo gritos, pero al llegar ante ella caen postrados.

Hay tres ciudades que pueden considerarse hoy capitales del universo cristiano del Corpus: Roma, Toledo y El Cuzco. En siglos pasados, en las procesiones del Corpus de Toledo, entre las muchas atracciones paseaban gigantes, de los que dos representaban a América. Son renombradas también las de Daroca y las de Sevilla, *Los Seises*, donde los niños cantan y bailan frente al altar mayor de la catedral.

El Cuzco o Cusco era la capital del Imperio inca, y en él se celebraba cada año con toda solemnidad el Intiraymi, *la fiesta del Sol, la deidad mayor de los Incas. Las órdenes religiosas, al sembrar la nueva religión en los Andes, implantaron asimismo el Corpus Christi, y desde entonces se celebró con no menos esplendor en la antigua capital del imperio, ya que los naturales no hubieran entendido que los nuevos dioses no vinieran acompañados de una parafernalia inferior a la suya.*

La lucha entre la virtud y el mal es algo casi inseparable de las celebraciones del Corpus. En Camuñas, Toledo, tiene lugar la confrontación entre Danzantes y Pecados. Estos, ataviados con horrísonas máscaras, corren aullando hacia el estandarte de la cofradía, que enarbola la cruz, tratando de intimidarla, pero al llegar a ella no les queda otro remedio que caer postrados de rodillas. Así, entre las amenazas y provocaciones de los Pecados, van avanzando hacia la iglesia, cuya puerta los malignos no pueden franquear, y quedan ante ella profiriendo toda clase de gritos.

El ceremonial del Corpus fue llevado a América con todos los honores, pues como se ha dicho, alcanzó mayor prestigió aún que la propia Semana Santa, erigiéndose en la fiesta religiosa por excelencia, en particular en el virreinato del Perú, área de influencia del antiguo Imperio inca.

Existe razón de fondo para ello. A los frailes de las órdenes religiosas les costó enorme esfuerzo extirpar las idolatrías, férreamente ancladas entre los nativos. Tuvieron que recurrir a mil ardides, como emplear la música y las representaciones teatrales, para acercar a los indios al cristianismo, y el Corpus se prestaba a estos fines.

Antes de la llegada de los españoles, el Cuzco o *Cusco*, «el ombligo del mundo», encaramado en las atalayas del altiplano andino, era la capital del Tahuantinsuyo, el imperio gobernado con mano de hierro por el Inca. Su dios era el Sol, el *Inti*, y cada año se celebraban con pompa extraordinaria las fiestas dedicadas a él, el *Intiraymi*, festividad que congregaba a súbditos de toda la comarca. Pues bien, cuando los españoles, tras el audaz golpe de mano de Francisco Pizarro, y después de no pocas vicisitudes, dominaron y pacificaron el Incario, quisieron que el Corpus Christi representara en cierto modo el triunfo de la nueva sobre la vieja religión. Decidieron entonces los frailes celebrar un primer Corpus fastuoso, deslumbrador, «echando al resto» para que los indígenas se convencieran, a través de los sentidos, de que merecía la pena incorporarse al nuevo credo. Había incluso intensas similitudes entre la antigua fiesta mayor de los incas y el Corpus cristiano, pues los rayos del *Inti* se correspondían con los resplandores de la custodia, y en las procesiones y el boato del conjunto, se percibían igualmente estrechas semejanzas.

Santiago, el patrón de España, acompañó desde el primer momento a las huestes llegadas a América. Al grito de ¡Santiago! Se lanzaban a la guerra, y se supone que el santo estuvo presente en muchas batallas en América del lado de los españoles, del mismo modo que había aparecido combatiendo en las guerras de Reconquista contra los árabes. En las fiestas del Corpus de Cuzco, el santo ocupó siempre un lugar de privilegio.

Desde entonces, el Corpus Christi se instaló como fiesta grande del virreinato, y dejó en toda la extensión de la América hispana la huella de sus celebraciones. Pero entre todos los corpus americanos, el del Cuzco siguió en la cabeza, y una vez más encontramos una justificación para ello. Como señala Viñuales[40], los españoles ubicaron la nueva capital en Lima, relegando a la antigua capital de Cuzco, que no obstante se pobló de iglesias y conventos, con densidad no superada por ninguna otra ciudad de Hispanoamérica. El Corpus se convirtió entonces, y así continúa, en la ocasión anual para que el Cuzco (ya oficialmente *Cusco*) recuperara el esplendor perdido, para que de nuevo acudieran a ella peregrinos y fieles de las comarcas circundantes. La ciudad se engalanaba en ventanas y balcones, y la procesión era un fastuoso alarde en el que participaban cofradías, barrios, gremios y todos los cuerpos vivos de la ciudad, cada uno presidido por sus estandartes y por la imagen del santo patrón de su iglesia.

Los más brillantes aderezos eran para Santiago Apóstol, esplendoroso sobre su caballo, el cual era cambiado hasta tres veces en su recorrido. Y el puesto de honor se reservaba para el sitial del Corpus, instalado en un majestuoso carro de plata, evocación de las riquezas fabulosas del Imperio inca. El Corpus ha perdido algunos de estos elementos de la época española, pero conserva aún toda la brillantez que acompaña a la que sigue siendo, después de tantos siglos, la fiesta mayor del antiguo *Tahuantinsuyo*.

La Virgen del Rosario, apodada la Conquistadora, *fue el emblema religioso de los españoles en Nuevo México. Con ocasión de la rebelión de los indios pueblo, que expulsó a los españoles de la región, estos se llevaron a su Virgen. Cuando trece años después reconquistó el territorio el madrileño Diego de Vargas, trajeron consigo a la Virgen y la repusieron en su altar, siendo cada año la protagonista de las fiestas de Santa Fe.*

En Nuevo México, tras las procesiones del Corpus tienen lugar brillantes festejos en torno a Nuestra Señora del Rosario, *la Conquistadora*, cuya imagen se conserva en la catedral de San Francisco tras muchas incidencias, desde que fuera traída desde España y salvada de la revuelta india que expulsó temporalmente a los españoles de los territorios del Oeste. Cuando los angloamericanos ocuparon el área, el condescendiente y entreguista obispo Jean Baptiste Lamy le arrebató el nombre, cambiándolo por el de *Our Lady of Victory*, pero nuevamente recuperó el suyo en 1960, cuando el legado del papa hizo la coronación de la Virgen.

En esta fidelidad de fondo mucho ha tenido que ver la cofradía de los devotos de la Virgen. Otra cofradía, la de los *Caballeros de Vargas* interviene activamente en la fiesta del Corpus, peregrinando hacia la ermita del Rosario, donde acampó don Diego de Vargas, preparándose para recuperar el terreno perdido tras la sublevación india.

De modo semejante al Corpus de Camuñas, el de San Francisco de Yare, en Venezuela, contempla las escaramuzas de los diablos contra el símbolo de la Eucaristía. En la procesión, más de cien diablos corretean y bailan hasta llegar al templo. En el momento supremo de la elevación se arrojan al suelo entre denuestos y, terminada la misa, se produce entre ellos un gran frenesí, como si estuvieran verdaderamente endemoniados, mientras una persona de la comitiva finge que les azota. Es, en definitiva, la eterna dialéctica entre el bien y el mal, la virtud y el pecado, tan cara a las celebraciones del mundo hispano.

El verano

San Juan Bautista

El fuego y el agua son los ingredientes de la fiesta de junio de San Juan. Resulta curioso que, siendo el Bautista el patrón natural del agua, no sea esta, sino su contrario, el fuego, el protagonista de las sanjuanadas. Acaso porque el temperamento hispano se corresponde más con él que con el agua, aunque en el fondo de uno y otro elemento late el mismo afán purificador. Con el bautismo del agua se redime al hombre del pecado original, se limpia la gran mancha de los primeros padres. Pero el fuego es un agente de mayor poder, empleado no en lo mucho que tiene de destructivo, sino de purificador. Las ánimas en pecado han de pasar por el filtro doloroso del Purgatorio para alcanzar la gloria eterna, y de él resurgen como almas puras, sin mancha. El fuego es también lo que limpia la tierra cosechada, lo que elimina las sabandijas, las malas hierbas, y la deja lista para la nueva siembra.

Por eso el fuego es el elemento vital de las noches de San Juan, su actor principal. En muchos pueblos españoles brillan las luminarias de las hogueras encendidas en honor al santo. En otros se salta sobre el fuego, y en otros muchos se camina descalzo sobre las brasas, porque es creencia popular que en esta noche de magia, y solo en ella, el santo hace inmunes a los cuerpos contra las quemaduras. En Icod, Canarias, los aldeanos lanzan bolas de fuego desde la cima de los acantilados. En el Pirineo, bajan los hombres de las cumbres portando antorchas de resina de abeto encendidas que, al juntarlas, elevan al cielo una inmensa fogarada. Estas y otras muchas manifestaciones del fuego forman las hogueras de San Juan, cuando la noche ibérica se inflama con ellas. Noche tan sobrenatural, que hasta el sol dicen que baila en la madrugada mallorquina del pueblo de Sant Joan.

El fuego del día de San Juan protege contra los malos espíritus en América. San Juan quiso ser contrapuesto a la deidad pagana del Sol, tan firmemente prendida entre los amerindios, y por ello se le asoció también al fuego purificador. Los vecinos de los pueblos rurales encienden hogueras delante de sus casas para que el santo les recuerde y les haga prosperar. En las fincas también brotan focos de fuego, para que medren las cosechas, y los cielos de uno a otro confín del mundo hispano se iluminan de rojo. También en las provincias argentinas de Chaco, Formosa y Misiones, se salta y se camina sobre las brasas.

El fuego, por su carácter purificador ha sido desde siempre ingrediente principal de las fiestas hispanas. Es el protagonista indiscutible de las fiestas de San Juan, ya sea en forma de antorchas que se portan, de hogueras que se saltan, o de brasas que se pisan. La noche de San Juan es considerada una noche mágica, donde pueden tener lugar toda suerte de prodigios.

El agua también está presente en este día de especial magia, cuando tantas leyes físicas son violentadas por deseo expreso del santo. En el canario Puerto de la Cruz, los cabreros empujan a sus rebaños, obligándolos a meterse en la orilla vivificadora. En Galicia, hombres y mujeres acuden a bañarse en las charcas o en el propio mar, pues se asegura que el santo se encarga de bendecir la capa superior, lo que conocen como la flor del agua.

El agua como parte principal de la noche sanjuanera también se halla presente en América, pues, por mucho frío que haga, es inocua para quienes se bañan en ella, bendecida como está por el santo. Por eso las gentes del gélido altiplano boliviano no dudan en introducirse en las aguas, porque así aseguran su buena suerte todo el año.

El calendario festivo prosigue su camino, y el verano inunda de *rodeos* las áreas hispanas relacionadas con el caballo y el manejo de las reses, las llanuras esteparias de ganadería extensiva como las que se extienden al norte de lo que otrora fue el Imperio hispano, y hoy es el suroeste de los Estados Unidos. Donde la vieja cultura ecuestre española ha sido adoptada por los angloamericanos, lo que demuestra el vigor de la misma, pues descansa sobre el uso más inteligente posible de la tierra y sus recursos.

El *rodeo* es hoy un espectáculo que convoca a millares de personas, durante el largo verano en los pueblos de los páramos americanos. Pero ya indicamos en su momento que, antes que eso, fue primero un procedimiento para la reunión periódica de las reses, dispersas a lo largo de los inmensos hatos ganaderos. Y, segundo, un método de selección de ejemplares, capturando a los más jóvenes para imprimirles el hierro del rancho, para apartar a los maduros para la venta, entregar a la Corona el ganado mostrenco y devolver al resto a la libertad de los prados.

El manejo ganadero extensivo fue llevado de España, e invadió rápidamente los campos americanos, pródigos en grandes áreas esteparias cubiertas de hierba. En ellas, una vez al año se rodeaban las reses para apartar las destinadas a la venta. Es lo que se llama el rodeo, *que además de una actividad rural se ha convertido en toda una atracción festiva, en particular en México y en las áreas hispanas de los Estados Unidos.*

Eran los tiempos heroicos del ganado, cuando no había cercas, cuando el trabajo diario no era una rutina, sino la aventura que cada día deparaba. De todo aquello quedan retazos en las más grandes fincas ganaderas del Oeste, altamente tecnificadas, y queda también el espectáculo del *rodeo*, ya solo folclore y fiesta, pero también lucido vestigio de la colonización ecuestre que se impuso en las grandes praderas de América.

Santiago

Como encaramado sobre el caballo tórrido del verano, en el punto más álgido del ardiente estío ibérico, Santiago, el patrón de España. Fiesta más antigua y, por ende, de las más arraigadas. Con muchas celebraciones en todos los rincones del país, pero con motivos y actos especiales en la ciudad que lleva el nombre del apóstol, Santiago de Compostela.

Desde que en plena Edad Media se descubrieran los restos del apóstol, según la leyenda evangelizador de España, Santiago se convirtió en destino máximo de la peregrinación religiosa europea, que por el Camino francés entraba en España por el Pirineo, y atravesaba la Península por su cuadrante norte, para recalar, tras muchas semanas de viaje, en la mítica ciudad gallega. Es inimaginable el aporte cultural que este trasiego supuso para España, para una España incomunicada con Europa por muchos conceptos, y no solo el físico. Pero las sucesivas remesas de peregrinos durante siglos insuflaron en la Península nuevas ideas, nuevas corrientes, poniendo a España en contacto real con el espacio europeo.

No es extraño que la devoción al patrón de España pasara íntegramente a América. Antes y después de la independencia de América se ha seguido rindiendo homenaje a Santiago en todo el continente hispano. Destaquemos solo las fiestas de Paratía, en Perú, que combinan la celebración del santo con matices andinos, como la utilización de un disfraz de cóndor. Y las de Santiago de Atitlán, en Guatemala, donde se organizan procesiones en su honor y donde tienen lugar las famosas y ya comentadas Luchas de la Conquista.

Se venera a Santiago, pero también se le teme, pues no en vano se le atribuyeron intervenciones decisivas en combates, y se le muestra sobre un caballo blanco, espada en mano, presto a acometer a los infieles. Es así, como la personificación del rayo, como lo ven los nativos del altiplano boliviano. Creen que allí donde cae el rayo es el mismo Santiago quien desciende. Acuden al lugar y lo tienen por sagrado, como sitio tocado por Santiago. Visten sus buenas galas, con prendas de blanco, hacen danzas, cantan y tocan música, y vuelven con bullicio a sus casas.

El otoño y el invierno

Septiembre es, en el hemisferio norte, época de cosechas, y los pueblos hispanos lo celebran como corresponde. Atrás quedaron las incertidumbres del nublado, la helada, la seca o las lluvias en demasía. Atrás el escrutar cada atardecer el horizonte, catar los vientos por tratar de anticipar la intención del clima, benefactor o azote, amigo o enemigo del agricultor, siempre voluble y nunca fiable. Pero cuando el vino está en los lagares, el cereal en las trojes y la huerta en almacenes y bodegas, se da rienda suelta a la alegría que proporciona la despensa llena. Septiembre es, en España y en los pueblos hispanos, el mes de las fiestas con mayúsculas, y si coinciden, como es frecuente, con las patronales, el regocijo se desborda.

Un poco más adelante, cuando ya los fríos atenacen la tierra y recluyan a los hombres en las casas, se celebra otra fiesta grande, la matanza del cerdo, mucho más solemnemente y festiva en España que en las áreas de habla hispana, acaso por la intensa tradición ibérica de convertir al generoso cerdo en suministro regular de carne para todo el año. Los jamones, chorizos, morcillas y tocinos eran quizá las únicas carnes que allegaban las familias campesinas españolas al puchero diario, y eso era motivo suficiente para derivar de esa cosecha unas cuantas jornadas de fiesta superlativa, pues es característica típicamente hispana el convertir los trabajos en eventos festivos. Sobre todo, si tienen relación con la obtención de frutos de cualquier especie, como la pisa de la uva, la bajada de los caballos asilvestrados en la cordillera Cantábrica, la recogida de reses o de caballos en las marismas, la esquila de la lana, la propia matanza y tantos otros.

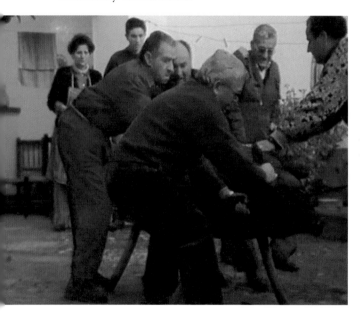

Como siempre ocurrió en la mayor parte de las labores del medio rural español, estas fueron el pretexto para una gran jornada festiva. Es lo que ocurrió con la matanza del cerdo, actividad principalísima en los pueblos peninsulares, ya que de ella dependía el único aporte cárnico de las familias rurales. La matanza debía hacerse en días fríos y secos, enjutos, y nunca lluviosos, para que la humedad no corrompiera la carne.

Día de difuntos

Henos aquí con otra de las fiestas grandes del calendario hispánico, el Día de los Fieles Difuntos, celebrada el dos de noviembre, y complementada con la del día 1, el Día de Todos los Santos, instituida para rezar por los que ya se han marchado de este mundo, muy especialmente para quienes sufran temporalmente en el Purgatorio la purificación de los pecados cometidos en esta vida, y a través de los rezos alcancen cuanto antes la gloria eterna.

Es fiesta muy antigua, tanto que las gentes precristianas ya la celebraban, y apenas existe cultura donde los muertos no cobren vida de alguna manera una vez al año, y tenga lugar un día de convivencia con los vivos. En el mundo andino, donde los muertos eran momificados y sepultados en oscuras cuevas de las laderas de los cerros, ese día los deudos acudían a sus momias y les introducían coca entre los dientes, en la creencia de que la consumían verdaderamente. Y ese mismo día creíase que el espíritu de los muertos se encarnaba en el cuerpo de un moscardón y se colaba en las casas de sus familiares, de modo que nadie osaba molestar a uno de esos volátiles.

El Día de Difuntos o *Día de Muertos* posee honda raigambre en el calendario festivo hispano. En España la tradición impone visitar a los deudos en los cementerios, para lo cual con antelación se visitan las tumbas, se lavan y engalanan con flores, para que el día grande toda la familia acuda a cumplimentar a sus fallecidos, y los cementerios se convierten entonces en una genuina romería de gentes que van y vienen.

Como no podía ser de otra forma, la costumbre pasó a América y también como no podía ser menos, adquirió allí tonos mucho más coloristas, con la habitual tendencia al barroquismo de ese continente. En todos los pueblos de Sudamérica se produce la visita a los cementerios, pero donde adquiere tintes casi fantásticos es en México, en el popularmente conocido como *Día de Muertos*.

La costumbre española de visitar los cementerios pasó a América, donde desde antiguos los nativos daban culto a sus muertos. En México, la jornada alcanza dimensiones extraordinarias, ya que el Día de Muertos *es una fiesta mayúscula del calendario, una síntesis entre lo cristiano y lo azteca. Las familias preparan cuidadosamente altares, donde se colocan los objetos y manjares que gustaban al deudo, y el propio día de la visita al cementerio se convierte en un día que tiene más de festivo que de luctuoso.*

Ese día las familias componen el *Altar de Muertos*, un conjunto de los objetos relacionados con el difunto: sus alimentos preferidos, su tabaco, su pipa, fotografías y otros ingredientes, que arropan al muerto con sus pertenencias queridas en vida, y todo ello bellamente decorado con papeles de colores. Los altares pueden erigirse en las casas o, llegado el día, en los propios cementerios, y la visita se convierte en algo más que una cortesía, porque ese día las familias celebran una jornada por todo lo alto, incluyendo los habituales elementos festivos de la fiesta hispana, como la comida, la bebida y las familias al completo.

El *Día de Muertos* alcanza cotas surrealistas en muchos pueblos del México profundo, donde los parientes llegan a sacar a la luz pequeños trozos del cadáver, y conversan con él, tal si estuviera vivo, comentándole las novedades habidas ese año en la salud y los bienes de la familia del difunto.

La Navidad

La Navidad, teniendo en cuenta la penetración de la religión católica en el mundo hispano, tiene un puesto más que destacado en el calendario festivo. No es necesario detenerse en cómo se celebran los acontecimientos que rememoran el nacimiento de Jesús, por ser de sobra conocidos, pero sí destacar que algunos de los eventos pierden vigencia en España, mientras se conservan en América. Así, las representaciones de las *Posadas*, de José y María, cuando buscaban afanosamente un lugar digno para alumbrar al Niño, debiendo conformarse al final con la humilde cueva.

Mientras que en España las Posadas *se han desvanecido, en la América hispana, y en particular en México, gozan de gran popularidad. Recuerdan el pasaje en el que María y José buscaban hospedaje para pasar la noche y tener el Niño, hasta que tuvieron que alojarse en un modesto establo. Es una fiesta muy colorista, donde niños y mayores, con gran algarabía acompañan a San José y la Virgen. Los esposos piden posada entonando una rítmica canción, y una y otra vez la deniegan, hasta que una compasiva familia los acepta.*

Las *Posadas*, como también el *Auto de los pastores*, fueron muy populares en el territorio de México, y aún hoy siguen representándose, incluso allende la frontera oficial, en las áreas de influencia hispano-mexicana, como los enclaves rurales del sur de Colorado y Nuevo México. En este estado se sigue acudiendo a la Misa del Gallo, siguiendo la tradición que marcó Juan de Oñate por primera vez, hace cerca de quinientos años. Es notable observar que los indios pueblo, tras esta misa realizan danzas ceremoniales con arreglo a sus antiguos ritos, en una interesante síntesis entre la profunda hispanización de que fueron objeto con sus propias costumbres.

También muy mexicana es la costumbre de cantar villancicos, algo que los niños hacen por las calles con panderetas y zambombas, tradición muy desdibujada igualmente en la España actual. En cambio, sigue viva en ambas orillas la tradición del pesebre, traída a España desde Italia por Carlos III, y en cuya popularización en el Nuevo Mundo tuvieron tanto que ver los franciscanos. Otras costumbres navideñas que la moderna sociedad de consumo debilita en España, pero que se mantienen en América, son las del día de los Inocentes, las *inocentadas*, e incluso los Reyes Magos, que día a día ceden terreno en beneficio del estadounidense y ultraconsumista Santa Claus.

Fiestas del santo patrón

El calendario festivo examinado, de por sí rico y apretado, no acaba ahí, sino que resta la festividad del santo patrón, a veces coincidente con alguna de las fechas estudiadas, pero otras independiente, cuando los pueblos se sitúan bajo la advocación de algún santo o virgen particular. Ni que decir tiene que las fiestas patronales son los días grandes del pueblo. Suelen durar una semana y convocan a los numerosos vecinos dispersos por el país, que reservan parte de sus vacaciones para acudir a la obligada cita. Hay santos y vírgenes muy comunes en estas celebraciones locales, como la Virgen del Carmen, patrona de los marinos, que es objeto de vistosos homenajes marítimos en Santa Cruz de Tenerife, en Puerto Santiago y en muchas ciudades costeras

Los Caballeros de Vargas *es una orden que debe su nombre a don Diego de Vargas, quien recuperó para España el territorio de Nuevo México, tras la rebelión india que acaudilló el indio Popé. Este logró convencer a todos los indios pueblo, para unirse y expulsar a los españoles. En el mes de septiembre, los* Caballeros de Vargas, *descendientes de los españoles de entonces, organizan las fiestas anuales de Santa Fe.*

del ámbito hispano. O la Virgen de la Regla, patrona de los pescadores, también celebrada en Canarias y en Cuba. San Antonio, popular y verbenero, con fiestas desde Madrid a la localidad de San Antonio, en Nuevo México, donde se organizan procesiones. La Virgen de la Caridad del Cobre, patrona de Cuba, el famoso Cristo de Esquipulas, en Guatemala, la Virgen de los Ángeles, patrona de Costa Rica, la de Coromoto, patrona de Venezuela, o la Virgen de Chiquinquirá, y tantas otras fiestas locales dedicadas a su santo, a su virgen o a su cristo.

Como todos los años, durante las fiestas de Santa Fe del mes de septiembre se quema el gigantesco muñeco Zozobra, uno de los actos de las fiestas, cuyo cénit se alcanza con la entrada, *que rememora la reconquista del territorio por Diego de Vargas.* Los Caballeros de Vargas, *organizadores de las fiestas, se consideran «hijos de la Madre Patria española».*

Hay otras fiestas que merecen ser consignadas en este anuario festivo. Por ejemplo, las fiestas de Santa Fe, Nuevo México, celebradas a principios de septiembre, y equivalentes a las fiestas patronales de cualquier población hispana. Su interés radica en que en ellas aflora toda la rica herencia de contenido hispánico. Existe una Hermandad, los *Caballeros de Vargas*, compuesta por descendientes de los conquistadores, y constituida para honrar la memoria de quien pacificó la zona tras la revuelta india, que devolvió al redil del Imperio español los territorios perdidos, confiándose a la protección de La Conquistadora. Se consideran «hijos de la Madre Patria española» y tienen un papel protagonista en las fiestas. El momento más esperado es la *entrada*, la irrupción de los caballeros en Santa Fe, vestidos con trajes militares españoles del siglo XVII, remedando la que hiciera don Diego. En esta semana se celebran mercadillos en la plaza mayor de Santa Fe, al más puro estilo ibérico, con las banderas de Estados Unidos, México y España desplegadas en el Palacio de los Gobernadores, que preside la plaza. Hay representaciones de antiguos autos sacramentales, como *Adán y Eva* o *Caín y Abel*, etc. Hay grupos de música y baile que interpretan baladas y danzas hispanas, se quema un muñeco inmenso llamado *Zozobra*, y, en una palabra, las fiestas de Santa Fe son un canto continuo y bullicioso al legado cultural español.

Otra fecha norteamericana de fuerte sabor hispano es la *Semana de De Soto*, en Bradenton, Florida, en memoria del gran conquistador Hernando de Soto, que había participado de una forma destacada en la conquista del Imperio inca junto a Francisco Pizarro. Inmensamente rico, volvió a España, pero estaba poseído por el veneno de la tierra americana y retornó a ella, como capitán general de una nueva expedición colonizadora. Recorrió victorioso el territorio del este de los Estados Unidos, avistó por primera vez el Misisipi y, cuando había determinado sobre el terreno las ciudades que iban a ser fundadas, y a las que se incorporarían colonos españoles, le sorprendió la muerte. Con ella se desmoronaron sus sueños colonizadores, cambiando acaso el rumbo de la historia, pues el territorio de esta mitad de América del Norte quedó libre para otras huestes civilizadoras. La *Semana de De Soto* recuerda a este bravo capitán español. Se reproduce el episodio del desembarco en la playa, hoy Parque Nacional, con unos indios intentando impedirlo y siendo vencidos por don Hernando, quien a continuación se arrodilla en la arena y, sosteniendo en la mano el pendón real, toma posesión de la tierra en nombre del rey de España. Toda la semana ofrece nuevos actos en memoria del conquistador, en unas calles festivas y adornadas con los colores rojo y gualda de la bandera española.

No debemos terminar este recorrido por la fiesta hispana sin mencionar el Día de Acción de Gracias. Para los angloamericanos, el *Thanksgiving* es el día grande del año, con la familia en torno a un pavo asado, en recuerdo de la primera cosecha de los pioneros del *Mayflower* en Norteamérica. Pero en el área hispana de Estados Unidos se abre paso la conmemoración de la fiesta

La fiesta se halla incrustada en la sangre de los hispanos de los Estados Unidos, y cualquier motivo sirve para celebrarla. En el mes de abril se festeja la Semana de De Soto, *la conmemoración del desembarco en Bradenton, Florida, del extremeño Hernando de Soto, quien empeñó su fortuna en explorar el territorio del sureste de los Estados Unidos, alcanzando a contemplar el Misisipi.*

Aunque oficialmente figura que el primer Día de Acción de Gracias por parte de europeos en Estados Unidos fue el que celebraron los pioneros ingleses, varios años antes Juan de Oñate había cruzado el río Grande y plantado la posesión española en el suroeste de los Estados Unidos. Al hacerlo celebró una acción de gracias, con misa, fiestas y cabalgadas, que conmemoran los hispanos cada 30 de abril.

que ordenó hacer Juan de Oñate, Adelantado de esas tierras, cuando cruzó el llamado *Paso del Norte*, dejó las tierras del virreinato mexicano y se adentró en el incierto territorio septentrional, poblado por tribus hostiles como los apaches y los comanches. Oñate mandó celebrar una misa y, seguidamente, se dispusieron asados de corderos y de vacas. Este Día de Acción de Gracias, cada 30 de abril suma nuevos adeptos, y se está convirtiendo en el símbolo festivo de la identidad hispana en los Estados Unidos de América.

VIII

LAS COSTUMBRES

En las costumbres de un pueblo es, probablemente, donde con más claridad puede percibirse una determinada cultura, porque impregnan todos los aspectos en los que se desenvuelve la vida de las personas. Determinan cómo se visten, se alimentan, se divierten o trabajan, e influyen en la percepción colectiva de las cosas, del entorno, incluso de la manera de pensar. La vida cotidiana de las gentes, los hábitos, su filosofía de vida, todo eso forma parte de ese acervo cultural que se conoce bajo el epígrafe genérico de *costumbres*, la forma de actuar y de sentir de los pueblos a nivel individual y colectivo.

Veremos en este capítulo cómo un enorme caudal de costumbres españolas se deslizaron en América, a través de las rutas marítimas de los siglos inmediatos al contacto. Las llevaban consigo los pobladores de las nuevas tierras, y eran de dos clases: unas, materiales, atañendo a los usos de la vida diaria: la casa, el alimento, el vestido, los pasatiempos. Otras eran inmateriales, afectando a la percepción del mundo, la forma general de pensar, la postura ante los estímulos del entorno, en una palabra, a la filosofía vital de los colonizadores de América.

La mejor manera de exponer las costumbres es examinar la vida de los individuos. Esta se articula en torno a tres hechos biológicos fundamentales: el nacimiento, el matrimonio y la muerte, a todos los cuales —sobre todo a la muerte— el costumbrismo hispano concede la máxima consideración y la mayor abundancia de ritos. Sobre estos tres pilares esenciales giran los demás elementos del polícromo cuadro de costumbres del mundo hispano.

Nacimiento

En realidad, las prácticas relacionadas con el nacimiento comienzan mucho antes, con ocasión del embarazo. Es inagotable el manantial de procedimientos inventados por las gentes hispanas para que la mujer quede embarazada e incluso para estimular uno u otro sexo. Se confiere gran influencia a la luna, y se tiende a realizar cualquier acción en su fase creciente, que es la favorable, desconfiándose de la fase menguante y de la luna llena, a la que se atribuye la facultad de alterar las facultades mentales y de influir sobre las personas, los animales e incluso las plantas.

La tradición en todo el orbe hispano ofrecía un arsenal de técnicas que mezclaban lo médico con lo mágico, y muchas de estas fórmulas y creencias continúan vivas en el mundo rural de España e Iberoamérica. Una muy extendida es la del *antojo*, por la que no se debe privar a la mujer preñada de capricho alguno, pues ello repercutiría sobre el niño, del mismo modo que resulta desaconsejable que la futura madre haga madejas de hilo, ya que tal cosa haría que el cordón umbilical se enrollara sobre el infante.

Es en las costumbres de las gentes donde más claramente se aprecia su cultura. La vida cotidiana de las personas, con sus hábitos y su forma de pensar, determina la forma de actuar y de sentir individual y colectiva de los pueblos. Tanto en España como en Iberoamérica apreciamos una identidad general de ellas, y ese rasgo compartido es uno de los principales ingredientes de la civilización hispánica.

En el nacimiento tuvieron mucho ascendiente las parteras, que nunca faltaban en el medio rural. La madre guardaba la cuarentena, en la que no salía ni siquiera para el bautismo. Es época de amamantar, en lo que ha de poner gran cuidado, pues subsiste, a uno y otro lado del Atlántico, la convicción de que las culebras reptan hacia las mujeres paridas y, cuando duermen, se cuelan en su cama y maman de sus ubres. Aún más, si el niño llora hambriento, la sinuosa culebra introduce su cola en la boca para callarle y seguir disfrutando de la leche materna. Curiosa creencia, extendida en todo el medio rural español, donde hay gentes que aseguran haber visto a serpientes mamando de las ubres de las vacas (algo materialmente imposible, dada la disposición bucal de los ofidios), y aproximándose a las casas de las paridas con semejantes intenciones. Esta imaginaria cualidad de las culebras es prácticamente dogma, e inextirpable, en el campo español, y se exportó a América con los pobladores andaluces, que sentían —y sienten— verdadero horror por las culebras, hasta el punto de que este nombre es impronunciable, sustituido por el de *bicha*.

Todo lo relacionado con la biología es motivo festivo en el mundo hispano, desde el mismo momento del bautismo, que es celebrado por las familias. Del mismo modo celebrarán los cumpleaños, las onomásticas, las bodas. La muerte incluso llegará mucho más lejos que el acto en sí, ya que los deudos prolongarán el homenaje a los muertos muchos años después del fallecimiento.

Tan relevante como el propio nacimiento era la cristianización del niño, el bautismo, por el que dejaba de ser infiel y estar condenado al limbo en caso de muerte antes de ser bautizado, e ingresaba en la comunidad cristiana. El ritual, citado por Mena[41], exigía que los padres no asistieran al acto del bautizo, so riesgo de que el niño muriera pronto. La madre entregaba al niño a la madrina, quien lo llevaba a la iglesia y lo devolvía con estas palabras: «Comadre, me lo entregaste moro y te lo devuelvo cristiano». Madre y madrina se llamaban desde entonces *comadres* y anudaban entre ellas un lazo imperecedero.

Uso permanente en el ámbito hispano fue poner al niño el santo del día, de donde se explica la extravagancia de los nombres en el medio rural de España, México o Nuevo México, pues allí también pervive la costumbre. En las familias sencillas era habitual poner un solo nombre, y varios en el caso de familias acomodadas. Pero incluso en estas, continúa vigente la tradición de incluir entre las gracias del recién nacido el santo del día. Y hay que hacer notar cómo, a pesar de que exista un océano por medio, la familia hispana está reaccionando igual ante la novedad de los seriales televisivos, los nombres ostentosos y afectados de cuyos personajes se están trasladando a los recién nacidos en ambas orillas.

Dada la tendencia de las gentes hispanas a la interpretación por los signos, hay alguno que no conviene apreciar en el recién nacido, como que luzca una vena en el entrecejo, pues morirá antes de los siete años. Mecer una cuna vacía es señal de que fallecerá pronto, y en el propio acto del bautismo todos los detalles son cuidadosamente observados, pues por ellos se deducen muchas conjeturas sobre el futuro de la criatura. Si llora o no cuando cae el agua, si vela o duerme durante el rito… Cualquier mínima señal, de acuerdo con códigos antiguos dictados por el uso, es susceptible de traducirse en fortunas o desventuras. De unas y otras tendrán una parte de responsabilidad los padrinos, quienes son los encargados de velar espiritualmente por sus ahijados y, en caso de fallecimiento de los padres, de hacerse cargo de ellos materialmente.

Ni que decir tiene que el bautismo (y no propiamente el nacimiento) es, además de una iniciación a la religión, un motivo de fiesta con mayúsculas. Resulta curioso contemplar hoy alguna celebración de bautismo en el suroeste de los Estados Unidos, en la que abundan los ingredientes hispanos: el chocolate, la guitarra, el baile, los regalos…

Alimentación y vestido

A su llegada, los españoles encontraron a una población nativa que consumía una dieta en general pobre, sobrada en fécula y escasa en proteínas. Y no incorporaron enseguida los nuevos alimentos europeos, pues contra algunos sentían verdadera aversión, como los indios de California, que rechazaban el queso por creer que eran sesos humanos, y el azúcar moreno, por tomarlo por excrementos. Pero vencidos estos prejuicios, se adaptaron a la carne, a los huevos, y aunque siguieron prefiriendo por largo tiempo sus tortas de maíz al pan de trigo (no comprendían tener que trabajar para cosechar un producto como el cereal, que consideraban inútil), poco a poco la mayor calidad del trigo se fue imponiendo como consumo básico. Como también se generalizó el uso del horno de pan, que los estadounidenses llaman *horno indio*, y que no es sino réplica de los hornos rurales ibéricos que aún pueden verse en los campos andaluces (en cambio, consideran la barbacoa un producto típicamente estadounidense, siendo así que este sí es un *horno indio*, pues es oriundo de los indígenas del Caribe).

A medida que transcurrían las generaciones, los indios se aficionaban más y más a la comida española. Con el ganado entraron los asados y las parrillas. Y con la caña de azúcar, la pasión por los dulces y sus múltiples variedades, una tradición heredada de los judíos y los árabes, pueblos muy golosos, aunque la afición peninsular parece derivar de los romanos, e incluso de pueblos anteriores. Los españoles llevaron los buñuelos, los pasteles, las torrijas, los huesos de santo, los caramelos, los bizcochos, los alfajores, las yemas…, prendiendo fuertemente en América la afición al dulce.

En los territorios del norte de la Nueva España, la llamada tierra de frontera, *se produjo un verdadero mestizaje de productos y de alimentos. En ella convive la pura cocina mexicana con los asados, sopas y pucheros españoles; se hace la matanza y se adoba la carne de puerco; se sacrifican reses y se seca su carne en el popular* tasajo *o* charqui, *tal como hacían los cazadores españoles de búfalos, procedimiento este muy adecuado para conservar la carne largas temporadas en un entorno seco como este.*

Así pues, desde la perspectiva del indio pueden apuntarse dos fases en relación al contacto con la alimentación española. Una primera de rechazo, y una segunda de progresiva asimilación. Fases que vemos reproducidas a la inversa, desde la óptica española. La primera generación de conquistadores y pobladores repudiaba la cocina india y se aferraba a los platillos de sus pueblos natales, deleitándose cuando lograba hacerse con una docena de aceitunas o un manojo de uvas.

Pero a partir de la siguiente generación, el sustrato alimentario indígena se hace sentir, y a partir de ahí el proceso sería imparable. En el gusto criollo se abrirían paso las especias, las enchiladas, los tamales, el chocolate, el ron, la vainilla, y nada digamos de la impresionante influencia de algunos productos americanos sobre la alimentación europea, con novedades como el maíz, la patata, el tomate, el pimiento y el pimentón, que penetraron en la cocina española y europea, revolucionándola, como ya se ha explicado en el capítulo dedicado a la agricultura.

La conclusión es clara: desde el mutuo rechazo inicial, los pueblos indio y español se acercaron a sus respectivas costumbres alimentarias, y el resultado es una cocina compartida, también en algún modo *mestiza*, y quizá donde esto más se evidencie sea en el suroeste de los Estados Unidos, la antigua *frontera*, donde coexiste la llamada *cocina mexicana* con las sopas, pucheros, estofados y asados españoles; donde muchos alimentos, como la carne, se desecan para ser conservados, legado español para unas tierras áridas que precisan de tal procedimiento; donde se practica la matanza y se adoba la *carne de puerco*. Cuando los angloamericanos arribaron a aquellos territorios para ya no dejarlos, hallaron una rica y variada cocina, producto de esta suerte de mestizaje culinario. Y, como señala Arthur Campa[42], «ahítos de bacon y maíz, encontraron muy apetitosa la comida del Suroeste».

Cortés y sus huestes aportaron a Veracruz vestidos de negro riguroso, porque era día de Viernes Santo (lo que reforzó la creencia de que se trataba del dios Quetzalcoátl, quien presumiblemente también vestía de negro). Muchos indios vieron a otros españoles llegar provistos de fornidas corazas, en la imagen arquetípica del conquistador, pero ni uno ni otro atuendo duraron mucho, pues los invasores comprobaron enseguida que con los escaupiles o sayos acolchados de los indígenas la protección era pareja, pero más llevadero el implacable sol de los trópicos.

Otro de los elementos que se cree indio, siendo profundamente español, es el poncho. Los naturales de América le añadieron colorido y vistosidad, pero la prenda no deja de ser el viejo poncho de Castilla, la manta a la que los pastores castellano practicaban un agujero en el centro y utilizaban como prenda de abrigo en las frías noches mesetarias.

Indios y españoles se observaron y se copiaron la indumentaria. Los indios, en parte porque las normas les obligaban a ello y en parte por puro afán de imitación, adoptaron el modo de vestir de los españoles. A la fibra de maguey unieron el algodón y la lana. Tejían los indios el pelo de los camélidos como la llama y la vicuña con un telar horizontal, y los colonos importaron el superior torno de hilar y telares andaluces de gran rendimiento, pero que apenas daban abasto para atender la demanda indígena de *ropa de Castilla*.

Fue así que se habituaron a prendas desconocidas por ellos, como el sombrero, que gozó de gran implantación en México, o la manta rayada que llevan al hombro los charros mexicanos y que sin duda procede de la alforja o manta del área de Castilla, León y Extremadura. Incluso el famoso poncho boliviano no es autóctono, ya que los pobladores andinos anudaban al cuello ambas extremidades de la manta, hasta que los castellanos les enseñaron el modo de abrir un agujero en ella para sacar la cabeza, y por eso en remotas regiones bolivianas aún se habla del *poncho de Castilla*.

Vasco de Quiroga, el *tata Vasco* de Michoacán, quiso que el atuendo reflejara la sencillez y pureza de las almas, y por eso reguló las prendas de los indios puestos a su cuidado, exigiendo el limpio y sencillo color blanco. Unos pantalones o zaragüelles, una camisa o jubón y la tilma o manta componían el primitivo uniforme de los nuevos cristianos, hasta que las diferencias sociales y económicas entre los propios indios indujeron mayor diversidad en el vestir, así como un permanente deseo de remedar la ropa española.

Esta última, por su parte, también evolucionó mucho desde los sencillos ropajes pardos de los primeros pobladores, según el sobrio modo castellano de la época. El *factor ecológico* americano, que afectó a tantos aspectos de la cultura material española, incluyó al vestuario criollo, que al paso de los años fue haciéndose más recargado. De la mesura inicial pasose a la elegancia, y de ahí a un lujo y presunción desenfrenados, manifestado aún más en las damas, atiborradas de sedas, joyas y encajes. Fueron tales los excesos que se promulgaron normativas para combatirlos, como por ejemplo prohibir el uso de carrozas en las vías públicas.

El algodón, y también la seda, fueron profusamente trabajados en los obrajes, y hubo pueblos enteros dedicados a esta industria, que incluso fueron bautizados por ello, como Texepa de la Seda y San Francisco de la Seda, y la localidad de Chimayó, en Nuevo México, se especializó en la confección de mantas. Posteriormente, las industrias textiles catalanas del siglo XVIII importaron algodón americano y con él fabricaron los llamados *tejidos de Indias*, para lo cual adquirían también otro producto americano, la cochinilla, un crustáceo que habita en las chumberas y que, criado en cautividad, engordaba mucho, y cuyas hembras, al ser secadas y trituradas, producían un tinte rojo insuperable para teñir de grana los tejidos.

Casa y decoración

Hemos hablado en otro capítulo de lo relativo a la extensión en América de los modelos arquitectónicos españoles, que pronto recibirían la impronta especialísima del Nuevo Mundo. Lo propio ocurrió con los elementos complementarios de la arquitectura que sirven para decorar o como útiles cotidianos. Es el caso de la cerámica, cuya técnica trajeron a España los árabes desde Oriente, creándose numerosos y afamados alfares en Andalucía, que sirvieron para hermosear los exteriores y las cúpulas de las iglesias. Pero ningún centro tan famoso como el de Talavera de la Reina, maestro en la importante técnica del vidriado de la cerámica.

Los artesanos amerindios conocían y utilizaban la cerámica, pero en su forma más primitiva, sin vidriar, la técnica que permite impermeabilizar las piezas y que el barro no entre en contacto con los alimentos, resistiendo además mucho mejor las altas temperaturas. El vidriado de la cerámica se extendió rápidamente en América, de manos de unos eximios artesanos como eran los indios, y varias poblaciones se dedicaron al oficio, al modo de las españolas Salvatierra de los Barros, en Badajoz, y la ya citada Talavera. México, Bogotá y Perú fueron centros loceros de importancia, y los artesanos peruanos crearon una personalidad alfarera propia, diseñando objetos como los reputados toros de Pucará.

América impuso a muchas cosas españolas su colorido, esa decoración abigarrada tan grata a la vista. Otro ejemplo es la cerámica, que procedía de los ceramistas talaveranos españoles y que en manos de los artistas de Puebla se transformó, adquiriendo una vistosidad extraordinaria.

Fueron los dominicos quienes, en 1532, introdujeron la cerámica en Puebla, y el gremio de loceros importó la técnica del vidriado de Talavera de la Reina. Como era de esperar, al cabo de un siglo la cerámica poblense no solo rivalizaba con la talaverana, sino que el sesgo americano ya había impreso su marca. Si la loza española permanecía aferrada a sus moldes y a los comedidos tonos de siempre, la de Puebla renovaba las formas y, sobre todo, se engalanaba con llamativos colores que causaban la admiración de los viajeros. Incluso el mismo barro blanco se mostraba más puro y refulgente. La cerámica, como advierte Foster[43], fue profusamente empleada en el uso cotidiano de América, mucho más que en España, en cuyas cocinas el hierro siempre tuvo preferencia. Mucho se consumió, pues, la cerámica en América, y cuando se contempla hoy una cúpula de iglesia revestida de este bello material, asombra reflexionar sobre el largo viaje que esa cerámica ha hecho a través del tiempo y el espacio, desde que partiera hace muchos siglos de las remotas tierras de Oriente, cabalgara con los jinetes árabes por el norte de África hasta asentarse en la Península Ibérica, navegara después con los exploradores españoles a través del Atlántico, para afincarse en una recóndita iglesia de la infinita tierra americana, quién sabe hasta qué nuevas singladuras.

Otro material de intenso uso corriente fue el cuero, desde que los ganados llevados a Antillas se hicieron cimarrones, lo mismo que ocurrió en el valle del Plata, donde el ganado alzado generó toda una industria, la del cuero, que aún se encuentra en la base económica de la Argentina actual, y que se aplicó a toda suerte de objetos, generando oficios como el de talabartero, guarnicionero, zapatero, el repujado y, por descontado, todo lo concerniente a los atelajes del caballo. La cultura del cuero se extendió de uno a otro extremo del continente, aunque en el norte el factor local impuso sus propias condiciones. Así, los zapateros conocieron menor pujanza que en el sur, pues los colonos se habituaron a usar los mocasines indios, en un claro ejemplo de influencia del sustrato indígena. En cambio, se expandió mucho la técnica del repujado del cuero, de origen árabe-andaluz y conocida más tarde como estilo *southwestern*. Y es necesario resaltar un uso particular del cuero que se hizo en el suroeste, la chaqueta, llamada la *cuera*, y que debido a su empleo por los soldados dio lugar al conocido nombre de *soldados de cuera*.

Nuevo pie: Soldados patrullando la frontera norte de Nueva España. Distantes los presidios unos de otros en la inmensa tierra de frontera, el virreinato estableció las llamadas patrullas volantes *para vigilar el territorio. Sus componentes vestían chaquetas de cuero, materia prima de muchos enseres domésticos, una vez que los españoles llevaron en gran números reses y caballos a América. Estos soldados fueron llamados por ello precisamente* soldados de cuera.

La casa americana se llenó de objetos salidos de las forjas: clavos, bisagras, aldabas, claveteados en los portones, celosías, rejas..., cosas que imprimen un aire intensamente español a las viviendas coloniales.

Mencionemos finalmente la industria joyera americana, muy influida por el área de Salamanca. Fueron famosos en este sentido los peces articulados del Perú. Una vez más, como ya ocurriera con la indumentaria y los usos del charro mexicano, la zona salmantina se muestra especial y extrañamente vigorosa en cuanto ascendiente de muchas de las costumbres del Nuevo Mundo.

Mercados y transporte

Para proveer a la población de los alimentos y útiles de la vida diaria, se diseñó para América todo un vasto sistema de ferias, mercados y transportes que, aunque basado sobre unos medios considerados hoy rudimentarios, como la carreta, la caballería y el puesto callejero, aseguró el suministro de una manera razonablemente eficiente.

Los mercadillos callejeros son muy populares en la América hispana, del mismo modo que en la España peninsular, y por la misma razón: en el mercadillo es posible dar rienda suelta al deseo de comunicación de las gentes hispanas de ambas orillas. Por ello, los modernos supermercados son muy opuestos a ese rasgo hondo del carácter, y por ello, pese a la extensión de estos, no dejarán de subsistir los mercadillos, los herederos naturales de la vieja y finiquitada expresión «hacer la plaza».

La compraventa de mercancías se llevó a cabo a través de las ferias y los mercados, que se distinguen en que aquellas son más espaciadas e importantes, mientras que estos se dedicaron al abastecimiento cotidiano en pueblos y ciudades. En España, la feria de más renombre fue la de Medina del Campo, que se celebraba con ocasión de la subida a puertos de los rebaños trashumantes de ovejas, cuando la Mesta movía varios millones de merinas cada primavera y cada otoño, en busca de los pastos de verano y de invierno, y la industria de la lana era, como dijo Miguel de Cervantes, «la principal sustancia destos reynos». La de Medina era una feria esencialmente ganadera que se celebraba en su plaza mayor, y aún pueden verse, incrustados sobre el pavimento de la plaza, los rótulos correspondientes a los gremios que se instalaban aledaños a la feria principal, como los barberos, loceros, guarnicioneros y el resto de la muestra de oficios de la España medieval de entonces.

La trashumancia posee un inequívoco origen español, cuando esta actividad era la principal actividad económica medieval. La práctica se trasladó al Nuevo Mundo, y donde más arraigó no fue en áreas propicias para ello como las andinas, sino en el territorio de los actuales Estados Unidos. En Nuevo México hubo trashumancia de vacas entre los pastos de verano y los de invierno, pero la introducción masiva de ovejas churras determinó que fueran estas el motivo principal de la trashumancia. Y fueron pastores vascos, tradicionalmente ajenos a la trashumancia, los que desarrollaron esta labor en California.

En América, aunque había ferias afamadas como la de mulas de Tucumán, las mayores coincidían con el arribo de los barcos procedentes de España, cargados de personas, enseres y noticias. Cuando las asechanzas piratas obligaron a organizar el sistema de flotas mercantes, convoyes que partían al unísono y navegaban próximos entre sí, la llegada anual a Veracruz daba lugar a la famosa feria, corazón de todo el complejo entramado comercial de América, pues en Veracruz coincidían los compradores de las mercancías que traía la flota, con los agentes y factores comisionados para la venta de los productos procedentes de orígenes tan distantes como el Perú. Todo lo cual exigía un complicadísimo engranaje de transporte desde aquellos puntos, por medio de barcos que costeaban por los litorales Atlántico y Pacífico, más arrieros con sus recuas muleras por los caminos interiores. Todo debía hacerse de manera sincrónica, para que la mercancía estuviera lista a la llegada de la flota a Veracruz. El único inconveniente de esta feria era la insalubridad general de la zona, donde no era difícil contraer la fiebre amarilla o la malaria, y ante las repetidas quejas de los comerciantes se dispuso el traslado de la feria a Jalapa. El gran montaje ferial finiquitó cuando en la segunda mitad del siglo XVIII se declaró la libertad de comercio.

Los mercados españoles y americanos se hallan incrustados de una manera profunda en las costumbres de ambos pueblos y reflejan no poco el modo de ser hispano, ya que los mercados abiertos no son simplemente los puntos donde se aprovisiona el vecindario, sino sitios para la comunicación, algo inseparable del alma colectiva de esta cultura. En España los mercados comenzaron a establecerse a lo largo de la ruta jacobea, para satisfacer las demandas de los peregrinos, y luego se extendieron al resto de la Península. Su periodicidad es generalmente semanal, y de tal modo se hallan insertos en el ánimo de las gentes, que, a pesar de la comodidad y la asepsia de los supermercados modernos, estos no han logrado la popularidad del mercadillo semanal de los pueblos, y aun de las capitales de provincia, que sigue congregando a todo el vecindario, y en el que se venden alimentos, cacharrería y útiles caseros, devolviendo a la plaza el ambiente medieval de los orígenes.

Los mercados en Iberoamérica son la prolongación exacta de los españoles, salvo que añaden la consabida nota criolla de barahúnda y colorido, propios de una tierra tan copiosa. Mercadillos como los guatemaltecos de Chichicastenango o La Antigua reflejan a la perfección esa exuberancia, como si fueran escaparates del desbordante ambiente humano de América. Allí se venden no solo alimentos, sino flores, animales vivos y muertos, medicinas y remedios de toda laya, por no hablar de los mercados callejeros bolivianos, donde, junto a una promiscua miscelánea de bagatelas, aparecen fetos de llamas, destinados a ser enterrados bajo los cimientos de los edificios de nueva planta, como garantía segura de buena ventura para sus moradores.

Todas las semanas, en la plaza mayor de Santa Fe, Nuevo México, los indios extienden sus mantas y las cubren con sus productos artesanales: figuritas de barro, collares, pulseras..., y al hacerlo reviven la tradición del mercado heredada de los españoles. El apogeo de este comercio tiene lugar en el mes de septiembre, con las fiestas de Santa Fe, cuando la plaza y las calles aledañas bullen de puestos callejeros, y entonces resucita con el mismo vigor el esplendor ferial de antaño.

Curiosamente, quienes más se aficionaron a este comercio del mercadillo abierto fueron los indios, que durante siglos entraron en contacto, generalmente hostil, con las vanguardias españolas de la frontera. Destacaron por su agresividad los irreductibles comanches, que tuvieron en jaque a las tropas españolas y más tarde a las angloamericanas, por su permanente movilidad. Sin embargo, una o dos veces al año acampaban a las afueras de Taos, exponían sus productos y los cambiaban por los españoles. Este trueque fue llamado el *comercio comanchero*, y por unos días se alzaba una tregua, llamada la *tregua de Dios*, y cada parte obtenía los productos del otro. Luego se levantaban los campamentos y los comanches volvían a ser los agresivos e incómodos guerreros de siempre.

La arriería y sus caminos

Para el transporte de todos los objetos y víveres que demandaba una población dispersa en el larguísimo corredor de tierra que discurría entre la frontera novomexicana y la Patagonia, existió toda una red de caminos y de arrieros.

En otro lugar se ha mencionado el desarrollo que alcanzaron en este vasto sistema de comunicación las recuas de mulas con sus mayordomos, sabaneros, cargadores y atajadores, en un engranaje que recuerda mucho a la jerarquía pastoril de la trashumancia española, compuesta por mayorales, rabadanes, pastores y zagales. Y corresponde ahora hablar someramente de otro gran medio de transporte, el carro de ruedas, y de su derivado, la carreta.

Por una vez, no fue Andalucía la región que aportó este elemento de cultura material, sino las regiones cantábricas del norte ibérico. El carro andaluz es un carro de madera con ruedas de rayos, a veces de enorme tamaño, y es un carro que, si en el trabajo diario sirve para el acarreo de las mercaderías, cuando llega el tiempo de fiesta, que es pródigo en Andalucía, se engalana con toldillos, flores y guirnaldas, como ocurre en las romerías de El Rocío o de Santa María de la Cabeza.

Aunque la mayor parte de los objetos exportados a América procedían de Andalucía, debido al origen de los primeros colonizadores, hubo notables excepciones. Así, el carro andaluz de ruedas de rayos no tuvo predicamento en el Nuevo Mundo, sino que el que se extendió fue el carro de ruedas macizas o celta, que es el que se usaba en las montañas del norte, como Asturias o Cantabria.

Pero no fue este el carro que se generalizó en América, sino el carro del norte, sólida estructura de madera que parece provenir de un tronco ahorquillado, y cuya planta recuerda a la proa de un barco. En algunos lugares es llamado el *carro celta*, y su mayor particularidad se encuentra en el diseño de las dos ruedas. Estas no tienen rayos como las andaluzas, sino que son macizas, y su fuerte engranaje al eje de madera hace brotar un sonido especial, chirriante y monótono, que aseguran ejerce de bálsamo para los carreteros y sus caballerías. Los labradores de la comarca de los Picos de Europa rivalizaban entre sí por sacar las notas más sonoras a sus carros, y para ello untaban los ejes con grasas y aceites. Y al caer la tarde, cuando, cumplida la faena en el campo volvían a casa los labradores a soles recogidos, el sonido de los carros inundaba el aire, y era como la música triste y cadenciosa del crepúsculo en los Picos de Europa.

Este carro fue el que se expandió en América, y su chilladera también resuena en los campos del Nuevo Mundo. Asimismo se exportó la rastra, especie de plataforma de madera para la carga de heno o piedras, arrastrada por un buey y utilizada en aquellos parajes impracticables para las ruedas, como los pedregosos, los muy pinos o los muy húmedos, donde se atascan las ruedas. La rastra ha desaparecido casi por completo en el campo español, pero aún es posible verla en el agro americano, como en Cuba y las campiñas de Centroamérica.

En el orden general del abastecimiento había ciertos intermediarios que no debemos pasar por alto. Eran los buhoneros, verdaderos bazares andantes, que desempeñaron un papel de la máxima importancia en el comercio español medieval y en el de la América hispana. Ellos se ocuparon de extender las redes comerciales hasta los puntos más remotos, hasta los centros mineros o las apartadas haciendas de la frontera. Viajaron también por el Camino Real de México a Santa Fe, acompañados de músicos, payasos y cuenteros, todos ellos llamados *maromeros* (todavía quedan vestigios de este comercio minorista y vagabundo en el Suroeste de los Estados Unidos, donde los burros fueron vistos hasta el año 1940). Mezcla de mercachifles y de aventureros, los buhoneros acuñaron una tipología humana que con mucho esfuerzo aún puede detectarse en los pueblos extremeños o andaluces, y con algo menos en las áreas rurales de América, pues el buhonero o varillero era una figura muy corriente en México hasta tiempos recientes.

Estos nómadas de la mercancía llenaron los caminos carreteros de América con sus carretas cuajadas de atijara y de quincallería, de hierbas, de santos y de remedios para todas las enfermedades. Con ellos reportó el abasto destinado a los puntos lejanos, pero en sus canciones, sus consejas, sus noticias y sus hablillas viajó también de un extremo a otro del imperio, qué duda cabe, la cultura hispana.

El capítulo del abastecimiento debe terminarse con la mención a los pósitos o alhóndigas, nombre de inequívoca reminiscencia árabe. El pósito es un almacén de cereal, que funcionaba como intermediario único entre el productor y el consumidor. Su papel en España lo cumplen hoy los silos, pero aún puede verse en algunos pueblos un destartalado edificio, en cuya fachada, con letras desdibujadas por el tiempo, se lee la palabra *pósito*.

Los antiguos graneros de abastecimiento de cereal eran conocidos como «pósitos» o «alhóndigas». Eran los intermediarios únicos entre el productor y el consumidor, ejerciendo un papel semejante al de los silos peninsulares.
Tuvieron una función esencial, ya que los cereales eran unos de los llamados «mantenimientos», alimentos considerados básicos por las autoridades, y por tanto muy intervenidos. Aún puede verse, en viejos edificios de España y América, la palabra «pósito» desdibujada por el tiempo.

El Camino Real de Tierra Adentro

Los arrieros supieron abrir caminos en los difíciles paisajes de América, a veces utilizando las viejas rutas indígenas, otras, abriendo nuevas trochas. Una de las más notables fue el *Camino Real de Tierra Adentro*, el eje por el que penetró en el suroeste de los Estados Unidos todo el bagaje material y cultural de la civilización hispánica a lo largo de más de doscientos años.

Los actuales estados de Nuevo México, Arizona, Texas, Colorado, constituían la llamada entonces *tierra de frontera*, la parte más remota del virreinato mexicano, pero donde habitaban colonos, misioneros y soldados españoles a los que era necesario proveer. A tal fin, España organizó la llamada *Conducta*, una caravana de carretas, gentes, ganados y enseres, que cada tres años partía de la ciudad de México, para llegar seis meses después a Santa Fe, la capital de Nuevo México, ya en territorio estadounidense. Trasladaban allí frailes, colonos, soldados y todo el argamandijo necesario para asentar la cultura española en aquellas tierras: semillas, plantones, aperos, muebles, papel y tinta para escribir… La caravana se componía de una treintena de carretas entoldadas (las que luego hemos visto en las películas de Hollywood como «americanas»), tiradas por bueyes, a las que seguía una nutrida representación del ganado español: caballos, vacas, burros, ovejas, gallinas… Todo este bagaje arribaba a Santa Fe y, desde allí, se distribuía por ranchos, pueblos, misiones y presidios del territorio español de frontera.

El Camino Real de Tierra Adentro tuvo su propia y extraordinaria épica, pues no en vano atravesaba tierras muy inhóspitas y plagadas de incertidumbres. Cruzaba primero por las tierras amables de Querétaro o Guanajuato, para adentrarse más tarde en los páramos desérticos de Zacatecas o Chihuahua. Se cruzaba después el Río Grande y solo restaban los arenales de Nuevo México, hasta rendir viaje en Santa Fe.

El Camino Real de Tierra Adentro fue un eje fundamental en la colonización hispana del suroeste de los Estados Unidos. Cada tres años partía de la capital mexicana una gran caravana de carretas, con familias, frailes y soldaos, además de aperos y ganados para poblar y abastecer las misiones, ranchos y pueblos de la tierra de frontera. El camino duraba seis meses y rendía viaje en Santa Fe de Nuevo México.

Los riesgos eran grandes. A veces se producían grandes crecidas de los ríos del camino, como el Nazca, que obligaban a la caravana a esperar durante semanas hasta que el río fuera vadeable.

Peor aún eran las sequías extremas, muy frecuentes en esas tierras desérticas. Viajeros y animales se aprovisionaban regularmente de agua en las surgencias naturales u *ojos de agua* (así se les llama todavía hoy en los Estados Unidos), pero a veces quedaban en seco, condenando a la comitiva a la sed y el racionamiento. En este sentido era especialmente temida la travesía de la llamada *Jornada del Muerto*, en Nuevo México, cien kilómetros sin un solo manantial, que ponía al límite la resistencia de los viajeros.

Y más temido aún por las familias viajeras fue el peligro de los asaltos, porque abundaban los asaltantes. Desde la capital mexicana hasta Zacatecas había bandas que vivían de los asaltos a la caravana, a pesar de que esta marchaba protegida por patrullas de soldados.

No obstante, el peligro mayor se instalaba más allá de Zacatecas, en los inmensos desiertos del norte de México, el hábitat de las tribus indias hostiles a España, cuyas depredaciones sembraban un terror profundo entre las familias que viajaban a la tierra de frontera en busca de una vida mejor.

Los indios, máximos conocedores del terreno, al que sabían extraer el máximo de sus posibilidades, invisibles a la guardia de la comitiva, la seguían y vigilaban desde lejos, esperando con la proverbial paciencia india el momento adecuado para la depredación. La caravana, llegada la noche colocaba en círculo las carretas con las personas dentro, e instalaba guardias en el contorno durante toda la noche.

Eran muchas las vicisitudes que aguardaban a los viajeros del Camino Real de Tierra Adentro. Entre ellas, los asaltos indios, al adentrarse la caravana en los desiertos de Sonora y Chihuahua. El objetivo principal de los indios era hacerse en un descuido con una punta de caballos españoles, que luego dominaban, llegando a convertirse en expertos y peligrosos jinetes, pues sirviéndose de su celeridad asestaban rápidos golpes sobre los ranchos y pueblos españoles de la frontera.

Pero siempre había algún descuido, alguna debilidad, y entonces los indios daban el golpe, siempre de noche. Su objetivo primordial eran los caballos, y gracias a estas rapiñas consiguieron hacerse con grandes caballadas, convirtiéndose más tarde en insuperables jinetes.

Aunque no solo robaban caballos. Cuando la ocasión era especialmente propicia se atrevían a introducirse en una de las carretas y apoderarse de mujeres o niños, deslizándose con ellos en la espesura de la noche. No fueron escasas las historias de mujeres y niños arrancados de su cultura y obligados a incorporarse a una tribu india. Hubo casos de niños adaptados tan cabalmente a sus nuevas familias, que acababan por renegar de sus orígenes y se convertían en unos indios más.

Hoy, el Camino Real de Tierra Adentro está declarado como *National Historic Trail* por el gobierno de los Estados Unidos, y posee un impresionante centro de interpretación en la localidad de Socorro, en Nuevo México, como reconocimiento al camino por el que fluyó al interior de Estados Unidos el conjunto de la cultura occidental.

Otros caminos hispánicos

Los virreinatos españoles se sirvieron de numerosos caminos para organizar el trasiego comercial, militar y administrativo. Unas veces fueron rutas prehispánicas adaptadas a las nuevas necesidades y medios de locomoción, como la mula, el buey y las carretas, otras fueron caminos de nueva planta, como los llamados *Caminos Reales*. En el territorio de los Estados Unidos el Camino Real de Tierra Adentro se desdoblaba en dos ramales, el *Camino Real de los Tejas*, que discurría por el sur hasta las misiones texanas, y el *Camino de los Adaes*, al norte de este, y que llegaba hasta Luisiana.

En California, las misiones fundadas por Junípero Serra, y a su muerte por el padre Lasuén, eran enlazadas por el *Camino Real de las Misiones de California*, del que quedan numerosos vestigios. Lo propio ocurría con las misiones de Florida, unidas por dos Caminos Reales. También debe mencionarse la *Ruta de Anza*, hoy un *National Historic Trail*, que fue el que abrió Juan Bautista de Anza para conducir una partida de colonos desde Nuevo México hasta California.

Otra gran ruta fue el *Camino Real al Alto Perú*, que discurría entre Buenos Aires y Lima, inicialmente concebido como un camino de postas, pero el hallazgo de mercurio en Huancavelica le otorgó mayor enjundia, ya que el mercurio fue el producto empleado en precipitar la plata de Potosí, uno de los grandes nervios del poderío español de la época. El camino en cuestión fue abierto por el comisionado español Alonso Carrió de la Vandera, que recorrió la ruta y determinó los puntos donde debían asentarse las postas del camino. Posteriormente, bajo el seudónimo de *Concoloncorvo*, narró las peripecias de este viaje, que fueron muchas, en su libro *El Lazarillo de ciegos y caminantes*, una joya de la literatura hispánica de viajes.

El *Camino de las Mulas* fue una importantísima senda, porque se hallaba conectada a los embarques de plata con destino a Europa, un complejísimo engranaje que hacía confluir al mismo tiempo en Panamá tanto el mineral procedente de las minas de Nueva España, como las de Potosí, en el virreinato del Perú. Para conseguir esto había que organizar un tinglado de transporte de primer orden, pues mientras que la plata mexicana se trasladaba por vía terrestre hasta Portobello, la peruana se llevaba en barcos hasta el istmo panameño. Pero allí debía ser transportada por vía terrestre para atravesar el istmo, y para ello, varios meses antes partía del sur de México una larguísima recua de mulas de sus criaderos, sin carga, que llegaba a la costa pacífica del istmo, a tiempo para cargar la plata potosina y cruzarla hasta la costa atlántica, en Portobello, donde con precisión de reloj habían llegado los galeones para hacerse cargo de la plata extraída en los dos virreinatos.

España trazó en América una extensa red de caminos, a veces sirviéndose de los antiguos senderos indios. De Santa Fe partían nuevos ramales al este y el oeste. En la dirección de Tejas existía el Camino Real de los Tejas, que discurría por el sur, atravesando las misiones tejanas, y el Camino de los Adaes, que lo hacía por el norte. A través de ellos penetraron los ingredientes de la cultura hispana en Tejas. Las misiones de California, desarrolladas por Junípero Serra, y a su muerte por el padre Lasuén, se hallaban enlazadas por el llamado Camino Real. Hoy, una de las carreteras principales de California sigue la ruta del viejo Camino Real, como así se encargan de recordar regularmente los letreros.

En cambio, España no utilizó el más famoso y largo de todos los caminos prehispánicos, el *Capaq Ñan* o *Gran Camino Inca*, un prodigio de la ingeniería incaica, que discurría a lo largo del altiplano para servir a las necesidades militares y administrativas del imperio. Era el eje principal de comunicación del *Tahuantinsuyo*, el Imperio inca, y se caracterizaba porque jamás abandonaba la línea recta, ya fueran montañas, para las que se labraban escalones de subida y bajada, o lagos, sobre los que se construían plataformas. El camino estaba servido por *chasquis*, corredores que recorrían cinco kilómetros llevando los mensajes hasta la posta siguiente, donde aguardaba el siguiente relevo. El problema es que el *Capaq Ñan* estaba empedrado en muchos de sus tramos, lo que no resultaba llevadero para las caballerías españolas, y de ahí que no se utilizara. Hoy, el *Capaq Ñan*, del que quedan numerosos tramos intactos, es un valioso tesoro arqueológico, histórico y paisajístico.

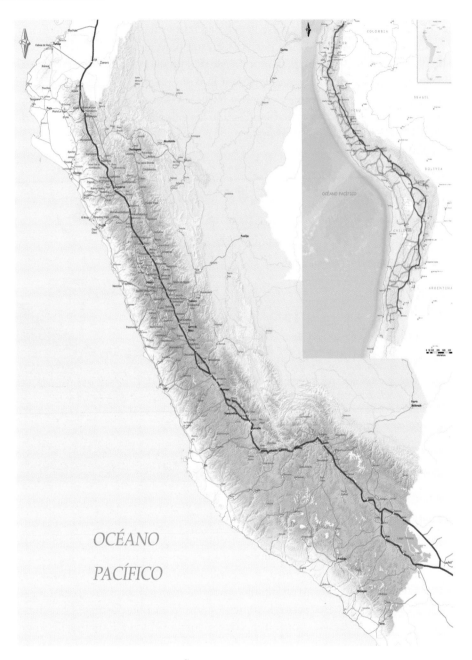

OCÉANO

PACÍFICO

El Gran Camino Inca *o* Capaq Ñan *fue el eje fundamental del Imperio inca. Discurría por el altiplano andino, entre Colombia y Argentina, con una vasta red de corredores o* chasquis, *que se relevaban los mensajes o enseres cada cinco kilómetros. Los españoles no utilizaron el Camino Inca, debido al empedrado de su suelo, que lo hacía poco apto para los caballos españoles. Hoy es una ruta de creciente interés turístico.*

El matrimonio y los fallecimientos

He aquí dos de los grandes ritos biológicos, festivo uno, luctuoso otro, pero los dos celebrados con enorme prosopopeya en el mundo hispano. Y en torno a ambos, inseparable de ellos, la institución de la familia.

El matrimonio, como puede suponerse, es motivo de festejo «por todo lo alto», una ocasión para, en expresión muy hispánica, «tirar la casa por la ventana». Ese día los invitados, que han regalado objetos a los novios, son agasajados con una espléndida comida, tras la cual hay música y baile que se prolonga muchas horas, aunque las bodas en algunos lugares alcanzan una duración de varios días. Pcñucla[44] cita la práctica del área hispana de Estados Unidos de la *entrega de novios*, que se formaliza tras el baile nocturno. Entonces, con la concurrencia reunida, un cantador o *pueta*, que es el entregador, acompañado de guitarra o violín procede a la *entriega* (sic), recitando coplas que en parte están establecidas y en parte se improvisan.

Otras prácticas comunes en el orbe hispano son la dote y los esponsales. Por la primera, el padre de la novia hace entrega de una fuerte cantidad de dinero (en los orígenes se hacía en especie) como aportación al matrimonio. Existía también la dote religiosa, y los registros notariales de los antiguos virreinatos de México y Perú están llenos de ellas, según la cual la mujer que se retiraba al convento aportaba una cantidad para su manutención.

Los esponsales consistían en una promesa solemne de matrimonio que se hacían los futuros contrayentes. A partir de ese momento se hallaban *prometidos*, y el derecho hispano concedió valor jurídico a esa unión, pues el quebranto del compromiso por una de las partes generaba la obligación de indemnizar. Tanto en España como en América existían, y subsisten desde luego en el ámbito rural, numerosos procedimientos para estimular que la mujer llegara al matrimonio, y eso que puede calificarse como de verdadera obsesión por casar a la mujer, deriva no solo de la necesidad de procrear, sino sobre todo de que en las sociedades tradicionales hispanas el matrimonio era la «salida natural» de las hembras, y una soltera era vista como una anomalía social, que irremediablemente conducía al convento, algo que ha cambiado diametralmente hoy.

El caso es que se establecían toda suerte de fórmulas, recetas y conjuros, destinados a llevar a las solteras al altar, mientras que el hombre quedaba al margen de esta seria preocupación. En las montañas de Gredos regía una antigua costumbre, según la cual las solteras que se asomaran a las oscuras aguas de la Laguna Grande, en el corazón del macizo, quedarían casadas ese mismo año. Y las mujeres andaluzas metían en el pozo una imagen de san Antonio y la tenían allí toda la noche. De mañana se sacaba al santo y se le amenazaba con volver a sumergirle si no procuraba pronto el anhelado novio. Debe consignarse que, aunque la vida urbana ha arrumbado estas creencias, subsisten en no escaso número en los ámbitos rurales.

El rito de la muerte

La muerte es algo que conmueve profundamente los sentimientos del alma hispana, y mucho antes de que ocurra ya se ha puesto en marcha toda una batería de instrumentos para su detección anticipada. Mena[45] ha recogido del peculio cultural andaluz una buena parte de la escenografía de la muerte, y decir Andalucía equivale a decir la América hispana.

Así, el enfermo que hace rebujos con las manos en el embozo de las sábanas morirá pronto, y si a un cadáver al que se le han cerrado los ojos los vuelve a abrir es infausta señal de que, a no tardar, alguien más de la casa habrá de morir. Si las líneas de la palma de la mano convergen enseguida es signo de muerte prematura, al contrario de si no lo hacen, y así hasta completar una larga retahíla de prefiguraciones.

Todo lo relativo al velorio o velatorio tiene sus pautas rituales bien marcadas, pues en él se distingue a los allegados de los que lo son menos. Los familiares íntimos deberán velar al deudo toda la noche en la estancia próxima e incluso a la vera del cadáver, y los más alejados se limitarán a presentar sus condolencias y marcharse seguidamente.

Era costumbre en ciertas regiones andaluzas dar un corte con una tijera a la chaqueta y pantalones del difunto, a fin de que los ladrones «no robaran el traje». Y durante el entierro, vecinos y amigos cambiaban de sitio los muebles e incluso hacían desaparecer un mueble muy vinculado al muerto, como su sillón favorito, para que al volver los parientes no revivieran su recuerdo. Y el mismo autor cuenta una siniestra costumbre, que se practicó hasta mediados del pasado siglo, cuando una familia sin recursos perdía a un recién nacido. Entonces lo guardaban en un frasco bañado en alcohol o aguardiente, y cuando fallecía otro adulto le pedían el favor de enterrar al niño en su ataúd, con lo que se ahorraban los gastos del entierro. El asunto de los desembolsos por las exequias es tema capital entre las clases menos pudientes, y revela aún hoy el grado de importancia que se otorga a la muerte, pues desde muy temprana edad, incluso desde el nacimiento, se paga regularmente un tanto a la empresa de pompas fúnebres para que, llegado el fallecimiento, este capítulo presupuestario esté perfectamente cubierto y asegurado.

Pero el hecho de la muerte comporta otras consecuencias, como la de hacer aflorar al máximo ese rasgo del temperamento hispano ligado a la apariencia y la vanidad, lo que reflejaba magistralmente Quevedo en aquellos dos caballeros que, bajo capas solemnes y encumbradas, escondían calzas y jubones raídos. En la muerte hispana, el difunto es simplemente un pretexto para la ostentación de los vivos, y a mayor calidad del muerto, mayor gloria de sus deudos. Por eso, todo lo que rodea al deceso es objeto de la mayor atención por parte de sus afligidos parientes, y de ello no se libra clase social alguna, ya sea rural o ciudadana, pudiente o modesta, culta o iletrada.

El rito de la muerte reviste excepcional importancia en la América hispana, toda vez que el arsenal mayoritario de costumbres procede de Andalucía, donde asimismo a la muerte se concede primordial papel. Todo lo relativo a ella, desde la propia muerte hasta el velorio, el entierro, el ataúd, la esquela y el funeral, se halla muy pautado, incluso en las palabras y el modo en que los parientes y los amigos del muerto han de presentar sus condolencias a la familia.

Así, la esquela se redacta con buen cuidado de que luzcan títulos, méritos y blasones del finado, y no faltan los *excelentísimo* e *ilustrísimo*, los *dones* y *doñas*, los títulos de nobleza y, si no los hay, las comendadurías o las dignidades, por menguadas que sean. También es objeto de esmero el féretro, de maderas nobles y recargado con bronces, así como las coronas de flores, mejor cuanto más grandes y numerosas. El lugar del descanso eterno del finado reviste también los máximos miramientos, y a falta del ansiado panteón, a pocos accesible, afánanse las familias en que al menos la tumba sea merecedera, y en la lápida se esculpan los nombres en letras doradas. Y toda esta parafernalia no es por dar gusto al muerto, al que obviamente se le da ya un ardite de todo ello, sino para mayor honra de sus familias, en una manifestación más del insaciable y constante empeño hispano por aparentar. Es el último servicio que rinde el muerto a sus parientes antes del reparto de la herencia (evento que terminará con la gran cohesión familiar demostrada durante las exequias) y por ello despierta los más encendidos sentimientos.

Los funerales son un acto más de esta auténtica representación dramática que es la muerte hispánica, y a ellos acuden amigos y deudos lejanos cargados con sus frases rituales de condolencia. A la América hispana pasó la costumbre de las plañideras, mujeres que durante el velorio no cesaban de proferir gritos y lamentos. Félix Coluccio[46] ha estudiado algunos de estos vestigios en las tierras americanas, como el de los valles calchaquíes de Argentina, donde la comitiva que acude al camposanto camina deshaciéndose en lamentos. En Bolivia, amigos y parientes permanecen alrededor del ataúd llorando y cantando las virtudes del fallecido, para que lo oiga su alma y se solace con ello. Narra Coluccio dos curiosas costumbres también argentinas: la de la comarca del Tandil, donde, si el muerto era propietario de abejas, uno de sus allegados se acercaba a las colmenas e informaba a las abejas de la muerte de su amo, costumbre que dice provenir del País Vasco. Y cuenta también la curiosa, extraordinaria figura del *despenador*, que operaba en los campos argentinos. Era tarea de gran prestigio, y su oficio consistía en acudir a las casas donde había algún enfermo terminal y, a requerimiento de las familias, les quebraba el espinazo, dando término a su sufrimiento.

La costumbre de visitar a los muertos en el Día de Difuntos apenas ha perdido vigencia en España, ni siquiera a impulsos del proceso urbanizador. Cada dos de noviembre, las familias acuden en masa a los cementerios, donde previamente han aseado convenientemente las tumbas de sus deudos. Ese día, las familias compran flores de difuntos, como los crisantemos, y rezan a sus parientes muertos.

Pero la muerte en el ámbito geográfico hispano no termina con los actos subsiguientes, como los funerales o el entierro. Antes bien, se prolonga mucho más lejos, muchos más años. Antaño, las viudas entraban en riguroso luto hasta su propio fallecimiento, costumbre ya muy debilitada incluso en los escenarios rurales de España y América. En cambio, el Día de Difuntos sigue congregando en los cementerios a lo largo de todo el espacio hispano a centenares de miles de personas que acuden a visitar a sus deudos. Y no hace falta para ello escudriñar en los remotos rincones del ámbito rural, sino que basta con acercarse a los cementerios de Madrid, México o Lima, para comprobar el vigor actual de esta tradición. Con antelación a la visita, algunos familiares reconocen las tumbas, las barren y friegan a conciencia, las decoran primorosamente con flores y bruñen las leyendas. El día de la visita congrega a toda la parentela directa, que se entrega a rezos y plegarias.

Si en España la conmemoración de la muerte es recatada, la consabida exageración iberoamericana hace de la visita un ritual que tiene mucho de surrealista. El Día de Muertos en México es, antes que una jornada luctuosa, un curioso rito, donde se mezclan elementos cristianos y prehispánicos, como levantar altares donde se honra a los deudos con sus objetos y alimentos favoritos. La exageración llega a sus límites en los propios cementerios, donde se contratan orquestillas para que interpreten las músicas que gustaban al muerto, y en algunos pueblos se le ofrecen los alimentos de su gusto, que comparten con ellos tal si estuviera vivo.

Esta costumbre, tan genuinamente española, por la cual el muerto de alguna forma revive para sus deudos cada dos de noviembre, toma al otro lado del Atlántico el peculiar giro exagerado de la tierra, adquiriendo tintes marcadamente surrealistas. En muchos pueblos de México, la visita al cementerio se convierte en una romería. Los parientes llevan bebidas y comida, contratan conjuntos musicales que cantan las piezas que agradaban al deudo, y la jornada tiene mucho más de festiva que de luctuosa. Y en algunos pueblos del México profundo, como en San Bartolo Tutotepec, las familias llegan a sacar despojos del muerto, y en su presencia cuentan cómo van las cosas por el rancho y por el pueblo: Quién casó ese año, cómo les va a los hijos, si parió la vaca... Y en Huancavelica, en Perú, llevan los manjares que más gustan al muerto y los comen en un acto, medio luctuoso medio festivo, que incluye la degustación de los alimentos y la bebida.

La familia hispana

Uno de los pilares de la cultura hispana es la familia. Amplia, extensa, que no se limita como en el modelo anglosajón al núcleo del padre y los hijos (pocos, por otra parte), sino que incluye a primos, tíos y abuelos, debido al hecho de que los progenitores hispanos tienen muchos hijos, estos crecen juntos y se siguen viendo cuando los padres ya han fallecido. Y, al reunirse regularmente, sus propios hijos entablan contacto, con lo que la relación familiar extensa se transmite a través de las generaciones. Un estudio realizado en Nuevo México revelaba que el 90 por 100 de las visitas que se realizaban dentro de las ciudades, tenían a la familia como causa.

Este concepto de la familia, de por sí dilatada, cuenta por añadidura con dos extensiones en el mundo hispano, de origen netamente andaluz. Uno es la cofradía, especie de comunidad semifamiliar cuyo inicial propósito es organizar las fiestas del barrio o de la parroquia, ya sean las de Semana Santa o las del santo patrón. Estas cofradías, de honda tradición andaluza, fueron la dimensión religiosa del gremio y, como se expone en el capítulo dedicado a la religión, fueron una de las más eficientes correas de transmisión del cristianismo hacia la población india, pues esta se aficionó sobremanera a la cofradía, que le permitía participar en la organización de las fiestas y desfilar en las procesiones. En la actualidad, las cofradías siguen funcionando en España y en áreas de América, e incluso en las zonas hispanas de Estados Unidos, donde de manera tan intensa se aferran a las costumbres de sus mayores.

La otra variante adicional de la familia es el compadrazgo. Su motivo principal es el bautismo, por el cual los padrinos adquieren lazos espirituales, tanto sobre el bautizado como entre sí mismos. Pero esta tradición, reconocida por la Iglesia, al pasar a América duplicó su vigor y amplió sus funciones, pues ya no era solo el bautismo, sino otros sucesos los que reclamaban el compadrazgo: un aniversario, una recepción profesional, una graduación, la primera misa... Al ejercer de padrinos nacía la relación de compadrazgo, por la que ambos quedaban obligados entre sí de por vida, incluso más que con el propio apadrinado, debiendo siempre atenderse los requerimientos del compadre.

Probablemente, la institución del compadrazgo, de enorme fuerza en México, descanse en el profundo código del honor de la sociedad española de los tiempos medievales, cuando la menor alusión sobre el honor daba motivo a un duelo; cuando los contratos se hacían sobre la palabra dada y, mejor aún, estrechándose las manos, como hacían los comerciantes de las ferias ganaderas al cerrar un trato, el cual quedaba sellado sin necesidad de papeles. El honor jugó un papel de primer orden en la jerarquía de valores españoles, y todo él se exportó a América, germinando en figuras como el compadrazgo.

Gremios y cofradías

El gremio es la variante profesional de la cofradía, establecido para defender los intereses de los artesanos agremiados. Se trata de una institución de antigua prosapia en Europa y en España, donde fue briosamente apoyada por los Reyes Católicos en su continuo socavamiento del régimen feudal, al que asediaron por

Los ranchos del suroeste norteamericano, en la tierra de frontera, *por fuerza habían de ser autosuficientes en un territorio mínimamente abastecido desde fuera, por el Camino Real de Tierra Adentro. El Rancho de las Golondrinas, en Nuevo México, dos veces al año abre sus puertas y se pone todo él en funcionamiento, para contemplar cómo era la vida cotidiana en aquellas haciendas aisladas y remotas.*

todos los medios posibles. Para ejercer un oficio era obligatorio estar agremiado, rechazándose de plano a los que no tuvieran «limpieza de sangre», quedando por tanto excluidos judíos y moriscos. La organización gremial era muy rígida, con una división entre maestros, oficiales y aprendices, alcanzándose la primera categoría solo si se realizaba una *obra maestra*.

El gremio pasó a América, y allí vino a ser la cara secular de la cofradía, esta dedicada a funciones religiosas y asistenciales, aquel orientado a defender la profesión, la calidad de los productos, los precios y, en general, los intereses de los agremiados. La exclusión de los impuros de sangre no era legalmente aplicable a los indios, que no estaban conceptuados como impuros, pero como los asociados los querían excluir de todos modos, recurrieron a ardides indirectos, como la exigencia de requisitos técnicos. Lo cierto es que los indios no pudieron entrar en los gremios, aunque se les permitía ejercer libremente, y se ocasionaron conflictos que fueron superados por la realidad del mestizaje en el siglo XVII, cuando fueron los mestizos quienes se apropiaron de los oficios y los españoles derivaron hacia la tierra y el comercio, donde se sentían más a gusto que en oficios que requerían trabajar con las propias manos.

De épocas medievales procede la figura del gremio, asociaciones que tenían por objeto la producción de bienes cuando aún no existían las fábricas, y la enseñanza a los aprendices de oficios como la forja, la carpintería el curtido de pieles y otros. Pero al mismo tiempo eran corporaciones que defendían férreamente los intereses de los agremiados. El gremio, junto al espíritu gremial, pasaron a América, con su cerrado código que hacía difícil la entrada de terceros. Las leyes liberalizadoras de Carlos III arremetieron contra el espíritu gremial, aunque siguió subsistiendo bajo el llamado corporativismo profesional.

Los gremios fueron en la práctica férreos defensores de sus intereses corporativos, y contaron con un sistema de inspectores llamados en México *veedores*, figura vigente aún para designar a determinados vigilantes del cumplimiento de las normas. Los reformistas de Carlos III arremetieron contra el sistema gremial, y las Cortes de Cádiz proclamaron la libertad de comercio, poniendo punto y final a los gremios. Con ello los finiquitaron legalmente, mas no efectivamente, pues no solo quedan vestigios del fenómeno gremial en las muchas calles de España y América que recuerdan los oficios agremiados: calle de plateros, de zapateros, de talabarteros... Porque el *espíritu gremial* había quedado indeleblemente fijado en el ejercicio de las profesiones, y de una forma u otra, con unas u otras denominaciones, continuó operando y ha llegado hasta nuestros días, bajo diversas formas de corporativismo. Llámense corporaciones profesionales, asociaciones, colegios, cámaras u otros nombres, allí donde se encuentre una agrupación defendiendo los intereses de la profesión, exigiendo la incorporación forzosa, estableciendo los precios, ejerciendo de grupo de presión sobre el poder para obtener una ley u oponerse a otra, allí se encuentra agazapado el espíritu del viejo gremio.

Diversiones

Al ser los juegos parte integrante del marco más amplio de la fiesta, fácil es deducir su gran afición por ellos en las gentes hispanas. Uno de los primeros que se exportaron fueron las riñas de gallos, práctica muy antigua, pues ya se encontraba entre los griegos y los romanos. El área española donde más adictos tuvieron las riñas fue el decisivo eje Sevilla-Cádiz-Huelva, y fueron famosos los gallos jerezanos, y las peleas de gallos tuvieron un escenario específico, los *reñideros*, un ruedo taurino en pequeño rodeado de gradas, donde los espectadores cruzaban sus apuestas. El espectáculo fue habitual en una primera etapa, pero más tarde fue prohibido, y tiempo después no solo volvió a ser permitido sino, veleidades humanas, elevado a la categoría de monopolio público, al nivel del tabaco o los naipes. Un proceso algo semejante al de España, donde pasó por fases sucesivas de prohibición y tolerancia, y aunque hoy la legislación protectora de los animales las tiene vetadas, las riñas de gallos posiblemente se siguen practicando clandestinamente en Andalucía Occidental.

Había en la época virreinal una serie de juegos inexcusables en toda gran fiesta que se tuviera por tal, como eran las del santo patrón, la llegada de un virrey o la coronación de un nuevo monarca. Estos juegos eran el correr toros y vaquillas, la cucaña o palo engrasado, las carreras de sacos, el gallo o pato ensebados, correr sortijas o correr cañas. A excepción de este último, el resto de los juegos siguen vivos en todo el ámbito hispano, e incluso algunos como la rayuela, consistente en trazar una raya y lanzar los tejos o discos lo más cerca posible, continúan vigentes en algunas zonas de América, como en el área central de Chile, de la misma forma que sobreviven los juegos de sortijas.

En España, el pato o gallo ensebado, un ejemplar que se cuelga de una cuerda y cuya cabeza es brutalmente arrancada a la carrera, es una práctica que trata de mantenerse a pesar de la normativa protectora de los animales. Lo mismo que ha ocurrido en lugares del suroeste de Estados Unidos, donde se *corría el gallo*: un animal era medio enterrado en la arena, y varios jinetes al galope lo sacaban agarrándolo por el cuello, habiendo días que se corrían más de dos docenas de gallos.

Las riñas de gallos nuca faltaban en las celebraciones del santo patrón, tanto en España como en América. En torno al gallo había otros juegos, como el «gallo ensebado» de la Península o «correr el gallo» de Nuevo México. Los animales siempre tuvieron gran protagonismo en las fiestas hispanas, hasta que las leyes protectoras de la fauna han limitado o prohibido la actividad, aunque todavía se realiza clandestinamente.

Los juegos de cañas y sortijas merecen mención aparte, por la pasión que despertaron en su día, derivada de esa atracción por la competición que llevan dentro los hombres y que les hace estar en permanente estado de competencia: por las mujeres casaderas, por los puestos profesionales, en los juegos y deportes, incluso cuando no los practican, haciendo propios los triunfos de otros. El caso es que, como afirma Suárez de Peralta en cita de Weckmann[47], los españoles del virreinato de México «no hablaban sino de caballos, juegos de sortijas... y de cañas, carreras públicas...».

El juego de sortijas consistía en ensartar una argolla con una vara o lanza, lo que requería una gran destreza. El juego de cañas era la variante incruenta del torneo medieval entre caballeros, y ciertamente que conservó algunos de sus rasgos, como ser juego prohibido en América a los burgueses y a los mercaderes, aunque no a los indios. Era pasatiempo propio de nobles, y consistía en lanzarse frágiles cañas o varas que se rompían sin daño sobre el escudo contrario.

Weckmann cita otros juegos en boga en el virreinato de Nueva España, como los naipes, al que eran muy adictos los soldados de la campaña mexicana e incluso el mismísimo Hernán Cortés, hasta que, según cuenta Weckmann, un rayo cayó sobre la mesa donde jugaba. Los naipes, primero prohibidos, pasaron también a convertirse en monopolio estatal.

La caza al estilo español fue también exportada a las Américas. La cetrería, traída a la Península por los árabes, arraigó fuertemente en Castilla y Andalucía, que cuenta con dos especies de insuperables condiciones cetreras, el halcón peregrino y el azor. La cetrería fue llevada a América, aunque sin duda no caló del mismo modo que en España.

El alanceo del jabalí pasó a América del Norte bajo otra modalidad: el alanceo del bisonte o búfalo. Existieron cazadores profesionales españoles, los ciboleros, *que pasaban largas temporadas en las praderas donde pastaban los bisontes, cazándolos a lanza y secando la piel y la carne para venderlos posteriormente, ya que tenían mucha demanda, tanto entre los indios como entre los españoles. La actividad la hacían expertísimos jinetes, ya que comportaba mucho riesgo, y no estaba exenta de una gran belleza.*

Otra modalidad de caza muy ibérica exportada a América con variantes fue la montería, práctica cinegética reservada a los nobles entonces y a las economías pudientes hoy. Básicamente, consiste en un rodeo con perros de rehala y ojeadores, que van levantando las piezas y conduciéndolas sobre la línea de escopetas. Contra lo que pudiera parecer, se trata de una cacería no indiscriminada, sino altamente selectiva, pues los ejemplares veteranos, ya sean ciervos a o jabalíes, conocen los trucos necesarios para eludir el trance, comenzando por ventear la montería días antes y escapar de ese paraje hasta que la paz retorne a la sierra. Y si se da el caso de que la hoguera de la montería les sorprenda dentro del monte, conocen mil tretas para burlar a las rehalas y a las escopetas.

La montería ya era practicada en América por los indios, que cazaban así a las vicuñas, pero en la forma más primitiva y poco selectiva de conducir a la totalidad de los rebaños hacia un círculo humano sin escape posible, una práctica que movilizaba a decenas de miles de nativos y que estaba reservada a la clase aristocrática inca, cuando no al propio emperador. Además, el medio natural, la altiplanicie, no ofrece los recovecos y matas para esconderse que brinda el encinar.

Los españoles llevaron a América la montería o rodeo con perros, pero con transformaciones, como que en lugar del venado o el jabalí las piezas fueran jaguares o pumas. El puma o *león*, mucho más extendido que el jaguar o *tigre*, ya que habita en todos los ambientes desde Alaska hasta la Tierra de Fuego, es la presa predilecta, y los perros lo carean y persiguen hasta que sube a un árbol y es abatido por las balas de los cazadores. Así se cazan pumas en muchos lugares de América, como el Pantanal, el Chaco o la Pampa.

Similar al alanceo de jabalíes, que se practicaba en áreas como las Marismas del Guadalquivir, fue la caza del bisonte en las estepas del suroeste estadounidense, el septentrión del virreinato de Nueva España. Los bisontes eran llamados *cíbolos* y dieron lugar al oficio de los *ciboleros*, jinetes españoles que una vez al año se instalaban en las grandes praderas de Nuevo México, Tejas o Arizona, y durante varios meses se dedicaban al alanceo de bisontes a caballo. Tras una jornada de caza desecaban las pieles, salaban las carnes y obtenían todos los aprovechamientos posibles del bisonte, que eran muchos, vendiendo luego los productos en los mercados de Taos y otros pueblos del norte de la Nueva España.

El toro y el toreo

En el panorama de las diversiones del mundo hispano ocupa un lugar de honor todo lo concerniente al toro, en cualquiera de sus múltiples manifestaciones. Porque el toro se halla indisolublemente unido al ser español, y la figura triangular de la cara del toro, con su grave, negra mirada, y la testuz coronada por los cuernos simétricos, amenazadores, capaces de matar, como tantas veces han demostrado, es algo que de algún modo se halla impreso en el código genético de los españoles. Nada hay tan temible para estos como un toro, nada que más les impresione y les atemorice, y por eso todo lo que tenga algo que ver con él, en cualquiera de sus facetas, reviste emoción y atractivo especiales, y por ello las fiestas españolas, y no pocas hispanoamericanas, cuentan con el toro, ya sea real o simulado, como eminente protagonista.

Las variantes del toro-fiesta son muy abundantes. Una modalidad española es el toro entorchado, en la que el animal sale a la plaza del pueblo de noche, portando en las astas sendas antorchas encendidas y embistiendo asustado a los mozos. Más terror aún ha de causar al pobre animal el *toro embolado* de Ecuador, donde los cuernos llevan ristras de fuegos artificiales y petardos, que estallan en medio del bullicio. Aunque en esto del sufrimiento se llevan la palma otros eventos que consisten en depositar al toro al capricho del pueblo,

que le banderillea y le pincha a destajo y sin compasión, como acontece en po-
lémicas ferias de algunos pueblos españoles, ya felizmente prohibidas, o en las
toreadas de Bolivia, donde el animal es sometido a continuas banderillas hasta
que cae extenuado, espectáculos que nada tienen que ver con el noble combate
entre el torero y el toro de las corridas.

Menos cruentas son las capeas, en las que los lugareños rodean y marean
al toro, pero no le hieren, y a cambio algunos resultan corneados, desenlace que
añade colorido y entusiasmo a la fiesta. En innumerables pueblos españoles no
se concibe una fiesta local sin que se corran toros, ya sean ensogados o sueltos
en la plaza, algo que recuerda mucho a los antiguos espectáculos taurinos de
la plaza mayor madrileña, algunos en presencia de Felipe II, con el público
celebrando los muchos percances del festejo. Y que continúa sucediendo en
las capeas de España y de América, como las peruanas, donde la presencia de
hombres a caballo agrega una nota particular, o las de Colombia, las llamadas
corralejas, donde se torea a pie y a caballo el ganado que buenamente se puede,
y que suelen ser cebúes o ejemplares criollos. También el Llano venezolano,
como tierra de reses y caballos, es lugar de gran afición taurina y, con ocasión
del marcaje de las vacas o de cualquier otro trabajo colectivo, surgen improvisados toreros que obsequian a los otros llaneros con sus pases.

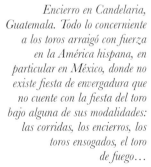

*Encierro en Candelaria,
Guatemala. Todo lo concerniente
a los toros arraigó con fuerza
en la América hispana, en
particular en México, donde no
existe fiesta de envergadura que
no cuente con la fiesta del toro
bajo alguna de sus modalidades:
las corridas, los encierros, los
toros ensogados, el toro
de fuego…*

Y en esta sucinta relación de las fiestas populares relacionadas con el
toro no debemos omitir la extrañísima celebración del jaguar-fiesta, en los Andes peruanos. Un cóndor es amarrado al lomo de un toro, al que se deja suelto.

Por zafarse de su huésped, el cóndor pica repetidamente al toro, que se embravece con ello, en medio del jolgorio general. Dícese que los indígenas quieren expresar con esa fiesta la victoria final del inca sobre el invasor español, y otros aluden simplemente a que se trata de reminiscencias divinas de la fuerza dominada, simbolizadas en el triunfo del cóndor sobre el toro.

Por la época en que Colón piso América por primera vez, las corridas de toros ya causaban furor en España. Tienen su origen en el alanceo de toros a caballo, y corre fama que fue el Cid Campeador quien primero mató a un toro desde el caballo. Como había veces en que el alanceador no conseguía rematar al toro, salía su mozo de espuelas y, ayudándose con una capa, le daba muerte. Con el tiempo este lance a pie fue ganando aprecio entre el público, hasta prevalecer sobre el primero y adquirir la categoría de arte, con mucho tecnicismo y ceremonia. El alanceo, convertido en rejoneo a caballo, también adquirió su propia ortodoxia. Hoy subsiste la forma primitiva de alanceo en las Marismas del Guadalquivir, donde jinetes a caballo levantan a los jabalíes de sus encames en la soledad de la marisma y, en ejercicio peligroso para jinete y caballo, por la bravura y las afiladas defensas del animal, le acosan hasta que le clavan la pica.

En regiones como el Cono Sur americano, las corridas de toros no alcanzaron predicamento, pero sí en el Perú, cuya plaza de El Acho, en Lima, es una de las de más renombre en el conjunto de la tauromaquia hispanoamericana. Cada vez que se celebra una corrida, ondea en la plaza la bandera española junto a la peruana, la tuna interpreta a las puertas de la plaza y el ambiente vuelve a ser por unas horas profundamente español.

Como la demanda de toros para las corridas en la América hispana fue y es muy fuerte, y la oferta insuficiente (incluso los jesuitas soltaron toros en sus haciendas para proteger sus cultivos de las rapiñas), se recurrió al ganado cerrero, tan abundante en todas partes. En la frontera norte de Nueva España se torearon bisontes, y en las estepas de Sudamérica se recurrió al cebú y al ganado cimarrón, al que a modo de tienta se colocaba un muñeco delante, y si embestía servía para torear. Incluso los animales destinados al matadero eran apartados si manifestaban la más mínima cualidad de bravura. Además, las tierras americanas dieron ejemplares propios, como el toro criollo colombiano y los muy valorados *toros llaneros*.

La primera corrida formal que se celebró en México fue la que tuvo lugar al regreso del aciago viaje de Hernán Cortés a las tierras de Honduras, empeño personal para castigar el alzamiento de uno de sus lugartenientes, Cristóbal de Olid. Tardó dos años en volver y diósele por muerto, y su regreso fue festejado con una gran corrida de toros. Por su parte, se atribuye a Francisco Pizarro haber sido el primero en alancear un toro en el Perú. Años más tarde, el virrey Amat hizo construir la célebre plaza de El Acho, que dio tantas tardes de gloria al toreo peruano, en lo que se llama en aquel país la *suerte nacional*.

La América hispana de hoy puede dividirse a efectos taurinos en dos grandes áreas, la que mantiene ganaderías y espectáculos taurinos, y que engloba a México, Colombia, Venezuela, Ecuador y Perú, y el resto, particularmente el Cono Sur, donde no hay afición a la fiesta. No pocas dificultades han de encarar, a pesar de todo, los mantenedores del toreo en América, donde la mucha afición tropieza con serios obstáculos, como la escasez de toros, pues las ganaderías mexicanas, principales abastecedoras, no pueden satisfacer toda la demanda, y resulta muy difícil importar ganado bravo español, porque no siempre se autorizan divisas para este fin y por haber de pagarse en dólares, muy sobrepreciados. Todo ello repercute también sobre el precio final de las entradas, que impide acceder a la plaza a muchos buenos aficionados.

En todo el ámbito geográfico del toreo, pero sobre todo en España, tropieza con un problema añadido, cual es el de la creciente oposición ecologista contra el mantenimiento de un espectáculo considerado cruel hacia el animal. Argumento que se enfrenta a otro de no menor peso, cual es el de la conservación de la raza del toro bravo, la especie *Bos taurus*, que no tiene rendimiento cárnico apreciable y que, de no ser por su utilización en las corridas, donde alcanza altos precios, carecería de sentido económico su costoso mantenimiento en las dehesas. El toro bravo es criado por los ganaderos en cuanto se mantenga la fiesta taurina, y en caso de desaparecer esta, se derivaría la rápida extinción de la especie. Y, por otra parte, no debe olvidarse que el toro y el toreo se hallan enraizados en la más antigua cultura mediterránea, y que no solo forman parte del acervo cultural ibérico sino que, al extenderse al Nuevo Mundo, se hallan indisolublemente unidos a la civilización hispánica.

La magia

Más allá de la medicina, en el margen de la técnica que consiste en curar las enfermedades con medicamentos, se encuentra instalado todo un mundo de prácticas, no solo para remediar los males, sino para predecir el futuro, y en general para tratar de acomodar el devenir de los aconteceres a nuestras propias conveniencias.

La España que salía de la Edad Media llevó a América un sobrado caudal de fórmulas de esta clase, que se mezclaron con las que poseían las propias sociedades prehispánicas, produciendo un casi infinito arsenal de remedios y supersticiones, que abarcan desde lo mágico inaprehensible hasta lo casero más trivial. Y es preciso apuntar que, a pesar del tiempo transcurrido desde el contacto hispano-americano, y no obstante los sorprendentes avances en la técnica de la curación de las enfermedades, que no otra cosa es la medicina, y a pesar del desarrollo económico y cultural general, sobreviven, tanto en España como en América, abundantes vestigios de esta pseudomedicina que utiliza las hierbas y los conjuros, que alimenta toda clase de supersticiones y que trata de anticipar el porvenir por los signos.

Los maleficios, el mal de ojo, los encantamientos y las brujerías eran moneda corriente entre los indios de América antes de la llegada de los españoles, y aun con mayor intensidad. Antes de emprender una guerra, los caciques ofrecían regalos a los dioses, y el emperador inca Atahualpa quiso ver en el cometa Halley una premonición de grandes desgracias para el imperio.

Una de estas ciencias marginales es la astrología, que anticipa el futuro por los astros. En este punto debe señalarse que la sociedad española fue menos influenciable que la india, pues mientras esta miraba al cielo de continuo para buscar las respuestas, la española se dejaba guiar por cosas más prosaicas, como el vuelo de una lechuza o el color de un gato que se cruzara en el camino. Es cosa sabida que el juego de los astros tuvo mucho que ver en el sentimiento que embargó a Moctezuma antes de la llegada de los españoles, pues los síntomas que presentaba el cielo le venían augurando el fin de su imperio, como el cometa que cada noche divisaba desde su terraza surcando el cielo con su estela presagiadora del desastre, y que probablemente no era otro que el cometa

Halley, pero que predispuso al emperador azteca para aceptar el dominio del invasor sin exhalar una queja.

También el emperador Huayna Capac, antepenúltimo Inca, vio turbado su fin por varios extraños sucesos en los que sus augures adivinaron el desastre que se cernía sobre su imperio: el mismo cometa atravesando el cielo de noche, y que él contemplaba en su espejo de agua de obsidiana; un cóndor y un halcón que aterrizaron sobre el Cuzco luchando ferozmente, venciendo el halcón; y sobre todo, esa inexplicable epidemia que extendió la muerte sobre los Andes y que no era otra cosa que la viruela, que desde las Antillas viajó hasta el sur, presentándose antes de la propia llegada de los españoles.

Como decimos, los españoles, más apegados a la tierra, nunca se dejaron manipular en exceso por tales fenómenos, pero tampoco estuvieron ausentes de su panoplia de creencias. Así, entre las huestes de Cortés marchaba el soldado astrólogo Juan Botello, cuyas predicciones eran tenidas en mucho por los demás, ya que auguró algunos de los episodios de la conquista de México, como la victoria de Cortés sobre Nárvaez, el asedio de los mexicas sobre Alvarado, e incluso anticipó su propia muerte. Y Hernando de Soto vivía obsesionado por los vaticinios de otro astrólogo que le aseguró que moriría más joven que Balboa, quien había sido ejecutado a los 42 años. De Soto estaba a punto de cumplir esa edad y romper el maleficio, cuando halló la muerte en las riberas del Misisipi.

En la esencia española se encuentra adoptar contra los males e infortunios precauciones bien pedestres, como nunca abrir un paraguas seco dentro de la casa, no dejar una tijera abierta, no dejar por la noche los zapatos parejos, sino uno más adelantado que otro, no entregar el salero en la mano, no romper un espejo, no derramar el vino... Recaudos que ahuyentan la desgracia y que difieren de otros que consisten en encomendar los bienes y la vida a la protección de los seres divinos[48]: entronizar la imagen del Sagrado Corazón de Jesús, guardar en casa una pequeña pila de agua bendita obtenida de la parroquia el sábado de Gloria, contratar los servicios de una santera, mujeres que tienen una capillita portátil con la imagen de vírgenes o santos, y que dejan por algún tiempo en la casa a cambio de una limosna.

Muchos de estos cuidados tienen que ver con las tormentas, para las que existe una extensa relación de recursos, como rezar a santa Bárbara, encender una vela que haya alumbrado la iglesia el día de Jueves Santo, con el añadido de hacer la señal de la cruz ante cada ventana por donde pueda entrar el rayo. El clima borrascoso ha sido siempre gran filón costumbrista, con métodos abundantes para combatirlo o aminorar sus efectos, como el *zumbo de perdidos*, la campana que se hacía sonar en días de niebla para orientar a los labradores, o los rezos en las crudas noches invernizas de vientos y tempestades, para ayudar a los pastores y los caminantes.

Otras medidas se toman para que no falten los recursos, como instalar en la cocina una imagen de san Pancracio con unas briznas de perejil en lugar de flores, lo que asegura el sustento diario. O agujerear una moneda y colgarla de la cabecera de la cama para que no falte el dinero.

La brujería consiste en la aplicación de la magia a la curación de las enfermedades, las cuales pueden ser del cuerpo o del alma. La tradición española ha estado plagada de casos explicables solo por la intervención de las fuerzas sobrenaturales. Las brujas en España han estado más ligadas a los umbríos, misteriosos paisajes del bosque, como los hayedos vascos o gallegos, o las espesuras de la laurisilva de la isla de La Gomera, el paraje de Canarias en el que más abundan historias de esta clase.

El territorio americano hizo germinar pronto sucesos prodigiosos, y quizá uno de los lugares más proclives fueron las comarcas de frontera situadas al norte de México, donde son muchos los episodios en los que la vida sencilla de un lugareño se encuentra de repente ligada a brujas, demonios disfrazados de cabras o serpientes y de maleficios que solo pueden ser combatidos invocando a Dios. Es curioso observar la abundancia de casas en el suroeste de Estados Unidos cuyas fachadas muestran un zócalo pintado de azul. Esto, que en Andalucía era una mezcla de cal y añil para impedir el acceso de sabandijas, en el Suroeste está destinado a ahuyentar a los malos espíritus.

La leyenda de La Llorona *ensombreció los sueños de los niños de la Nueva España. Decíase que una mujer, por vengarse de un amor frustrado, ahogó a sus propios hijos en el río, y desde entonces penetraba en todas las casas por la noche, en busca de sus hijos. Un canto triste y melancólico, muy popular en la tierra de frontera del norte, narraba la gesta.*

Uno de estos era el basilisco, horrísono personaje nacido del último huevo de una gallina vieja. Estaba instalado en las inmediaciones de El Paso y su cualidad era la de provocar la muerte de cualquier viajero que lo mirara de frente. Hasta que un ingenioso buhonero decidió vencerle, yendo hacia él con los ojos vendados y provisto de un espejo. Al mirarse en él, el basilisco cayó fulminado, víctima de sus propias armas.

La Llorona, al decir de los habitantes del área, sigue vagando su amargura por las llanadas del suroeste, desde que decidió matar a sus hijos para entregarse a la aventura de unos nuevos amores. En Honduras también mora *La Llorona*, y su lamento proclamado desde los cerros se contagia a los perros del contorno, que ladran y aúllan. Y en México no se contenta con llorar, sino que seduce a los hombres y los encadena para siempre, episodio que recuerda al de la Serrana de la Vera en el piedemonte de la española sierra de Gredos. De *La Llorona* solo cabe escapar clavando un puñal en el suelo, momento en que queda convertida en un montón de huesos.

Esqueletos vivientes y fantasmas de diversas hechuras continúan presentes en el suroeste, vigilando cofres y tesoros escondidos por los españoles, algo que, como puede suponerse, ha alimentado innúmeras leyendas en el largo perímetro de la América hispana.

La medicina popular hispánica hubo de combatir no solo las enfermedades conocidas y tangibles, sino otras muchas dolencias cuasi mágicas, ampliamente extendidas en el medio rural español y más tarde en el americano. En esta relación entrarían males como el susto, el empacho, el espanto, la caída de la mollera o el mal de aire, entre otros muchos. Nómina que incluiría al muy extendido «mal de ojo», según el cual algunas personas poseen maleficio en su mirada, para librarse del cual existen toda suerte de amuletos defensivos, como llevar colgada al cuello la cruz de Caravaca (que algunos escogidos lugareños dicen llevar marcada en el paladar), o colgar cintas del pescuezo de las caballerías. Del mismo modo que hay otras personas a las que se le atribuye la negativa cualidad de infundir mala suerte, los conocidos *gafes*, y en zonas como Andalucía más vale no recibir tal sambenito (que deriva su nombre de la túnica llamada de san Benito, que los reos de la Inquisición estaban obligados a portar hasta que era colgada con su nombre en la iglesia, manchando para siempre a la familia), pues todos recelarán de arrimarse a semejante provocador de desgracias.

Tampoco era conveniente toparse con una lechuza, a la que de siempre se tomó por una bruja transmudada en pájaro, que se colaba en las capillas y bebía el vino destinado a la consagración, y que traía indefectiblemente mala suerte, hasta el punto de que en algunas zonas de la América hispana, si mora un bebé en la casa y se muestra una lechuza, para evitar la muerte del niño se ha de gritar: «bruja maldita, mi hijo es del Santísimo». Y si lo que se posa sobre una vivienda de México u Honduras es el pájaro tecolote que se pone a cantar, significa que alguien de esa casa va a morir antes de una semana.

Medicina popular

Estrictamente aplicada a las enfermedades, la medicina popular es depositaria de un inmenso muestrario de remedios: purgas, pociones, lociones, infusiones, emplastos, sangrías..., únicos curativos cuando todavía se desconocían los medicamentos. Algunas de estas reparaciones eran de una brutalidad radical, como la cauterización inmediata que se aplicaban los soldados de la conquista sobre las heridas emponzoñadas: un hierro al rojo vivo más un trapo empapado en vinagre.

Vargas Machuca, en su interesante libro *Milicia y descripción de las Indias*, incluye un capítulo sobre los males que aquejan a los soldados en campaña y los remedios que debe llevar siempre un ejército, en el que se contiene casi todo el catálogo de los métodos curativos de entonces. Métodos que a veces combinaban lo físico con lo mágico, como en las famosas curaciones que hacían

A falta de medicinas convencionales, los nativos americanos se sirvieron de las extraordinarias propiedades de las plantas silvestres para curar las enfermedades. Los jesuitas descubrieron que las hojas de la planta de la quina curaba la malaria, y los habitantes de los Andes o de la selva amazónica recurrían a un arsenal de remedios suministrados por las plantas, si bien apenas se conoce una mínima parte de ellos.

Cabeza de Vaca y sus acompañantes en su largo periplo por el sur de Estados Unidos, en el que sanaban a los enfermos de las tribus (y aun a alguno lo resucitaron), a base de soplarles y rezarles un padrenuestro y un avemaría.

La utilización de la fauna y la flora para las curaciones ha sido recurso frecuente en todas las sociedades inmersas en un copioso medio natural. Las tribus amazónicas trataban el reuma, extendido en ambientes muy húmedos como el bosque tropical, atando al enfermo a un árbol llamado *palo diablo*, en el que habitan unas agresivas hormigas de dolorosísima picadura, que aplicadas en la medida justa cortaban la enfermedad y en demasía mataban, lo que servía para torturar a los enemigos hasta hacerles morir. Y en España era corriente aplicar sanguijuelas sobre la piel para provocar sangrías en caso de calenturas y otros males, y en áreas como los humedales manchegos existían, hasta hace poco, sanguijueleros profesionales, que vendían su peculiar producto en los hospitales.

El bezoar es un cálculo digestivo que se forma en el aparato digestivo de algunos rumiantes, y fue considerado en la América hispana un remedio cuasi mágico para múltiples enfermedades. Según la creencia popular, bastaba con introducir el bezoar en el agua, para que comunicara al líquido sus propiedades curativas. Bebido por el enfermo, sanaba de sus males.

Otro remedio tomado de la fauna fue el bezoar, un cálculo que se forma en el aparato digestivo de algunos rumiantes. En el campo andaluz español, el bezoar era un antídoto contra la picadura de la víbora. Se aplicaba sobre la mordedura y poco a poco la piedra llamaba al veneno, sacándolo de la sangre del afectado. En las Marismas del Guadalquivir se empleó con el mismo fin la corona de la cuerna del venado, obtenida cuando los ciervos tiran cada año la cornamenta para reponerla con mayor tamaño. No pocas veces la *piedra viborera* habrá salvado la vida de los marismeños atacados por la serpiente, y sobre todo habrá actuado psicológicamente para aplacar la excitación del herido, contribuyendo así a que no se propague el veneno.

El bezoar fue utilizado en América, y no solo contra las picaduras de las serpientes, sino como remedio general contra muchas enfermedades, y bastaba con introducir la piedra, que podía alcanzar el tamaño de un huevo, sobre el agua de un vaso, para que comunicara al líquido sus propiedades curativas generales. Y tratándose de aguas medicinales, cantera curativa amplísima en el mundo hispano, mencionemos el *agua de Solimán*, muy usada en América. Era un sublimado de mercurio al que se recurría con ocasión de heridas, pero de peligrosa doblez, pues por ser incolora e insípida podía ser confundida con el agua verdadera, como le ocurrió al obispo fray Juan de Arteaga, que no pudo tomar posesión de su nombramiento por causa de levantarse de noche para beber y aliviarse de unas calenturas, y por error ingirió la muerte, disfrazada esta vez de agua de Solimán.

En cuanto a la curación por hierbas, la lista de las plantas útiles para la medicina es prácticamente interminable, sobre todo cuando, como se ha apuntado, el herbolario ibérico fue sobreañadido al indígena. Ya el griego Dioscórides hacía un tratado sistemático sobre el arte de la curación por las plantas y, en España, Font Quer escribía una valiosísima contribución al tema, señalando las virtudes curativas del reino vegetal español, el más diverso de Europa occidental. Nada se diga de la ampliación a América, que al decir de los expertos contiene en su seno la mayor despensa farmacológica natural del planeta, aún sin explotar: la selva amazónica, donde con toda probabilidad se encuentra el remedio a muchas enfermedades del hombre actual, confiando en que la arrolladora desforestación que sufre no se lleve por delante tantos secretos de la ciencia ocultos en las espesuras. Muchas veces, los soldados españoles que habían resultado heridos por una flecha envenenada, recurrían al ardid de capturar a un indio y herirle con sus propios dardos emponzoñados. Luego le soltaban y le espiaban a distancia, en la seguridad de que el indio se aplicaría el antídoto a sus propias heridas.

Para la procura de todos estos remedios existe una legión de brujos, curanderos, sanadores, quiroprácticos, parteras y otros muchos especialistas, algunos de los cuales deben ser encuadrados más cerca de los médicos actuales, y otros, de los hechiceros de las tribus primitivas. En cualquier caso, el curanderismo y la medicina popular están plenamente vigentes en el mundo hispano, siendo innumerables los que confían más en estas pericias que en la medicina moderna. De igual modo que se tienen en gran aprecio los pronósticos de muchos adivinadores, en particular los de quienes predicen el clima.

En este punto debemos reseñar el procedimiento vigente en España y en América, las *cabañuelas*, según el cual ciertos especialistas deducen el clima que va a reinar a lo largo del año según el de los primeros doce días de enero. Es una tarea dificultosa, basada en buena medida en la estadística, y cada vez que los expertos *tiran las cabañuelas* en las zonas rurales del ámbito hispano, una multitud rodea expectante el acontecimiento para conocer las conclusiones, pues de ellas dependerán en última instancia las cosechas. Se trata de una manifestación más de que en el mundo hispano todavía la ciencia no ha invadido todos los recovecos del conocimiento, como ocurre en el anglosajón. De que aún existen resquicios en los que impera una ciencia añeja, la sabiduría popular, mezcla de observación directa de los fenómenos con creencias sobrenaturales.

Es, en suma, una muestra adicional de la lucha de ese mundo antiguo que trata de no morir sofocado, aplastado por el entorno ultratecnificado y materialista de hoy. Es esa convicción en el más allá, ya sea religioso o mágico, lo que se halla detrás de alguien que a lo largo y ancho del orbe hispano enciende unos cirios en una capilla como ofrenda; de quien peregrina descalzo en la romería del Rocío o de Guadalupe; de todos los que llenan las paredes de muchas iglesias con sus exvotos en señal de agradecimiento; de los que se flagelan cada Semana Santa en Valverde de la Vera o en Santa Fe de Nuevo México; de quienes se cuelgan amuletos; de quienes toman pellizcos de tierra sagrada del suelo del santuario de Chimayó, en Nuevo México; es la permanencia del legado ancestral de lo prodigioso, por encima de la lógica corpórea y tangible.

Usos de la vida diaria

El paralelismo cultural entre España y América se detecta desde luego en los grandes renglones, como la lengua, la música o la arquitectura, que venimos estudiando en este libro. Pero también se percibe en los pequeños hábitos de

El carácter común de las gentes hispanas de las dos orillas del Atlántico se detecta en múltiples aspectos insignificantes de la vida cotidiana. Por ejemplo, las gentes ibéricas fueron muy aficionadas a los colmados, más tarde tiendas de «ultramarinos», establecimientos donde se vendía absolutamente de todo. En América, el mismo papel lo desempeñaron las «pulperías», término aún en uso en Iberoamérica.

la vida cotidiana, en ese gesto inapreciable que de repente salta ante nuestros ojos para recordarnos que, a pesar de ese abismo oceánico interpuesto entre los dos continentes de Europa y América, existen invisibles lazos anudados por el contacto humano prolongado durante tres siglos. Es el hombre que se persigna al pasar delante de una iglesia, la familia que bendice los alimentos al sentarse a la mesa, el peón que duerme la siesta al pie de un árbol... También es la pulpería, el colmado que vende un poco de todo, equivalente a las españolas tiendas de ultramarinos. En las pulperías americanas llegó a prohibirse la venta de alcohol, pues sobre el pulque nativo elaborado con maguey y la chicha, obtenida del maíz, se añadieron la cerveza y el vino españoles, y la población india se aficionó de tal modo a la bebida que el problema pasó a cuestión de Estado, y los virreyes no sabían cómo poner coto a esta desenfrenada pasión por el alcohol, que muchos psicólogos han atribuido a la desmembración de las estructuras indígenas, con la consiguiente pérdida de motivaciones vitales por parte de una población nativa desconcertada.

Es en los detalles menores de la vida donde podemos rastrear con más precisión un mismo sentimiento cultural. En cosas como el aperitivo de la mañana avanzada, o como la merienda de chocolate y bizcochos, tal la que acostumbran muchas familias hispanas diariamente o la que, con más pompa, organiza anualmente la Sociedad Folklorista de Nuevo México. Sentimiento que detectamos también, y de forma destacada, en las tertulias, ya sean en la plaza, en el mercado o en la puerta de las casas. En España, la tertulia familiar y vecinal, sentados ante la puerta, fue siempre una costumbre ligada a la época estival, cuando el crepúsculo aliviaba los durísimos calores de la jornada, y con la fresca se sacaban las sillas a la calle y se comentaban los sucesos del día. Esta usanza, que pervive en la España rural, pasó a América, donde a la puerta de chozas, casas y bohíos es corriente contemplar a grupos familiares disfrutando sin prisas de la hermosa noche tropical. Manifestación derivada, por otra parte, de la intensa necesidad de comunicación que existe en las sociedades hispanas.

En el refranero encontramos nuevas huellas de ese patrimonio cultural común, pudiendo observarse un mismo carácter para las máximas a uno y otro lado del Atlántico. Los refranes hispanos son sentencias prácticas, pícaras, que reflejan el intenso ritmo vital de esta órbita cultural. A diferencia de los proverbios orientales, que son profundos, filosóficos, los hispanos manifiestan más preocupación por lo inmediato. Son refranes del tipo «El muerto al hoyo y el vivo al bollo», «Más vale pájaro en mano que ciento volando», «Ave que vuela, a la cazuela», y nuestro refranero está plagado de esta clase de máximas, que expresan perfectamente algo tan profundamente hispánico como el escaso aprecio por el pasado y por el futuro, y la sola, rabiosa atención por el momento presente.

El concepto medieval de la hidalguía lo podemos registrar en innumerables aspectos del ser hispánico, escondido en múltiples facetas de la vida diaria, como la redacción de una ostentosa esquela, la colocación de la preposición *de* antes del apellido, o el *don* y el *doña* antes del nombre; en la convicción sobre la excelencia y exclusividad del apellido de uno; en el desmedido apetito por las medallas y reconocimientos..., variantes todas ellas de la vanidad ínsita a las más puras esencias hispánicas.

El paso a Indias significó para los españoles una autoelevación de su nivel social. Téngase en cuenta que en la Península se distinguía entre hidalgos y pecheros, eximidos los primeros del pago de tributos. En América el tributo recayó solo sobre los indios, y los españoles entendieron esa exención como una equiparación a la hidalguía. Eran los *hidalgos de ultramar*, que subían un escalón social por el solo hecho de radicarse en Indias. Por lo mismo, los encomenderos, estancieros y mayorazgos se asimilaban a los altivos nobles peninsulares, los cuales ni estuvieron en la conquista ni admitieron honores para los grandes capitanes. Durante el siglo XVI, época de las hazañas, el rey solo concedió dos títulos, a Cortés y Pizarro, por setenta otorgados durante el siglo XVIII a gentes con muchos menos méritos que aquellos, resultando insólito que personajes de la talla de Valdivia, Jiménez de Quesada o De Soto fueran privados de títulos de nobleza. Lo más que conseguían aquellos adelantados eran escudos, blasones o hábitos de órdenes militares, y a fe que se desvivían por obtenerlos, y cualquier hecho de armas daba origen a una petición fundada. Fue así como Ordaz consiguió su escudo, en el que figuraba un volcán ardiendo, por su proeza de ascender al Popocatepetl en el curso de la marcha hacia México-Tenochtitlan.

La máxima ambición de los españoles que viajaban a América era convertirse en grandes terratenientes y dueños de haciendas o ranchos, al modo andaluz de los propietarios de grandes fincas con cortijo. Los pocos que lo conseguían pasaban a ser estancieros *o* hacendados, *a cuyo amparo vivía una legión de* paniaguados: *parientes pobres, advenedizos, hidalgos empobrecidos, todos viviendo a costa del hacendado, que tenía en mucho mantener a su costa a tan nutrida legión de ociosos.*

Los reinos españoles de América se convirtieron no solo, como afirma Weckmann para Nueva España, en «el postrer refugio de los caballeros frente al avance arrollador del absolutismo, con su secuela de burócratas y letrados», sino en escenarios donde se mendigaban mercedes, dignidades y prerrogativas, acreditando méritos propios o de los antepasados. Todo ello se hacía a través de un procedimiento llamado la *probanza*, en el que los peticionarios esgrimían merecimientos a cual más pintoresco, y a falta de otros títulos hacían valer el de *licenciado* o *doctor*, de donde viene el desmedido uso actual de ambos en América. De este modo, si la pretensión hidalga venía ya en el alma de los primeros pobladores, se acrecentó en América cuando el *status* personal podía suponer ventajas económicas, como las que se daban cuando la probanza alcanzaba el fruto apetecido y el solicitante recibía las mercedes que pedía. El teatro sociológico que fue la América colonial española dio lugar al surgimiento de ciertos tipos humanos de una originalidad indiscutible. Se movieron entre los grandes sectores sociales que florecieron tras la conquista, y que a grandes rasgos podemos resumir en españoles acomodados, eclesiásticos, burócratas, criollos, burgueses, indígenas, mestizos y esclavos, y todos ellos engendraron tipologías humanas bien dibujadas. Una de las más notables fue el *estanciero* o *hacendado*, señor de tierras o ganados, a cuyo amparo no solo vivían legiones de peones, sino que en su casa poblada moraba un buen número de advenedizos de toda condición: además de la familia directa, un ramillete de parientes pobres o deudos, doncellas sin recursos, hijas de conquistadores, hidalgos empobrecidos, criados y escuderos, y los conocidos *paniaguados*, híbridos de parientes y gorrones, que nunca faltaban en la casa de estos potentados. El número de estas huestes domésticas pseudomendicantes podía llegar a ser muy alto, de más de cincuenta individuos, todos viviendo a la costa y coste del hacendado, que tenía en mucho mantener a tan gruesa legión de ociosos, y aun llegaba a endeudarse por ello, pues a más número de estos ventureros, más lustre para la casa y el apellido.

La dimensión menor del hacendado fue el *ranchero*, propietario de unas pocas peonías o caballerías de labor, sustentador de una pequeña punta de ganados y unas suertes de tierra. En su rancho vivía también una numerosa familia, en un entorno físico generalmente confuso, donde los niños se mezclaban con los pertrechos, los chanchos y las aves de corral. Este tipo de ranchos, donde el desorden es la norma, es muy frecuente aún en amplias zonas de América, y también es posible verlo en los campos andaluz y extremeño.

El medio rural produjo abundantes y fuertes personalidades humanas, como las ya estudiadas de los jinetes de las llanuras americanas: el llanero cerrero, el gaucho o el charro. Todos ellos presentaban sensibles diferencias entre sí, y así el jinete chileno, el *huaso*, era capaz de trabajar la tierra, a lo que nunca se prestaría un gaucho de la Pampa, que solo faenaba a lomos del caballo.

El buhonero o varillero fue una figura de honda raigambre en la América hispana, e inseparable de su paisaje. Trajinaba por los caminos de tierra de la meseta mexicana, o por los difíciles caminos andinos, acarreando a lomo de mulas enseres para su venta en poblados remotos, a donde no llegaban las habituales redes comerciales. Era una mezcla de mercachifle y aventurero, que ha perdurado en áreas de Andalucía y de México, incluso conviviendo y compitiendo con las furgonetas hasta tiempos muy recientes.

Buhoneros y arrieros dieron colorido al medio rural americano y español durante largo tiempo, y todavía es posible toparse con algunas de estas auténticas reliquias vivientes, del mismo modo que es factible, pero no fácil, encontrar aguateros, afiladores, serenos, mieleros y tantos otros oficios que llenaron el ambiente humano hispano de la segunda mitad del segundo milenio. Y si el viajero se adentra en los territorios recónditos de Extremadura, de Castilla, de Andalucía o de la América profunda, incluido el sector hispano de los Estados Unidos, acertará a encontrar *castizos*, gentes de sabiduría antañona, de costumbres pretéritas, de ingenio vivo, de hablar antiguo, que brillan aún como soles de la tierra, verdaderos depositarios de pasadas tradiciones.

TERCERA PARTE

LA CULTURA MESTIZA

IX

EL MESTIZAJE

EL MESTIZAJE COMENZÓ DESDE EL PRIMER MOMENTO de la presencia española en el Nuevo Mundo, y no se dice esto en sentido metafórico, sino literal, pues cuentan las crónicas que el primer cuidado de Cristóbal Colón al llegar a América no fue izar el pabellón nacional, sino contener a sus hombres, que corrían enfervorizados por la playa tras las indias desnudas.

La mezcla de sangres se produjo porque, a diferencia de los ingleses, que llegaron al Nuevo Mundo con sus mujeres, los españoles viajaban sin ellas, y por más esfuerzos que hizo la Corona por que las esposas se reunieran con sus maridos, lo cierto es que siempre hubo grandes contingentes de hombres solos, para quienes ayuntarse con las naturales fue una simple necesidad biológica. Toda vez que, como relataba la crónica de Diego Alvéniz de la Cerda:

> Los tercios regáronse por la inesperada aldea. Mas la desnudez de sus habitantes los excitó en grado sumo. Aquellas mujeres eran muchas de ellas jóvenes y hermosas, aunque con la piel extremadamente morena; con los pechos al aire y los pechos y las partes pudorosas del mismo modo, sin la menor señal de vello: Los soldados se sintieron fuertemente atraídos y comenzaron a meterse en el interior de todas las viviendas… La soldadesca satisfizo sus apetitos, sus hambres y sus pasiones, y a la mañana siguiente indígenas y españoles se mezclaban y se retorcían en la orgía más placentera y bulliciosa.

No tuvieron que esforzarse mucho los españoles para conseguir hembras, ya que era corriente que, tras las escaramuzas con los nativos, fueran los propios maridos quienes ofrecieran a sus mujeres o a sus hijas a unos hombres blancos que acreditaban tal poder, y lo tenían en mucho orgullo. Así fue como un cacique local ofreció a Hernán Cortés a una princesa india llamada Marina, quien por su conocimiento de los dialectos locales fue un factor decisivo en la lucha contra el Imperio mexica.

Los españoles encontraron sumamente seductoras a las indias, que desprovistas de los prejuicios de la vieja Europa, nacidas en un ambiente integrado en la Naturaleza, se entregaban con facilidad y sabían usar afrodisíacos extraídos de las plantas. Algunas de las tribus permanecían en un estado cultural tan primitivo como para no vincular el coito con la procreación y, cuando concebían niños con rasgos blancos, manifestaban la mayor sorpresa y lo atribuían a los poderes sobrenaturales de aquellos seres, por lo que no querían apartarse de ellos.

El mestizaje biológico comenzó a la llegada de los españoles a América. Carecían de prejuicios raciales y no tuvieron inconveniente alguno en mezclarse con las nativas, en un proceso de mestizaje como quizá no haya habido otro en los todos los tiempos. Como correlato del puramente físico seguiría el mestizaje cultural, que dio lugar a la civilización hispánica.

Mas la unanimidad acerca del contacto sexual con los blancos no era absoluta, pues algunos grupos de indias caribes tenían muy a deshonra procrear de sangre española, y si algún niño sacaba rasgos blancos lo ahogaban de inmediato. El general Rumiñahui, que trató inútilmente de resistir a los españoles a la caída del inca Atahualpa, citó a sus mujeres y les dijo: «Alegraos, que ya vienen los cristianos, con quien os podréis holgar». Algunas de ellas rieron la ocurrencia, y allí mismo mandó degollarlas. Muchas tribus de las Antillas vieron con impotencia cómo se vaciaban de mujeres, que pasaban al bando español de voluntad o de fuerza, lo que hizo quejarse a un obispo «de que los indios se van acabando porque los españoles, a falta de mujeres se casan con las indias. Indio que puede haber una de ochenta años lo tiene a buena ventura».

La realidad de las relaciones sexuales promiscuas se imponía por doquier, a veces con ribetes escandalosos, ya que el alejamiento de la Península imponía una intensa relajación de las costumbres y de la moralidad. Así, había quienes mantenían varias concubinas y, en Chile, se conocían casos de encomenderos que disponían de treinta mujeres, pero nada comparable a Asunción del Paraguay, donde la promiscuidad llegó al desenfreno. Fue llamada «el paraíso de Mahoma», ya que no había serrallo que bajara de las seis concubinas, la media era de veinte y había quien mantenía harenes de setenta barraganas. Alvar Núñez Cabeza de Vaca, tras recorrer a pie el sur de los Estados Unidos, en uno de los viajes más alucinantes de la historia viajera universal, fue nombrado gobernador del Paraguay. Quiso poner coto a ese estado de depravación sexual, pero el resultado fue que, tiempo después, salió de la gobernación y del Paraguay en un barco rumbo a la Península, cargado de grilletes por los propios pobladores.

Como puede fácilmente imaginarse, el territorio americano comenzó a poblarse de mestizos. Un marinero de nombre Álvaro tuvo él solo treinta hijos en tres años; en un campamento de Chile hubo semanas en que se alumbraron sesenta nuevos infantes, y en la libertina Asunción, en el exiguo plazo de cuatro años nacieron mil niños.

Lo cierto es que la unión de españoles con indias era un hecho, y amenazaba con sembrar la tierra de hijos ilegítimos, de modo que la Corona española optó por la prudente decisión de admitir la realidad de las uniones y de regular el hecho, una decisión que fue determinante para la conformación de la clase mestiza americana, la más importante en términos numéricos, la que ha convertido a América en un continente mestizo.

Las *Leyes de Indias* procedieron a liberalizar el matrimonio entre españoles y nativas. La Ley 2, Título primero, del Libro sexto, dispone la libertad general de casamiento: «Es nuestra voluntad que los indios e indias tengan entera libertad para casarse con quien quisieren…».

Por si no fuera suficiente esta declaración general, el siguiente artículo del mismo Título se encarga de ratificarlo, y de una forma aún más expresa, y podemos calificar este precepto como determinante para el futuro mestizo de las Américas:

> Es nuestra voluntad que los indios e indias tengan entera libertad para casarse con quien quisieren (…) así con indios como con naturales de estos Reinos, o españoles nacidos en las Indias y que a esto no se les ponga impedimento… y que ninguna orden pueda impedir el matrimonio entre indios e indias y españoles o españolas.

Sancionado legalmente el matrimonio mixto, el mestizaje tomó de inmediato carta de naturaleza en América, y de las uniones legales de españoles con indias (el caso contrario fue esporádico) nacieron mestizos ilustres. Así, Garcilaso de la Vega, el Inca Garcilaso, descendiente de la familia imperial inca, que llegó a ser en España capitán de los ejércitos en los tercios de Flandes, era un producto mestizo que emparentó con la mejor nobleza española, y escribió que «a los hijos de español y de india nos llaman mestizos, por decir que somos mezclados de ambas naciones; fue impuesto por los primeros españoles que tuvieron hijos en Indias, y por ser nombres impuestos por nuestros padres y por su significación, me llamo yo a boca llena y me honro con él».

Fue también mestizo Martín Cortés, hijo de Hernán y doña Marina, que recibió del rey el hábito de Santiago, privilegio muy exclusivo en la época; Diego de Almagro el mozo, hijo de una india de Panamá, que fue proclamado por su hueste gobernador del Perú; Juana de Zárate, hija de una india peruana, que heredó, para el momento en que se casara, los cargos de gobernador y adelantado del Río de la Plata, así como el título de marquesa del Paraguay; José Sarmiento, conde de Moctezuma, que llegó a ser nombrado virrey de México. El siglo XVI, como explica Rosenblat, contempló a numerosos mestizos comandando expediciones conquistadoras, fundando pueblos, recibiendo encomiendas o accediendo al sacerdocio, a la milicia o a la universidad. Muchos de ellos se vincularon a la categoría social de sus padres y entroncaron con la nobleza española, y sin duda dejaron en la propia Península Ibérica una generosa huella biológica, en un singular mestizaje de ida y vuelta.

Los mestizos pronto llegaron a formar la clase dominante en América. Hubo mestizos en todos los ámbitos de la vida social, desde los llaneros de Venezuela hasta las clases acomodadas, con nombres ilustres como Martín Cortés, el Inca Garcilaso, Diego de Almagro o José Sarmiento.

Así que los mestizos, alentadas las uniones mixtas por las leyes españolas, comenzaron a multiplicarse, y dieron lugar andando el tiempo a que surgieran en Indias tres grandes grupos sociales: los españoles, que englobaban tanto a los peninsulares como a los criollos; los indios, una capa nítidamente diferenciada, y las castas, la zona intermedia producto, de la unión de las anteriores.

Las castas, el grupo que acabó siendo el más numeroso, no eran rígidas al estilo hindú, sino algo mucho más flexible y permeable, pues en la adscripción influía no solo el color de la piel, sino otras consideraciones, como las económicas y las culturales. Y el sistema adquirió tal complejidad, que bien puede hablarse de una pigmentocracia a la hora de clasificar a unos y otros en la escala social.

En el escalón superior se hallaban los blancos, que hacían suyo el dicho de que «todo blanco es caballero y todo caballero es blanco». Ya desde la primera generación se desató un conflicto interno entre los venidos de la Península, primeramente llamados *chapetones*, por el enrojecimiento de sus mejillas, y más tarde, y más despectivamente, *gachupines*, y *criollos*, hijos de españoles por ambos lados, pero nacidos en las Américas. En cuanto descendientes de los conquistadores y primeros pobladores, se sentían hijos de la tierra y no dejaban de considerar a los peninsulares como intrusos, acusándolos de acaparar los principales puestos de la Administración indiana, en lo que tenían razón, respondiendo los peninsulares que ellos llevaban con más fidelidad y eficacia los negocios públicos, en lo que también acertaban. Lo cierto es que entre ambos se desató ese odio vecinal español característico y extremo, que estalla cada vez que surge la oportunidad con un conflicto bélico, como la guerra civil española, y que desde luego estalló con toda su cruel fiereza en las guerras civiles por la independencia.

Ya lo había manifestado muy pronto y de forma clarividente el virrey Toledo, que se dirigió al rey en estos términos: «Entiendo que esta tierra se conservará algún tiempo (...) pero irá perdiendo en esto, y en los frutos que della salen vendrá a criar yerba de libertad, de manera que la pierda la Corona de Castilla».

La perdió en efecto, aunque lo extraordinario fue que se conservara durante trescientos años. Lo que tiene mucho que ver con la mentalidad de las gentes que poblaron inicialmente el continente americano. Como se dice en otra parte de esta obra, fue debido a que entraron en América gentes del Bajo Guadalquivir durante los primeros cincuenta años tras el descubrimiento colombino, que se mezclaron con los naturales y que sellaron su personalidad para el futuro, de modo que los nuevos inmigrantes no alteraron la idiosincrasia general, la impronta marcada por los primeros. Y esa impronta conforma un tipo humano al que no le importa demasiado la dependencia política, ni tampoco la económica.

Los hispanos criollos estaban, en general, cómodos bajo la Administración española (a excepción de ciertas élites económicas, que rechazaban el control y la intervención peninsulares y que querían gestionar por sí mismas la Administración), que se metía poco en sus asuntos y les dejaba hacer. Mientras mantuvieran sus fiestas, sus juegos de cañas, sus corridas de toros, sus tertulias,en las que no había tasa para la crítica, no tenían impedimento en seguir adscritos a España. Otra cosa habría sido que la metrópoli hubiera cercenado esas costumbres y libertades, esenciales para ellos, lo que habría

de Español y Yndia
M...

de Mestiza y Español
Castizo.

de Español i Mulata
Morisca.

de Español y Morisca
Albino.

De Lobo y Negra
Chino.

de Chino é Yndia
Canbujo.

de Anarrasado é Yndia
Barsino.

De Varsino é Yndia
Canpa mulato.

Fruto del mestizaje fueron las «castas», que proliferaron en América de modo extraordinario. Hasta tal punto llegó la preocupación por el linaje, que dio lugar a todo un género, la «pintura de castas», que representaba las múltiples variantes fruto de la hibridación, por estricta aplicación de las Leyes de Mendel. A cada recién nacido se le inscribía en el casillero correspondiente, según el tipo surgido de la unión de sus padres. Nacieron así los mulatos, cuarterones, zambahigos, saltatrás, zambos y tantas otras razas derivadas de la unión de sangres. Las castas tenían un nivel ascendente o descendente, y la autoridad española fomentó la movilidad social en sentido ascendente, mediante la cédula llamada «gracias al sacar». No pocos litigios provocó la adscripción indebida a uno u otro estrato, porque esto comportaba consecuencias sociales.

levantado sublevaciones espontáneas y populares. Y solo fue la aparición de personalidades como Simón Bolívar o José de San Martín, cuando, con escaso entusiasmo, casi a la fuerza, se dejaron arrastrar a la independencia.

Tras el primer escalón blanco de altos funcionarios, clero superior, grandes comerciantes, mineros y hacendados, se extendía un segundo escalón medio de artesanos, pequeños comerciantes y profesionales liberales, segmento también blanco, pero ya con incursiones de las castas, debido a la movilidad social entre los niveles. Las castas marcaban al sujeto desde el registro de su nacimiento, pero con esfuerzo se podía remontar posiciones. Comprendían a mestizos, mulatos, zambos, indios, negros y la mezcolanza inextricable a que dio lugar el cruzamiento de las razas. Cada individuo era inscrito a su nacimiento conforme a alguno de los fenotipos vigentes en Indias, y merece la pena reproducirlos, según figuran en la serie de cuadros del museo etnológico de Madrid:

- Español con india, mestizo
- Español y mestiza, castizo
- Español y castiza, torna a español
- Español y negra, mulato
- Español y mulata, morisco
- Morisco y española, albino
- Albino y española, salta atrás
- Mulato e india, calpamulato
- Calpamulato e india, jíbaro
- Negro e india, lobo
- Lobo e india, cambujo
- Indio y cambuja, cuarterón
- Cambujo e india, sambahigo
- Mulato y mestiza, cuarterón
- Cuarterón y mestiza, coyote
- Coyote y morisca, albarazado
- Albarazado y salta atrás, tente en el aire

La posibilidad de escapar de esa tiranía de por vida que supuso la inscripción de cada uno en el casillero correspondiente, comenzaba en el propio registro del nacimiento, pues no era fácil identificar la adscripción en un grupo o en otro, y se usaban ardides para la mejora social, como sobornar al encargado de la inscripción. El gobierno español estimuló la movilidad social en sentido ascendente, como la singular cédula «gracias al sacar». El propósito de todos era acercarse lo más posible al color blanco, de hecho o de derecho, pues, por ejemplo, era considerado blanco quien tenía una octava parte de sangre india, o quien, como en el caso de Simón Bolívar, tenía un dieciseisavo de sangre negra. No pocos litigios originó un asunto de perfiles tan imprecisos como la adscripción a cada estrato, pero hay que tener en cuenta que en la época los grupos obtenían o protegían privilegios mediante su pertenencia a uno u otro escalón y que, además, las cuestiones del honor, como pasar por blanco o ser tratado de *don*, se tenían en mucho más que la fortuna material. Así, los colonos que se establecían en Nuevo México lo hacían sobre todo porque pasados cinco años tenían derecho a usar el *don*. Por eso, más que por salir de la miseria de Castilla, arrostraban el larguísimo viaje desde España a México, y de ahí a Nuevo México en carretas por el azaroso Camino Real de Tierra Adentro. Un viaje que duraba seis largos meses y estaba plagado de incertidumbres.

El problema de la adscripción a una u otra casta no hubiera sido tal en otros pueblos, pero sí en los hispanos, obsesionados por sus orígenes y su categoría social. Cómo sería, que el mayor estímulo para atraer colonos desde España a los desolados páramos de Nuevo México, atravesando el Camino Real de Tierra Adentro, era que adquirían la condición de hidalgos y el derecho a usar el don, *todo lo cual pesaba más que los incentivos materiales, como el acceso a una parcela, aperos y ganado.*

No es extraño, por todo ello, que abundaran los pleitos sobre las castas. Hubo numerosas sentencias de las audiencias que dictaminaron «que se tenga por blanco», como hubo muchas demandas para exigir que alguien volviera a su nivel, como un afamado pleito entablado por la clase noble de Pasto, que logró echar por tierra las pretensiones de un subdiácono, que decía descender de los Delgado y Santacruz, probando que provenía de la sangre mestiza de los Campaña. Otro pleito llegó a la magistratura superior de Caracas, para exigir que una mulata no pudiera exhibir en público manto de punta, prerrogativa exclusiva de las españolas. Viejos prejuicios de los españoles de todos los tiempos, que hoy nos parecen insólitos.

Así pues, de acuerdo con Rosenblat, el enrevesado mosaico etnológico indiano nos ofrece cuatro grupos principales: blancos o españoles, negros, indios y personas de raza mixta. La escala jerárquica sería la siguiente: en primer lugar, los españoles peninsulares; a continuación, los criollos; tercero, los mestizos, hijos de blancos e indias; cuarto, los mulatos, de blancos y negras; quinto, los zambos, de negros e indias; sexto, indios o raza cobriza de los indígenas; y séptimo, los negros africanos.

Cabe añadir que los mestizos tuvieron una suerte distinta, según estuvieran integrados o no en las familias hispanas, pues en este último caso quedaban como individuos inadaptados y problemáticos, y eran muy repudiados por el resto de la sociedad; que los mulatos siempre fueron mirados peyorativamente, por lo ilícito de su origen; y que los negros, aun los individuos libres, ocuparon el escalón inferior, como marcados por la esclavitud, pesando numerosas restricciones sobre ellos, como no poder salir de noche, llevar armas o tener indios a su servicio. Ello no obstante, su situación económica fue mejor que la del indio, por ser en general más trabajadores. La única condición para ellos fue la de no trabajar en interiores, porque sufrían de claustrofobia, y de ahí que los negros nunca trabajaran en la oscuridad de las minas, y de ahí que imaginemos con dolor su terrible sufrimiento en las pestilentes, calurosas bodegas de los infames barcos negreros ingleses o portugueses que hacían la ruta desde África, para llevarlos como esclavos a las plantaciones de América.

Iberoamérica es hoy un continente básicamente mestizo, a diferencia de la América inglesa, que es solo blanco. La distribución del mestizaje es diversa, generalizándose en México, Honduras, Venezuela, El Salvador, Nicaragua, Paraguay, Perú y Colombia. El negro predomina en la llamada América de las plantaciones (Antillas y áreas de Brasil, Venezuela, Cuba, Panamá y Colombia en tanto que el blanco es predominante en Costa Rica, Argentina y Uruguay.

En cuanto a los indios, si bien tampoco podían usar armas, trasladarse libremente de un lugar a otro, despachárseles vino o montar a caballo, los españoles no tuvieron con ellos las prevenciones que pesaban sobre razas consideradas *impuras*, como las de moros o judíos, de donde derivan los requisitos de pureza de sangre. Los indios no fueron considerados impuros de sangre, y por ello los españoles entroncaron fácilmente con ellos.

La evolución de la población en América desde la llegada de los españoles ofrece una constante progresión de los mestizos, pues todo cruce entre español e india significaba un blanco menos y un indio menos. El hecho de la poligamia favoreció asimismo esta progresión, y lo cierto es que, de acuerdo a las cifras de Rosenblat, a principios del siglo XX el número de mestizos, nueve millones, duplicaba al de indios. Esta proporción venía a mantenerse hacia 1940, con 34 millones de mestizos sobre 16 de indios (cifra esta última que desdice por completo el tan cacareado genocidio indio, aventado por la Leyenda Negra).

América es hoy básicamente un continente mestizo, cuya distribución por regiones muestra cómo el mestizaje se ha generalizado en México, Honduras, Venezuela, El Salvador, Nicaragua, Paraguay, Perú y Colombia. El elemento indio es preponderante aún en Guatemala, Ecuador y Bolivia, y el elemento negro predomina en la América de las plantaciones, constituida por la Antillas y amplias áreas de Brasil, Venezuela, Panamá, Cuba y Colombia. Una gran proporción blanca pervive en Costa Rica, Chile, Argentina y Uruguay, país este el más blanco de Iberoamérica.

El futuro deparará sin duda aún un mayor peso relativo de los mestizos, acaso porque, como señala Vasconcelos, el destino final de la humanidad es una raza cósmica mestiza. Los mestizos han ido desplazando a los criollos blancos del poder político (si bien no está tan claro que los hayan desplazado del control económico), y su influencia será cada vez mayor.

Este continente mestizo es la consecuencia final de aquellas primeras uniones sexuales que tuvieron lugar tras el desembarco de Cristóbal Colón. Y mientras esto ocurría en la América ocupada por los españoles, en el norte anglosajón las cosas discurrían por derroteros bien distintos, como se expone en el apéndice de este libro. Aquí, los europeos arribaron en condiciones y con propósitos diferentes. Llegaron con sus familias completas, se desentendieron por completo del sustrato indígena y dispusieron la tierra para trabajarla por sí mismos y como si fuera suya. Los españoles requirieron al indio para el trabajo agrícola, que retribuyeron, e incluso se maridaron con ellos. Los angloamericanos solo excepcionalmente lo hicieron, y los contactos sexuales, limitados a relaciones esporádicas de los soldados que actuaban en la frontera, o a los dueños o capataces de plantaciones con las esclavas negras, no supusieron la formación de familias al modo español, sino que los niños nacidos de estas uniones ocasionales se integraban plenamente en la sociedad india y los padres se desentendían de ellos.

Así pues, los anglosajones no vieron en el indio mano de obra para el trabajo, ni para la integración cultural, ni para la procreación. El indio supuso para ellos un claro estorbo y no contaron con él para nada, ni siquiera como titulares originales de las tierras, y los fueron desplazando de ellas en la medida de su avance, confinándolos o eliminándolos.

De ahí que se haya dicho que la política anglosajona con respecto a América fue de «trasplante», mientras que la española lo fue de «injerto». Y de ahí también que, mientras en la mitad oriental de los Estados Unidos, área puramente anglosajona, no quedan indígenas, el oeste, la zona prioritaria de asentamiento español, es una Norteamérica donde perviven los indios, en número y prosperidad crecientes, y donde vive igualmente una numerosa población mestiza. Dos concepciones, dos modos diametralmente opuestos de entender la colonización de América.

El mestizaje cultural

Junto a un mestizaje puramente biológico se produjo también una hibridación cultural, porque en el cruce de sexos se mezclan no solo los patrones físicos de ambos progenitores, sino también los rasgos culturales profundos, sobre todo los que afectan al carácter, a la personalidad y a la forma de ser, que también se hallan incrustados en el ADN.

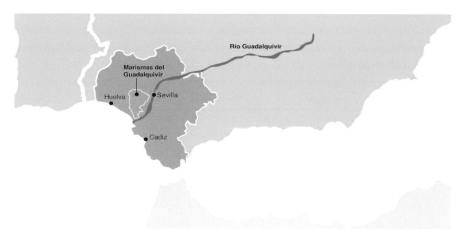

Como se ha reiterado, la comarca del Bajo Guadalquivir desempeñó un papel fundamental en la colonización del Nuevo Mundo, ya que sus gentes nutrieron el poblamiento del continente americano durante los cincuenta primeros años desde el Descubrimiento, marcando de modo indeleble el carácter y la personalidad de la América hispana. A su vez, las Marismas del Guadalquivir fueron la cantera de donde se extrajo el bagaje ganadero y ecuestre de la América rural, desde el suroeste de Norteamérica hasta la Patagonia.

Y por si fuera poco esta doble unión físico-cultural, España, en su condición de potencia imperial pretendía no solo extender sus dominios, sino su cultura, formada con el sedimento de muchas otras anteriores, y de la que se sentía orgullosa. E hizo denodados esfuerzos por implantar esa cultura en las tierras de América, que se orientaron en tres direcciones principales: la lengua, la religión y las novedades de orden técnico que supusieran una mejora en el modo de vida, tales como la agricultura, la ganadería o los oficios, con todo el repertorio de instrumentos ligados a ellas. Estas novedades de índole material fueron las que más rápidamente asimilaron los indios, pues introducían un mayor bienestar en sus vidas (así, el cerdo, que les procuró carne; el burro, que los liberó de la carga personal; y la vela, que les trajo la luz, revolucionaron sus costumbres domésticas). Otros ingredientes de la cultura, como la música, las costumbres o las fiestas entraron solos, por la simple imitación del modo de actuar de la raza colonizadora.

Así pues, como derivado necesario del mestizaje biológico-cultural, España legó un patrón cultural homogéneo a América, presente en mayor o menor forma según las regiones, pero claro denominador común de las gentes hispanas. Hoy es perfectamente posible distinguir, en cada área o comunidad de Iberoamérica, qué parte de su cultura es española, india o africana, pero todas ellas conservan la matriz común de la cultura española, que al contacto con las tierras y gentes de América se transformó en cultura hispana o hispánica, y que es la que define hoy a las poblaciones de uno y otro lado del Atlántico. Cultura con notas propias, singulares y nítidamente discernible de las demás culturas, conformando hoy, por el número de sus integrantes, uno de los mayores ámbitos culturales de la humanidad, lo que propiamente puede llamarse la Civilización Hispánica.

Los rasgos andaluces

Es preciso profundizar algo más en las notas que caracterizan a las gentes andaluzas, y en particular a las del Bajo Guadalquivir, las que poseen más acendradamente esas notas en toda la región, porque esos rasgos fueron los que cristalizaron en América, mezclados con los no muy distintos en muchos aspectos de los nativos americanos. La fusión de ambas sangres cuajó en un modelo humano iberoamericano, que acentúa tanto los rasgos andaluces como los nativos, a veces hasta la caricatura y el surrealismo.

Para empezar, digamos que esas notas de las gentes del triángulo Cádiz-Sevilla-Huelva poseen tanta fuerza, que han impreso y dado el sello no solo a la región de origen, Andalucía, sino a la de toda España, ya que el carácter genérico español se identifica fuera de nuestras fronteras con el carácter andaluz, y este identifica también a toda la América hispana.

364   Borja Cardelús

Decía Ortega y Gasset que los andaluces llevan 4000 años viviendo como viven, y no les va nada mal. Es una apreciación muy certera. Y eso, a pesar de que Andalucía ha sido ocupada numerosas veces a lo largo de la historia, y los andaluces han hecho poco para evitar esas invasiones. Porque tienen otra manera de encararlas. Los vikingos, los tartesios o los árabes penetraron un día en Andalucía, y sus habitantes les dejaron hacer. En el primer caso se limitaron a esperar su marcha. En los otros dos, simplemente absorbieron a los invasores, que es lo que siempre hace Andalucía con los forasteros. Al cabo de varios años de ocupación, los árabes se habían vuelto «andaluces», del mismo modo que los ingleses que instalaron las grandes firmas vinateras de Jerez y el Puerto de Santa María, como los Domecq, Garvey, Osborne, Byass y demás, hoy son familias no solo plenamente integradas en Andalucía, sino que ellas mismas encarnan el espíritu andaluz. Y lo propio ocurre con tantos forasteros que se afincan en Andalucía y que, trayendo de origen otro carácter, al cabo de un tiempo han sido asimilados de tal forma por lo local, que parecen ya gente de la tierra. Y esto explica también que los contingentes andaluces de las primeras hornadas que marcharon a América tras el primer viaje de Colón, incrustaran de modo indeleble la personalidad hispana de América, y los aportes humanos posteriores, castellanos, vascos, gallegos…, no alteraran un ápice esa idiosincrasia.

¿Y cuál es ese carácter colectivo andaluz? Díez del Moral[47] lo describe como «desprendido, generoso, expansivo, efusivamente hospitalario, imaginativo, amigo de novedades, poco culto, pero inteligente. Se entrega a todo el que llega y le abre francamente las puertas».

Destaquemos el carácter extrovertido de las gentes andaluzas, en particular de la región citada, como habitantes de una tierra soleada y muy luminosa. Se vive más hacia fuera que hacia dentro, y eso se vierte en aspectos múltiples, como la comunicación entre unos y otros, que es fácil, sencilla e inmediata. Esa extraversión lleva a que gran parte de la vida se haga en la calle, y que lugares como el mercado o la plaza mayor sean los núcleos de la vida ciudadana.

La vida con la vista puesta en el exterior, tan propiamente andaluza, arrastra otras consecuencias. Se vive más para el vecino que para sí mismo. Se encalan las fachadas y se adornan con flores, se engalanan los patios para que los demás los vean, no importando que el alcantarillado exhiba inmundicias un poco más allá, pues eso ya es asunto ajeno. Es decir, no importan la limpieza y el lucimiento si es ajeno, lo que cuenta es que sean de uno mismo. Lo que importa es lo que dirán los demás, y esto hace que se dé trascendencia a los aspectos puramente de ornato exterior, que no otra cosa es la obsesión por los blasones, las hidalguías, los apellidos, las condecoraciones, el *don* y el *doña*, todo ello aparato externo, puro decorado de cartón-piedra. Tras la independencia americana se suprimen los títulos, los *dones* y las *doñas*, pero como el afán de la hidalguía se lleva en la masa de la sangre, es decir, en el código genético, aparecen otros blasones como el *doctor, licenciado, ingeniero, perito, bachiller...*, puras reminiscencias de lo anterior.

Aldea de El Rocío, Huelva. La afición a la fiesta es otro de los rasgos que definen a los andaluces. El año está plagado de festividades, las más relacionadas con la religión, y la mayor parte de ellas dura días, incluso semanas, como la romería del Rocío. Todo lo cual se acrecentó en América hasta límites exagerados, al mezclarse con la sangre india.

La extraversión andaluza aflora también en la pasión por la fiesta. Los estadounidenses celebran su fiesta mayor, el *Thanksgiving*, con una comida en la que se trincha un pavo. La más minúscula de las fiestas andaluzas, y consecuentemente hispanas, jamás se saldaría con ceremonia tan escasa. Antes bien, pueden prolongarse días, semanas incluso, como la romería del Rocío, la Feria de Sevilla o la ristra interminable de las fiestas de Iberoamérica, algunas de las cuales pueden sobrepasar fácilmente un mes entero. La Iglesia católica incorporó al elenco festivo un buen número de ellas, y el calendario de celebraciones no descansa a lo largo del año. Pero lo relevante no es el aspecto religioso, sino la fiesta en sí, la oportunidad de dar rienda suelta a la extraversión andaluza e hispana, a compartir ratos de alegría, porque la familia, amplia, no limitada a los padres e hijos, sino extensiva a tíos, primos o cuñados, es otra de las notas invariables del carácter andaluz exportado a América.

La pasión por la fiesta es tan acusada, que puede afirmarse que todo se supedita a ella. Incluso los asuntos más trascendentales. Es famosa la frase de una mujer, que, hablando sobre la Semana Santa, quintaesencia del gusto andaluz, recriminó a Poncio Pilato con estas palabras: «ese Pilatos, que a poco nos deja sin Semana Santa». Y cuando llegan esas fechas, todo gira en torno a ellas, incluso la supervivencia, porque por más que haya una prolongada sequía que mantenga angustiosamente improductivos los campos andaluces, maldecirán la inoportuna lluvia que viene a suspender el momento soñado de la exhibición de los pasos y las procesiones.

Uno de los rasgos más profundamente andaluces es su religiosidad. El catolicismo caló profundamente en Andalucía, en buena parte debido al oropel, a la vistosidad y colorido de sus ritos. En la Semana Santa andaluza convergen todos los ingredientes necesarios para impactar la sensibilidad de los fieles: los pasos dolientes, la Virgen con el rostro arrasado de lágrimas, los cirios encendidos, los penitentes, la música melancólica…

Entronca esto con lo que interesa realmente al andaluz. Decía Pemán que «los pueblos luchan fundamentalmente por sobrevivir, para no pasar hambre, pero que Andalucía es un caso peculiar, único más bien». Luchan, dice el autor gaditano, por su «mantón bordao». Lo que quiere decir simplemente que le interesan prioritariamente otras cosas. Es sabido que en los últimos cuarenta años los andaluces han salido escasamente a manifestarse a la calle. No lo hicieron cuando se discutió el Estatuto de Andalucía, cuando pretendidamente estaba en juego el futuro de Andalucía, ni cuando las sucesivas crisis económicas han sacudido a la región y llevado al umbral del hambre a muchas personas. Lo hicieron en cambio, masivamente, cuando por temas reglamentarios se decidió por las autoridades deportivas que el Betis bajaba a Segunda División de fútbol. Entonces se produjo un espontáneo clamor en Sevilla, y miles de personas se lanzaron indignadas a la calle para protestar, consiguiendo enderezar el problema.

Con la afición a lo festivo tiene mucho que ver lo visual, otra nota andaluza. José María Pemán decía que el andaluz «piensa por los ojos», lo que significa que nada existe mientras no entre por ellos, siendo la vista el sentido más relevante para un andaluz. Rasgo este muy indígena americano también, y por eso las órdenes religiosas tanto se sirvieron de la vista para su propósito evangelizador, utilizando los sobredorados, las fachadas-retablo, la ornamentación o la propia Semana Santa, donde se reúnen en su grado máximo todos los ingredientes que pueden mover el alma andaluza: la belleza, el silencio y la música dolientes, las lágrimas de la madre de Jesucristo, el sufrimiento extremo del Cristo, los cirios, las saetas… Andalucía, más que identificarse, se funde con la Semana Santa.

El contrapunto de lo festivo es la posición del hispano ante el trabajo. En el mundo anglosajón se vive para trabajar, mientras que en el hispano se trabaja para vivir. Lo que de verdad le importa es la vida en sí misma, cada uno de sus gloriosos instantes, y por ello, en la consideración del tiempo hay dos momentos que no existen, que no cuentan: el pasado, que por definición ya ocurrió, y el futuro, que no preocupa, pues aún no ha llegado («mañana será otro día»), y «Dios dirá» entonces. En cambio, el presente es intensamente, vitalmente gozado, como un precioso regalo del cielo. Y por ello el hispano es enemigo de la planificación, del esfuerzo sostenido diario para alcanzar una meta futura, prefiriendo la improvisación y, si es necesario, el esfuerzo extraordinario de una sola vez, la gesta desmesurada e imposible. Esa gesta que no está al alcance de nadie, salvo de los hispanos.

Y es que el andaluz lleva en la sangre el disfrute de cada momento, porque considera que ha sido obsequiado por el destino con un entorno maravilloso, tanto de paisaje como de clima, y dejar de regodearse en él es poco menos que pecado. El romano Plinio lo calificó como *dulce otium*. Y, más modernamente, el poeta Machado describió este rasgo andaluz sutilmente con estos versos: «Desidia mora y arrogancia hispana / Gran lujo de proyectos e ilusiones / Y aquel fiarlo todo en el mañana».

Su postura ante el trabajo tiene que ver también con el defecto muchas veces citado de la falta de emprendimiento andaluz. Han sido repetidas las veces que se ha intentado «industrializar» Andalucía, y todas han fracasado. Emprender un negocio, una actividad, implica ir a la cabeza, asumir la iniciativa, y esto mal casa con las aficiones andaluzas, para quienes es preferible que sean otros los que tomen la iniciativa, optando por ser, antes «cola de león», que «cabeza de ratón». Prefieren ser segundos a primeros, que otros vayan por delante y ellos marchen por detrás, dejándose llevar. Lo que mucho tiene que ver con la figura del terrateniente en Andalucía y del hacendado en América, personajes creados a causa de la dejación y pasividad del propio pueblo, y luego extremadamente odiados y vilipendiados por ese mismo pueblo.

Son, pues, las circunstancias las que importan, es el parecer individual sobre las cosas, y no el patrón colectivo, aunque este tome el nombre de Ley. Es lo que se conoce en la fiesta de los toros con la conocida *división de opiniones*, cada uno defiende la suya con encono. Porque, como decía Pemán «en Andalucía hay un imperio en cada alma». Y si no, cómo explicar el caso de aquel párroco a quien le vinieron varios apasionados del toreo de Joselito, pidiendo que en la corrida de esa tarde el torero saliera bajo palio. El párroco quedó escandalizado con la propuesta, que tachó de poco menos que sacrílega, y se negó en rotundo a acceder a la pretensión, y despidió a los comisionados con esto: «Hombre, si en vez de Joselito fuera Juan Belmonte…».

Si lo festivo es consustancial al carácter andaluz, al hibridarse con la inclinación indígena americana a la fiesta resultó una afición a la fiesta desmesurada en Iberoamérica. A diferencia del área anglosajona, donde la fiesta mayor, el Thanksgiving, *dura las horas de un almuerzo familiar, en la América hispana las fiestas patronales pueden llegar a durar hasta un mes.*

Estos son algunos de los rasgos de los andaluces del Bajo Guadalquivir trasladados a América. Muchos son compartidos con otras gentes peninsulares, pero dijérase que en el triángulo citado se acentúan al máximo, volviéndose caricatura de sí mismos. Esos rasgos son reconocibles hoy, tanto en Andalucía como en América, como herencia de su patrimonio mestizo.

La fijación en América de los rasgos andaluces. El carácter hispano

El apartado anterior era de todo punto necesario, por cuanto a lo que a continuación se refiere. Porque, en las primeras oleadas de gentes tras el primer viaje de Cristóbal Colón, quienes se trasladaron a América para instalarse en ella como colonos eran mayoritariamente andaluces, y esto habría de entrañar consecuencias muy importantes, decisivas más bien, sobre la personalidad general de Iberoamérica.

Porque, como ha explicado George Foster, y apuntamos en un capítulo anterior, el acervo cultural que se llevó a América era precisamente el de esta región, acervo particular y diferente al de otras zonas peninsulares como se acaba de ver, y cuando otros pobladores no andaluces como los levantinos, los castellanos o los gallegos se suman a la colonización, la propiamente andaluza lleva cincuenta años y ya se ha afincado en América, ya ha *cristalizado*, de modo que los aportes posteriores no implicaron variación significativa en la personalidad, ya acuñada por los andaluces, de los habitantes de América.

Y aún hay que afinar más y derivar más consecuencias. El contingente colonizador español de los primeros años fue, en efecto, andaluz, pero no de todas sus regiones. Los pueblos del Bajo Guadalquivir, extendido sobre el triángulo Cádiz-Sevilla-Huelva, por su proximidad al puerto de Sevilla, base de las expediciones a Indias, proporcionaron en esa fase inicial el aporte humano más numeroso. Otras regiones de Andalucía apenas tuvieron significado alguno, y comenzaron a arribar cincuenta años después de los primeros, cuando la novedad que representaba el Nuevo Mundo, y que excitaba la rica imaginación de los habitantes del Bajo Guadalquivir, se extinguió bruscamente.

Hecha esta aclaración, examinemos sus consecuencias, que fueron de enorme alcance para la población americana. Ya se ha hablado de cómo, junto al mestizaje biológico, existió un equivalente mestizaje cultural, variopinto mosaico en el que entraban aspectos materiales como la ganadería, la lengua o la música, que fueron incorporados no como consecuencia de una decisión activa de la autoridad española, sino de la mera imitación del modo de vida de las clases españolas, y sobre todo como producto de la hibridación de los españoles con los nativos. Estos genes, los de las gentes del Bajo Guadalquivir, fueron los más influyentes a la hora de forjar el temperamento mestizo de América. Fueron ellos, y esto es capital, los que «cristalizaron», los que sellaron la personalidad de América, los que impregnaron a los mestizos americanos, y hoy son perfectamente identificables esos rasgos en la población del Nuevo Mundo.

Los andaluces de esta particular región fueron quienes se cruzaron con los naturales de América, y se dio la coincidencia de que estos compartían buena parte de los rasgos de los colonizadores. Así, la afición de los indios por la fiesta, su capacidad para impresionarse por lo visual, su escasa disposición hacia el trabajo tenaz, el poco emprendimiento… Los indios no compartían otros, como la capacidad de comunicación de los andaluces o su extraversión, pero en líneas generales resultó una raza mestiza con abundancia de los atributos andaluces, y lo que hizo el mestizaje fue acentuar esas notas, exagerándolas hasta límites difícilmente imaginables, hasta los límites descritos en la novela *Cien años de soledad*, de García Márquez, que describe un mundo tan incomprensible para el público occidental como real y cierto, como muchas veces recordó el propio premio Nobel colombiano. Ese histrionismo, esa exageración que contemplamos en tantos sucesos, en tantos personajes del mundo iberoamericano, más cerca de la fantasía que de la realidad.

Tito Livio dijo que «los ánimos de los españoles e sus ingenios son inquietos, y deseosos de cosas nuevas». Acertada opinión que nos ofrece ya una primera aproximación acerca del carácter hispano. A lo largo de los pasados capítulos hemos ido viendo algunos de sus rasgos: su individualismo exacerbado, su postura ante las leyes, que no son recibidas como normas absolutas sino relativas, su afición a la fiesta y a la comunicación física con los demás. Corresponde ahora adentrarnos algo más en ese carácter, y para hacerlo vamos a seguir las atinadas observaciones de Arthur L. Campa[48], estudioso de las reacciones del pueblo angloamericano y del hispano al instalarse sobre un mismo territorio, el suroeste de los Estados Unidos.

Una de las notas definidoras del carácter hispano es su tendencia a la comunicación entre unos y otros, herencia de Andalucía. A diferencia de la reserva habitual de las gentes del Norte, los hispanos disfrutan de la conversación improvisada, de la tertulia, y no tienen inconveniente alguno en pasar las horas hablando, como puede comprobarse en la plaza mayor de cualquiera de las ciudades hispanas, atiborradas de gentes conversando a la caída de la tarde.

La noción del tiempo es diametralmente opuesta en uno y otro pueblo. Para el hispano, la trilogía pasado-presente-futuro se reduce en exclusiva al presente, pues el pasado es historia y más vale no preocuparse por un futuro que aún no ha llegado.

Esa exclusiva consideración por el presente es lo que, al decir del autor, hace a los hispanos gozar intensamente de él, sin dejar que el amenazante futuro invada su gozoso momento actual («mañana será otro día»), y que por tal razón lo prolongan cuanto sea preciso, como ocurre en esas fiestas y bodas hispanas que duran varios días. Dejando para mañana cualquier tarea, pero sin que ese mañana signifique exactamente el día siguiente, sino un mañana indeterminado, por lo que, humorísticamente, algunos autores llaman al suroeste «la tierra del mañana».

Ese concepto ambiguo del tiempo tiene otras ramificaciones, como las referidas, pues en tanto que un angloamericano citado a las ocho llega a las ocho, el hispano puede llegar entre las ocho y las nueve, que hasta entonces rige la hora de las ocho. El reloj no ha esclavizado aún a los hispanos, por mucho que se hayan incorporado al mundo industrial y al desarrollo.

Descanso nocturno de viajeros andaluces del Camino Real de Tierra Adentro. Todo el bagaje psicológico andaluz quedó fijado en América con los pobladores de las primeras oleadas: la extraversión de los andaluces, su facilidad de comunicación, la atención a lo externo, la preocupación por el presente antes que por el pasado o el futuro, el carácter expansivo, la generosidad y tantos otros rasgos que definen a los andaluces de la región colonizadora.

En su posición ante el trabajo también observa el autor notables diferencias. Este no es un fin en sí, sino un medio para disfrutar de la vida, como comprobó aquel patrono que aumentó el sueldo a sus peones, y el lunes siguiente no acudieron a la faena, pues con el aumento podían prescindir de un día más de labor. El trabajo es algo secundario en el horizonte vital del hispano, y por ello la pregunta de un angloamericano sería ¿qué hace su marido?, y la de un hispano ¿quién es su marido?, pues le interesa la persona en sí, y no su modo de ganarse la vida. Como tampoco es un fin el dinero, que rehúsan acumular y que gastan a manos llenas, con generosidad que asombra a los angloamericanos, que si así gastaran serían investigados. Estos últimos fijan siempre metas, objetivos, y el ocio es algo repudiable, que siempre hay que llenar con alguna actividad. El hispano en cambio está muy bien sin hacer nada (*veriwelleando*), y no se impone hacer algo a la fuerza, sino que se entrega a lo que depare el futuro («ya saldrá algo»). Y la misma escena podemos contemplarla hoy en cualquier pueblo andaluz, donde en la terraza de un bar, varios hombres no hacen otra cosa que pasar la tarde en buena compañía. Como podemos ver igualmente en todas los ciudades de Iberoamérica a la caída de la tarde, cuando los ciudadanos se reúnen en la plaza mayor para hablar, para comentar las novedades que deparó el día, para manifestar el ansia de comunicación permanente de unos con otros.

De ahí que se deje un amplísimo margen a la improvisación, algo incomprensible para el ordenado espíritu anglosajón, el cual, antes de emprender un negocio arriesgado contratará un seguro, lo que desecha el carácter hispano, pues los seguros, sobre ser algo que pertenece al futuro, anticipa desgracias y, aún más, las atrae.

El marcado individualismo hispano, del que ya hemos hablado, merece algunos comentarios adicionales. El angloamericano desea siempre hallarse incardinado en patrones colectivos fijos, en reglas claras que obedece a ciegas y sin las cuales se siente sin rumbo y desconcertado. E incluso cuando quiere ser él mismo y salirse de la norma general, inventa un patrón que vuelve a ser colectivo y uniforme, como ocurrió con el movimiento *hippie*. Todo lo contrario del hispano, que siempre es diferente y único, sin siquiera proponérselo. Campa lleva la observación a cuestiones tan triviales como la conocida «división de opiniones» de las corridas de toros, en que cada espectador tiene la suya propia, firme e inquebrantable, y que defiende con pasión.

El hispano no gusta encasillarse en patrones fijos y colectivos. Puesto que cada momento y cada circunstancia son distintos, cada persona es ella misma. No existe masa ciega y común en el ámbito hispano, sino que cada individuo es señor de sí mismo, del mismo modo que le molestan las leyes, por su obtusa generalidad que no entiende de matices, y por eso las leyes en el mundo hispano a ambos lados del Atlántico son tan abundantes como inobservadas, y cada quien sabe ser legislador de sí mismo y adaptar las normas generales a sus especiales circunstancias y a su propia conveniencia. No otra cosa era el principio «se obedece pero no se cumple», cuando las autoridades españolas de América decidían no aplicar una ley en su territorio, porque la consideraban inconveniente.

El rechazo hacia el patrón establecido se hizo patente en los Estados Unidos con ocasión de la sentencia del juez hispano Otero. En el Derecho estadounidense, los precedentes juegan un papel determinante a la hora de condicionar la decisión de un juez en un pleito concreto, de tal modo que, si esos precedentes existen, la sentencia ha de plegarse a ellos, sin más. Pues bien, cuando los abogados presentaron tales precedentes, el juez Otero los rechazó indicando que «este pleito sería juzgado según sus méritos y circunstancias».

A señalar también que los hispanos solo destacan en los deportes individuales, y si triunfan en un deporte de conjunto como es el fútbol americano, siempre lo harán en los puestos más individualistas.

Versión complementaria de ese individualismo es la caridad, que los angloamericanos practican a través de organizaciones y los hispanos de forma individual, por desconfiar de aquellas. O la guerra de guerrillas, inventada por los españoles contra Napoleón, y que tantas variantes ha conocido en Iberoamérica. Individualismo que obedece casi siempre a los sentimientos, a las emociones, y que lleva a grandes empresas, a hazañas imposibles, pero que no suelen tener continuidad.

	Anglosajones	Hispanos
Tiempo	Atención al pasado y al futuro	Atención al presente
Posición ante las reglas y normas	Inexorable cumplimiento	Meras referencias de conducta
Familia	Estricta padres-hijos	Amplia (hermanos, tíos, cuñados, abuelos, sobrinos...)
Individualismo	Limitado. Intensa sociedad civil	Intenso. Escasa sociedad civil
Postura ante el dinero	Un fin en sí mismo	Un simple medio para vivir
Trabajo	Planificación	Improvisación
Fiestas	Escasas	Abundantes
Comunicación de unos con otros	Escasa	Intensa
Resumen de filosofía de vida	Obsesión por hacer	Pasión por vivir

Los angloamericanos, al ocupar el suroeste de Estados Unidos tras la salida de España, se sorprendieron ante las profundas diferencias de carácter observadas con el suyo propio: la atención exclusiva al presente, la improvisación, el escaso apego al trabajo y al dinero, la generosidad y solidaridad, el individualismo, la consideración de las leyes como meras pautas de referencia que pueden interpretarse a conveniencia... Eso conforma en Estados Unidos dos almas bien distintas, la anglosajona y la hispana. Una se resume en la obsesión por hacer. Otra, en la pasión por vivir.

La nota andaluza de la improvisación es una constante en las gentes hispanas. De nuevo señalamos que los angloamericanos que ocuparon el oeste de los recién creados Estados Unidos se sorprendieron ante ello y lo relatan en sus crónicas. El otoño estaba avanzado, y mientras ellos tenían sus leñeras llenas para el inminente y crudo invierno de Nuevo México, en todos los ranchos hispanos las leñeras continuaban vacías. Y cuando preguntaron la razón, contestaron que «ellos cortaban la leña en invierno, que es cuando hace falta, y no antes de que se echen los fríos».

Junto a ello, la extrema generosidad y hospitalidad de las gentes hispanas, derivación estricta de la andaluza. Al acoger a alguien le dirán «esta es su casa», y los angloamericanos, «siéntase como en su casa», que es bastante distinto. Estos últimos citan para una fiesta o recepción desde una hora inicial a otra de terminación, y ambas se cumplen a rajatabla. Los andaluces, como los hispanos en general, solo mencionan, y de una manera muy elástica, la hora del inicio, y las fiestas «se terminan cuando se terminan».

Observaron también los angloamericanos que ellos mismos, al conocer a una persona preguntaban ¿qué hace?, o bien ¿a qué se dedica?, en tanto que los hispano-andaluces preguntaban ¿quién es?, interesándose pues por la persona en sí, y no por sus realizaciones prácticas.

Tan pronto como se consolidó el poblamiento español, fueron trasladados a América todos los ingredientes del carácter y las costumbres peninsulares. Entre ellos, la fiesta taurina, primeramente, llevada a México a partir de una ganadería navarra. Elemento inseparable de la fiesta hispana fue también el fuego, presente en muchas manifestaciones: hogueras, fuegos artificiales, toros entorchados, brasas que se pisan, muñecos que se queman…

Los ingleses arribaron a América huyendo de las persecuciones religiosas, con sus familias, y dispuestos a establecerse en una parcela, construir una casa de madera y vivir de su trabajo en la granja. Los españoles no huían de nada, viajaban hombres solos, y lo que buscaban eran sueños y fantasías que les libraran del penoso trabajo en su Castilla natal. De ahí que nacieran tantos mitos y quimeras, como Eldorado, la Ciudad de los Césares, Quivira, la Fuente de la Juventud o, como en la imagen, las Siete Ciudades de Cíbola, pueblos que los españoles creyeron que eran de oro, cuando en realidad eran pobres aldeas de adobe.

Esbozados tales rasgos del carácter de uno y otro pueblo, las diferencias se proyectaron sobre las dos grandes culturas que colonizaron el territorio americano, vasto y habitado por poblaciones aborígenes. Los angloamericanos llegaron huyendo de la persecución religiosa, en busca de un lugar donde asentarse, trabajar y vivir. Venían a pie, y se encontraron con tribus hostiles a las que segregaron y acabaron confinando en reservas. Los españoles, en cambio, no venían huyendo de nada, y montados sobre el lomo de sus caballos, y nunca a pie, aportaron no en procura de tierras que trabajar, sino en busca de sueños: Quivira, Apalaches, las Siete Ciudades, Eldorado, la Fuente de la Juventud... Objetivos contra sueños, azadones contra quimeras. Y a pesar de la tan exigida «pureza de sangre», la que excluía de América a todo aquel que no fuera «castellano viejo», los españoles se aplicaron a la tarea de incorporar a los indios a su propia civilización y, más lejos aún, a mezclarse con ellos en el más extenso mestizaje que hayan conocido los tiempos.

Todo esto conecta con las raíces profundas de la personalidad anda-luza y explica cosas como que la América hispana permaneciera tres siglos bajo la soberanía de España. Los hispanos criollos estaban en general cómo-dos así, mientras no se metieran en sus asuntos y les dejaran hacer. Tenían sus fiestas, sus juegos de cañas, sus corridas de toros, sus tertulias y no había ningún impedimento para seguir adscritos a España.

X
CULTURA Y EDUCACIÓN

La España del siglo XVI, la que se adentró en el continente americano, presentaba rasgos culturales propios con relación a Europa, los cuales van a mantenerse con escasas variantes hasta los tiempos de hoy. Lo que caracteriza a aquella España es precisamente su profunda diversidad, lo que la convierte en una nación particularmente rica en lo cultural. Diversidad que parte de tres causas: una gran variedad ecológica, pues como vimos en el capítulo dedicado a ello, la Península Ibérica es un continente en pequeño, con múltiples ecosistemas representados en un espacio exiguo; variedad histórica, ya que confluyen alguna vez sobre nuestro suelo civilizaciones tan diferentes como la íbera, la romana, la fenicia, la árabe, la visigoda... Cada cual dejando su impronta en una población nada hermética, sino muy receptiva y asimiladora; y variedad, en fin, sociológica y costumbrista, derivada de las anteriores, pues unos u otros escenarios físicos y unas u otras regiones conformaron diferentemente a los varios pueblos españoles.

Esta heterogeneidad de España tenía (y tiene) algunas excepciones, notas que actúan como denominador común de las gentes ocupantes de la totalidad del solar ibérico: la fe católica y el sentido colectivo de la vida, manifestado en aspectos como la comunicación entre unos y otros, la generosidad, el gusto por lo festivo o el concepto amplio de la familia, junto a una cierta filosofía vital, existencial, que lleva a preferir los recintos abiertos a los cerrados y el presente al futuro. Sentido colectivo que no significa gregarismo, antes bien, el español se caracteriza por un irrenunciable individualismo. Estos rasgos, sucintamente expuestos, hicieron de España algo distinto a la fría, uniforme Europa y, como es obvio, habrían de repercutir en el Nuevo Mundo.

No todas las áreas españolas gozaron del permiso para trasladarse a las Indias. Solo se concedió a los súbditos de Castilla, región que entonces incluía también Cantabria, el País Vasco, Andalucía y Extremadura. Si bien es cierto que muchos extranjeros accedieron clandestinamente, gracias a esa tendencia española hacia el incumplimiento sistemático de las normas. También pasaron a América muchos pobladores de Canarias, archipiélago recién conquistado por España, y debieron hacerlo en grandes afluencias, pues se llegaron a dictar normas para evitar la despoblación de las islas.

Se ha discutido mucho la cualidad de los españoles que se trasladaron a América, y gran parte de la literatura negra europea ha sostenido que se trataba de la peor escoria de la sociedad de entonces. Tesis en absoluto exacta, pues constan con fiel minuciosidad los nombres y profesiones de los embarcados, comprobándose que eran agricultores, carpinteros, herreros, talabarteros y la amplísima gama de los oficios españoles entonces vigentes. Ciertamente que no fueron a Indias los nobles, apartados de la conquista y siempre celosamente contrarios a ella (fueron los nobles quienes se negaron a que se concedieran otros títulos de nobleza que los otorgados a Cortés y Pizarro), pero tampoco los delincuentes. Fue, sencillamente, gente del pueblo, un pueblo entonces repartido entre lo rural y lo urbano. Además, entre los requisitos para embarcar estaba el de ser «cristiano viejo», lo que excluía a moros, judíos y extranjeros (con las consabidas contravenciones en la práctica, derivadas de la sempiterna picaresca española).

La Leyenda Negra ha difundido que los pobladores españoles de América eran delincuentes comunes, lo cual es del todo falso. Cada viajero que pretendía el viaje era analizado cuidadosamente, pues se vigilaba que no entraran en América herejes y gentes de mala reputación, sino solo cristianos viejos. Los colonizadores fueron, en definitiva, gentes del común del pueblo: campesinos, carpinteros, curtidores, talabarteros… Hernán Cortés, en sus cartas al emperador le ponderaba que enviara a México a esta clase de gentes, encareciéndole con énfasis que en ningún caso enviara abogado alguno.

No es necesario insistir, aunque sí mencionar una vez más, en la otra circunstancia que va a influir sobre la futura personalidad de América, el origen andaluz de los primeros emigrantes, en especial los del triángulo Sevilla-Cádiz-Huelva.

Cristalización cultural

George Foster, como señalamos en otros capítulos[49], es quien ha acuñado este concepto, para explicar las causas del modelo cultural que conformó el territorio de América. Parte de la circunstancia de una muy alta diversidad de culturas en la época del contacto, entendiendo por ellas todos los aspectos contemplados en este libro: la agricultura, la ganadería, la música, las costumbres... España, tan antigua y profusamente habitada, poseía un acopio ingente de técnicas, usos y costumbres procedentes de todas sus regiones, pero no todos ellos cruzaron el océano para instalarse en América. Antes bien, se produjo un aligeramiento, una reducción de formas culturales, deliberadamente unas veces, como los ritos y fiestas seleccionados por la Iglesia, y otras veces rechazadas o aceptadas de manera espontánea.

En este proceso selectivo influyó no poco el elemento nativo. Los amerindios aceptaron sin reparos y rápidamente aquellos avances técnicos traídos por los españoles que contribuyeron a mejorar su calidad de vida. Por ejemplo, la luz de la vela, la domesticación de animales para tiro y consumo, las técnicas agrícolas, la rueda, las herramientas de carpintería, la teja árabe, el horno de alfarero y otros muchos adelantos. En cambio, las importaciones españolas debieron competir con las aborígenes en aspectos tales como las creencias, la música, los usos cotidianos, los alimentos, la medicina popular, el folclore... en todos los cuales se produjo mayor mestizaje.

España llevó al Nuevo mundo un conjunto de herramientas que mejoraron de modo radical la vida cotidiana del indio. Así, la vela, la rueda, nuevas técnicas agrícolas, el animal de tiro, la teja árabe, el horno de alfarero y otras muchas novedades desconocidas en el Nuevo Mundo. Entre ellas, el arado romano, innovación técnica tan extraordinaria en su día, que ha subsistido hasta finales del siglo XX, sustituido por la maquinaria.

El reduccionismo cultural, o simplificación de lo que se trasladó a América, es visible en muchos epígrafes, como en el trazado de la ciudad, que, prescindiendo de otros modelos urbanos, se decantó por el rectilíneo. Y desde luego, tuvo mucho que ver con la región preponderante, Andalucía. Ello explica que la mayoría de los aportes sean del sur, porque, cuando a la empresa colonizadora se suman los asturianos, gallegos, catalanes, levantinos o incluso los castellanos de ambas Castillas, la cultura ya ha tomado cuerpo, ya ha cristalizado en la que llevaron las vanguardias andaluzas.

Por esta razón, el arado es el dental andaluz, como lo es el yugo a los cuernos y no el de collera que se usaba en el norte; el torno de hilar es el horizontal y no el vertical norteño; la relación de compadrazgo, tan extendida en

América, es netamente andaluza, como también las costumbres funerarias y las supersticiones, y nada se diga del idioma, que de modo tan directo definió el habla de América.

Andalucía llegó, pues, antes que las demás regiones, y de alguna manera estas llegaron tarde, cuando ya la cultura en su más amplio sentido se había consolidado sobre la tierra. Curiosamente, y por fortuna, aún pueden reconocerse no solo en América, sino también en España, tradiciones y usanzas correspondientes a esos tiempos pioneros, y eso es porque España es una nación fuertemente conservadora, y dentro de ella el medio rural es aún más renuente a los cambios. Mientras en Francia, Alemania u Holanda algo así resulta impensable, la estabilidad sociológica del pueblo español permite hallar en muchos pueblos usos verdaderamente medievales. Cierto que los mismos permanecieron casi inalterados hasta la segunda mitad del siglo XX, y que a partir de entonces la velocidad del cambio fue abrumadora, pero con todo, aún subsisten, como trasuntos del pasado, hábitos de los tiempos más lejanos de la vieja España.

Colegios y universidades

Suelen distinguirse tres fases en el proceso de comunicación cultural entre el mundo español y el americano. La primera es la de contacto o descubrimiento, la segunda la de confrontación o conquista, y la tercera y definitiva, la de la integración cultural.

Esta última, que es la que nos interesa ahora, en parte penetró de manera espontánea con los pobladores, y en parte se basó en la educación dirigida, comenzando con la fase primaria, el colegio.

Se fundaron colegios con el objeto principal de educar a los niños indios, y no para los españoles, quienes podían acudir a las escuelas de los nativos o bien recibir la enseñanza de preceptores o de sus padres, en sus propias casas. La educación india fue, pues, el empeño de los religiosos, con especial atención hacia las clases dirigentes de los nativos, pues con el tiempo habrían de transferirla a sus comunidades. Por cierto, muchos caciques, reacios a la colonización española, ocultaron a sus hijos en sus casas y enviaron en su lugar a niños plebeyos, que con el aprendizaje llegaron con el tiempo a dominar a sus superiores. La educación del pueblo llano se llevó a cabo en el entorno de los conventos, como se vio en el capítulo dedicado a la religión.

El sistema común era la gestión de la escuela a cargo del párroco en los llamados *pueblos de indios*, creados para concentrar a la población. También podía haber maestros seglares, y para serlo se precisaba ser cristiano viejo, saber leer y escribir, y conocer las «cuatro reglas» aritméticas. En las clases se impartía doctrina religiosa, lectura y escritura, pero en muchas escuelas no faltaban la educación musical, la de las artes y la de los oficios.

Junto al sistema educativo general, hubo experimentos de gran interés, como el colegio de Santiago Tlatelolco, quizá el mejor intento de formación de la élite mejicana. Sus alumnos eran hijos de caciques y nobles indígenas, de los que los cien mayores, entre 10 y 12 años, estudiarían gramática y latín, y los 400 menores, doctrina, lecturas, escritura y música. Los franciscanos, rectores del colegio, conocieron un gran éxito inicial, pues el centro hizo de eficaz eslabón en la integración cultural de los niños indios. Como explica Lourdes Turrent[50], los frailes, tras diez años de trabajo directo y estimulados por los resultados, decidieron ceder la llevanza del colegio a los indígenas, pero el traspaso no funcionó bien y recuperaron su dirección, esta vez con la esperanza de formar un clero indígena.

Misión de Santa Cruz, California. Preocupación especial de la Corona fue la elevación del nivel cultural de los naturales de América, para que pudieran vivir con «policía». Las Leyes de Indias *lo reiteran una y otra vez, y la práctica española en las Indias lo cumplimentó. Las misiones por ejemplo fueron un ejemplo de aprendizaje cultural y profesional, que capacitó a los indios para encarar una nueva forma de vida que les salvó de la extinción.*

Sin embargo, esta segunda parte constituyó un fracaso. En primer lugar, porque los nativos, aun siendo inteligentes y hábiles, se dejaban llevar por la indolencia y el alcohol, y eran refractarios a la rígida disciplina franciscana y al celibato. En segundo lugar, y como suceso que determinó el declive definitivo del centro, uno de sus antiguos alumnos, el cacique don Carlos de Texcoco, fue acusado de incitar a los suyos a retornar a los ritos paganos, algo inadmisible en una época de intenso esfuerzo evangelizador.

Si el colegio fue orientado a la educación del indígena, la universidad lo fue para el criollo. Los indios nobles o los mestizos con capacidad no fueron excluidos de ella, pero la proporción criolla en las aulas fue abrumadoramente mayoritaria. Como dijo el virrey Velasco, protector de la de México, «la Universidad es el mayor bien y merced que a esta tierra se pudo hacer», y desde luego pasa por ser quizá la mayor aportación española a la vida cultural americana, pero también es innegable que la formación universitaria de la élite criolla constituyó el germen intelectual de la futura independencia.

Patio de la Universidad de Salamanca. Tan temprano como en el siglo XVI, poco después de culminada la conquista, se fundan por España en América las primeras universidades. Como dijo el virrey de Nueva España Luis de Velasco, «la Universidad es el mayor bien y merced que a esta tierra se puede hacer». Mientras que los colegios se orientaron a la formación del indígena, las universidades se orientaron de modo preferente, aunque no excluyente, a la educación de la clase criolla.

La primera universidad de América fue la de Santo Domingo, fundada según el modelo de la de Alcalá de Henares. Ambas se asentaban sobre el modelo mixto colegio-universidad, con un mismo rector para ambos. En 1551 se crearía la Universidad de San Marcos en Lima y, dos años después, la de México, ambas directamente inspiradas en la de Salamanca. Más tarde, pero todavía en el siglo XVI, se fundarían las de Bogotá y Quito.

En todas ellas era obligatorio el aprendizaje del latín, para el cual había estudios previos de gramática y retórica, disciplinas que daban paso a las llamadas *facultades mayores*: Teología, Derecho Canónico, Derecho Civil y Medicina, siendo las *menores* las de Artes y Filosofía. En las universidades religiosas se impartía exclusivamente Teología y Derecho Canónico.

Las prestigiosas universidades de México y Lima adoptaron los Estatutos de la de Salamanca. Su cabeza era el rector, elegido por los catedráticos y los alumnos más aventajados. Los planes de estudios se correspondían con los salmantinos, otorgándose los grados de bachiller, licenciado y doctor. El curso empezaba en México el 19 de octubre y en Lima el 3 de mayo, terminando

Universidades fundadas en la América hispana

- Real y Pontificia Universidad de Santo Tomás de Aquino, Santo Domingo, República Dominicana, por bula del 28 de octubre de 1538.
- Real y Pontificia Universidad de San Marcos, Lima, Perú, por Real Provisión del 12 de mayo de 1551 y ratificada por bula del 25 de julio de 1571..
- Real y Pontificia Universidad de México, creada por Real Cédula de 21 de septiembre de 1551 y ratificada por bula del 7 de octubre de 1595.
- Real Universidad de La Plata (de Charcas o de Chuquisaca), Sucre, Bolivia, por Real Cédula del 11 de julio de 1552. No llegó a instalarse.
- Real y Pontificia Universidad de Santiago de la Paz y de Gorjón, Santo Domingo, República Dominicana, por Real Cédula de 23 de febrero de 1558
- Pontificia Universidad de Santo Tomás de Aquino, Bogotá, Colombia, por bula de 1580.
- Universidad de San Fulgencio, Quito, Ecuador, 1586.
- Pontificia Universidad de San Ildefonso, Lima, Perú, por bula del 13 de octubre de 1608.
- Pontificia Universidad de Córdoba, Argentina, 1613.
- Pontificia Universidad de Santo Tomás de Aquino, Santiago, Chile, por Bula papal de 1619.
- Real y Pontificia Universidad de Mérida, Yucatán, México.
- Pontificia Universidad de San Ignacio de Loyola, Cuzco, Perú, 1621.
- Universidad de San Miguel, Chile, por bula de 1621.
- Pontificia Universidad de San Francisco Javier, Bogotá, Colombia, por breve del 9 de julio de 1621.
- Universidad de San Gregorio Magno, Quito, Ecuador, 1622.
- Real y Pontificia Universidad de San Francisco Xavier, Sucre, Bolivia. Fundada el 27 de marzo de 1624.
- Colegio Mayor de Nuestra Señora del Rosario, Bogotá, Colombia, hoy Universidad del Rosario, fundada en 1653.
- Real Universidad de San Carlos Borromeo, Guatemala, por Real Cédula de 31 de enero de 1676.
- Universidad de San Cristóbal, Huamanga (Ayacucho), Perú, 1677.
- Real Universidad de San Antonio Abad, Cuzco, Perú, por breve del 1º de marzo de 1692.
- Real Universidad de Santa Rosa de Lima, Caracas, Venezuela, por Real Cédula de 22 de diciembre de 1721.
- Universidad Pencopolitana, Concepción (Chile), en 1724.
- Real y Pontificia Universidad de San Jerónimo, La Habana, Cuba, el 5 de enero de 1728.
- Real Universidad de San Felipe, Santiago, Chile, en 1738.
- Universidad de Los Andes, en Venezuela, 29 de marzo de 1785.
- Real Universidad de Santo Tomás de Aquino, Quito, Ecuador, 1786.
- Universidad de Guadalajara, en México, 1792.
- San Francisco en la Villa de la Candelaria, Medellín, Colombia, creada en 1801 por Real Cédula de 9 de febrero del mismo año.

Las primeras universidades del continente americano fueron las que fundó España. La pionera fue la de Santo Domingo, siguiendo las de Lima y México. El modelo educativo se basó en la Universidad de Salamanca, otorgándose los grados de bachiller, licenciado y doctor, títulos que, a falta de los nobiliarios, y teniendo en cuenta la obsesión por las hidalguías y las distinciones personales, siguen utilizándose hoy profusamente en la vida diaria iberoamericana.

respectivamente el 7 de septiembre y el sábado anterior al domingo de Carnaval. Claro está que tan dilatado programa se compensaba con la existencia de numerosas fiestas religiosas y civiles, tantas que apenas había semanas que no tuvieran alguna y, en cualquier caso, el jueves era no lectivo.

Las clases debían durar «una hora de reloj de ampolleta», y los bedeles sancionaban a los catedráticos incumplidores o a quienes llegaban tarde a clase. Esta comenzaba con la lectura y exposición de la materia a tratar. A continuación se explicaba el tema, y el último cuarto de hora se reservaba para el resumen y el control de asistencia de los alumnos. El profesor debía quedar luego de la clase a disposición de los alumnos, para solventar cualquier duda. Cada quince días, o con motivo de alguna visita importante, había disputas dialécticas según el método escolástico. Los aprobados y reprobaciones finales eran señalados con una papeleta, marcada con las letras A o R. En los exámenes de bachillerato o de doctorado, el sustentante defendía una tesis frente a las objeciones que le hacía el replicante. También estaba instaurada la norma de *picar frutos*, que consistía en que un niño señalaba con un punzón en el programa de la asignatura, y el examinando desarrollaba el tema así elegido.

En el Archivo de Indias de Sevilla se guarda toda la documentación relativa a los trescientos años de presencia de España en América. La España del siglo XVI en adelante era muy reglamentista, con una verdadera obsesión por documentarlo todo, a cuyo efecto en cualquier expedición figuraban escribanos que registraban las vicisitudes de la misma. Además, el papel era de buena calidad y la letra se conserva con tinta nítida, de modo que el Archivo es un excepcional registro de cuanto aconteció en esos tres siglos.

Los claustros eran los órganos colegiados del gobierno de la universidad. El de catedráticos elegía a los diputados de la universidad, comisionados para la administración de los fondos. El claustro universitario, compuesto por el rector, los catedráticos, los funcionarios administrativos y los graduados, era el órgano más importante en el gobierno de la universidad, y el claustro pleno, compuesto por el de gobierno y el de consiliarios, se reservaba para los asuntos de más trascendencia, como la reforma de los estatutos.

Los grados universitarios eran otorgados por el canciller o maestresala, y la graduación consistía en un solemne acto de reminiscencias medievales, correspondiendo el graduado con propinas, celebraciones y regalos, que debía repartir entre los oficiales, maestros y padrinos, amén de una colación obligatoria que se ofrecía al rector, al canciller, a los padrinos y a los catedráticos, y cuya minuta debía aprobar el canciller. Todo se acrecía cuando el grado obtenido era el de doctor, resultando entonces tan gravoso que algunos renunciaban al título, pues entre los desembolsos figuraba en Lima la organización de una corrida de toros por cuenta del doctorando. Los dispendios eran tales que algunos quedaban endeudados de por vida, y Carlos III tuvo que disponer que el grado se diera gratuitamente a los que acreditaran pobreza.

La creación de la Universidad de Lima llevaba anejos los privilegios de la de Salamanca, excepto la jurisdicción a favor del rector y la obligación de pechar, que no pesaba sobre los graduados salmantinos. Pero en 1580, al rector de la Universidad de Lima se le concedió la jurisdicción sobre los delitos cometidos dentro del ámbito universitario, y a los cometidos fuera, pero relacionados con la universidad, lo cual le dotaba de autonomía frente a las posibles injerencias del virrey. En 1588, Salamanca y San Marcos de Lima quedaron del todo equiparadas, cuando se extendió a los graduados de esta el derecho a no pechar, así como el resto de los privilegios.

La Universidad de México fue inaugurada en 1553 con un solemne discurso a cargo del célebre humanista Cervantes de Salazar y con la presencia del virrey Velasco. Su fiesta principal fue la de Santa Catalina de Siena, y sus patronos, San Pedro y San Pablo. En 1595 fue elevada por el papa Clemente VIII al rango de Universidad Pontificia, del que solo gozaban Oxford, Salamanca, París y Bolonia.

Los dominicos, pero sobre todo los jesuitas, lograron para sus centros superiores rango universitario, con el privilegio inherente de otorgar grados. La finalidad de estas aulas era social, profesional y eclesiástica, pasando por ellas los niveles más selectos de la sociedad criolla. Eran lo que se denominaban *colegios mayores* o *universidades particulares*, frente a las generales, y en el siglo XVIII llegaron a existir hasta treinta y cinco de estos centros con prerrogativas universitarias, y su influencia en la clase criolla fue determinante, como luego se explicará.

También existían los convictorios y los seminarios. Los primeros eran colegios dependientes de la universidad, y preparaban a los alumnos para su acceso a ella, con dos ciclos llamados *minoristas* (latín y filosofía) y *mayoristas* (jurisprudencia y teología). En cuanto a los seminarios, se rigieron por los dictados del Concilio de Trento y en ellos se formó el clero americano.

Literatura y teatro

En los primeros tiempos de la presencia española en América, los autores leídos eran los mismos que se leían en España, cuyos libros llegaban en las naos, junto al resto de recursos humanos y materiales de la colonización.

En 1538 se crea en México la pionera de las imprentas de América, especie de sucursal de la famosa imprenta sevillana de Cromberger. El primer libro publicado fue *La Escala espiritual* de San Juan Clímaco, y en las publicaciones de esta y las sucesivas imprentas instaladas en el continente se aprecia la herencia medieval en las impresiones: letra con caracteres góticos, pergamino en las pastas, correas para los libros voluminosos, además de un papel importado de Europa, de magnífica calidad, al igual que todo el que sirvió de soporte documental oficial, como puede apreciarse en el Archivo de Indias, cuyo papel se conserva blanco y la tinta legible.

Muy pronto, América habría de comenzar su propia obra, la que andando el tiempo daría singular y renovado brillo al idioma. Surgen autores de la tierra, como Fernando de Alva Ixtlilxochitl o Agustín de Betancourt. Fray Antonio Tello publica su *Crónica miscelánea*, Juan de Grijalva su *Crónica* y Alonso de Ovalle la *Histórica relación del Reino de Chile*. Felipe Huamán Poma de Ayala escribe la *Nueva Crónica y Buen Gobierno*, Antonio de Fuentes y Guzmán, descendiente de Bernal Díaz del Castillo, la *Recordación Florida*, fundamental para conocer la época colonial de Guatemala y la sociedad encomendera. También debe mencionarse la obra *Grandeza Mexicana*, muy conocida en su momento, y cuyo solo título evoca el orgullo que sentían los criollos hacia su entorno. Muchos de los escritos de la primera época se engloban en lo que se ha llamado *Crónicas de convento*, pues describen los esfuerzos de los frailes para la evangelización de los indios, pero paralelamente se contienen numerosas descripciones naturalistas y abundantes noticias sobre la vida y costumbres de los pueblos indígenas.

En esta sumaria relación de obras y autores es necesario destacar dos nombres, los del Inca Garcilaso y Ruiz de Alarcón. Ambos nacieron en América y recalaron finalmente en España, donde hicieron su obra. Ruiz de Alarcón había nacido en México, estudiando allí y en Salamanca, y logró darse a conocer en la metrópoli como autor de comedias, siendo considerado discípulo de Lope de Vega. Es un autor que perfila con gran profundidad sus personajes y por ello se ha dicho que fue el inventor de la llamada *comedia de caracteres*. Curiosamente, dejo de escribir cuando obtuvo plaza de relator en el Consejo de Indias.

La reducida nómina expuesta quedaría incompleta si no mencionáramos a sor Juana Inés de la Cruz, la Décima Musa, cuya insaciable voracidad intelectual tropezó con el ambiente de los tiempos, poco propicios a valorar el talento de la mujer. Tras muchas peripecias, en la soledad del convento logró satisfacer su enorme capacidad creativa en forma de teatro y poesía, y llegó a formar una biblioteca de 4000 volúmenes, cifra asombrosa para la época. Tras su *Romance de la ausencia*, el obispo de Puebla le escribió una carta elogiándola, pero persuadiéndola para que dejara el ejercicio de las letras, lo que hizo con estricto sentido de la disciplina, y se entregó a la penitencia hasta el fin de sus días.

La literatura de la época de la colonización tuvo suficiente con describir la exclusiva naturaleza de las Américas. Bastaba con transcribir las maravillas que salían al paso de viajeros y exploradores para colmar las ansias creativas, porque el territorio era en sí una portentosa creación, plagada de novedades, y por tal razón la novela no abunda a lo largo de todos esos siglos.

Habría que esperar hasta el siglo XX, para que una generación de autores extraordinarios diera el salto desde el mero registro de las cosas a su fabulación, desde la descripción a la invención. Y del mismo modo que la arquitectura y el arte, sobre unos mismos materiales pudieron engendrar los sobrios conventos franciscanos o el exuberante barroco, así la literatura, sobre el mismo molde del castellano, presentó resultados que van desde el conceptismo de Baltasar Gracián hasta la narrativa hispanoamericana del siglo XX. Se trata, una vez más, de la América barroca, plasmada en la novela de Miguel Ángel Asturias, de García Márquez, de Borges, de Vargas Llosa, de Carlos Fuentes, que supieron con insuperable maestría retorcer el lenguaje, la metáfora, el giro, como los artesanos mestizos de la piedra y la madera tres siglos antes acertaron a contorsionar las formas, engendrando el arte Barroco.

Los autores hispanoamericanos, a la tradición literaria española que arranca de Cervantes unieron en América un riquísimo arsenal de argumentos nuevos y de tipos humanos barrocos y surrealistas: el hacendado señor de personas y bienes, el sátrapa dictador, el gaucho pampero, el llanero de los inmensos humedales venezolanos, el revolucionario mexicano, o la exagerada vida cotidiana de los pueblos y las gentes… Todo ello dio pie a la fabulosa narrativa hispana de finales del siglo XX.

Fueron necesarios, pues, cinco siglos, para que emergiera la inmensa capacidad fabuladora de América. La que surgía de la pujanza de una tierra desmedida, la que producía tipos humanos tan extraordinarios como el gaucho pampero y el jinete llanero, y tan insólitos como el sátrapa dictador o el señor de haciendas, amo de personas y bienes; la América que generaba escenas de la vida cotidiana que tenían más de irreal que de ciertas. Todo eso salía al camino de los narradores de la América hispana, quienes aplicaron su propia magia sobre la magia del entorno natural y sobre la extravagancia de los tipos humanos, y elevaron el idioma castellano a cotas prodigiosas, desconocidas desde el Siglo de Oro de las letras españolas. Once premios Nobel de literatura acreditan a las letras españolas como uno de los ámbitos donde más brilla la Civilización Hispánica.

En cuanto al teatro, en el capítulo dedicado a la religión se explicó cómo fue utilizado por las órdenes religiosas para inculcar el cristianismo entre los indígenas, haciendo más asequible su asimilación. Luis Weckmann[51] expone el proceso, señalando que la primera escenificación tuvo lugar el 6 de enero de 1528 en México, durante la misa de Epifanía, representándose en idioma náhuatl el ofrecimiento de los Reyes de Oriente al Niño Jesús. Era el llamado *teatro misionero o misionario*, en el que los frailes descubrieron un excelente sistema de traspaso de la fe hacia los pueblos nativos. En Navidad se interpretaba la escena de los pastores que divisan la estrella de Belén, y de ahí nacieron las *pastorelas*, muy difundidas a lo largo del orbe hispano. Y muchos religiosos componían piezas de su cosecha, en castellano o en lengua nativa, para deslizar sutilmente el mensaje cristiano.

A partir de entonces cobraron gran auge los autos sacramentales, dramas en un solo acto que mostraban episodios del Evangelio. En un primer momento la puesta en escena era en el interior de la propia iglesia, pero pronto salió de ella, buscando el mayor auditorio del atrio, complicándose cada vez más las representaciones: el fin del mundo, el Juicio Final, la conversión de San Pablo y otros dramas, en los que descolló el activo fray Motolinía, que en náhuatl significa *el pobre*, apodo que eligió él mismo cuando oyó que los aztecas llamaban así a los doce primeros franciscanos que, descalzos y harapientos, llegaron para convertir a la población.

Desde el ámbito estrictamente religioso, el teatro derivó al profano y buscó la plaza mayor como el escenario definitivo, permitiendo por ejemplo que en una función sobre la conquista de Rodas intervinieran nada menos que 50 000 indios, quienes siempre mostraron gran entusiasmo por este tipo de actos, además de una sorprendente facilidad, pues en solo dos días eran capaces de memorizar sus trabajos.

El teatro mundano halló su hechura más plenamente americana en los Moros y Cristianos, denominación genérica, que, como vimos, comprende en

América cualquier tipo de enfrentamiento: entre la morisca y la cristiandad, entre indios y conquistadores, entre españoles y turcos, y por ello se conoce con nombres tan varios como *morismas, retos, santiagos, matachines, cruzadas* o *testoanes*. Es, probablemente, la fiesta profana más extendida y vigente en América, con notable asentamiento en el suroeste de Estados Unidos, donde con motivo de las fiestas locales no faltan las representaciones de Moros y Cristianos bajo alguno de sus muchos seudónimos.

El teatro cuajó de modo prodigioso en América, toda vez que los nativos encontraron en él una herramienta idónea para expresar su capacidad natural para la representación. Los frailes de las órdenes religiosas se sirvieron del teatro para ilustrar los mensajes del Nuevo Testamento. Los Moros y Cristianos en sus diversas versiones se extendieron por el territorio, y en los teatrillos de las misiones se escenificaban sucesos, como la batalla de Mbororé, cuando los indios guaraníes vencieron a los temibles bandeirantes portugueses.

Ciencias

Entre las no escasas críticas que autores extranjeros han prodigado sobre la labor española en Indias, figura la de no haber respetado suficientemente el testimonio vivo, las obras de las civilizaciones anteriores, que hubieran permitido un mejor conocimiento del mundo prehispánico. Todo es mejorable, por supuesto, pero la acusación es del todo injusta, si se tiene en cuenta la magnitud de la información que poseemos sobre ese mundo, gracias precisamente a la curiosidad científica de muchos frailes e historiadores, que les llevó a registrar todo cuanto pudieron acerca de la naturaleza de América y sobre sus pobladores autóctonos.

No deben soslayarse, por otra parte, las circunstancias históricas que rodean a cada generación. El propio Hernán Cortés, que ante todo era un humanista, cuando dirigía la construcción del nuevo Tenochtitlan, quiso conservar algunos de los teocallis y monumentos antiguos, «para dejar memoria», y eso fue utilizado contra él en el juicio de residencia. Tampoco se debe acusar a las huestes conquistadoras de omisión al respecto, pues, ciertamente, en aquellos momentos andaban en otras ocupaciones que las de herborizar y clasificar especies para la ciencia. Pero en cuanto el territorio estuvo básicamente dominado, misioneros y viajeros se lanzaron a la tarea de indagar en ese novedoso universo que les rodeaba, y nos dejaron un inmenso legado naturalístico y antropológico, a partir del cual se ha podido reconstruir el mundo antiguo en todas sus vertientes.

La exuberante naturaleza de América sobrecogió a los españoles de las primeras oleadas. Las selvas, los humedales, los desiertos, las montañas, los ríos, alcanzaban unas magnitudes desmesuradas. De ahí que algunos estudiosos como Fernández de Oviedo, José de Acosta o López de Gómara se lanzaran a publicar libros descriptivos de la fauna y flora de Nuevo Mundo. Gómara afirmó que «la mayor cosa desde la creación del mundo es el Descubrimiento de las Indias».

Cristóbal Colón fue sin duda el primer viajero-historiador, iniciando una nómina de nombres ilustres que describieron el espacio físico con las gentes y criaturas que vivían en él. Uno de estos divulgadores fue Pedro Mártir de Anglería, quien reunía dos cualidades: la de poder escribir sobre el Nuevo Mundo sin haber tenido contacto directo con él, sino tan solo a través de los testimonios que le llegaron de otros informantes, y la de erigirse en el primero de los cronistas al estilo moderno, ya que sus *Décadas* poseen un estilo claramente periodístico, ligero y fácilmente legible, razón por la cual sus textos tuvieron tanta aceptación en la época.

Gonzalo Fernández de Oviedo es el reverso de Anglería. Veintidós años de viajes por América, unidos a su curiosidad científica, le colocan en el primer puesto, cronológicamente hablando, entre los tratadistas de la Naturaleza americana. Escribió obras enciclopédicas, como *De la natural historia de las Indias* o el *Sumario de Historia natural*. Escribe de manera desordenada, acumulando datos, mezclando lo importante con lo accesorio, lo sustantivo con lo anecdótico, lo naturalístico con lo etnográfico y lo histórico, y sin poner cuidado literario alguno, pero al ser pionero en hacerlas, sus observaciones son de una relevancia difícil de superar. Describió por primera vez innumerable cantidad de especies, así como sus costumbres, y su obra es imprescindible para conocer aquel mundo nuevo y deslumbrante que se ofreció a la vista de los europeos del siglo XVI. Oviedo es considerado por ello como el primer naturalista del Nuevo Mundo.

La extraordinaria fauna silvestre del Nuevo Mundo constituyó una sorpresa para los españoles, que no cesaban en sus crónicas de comentar la abundancia, variedad y extrañeza que ofrecían aquellas especies absolutamente desconocidas en el Viejo Mundo. Animales tan singulares como el lento perezoso, las zarigüeyas que transportan a sus crías en una bolsa en el propio cuerpo, el jaguar, la inmensa anaconda, o aves como el colibrí o el quetzal, produjeron la admiración de los primeros exploradores.

Francisco López de Gómara es titular de otro de los puestos relevantes en la historiografía indiana. Él fue quien dijo que «la mayor cosa desde la creación del mundo es el Descubrimiento de las Indias». Su *Historia General de las Indias* es un compendio de esa Naturaleza que tanto admiraba.

Bernardino de Sahagún escribió otra magna obra, la *Historia General de las cosas de Nueva España*. Es un gran descriptor de la vida y de las costumbres de los naturales del valle de México, revelándose como notable etnógrafo.

José de Acosta está considerado un auténtico «filósofo de la Naturaleza». Su *Historia natural y moral de las Indias* presenta un método riguroso, sistemático, y va más allá de la mera descripción, para adentrarse en la causalidad de los fenómenos, en «las causas y razones de las novedades y extrañezas de la Naturaleza», buscando por tanto las leyes que rigen el orden natural. En la parte moral de su *Historia*, describe los hechos y costumbres de las tribus indígenas de América.

Acosta, hombre del Renacimiento, adopta una actitud crítica ante las cosas, sin dejarse llevar por prejuicios ni conocimientos heredados. Se muestra como un adelantado a su tiempo. Formula la ley de la pluralidad de las causas, según la cual los sucesos no responden a una sola causa, sino a una conjunción de ellas. Así, el sol no es la única fuente del calor en una zona, sino que también intervendrán la lluvia, la altura, la proximidad del mar, los vientos...

Genial intuitivo, imaginó que los primeros pobladores de América debieron entrar por el norte, a través del Estrecho de Bering. Y, dando un paso intelectualmente más osado aún, mucho antes de que Darwin formulara la teoría, Acosta apuntaló los rudimentos del principio de adaptación de las especies al medio.

Hay otro grupo de autores que, sin pertenecer a la primera línea como los anteriores, merecen un puesto en la relación de escritores naturalistas de los siglos XVI y XVII. Martín Fernández de Enciso, el Bachiller, fue un abogado que llegó a las Antillas con una edad cercana a los sesenta, y que tras ejercer allí unos años su profesión, aún tuvo arrestos para embarcarse en expediciones de conquista, por las que es más conocido. E incluso tuvo tiempo para componer una obra que nada tiene que ver con el ejercicio de la abogacía, cual es la *Suma de Geographia*, en la que el polifacético bachiller se revela como digno geógrafo.

Juan de Cárdenas dio a luz la primera parte de los *Problemas y secretos maravillosos de las Indias*, estudiando aspectos ecológicos y etnográficos, y siendo otro de los que no se limitan a contar lo que ven, sino que se pregunta el porqué de las cosas, y unas veces acierta, como al sostener la estrecha relación del clima con las plantas, y otras yerra, como cuando proclama que el sol comunica al oro su propio resplandor.

Nicolás Monardes recogió numerosas plantas americanas, dedicándose a estudiar sus propiedades curativas, publicando el fruto de su trabajo en la *Historia medicinal de las cosas que se traen de nuestras Indias occidentales*.

Francisco Hernández fue un conocido médico de Felipe II, bajo cuyo encargo recorrió parte del territorio americano para estudiar su botánica. Publicó una enciclopedia voluminosa, por desgracia perdida en buena parte, a excepción de cuatro interesantes tomos sobre *La naturaleza y virtudes de las plantas y animales en la Nueva España*.

La obra de Bernabé Cobo, *Anales de las Ciencias Naturales*, habla sobre los distintos reinos de la Naturaleza, aunque como señala Esteve Barba[52], la publicación llegó tarde y apenas pudo influir, como lo hicieron otros autores, sobre la cultura europea. Pero al menos la obra de Bernabé, aunque tardía, llegó al público, y cabe preguntarse cuántos libros cuidadosamente escritos, plagados de datos e informaciones, quedaron malogrados, arrumbados en los anaqueles de los libros inéditos, perdidos para siempre.

No fue este el caso de la obra de Henrico Martínez, *Repertorio de los tiempos e Historia Natural de Nueva España*, una suerte de enciclopedia que resume la ciencia de su época. Un tratamiento distinto tiene el título de Bernardo de Vargas

Machuca, *Milicia y Descripción de las Indias*, en cuya primera parte habla de lo que debe hacer un buen jefe en el ejercicio de su cargo y de las obligaciones de un soldado, con interesantes aportaciones sobre medicina militar, pues explica cómo deben sanarse heridas y enfermedades de los ejércitos en campaña en aquellas tierras. En la segunda parte, de un modo sencillo y directo, pero no por ello impreciso, habla sobre las plantas, los animales, los ríos y las costas.

Es procedente mencionar a los escritores jesuitas de las misiones, quienes inmersos en una naturaleza exuberante, sintieron la necesidad de plasmarla en descripciones literarias y dibujos. Desde California a los territorios australes, nos han legado obras de gran interés científico, como el *Orinoco ilustrado*, de José Gumilla, *Noticia de la California*, de Venegas, *Noticias auténticas del famoso Río Marañón*, de Pablo Maroní, y otros como Ruiz de Montoya, Diego de Rosales, Alonso de Ovalle y Alonso de Zamora, que revelan la preparación y la curiosidad científica de estos conquistadores de almas.

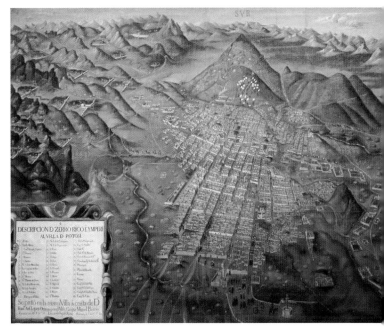

Las gentes hispanas no se caracterizan en líneas generales por su afición a la investigación y a la ciencia, que siempre han dejado para otros pueblos. Su capacidad científica está empero latente, solo que solo aflora cuando hace verdadera falta. Esto explica el descubrimiento que hizo Bartolomé Medina en Potosí, cuando descubrió que, empleando mercurio, se aprovechaba mucho más la plata extraída. Y cuando el mercurio escaseó, otros españoles descubrieron, en improvisación muy ibérica, que empleando limaduras de hierro se ahorraba mercurio.

La ciencia en sí conoció algunos logros de interés en la América española. Quizás el de mayor repercusión económica inmediata fue el de Bartolomé Medina, quien descubrió el procedimiento *de amalgama* o *de patio* para extraer la plata. Años antes, un peón indio, al encender una hoguera al crepúsculo para calentarse, descubrió que al calor del fuego manaba un refulgente hilero. Sin saberlo, acababa de descubrir la montaña de plata que transformó la economía indiana, la española e incluso la europea. Era el cerro del Potosí, que de inmediato comenzó a generar cantidades colosales de plata. Pero el procedimiento de extracción desperdiciaba mucho metal, hasta que la técnica de Medina, que empleaba mercurio, redujo las pérdidas considerablemente. Más tarde, unos españoles descubrieron que utilizando unas raspaduras de hierro se ahorraba mercurio, improvisación muy ibérica que fue prohibida, en decisión no menos ibérica, porque ello amenazaba la explotación de los yacimientos de mercurio de Huancavelica e incluso de Almadén.

Gran renombre científico alcanzó el riojano Fausto Elhuyar, que con su hermano Juan José descubrió el wolframio. El platino había sido descubierto por Ulloa, y el vanadio fue aislado por vez primera por Andrés del Río, que lo bautizó inicialmente como eritronio.

En medicina destaca el descubrimiento de la quina para el alivio de la malaria, procedimiento que conocían los indígenas y que mantenían celosamente guardado. Cuéntase que un misionero jesuita logró hacerse con el secreto y lo comunicó a la esposa del virrey conde de Chinchón, quien había contraído las fiebres. Sanó la virreina y divulgó la noticia, y desde entonces la quina se conoció en Europa como «polvo de los jesuitas». Las selvas americanas ofrecían un inmenso caudal de posibilidades medicinales, y algunos investigadores hurgaron en sus secretos, como Francisco de Burgoa, que realizó estudios sobre la medicina natural de los indígenas. O como Juan de Barrios, que publicó su *Verdadera medicina, cirugía y astrología*, que contiene estudios de plantas medicinales. De Gregorio López es el *Tesoro de Medicina para todas las enfermedades* y de Diego de Ossorio los *Principae Medicinae*.

Crónicas de costumbres

Los historiadores extranjeros acostumbran acusar a los españoles de no recoger, e incluso de destruir, los documentos de las culturas prehispánicas, perdiéndose, dicen, una gran ocasión para haber conocido las costumbres de los pueblos precolombinos. Sin embargo, todo lo que se conoce sobre ellos, que es mucho, es precisamente gracias a los cronistas españoles de la época, ya fueran religiosos o seglares, quienes se encargaron de recopilar la documentación disponible, y aun de recabar numerosos testimonios de los aztecas o incas, gracias a los cuales hemos podido profundizar en los aspectos de esas culturas.

Así, por lo que se refiere al mundo mexica, fray Toribio de Benavente escribió la *Historia de los Indios de Nueva España*; Diego de Landa, la *Relación de las cosas de Yucatán*; Diego López de Cogolludo, la *Historia de Yucatán*. Y destaca la monumental y famosa obra de Gonzalo Fernández de Oviedo *Historia General de las Indias, Islas y tierra firme del mar océano*.

Los pormenores del mundo inca han llegado hasta nosotros gracias a numerosas obras, como los *Comentarios Reales de los Incas*, del Inca Garcilaso; *La Crónica del Perú*, de Pedro Cieza de León. Y de otras regiones como Chile, Pedro Mariño nos trae la *Crónica del Reino de Chile*, y Jerónimo Vivar la *Crónica y Relación copiosa y verdadera de los reinos de Chile*, todo ello por no mencionar otros muchos autores que sintieron la necesidad de plasmar en libros las circunstancias y costumbres de aquellos reinos.

Expediciones científicas

El siglo XVIII significó la verdadera revolución científica en América, a impulsos de las ideas ilustradas que llegaban de Europa. Se crean colecciones de especies, jardines botánicos, museos. Se fundan la Escuela de Minería, el Observatorio Astronómico, el Museo de Historia Natural y otros centros muy adelantados, que provocan la admiración de un visitante ilustre, Alexander von Humboldt, quien llega a decir que «ninguna ciudad de este continente, sin excepción de las de Estados Unidos, presenta establecimientos científicos tan grandes y sólidos como los de la capital de México».

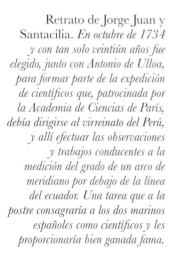

Retrato de Jorge Juan y Santacilia. *En octubre de 1734 y con tan solo veintiún años fue elegido, junto con Antonio de Ulloa, para formar parte de la expedición de científicos que, patrocinada por la Academia de Ciencias de París, debía dirigirse al virreinato del Perú, y allí efectuar las observaciones y trabajos conducentes a la medición del grado de un arco de meridiano por debajo de la línea del ecuador. Una tarea que a la postre consagraría a los dos marinos españoles como científicos y les proporcionaría bien ganada fama.*

Con el general renacer del interés hacia el conocimiento del mundo y sus fenómenos, este siglo es por antonomasia en América el de las expediciones con fines científicos, unas veces organizadas por el Estado español, otras por países extranjeros con permiso de España y otras, fruto de la curiosidad particular de algunos nombres propios.

La primera de ellas fue la que organizó la Academia de Ciencias de París, en la que figuraban científicos de renombre, como La Condamine, y en la que por decisión real se enrolaron dos oficiales de la Armada española, Jorge Juan y Antonio de Ulloa. Contaban entonces con solo 19 y 22 años, pero cuando terminaron tenían ya la treintena y un puesto en la historia de la Ciencia. Habían recorrido toda la costa sudamericana del Pacífico, desde Panamá a Chiloé, y Ulloa llegó a descubrir el platino en Nueva Granada, la actual Colombia, concluyendo además que los nativos americanos debieron llegar al continente por mar.

Ulloa publicó más tarde las *Noticias americanas*, con gran copia de datos y aportaciones científicas, y juntos editaron la *Relación histórica del viaje a la América meridional*. Pero la obra más conocida de ambos fue sin duda las *Noticias secretas de América*, sobre el estado militar, naval y político de los reinos del Perú y provincia de Quito, concebida como un informe reservado para la Corona española, pero que por vicisitudes diversas acabó siendo publicado. Se trata en verdad de un documento escandaloso, que causó gran revuelo al momento de su publicación, pues narra prolijamente el estado de depauperación moral, social y política en que se hallaban los reinos españoles, describiendo una situación de degeneración en prácticamente todos los sectores y apuntando los remedios más urgentes para enderezar un panorama que los autores consideraban de gran peligro para la integridad de los reinos. Critican el ansia de enriquecimiento rápido de los que pasan a Indias, como los siniestros funcionarios repartidores, que obligan a los indios a comprarles mercancías totalmente inútiles para ellos; de los curas corruptos, que se inventan en los pueblos indígenas festividades y actos religiosos para cobrarles sobresueldos; o de los clérigos depravados, que llevan una vida de barraganía a la vista de todos.

Jorge Juan y Ulloa alertaron sobre estas y otras lacras, y lúcidamente previnieron a las autoridades sobre la descomposición interior que advertían en el imperio y sus consecuencias previsibles, pero las autoridades españolas, lejanas y sumergidas en politiqueos de salón, no tuvieron en cuenta esta y otras denuncias semejantes, y no pusieron los medios para resolver la situación, cuando acaso aún era tiempo de hacerlo.

La expedición de Ruiz y Pavón al Perú y Chile dio como resultado el tratado sobre la quina, *Quinología*, el fabuloso febrífugo que podía curar el paludismo, enfermedad muchas veces mortal y que, aún hoy, causa la muerte a varios millones de personas todos los años. Se sospechaba la existencia de la quina por las leyendas que en torno a ella giraban: el puma que en los mayores accesos de fiebre roe la corteza del árbol; el testimonio de un soldado español que, aquejado de malaria y preso de intensas fiebres, bebió de un lago rodeado de árboles de la quina y sanó de la enfermedad; el corregidor que curó por el consejo de un jesuita, que conocía el remedio; y la historia más divulgada, la de la esposa del virrey, asimismo curada por ingerir la corteza.

Celestino Mutis fue el más notorio de los viajeros científicos españoles del siglo XVIII. Tras años de intentarlo sin éxito, consiguió de Carlos III la financiación de la expedición botánica a Nueva Granada, que incorporó a un selecto grupo de expertos y dibujantes, dejando un riquísimo legado de 20 000 plantas registradas, descritas y dibujadas, gran parte de cuyos dibujos se conserva en el Jardín Botánico de Madrid.

Publicaron también la *Flora peruvianae et chilensis*, en trece tomos, trabajo exhaustivo sobre la flora andina. Continuaron sus trabajos Juan Tafalla y Francisco Pulgar, hasta un total de cincuenta y cuatro años, calculando Tudela que el gasto total del Estado en esta larga expedición que estudió 2300 especies fue la considerable suma de tres millones de pesetas plata.

El más famoso de los expedicionarios españoles fue sin duda José Celestino Mutis, que dedicó su vida a la botánica y la medicina, aunque también hizo incursiones en las matemáticas y la astronomía, debiéndose a su impulso la creación del Observatorio de Santa Fe de Bogotá. Fue un científico de primer nivel, con auténtico sentido investigador, para quien nada pasa inadvertido y todo lo va registrando con minuciosa precisión.

La flora americana fue objeto del mayor interés por parte de los ilustres botánicos españoles del siglo XVIII. La expedición de Ruiz y Pavón a Perú y Chile dio como resultado trece tomos sobre la flora andina, así como el tratado sobre la quina, el potencial remedio contra el paludismo, como acreditó un soldado que, enfermo de paludismo, bebió de un lago rodeado de plantas de quina y sanó de la enfermedad.

Mutis recibió de Carlos III, tras veinte años de baldías propuestas por parte del científico (tenacidad indispensable en cualquier emprendedor) y cuando él mismo había cumplido ya la cincuentena, la dirección de la expedición botánica a Nueva Granada, con un selecto grupos de expertos y dibujantes a su cargo, dejando un legado inmenso de descripciones, dibujos y observaciones, gran parte del cual, compuesto por dibujos y un herbario de más de 20 000 plantas, se conserva en el Jardín Botánico de Madrid. Mutis acaudilló toda una generación de científicos, y el propio Humboldt se desplazó a Bogotá junto a otros colegas, al objeto expreso de conocerle.

La expedición de Sessé y Mociño a Nueva España se inicia con la del aragonés Martín Sessé, que parte hacia el interior de Nueva España en 1787. Aborda tres campañas, en las que describe por vez primera más de mil especies. En la tercera campaña se incorporó José Mariano Mociño, que había nacido en México y que obtuvo la cátedra de Botánica. Sessé pasaría después a Cuba, y fruto del trabajo de ambos se publicaron las obras *Plantae Novae Hispaniae* y *Flora mexicana*.

Famosísima fue la expedición de Alejandro Malaspina, nacido en Palermo y adscrito a la Marina española. Este ilustre explorador propuso y obtuvo una expedición con dos fines, científico y de informe de la situación política

Acaso la más famosa y completa de las expediciones españolas fue la de Alejandro Malaspina, italiano al servicio de la Marina española. Recorrió todo el litoral del Pacífico, desde el sur hasta Alaska, y luego tomó el rumbo hacia Filipinas y China. El viaje tenía propósitos científicos, pero también políticos, pues tenía por misión informar a la Corona acerca de la verdadera situación de los reinos de Indias.

en los reinos de Indias. Con sus colaboradores recorrió el litoral del Pacífico, desde el sur hasta Alaska, poniendo rumbo a continuación hacia Filipinas y la China. Cinco años después regresaba a España, trayendo infinidad de observaciones, mapas y dibujos. La relación de su viaje se publicó muchos años más tarde, pero se erigió en uno de los grandes hitos viajeros de las expediciones mundiales del siglo XVIII.

Junto a esta ilustre nómina de nombres al amparo de campañas oficiales, es necesario apreciar la valía y el esfuerzo investigador de un talento individual extraordinario, el de Félix de Azara, un inquieto personaje que comenzó estudiando Derecho para luego servir como marino en la Armada real, y dando luego a su vida un nuevo giro intelectual, al interesarse por el estudio de las plantas y los animales.

Azara fue un autodidacta. Comisionado para determinar los límites físicos de los dominios españoles y portugueses, su destino en un medio selvático le sirvió para observar y descubrir para la ciencia muchas especies botánicas y zoológicas, para lo cual ideó un método de clasificación basado en las características comunes a los grupos, algo muy meritorio en quien no era biólogo, sino jurista y marino.

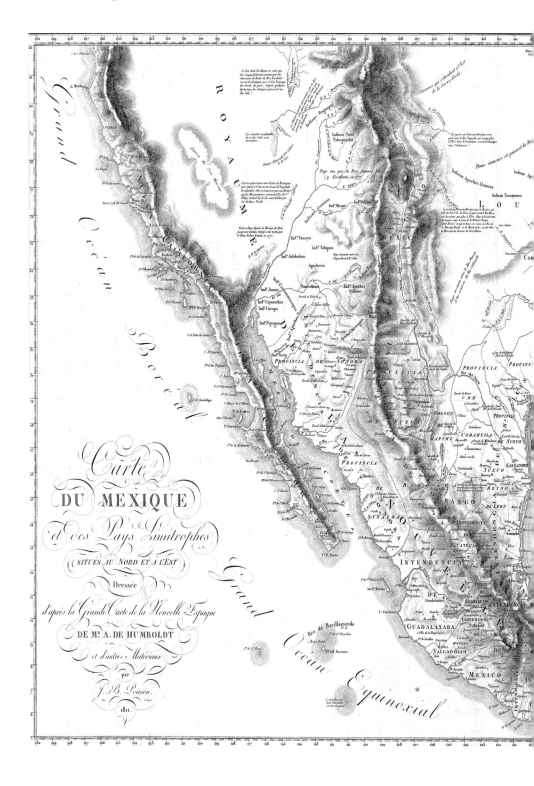

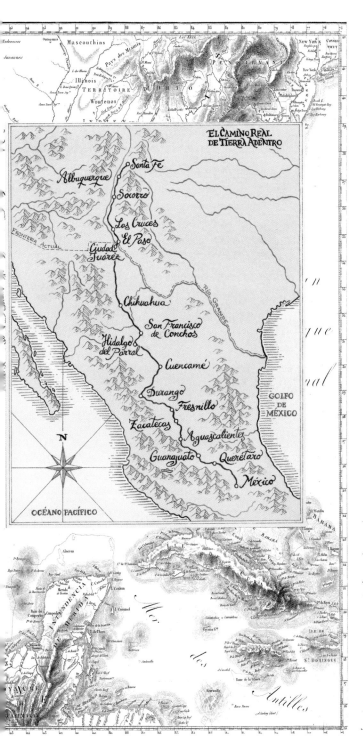

Alexander von Humboldt fue autorizado por el gobierno español para viajar a las Indias, donde desarrolló una inmensa labor geográfica, naturalista y científica. Los frutos de su trabajo fueron muy variados, como por ejemplo la elaboración de un excelente mapa sobre el Camino Real de Tierra Adentro. Humboldt declaró públicamente su admiración por las realizaciones de la colonización española en América, tan sesgadas ya por las falsedades de la Leyenda Negra.

Cuando fue destinado al sur pudo extender su ámbito exploratorio, y continuamente remitía ejemplares al Real Gabinete de Historia Natural de Madrid, donde ya eran apreciadas sus observaciones. A su vuelta a la capital publicó sus trabajos, a partir de lo cual fue ya reconocido internacionalmente como naturalista. Siguió escribiendo desde su puesto de embajador, alumbrando conocidas obras como *Viajes por la América Meridional* y *Descripción e Historia del Paraguay y del Río de la Plata*. Félix de Azara, sin el apoyo de las grandes expediciones oficiales, sin más armas que su vocación investigadora y su poderosa intuición, trabajando solo y sin apenas medios en la soledad de la selva (soledad de la que siempre se quejó), se fijó en la variación de los animales en domesticidad, en la selección natural impuesta por la lucha por la existencia, y llegó a anticipar los principios de la biología moderna. Era un empirista, y sus escritos influyeron directamente sobre Darwin, quien le cita de modo expreso en sus obras. Se asegura que su bagaje de conclusiones era de tal calibre que, de haber avanzado un paso más, hubiera sin duda llegado a la teoría darwiniana sobre la evolución, cuyos indicios se atisban ya en la obra del gran naturalista español.

El aragonés Félix de Azara fue un extraordinario investigador y naturalista, aunque fuera jurista y marino. Comisionado para determinar los límites entre España y Portugal en América, su larga estancia le sirvió para interesarse por los animales y las plantas que veía alrededor, llegando a inventar un sistema propio de clasificación. En sus investigaciones, por las que alcanzó reputación internacional, llegó a anticipar en cierto modo la teoría de la evolución de Darwin.

Finalmente, no podemos soslayar la mención al paso por América de otro nombre de inmenso prestigio, Alexander von Humboldt, que fue autorizado por el Estado español para reconocer los territorios americanos, que recorrió de un extremo a otro, dejándonos obras tan importantes como *Cuadros de la Naturaleza* y, sobre todo, *Viaje a las regiones equinocciales del Nuevo Continente*, imprescindibles para acercarnos a la realidad americana, de la pluma del insigne explorador alemán, quien por cierto quedó sorprendido por la magnitud de la colonización española en América, muy lejos y muy distinto de lo que tan machaconamente publicaba la Leyenda Negra.

Apreció también el monto de lo gastado por el Estado español en toda clase de expediciones científicas, calculándolo en unos veinte millones de pesetas plata, recordando que ningún país europeo había destinado tan grandes dineros a la ciencia. Sin duda, España no cosechó el premio debido a tan ingente esfuerzo.

Evolución de las ideas culturales. El crucial siglo XVIII

Los siglos XVI y XVII representan en América la consolidación definitiva de la cultura y la civilización españolas, mientras en Europa se estaba ya gestando una nueva forma de entender la vida, una filosofía bien distinta al humanismo cristiano acuñado en los siglos anteriores.

España permaneció al margen de estas nuevas corrientes. Continuó apegada al pensamiento tradicional, acaso porque el catolicismo nunca caló del todo en los países centroeuropeos, porque no se amoldaba a su personalidad nacional, no con la precisión con que el catolicismo se ajustaba a la idiosincrasia española, como una pieza que encaja en un rompecabezas. Eran notas consustanciales al carácter español la fe ciega y sin fisuras, la certidumbre en otra vida, la verdaderamente importante, con respecto a la cual esta es un mero tránsito; el concepto extenso de la familia, la estima por la tierra y sus recursos: la agricultura, la ganadería, la minería, junto a la exclusión, cuando no desprecio, por otras actividades no extractivas, y sobre todo por el comercio; la indiferencia hacia los valores materiales, y una noción existencialista sobre la vida, que lleva a tratar de disfrutar de ella a cada instante, y donde en consecuencia el trabajo, considerado un mal necesario desde la maldición a los primeros padres, reduce su posición al mínimo imprescindible para vivir, y no como instrumento de acumulación de bienes ni como un fin en sí mismo.

Mientras España se aferraba a estas ideas, en Europa los primeros vientos reformistas derribaron los viejos conceptos, y una nueva filosofía, utilitarista, apegada a los valores materiales, exenta de valores trascendentes, tomaba

cuerpo y, abanderada por Inglaterra, bajaba a los escenarios de guerra y libra-
ba un cruento, largo combate contra las ideas humanistas cristianas, y ahora
casi exclusivamente hispanas. Fue la batalla entre lo material y lo espiritual, entre el cuerpo y el alma, entre la tierra y el comercio. Inglaterra y, con ella, otros
países europeos descubrieron que era innecesario poseer la tierra, colonizar
territorios con inmenso gasto militar y administrativo. Era mucho más sencillo
y más rentable ejercer el comercio que ocupar territorios. Los colonos ingleses
en Norteamérica no tuvieron ninguna ayuda del gobierno inglés, y ellos solos
hubieron de organizarse como buenamente pudieron. Eso sí, una vez que se
comprobó que el comercio rendía buenas utilidades, la Armada inglesa se en-
cargó de protegerlo asegurando el dominio de los mares, y en eso consistió todo
el aparato colonizador del Estado inglés, frente al impresionante despliegue en
burocracia civil, militar y religiosa del Estado español.

*Los criollos se sentían en general muy
cómodos con el dominio español de América,
a excepción de una minoría de políticos
que deseaban cortar con la intervención de
la metrópoli, para gestionar el territorio
conforme a sus propios intereses, no siempre
claros, y que estaban muy influidos por
la campaña subversiva alimentada desde
Inglaterra y Holanda, que enviaba grandes
partidas de libros sobre la Ilustración.
Y los criollos hubieran continuado sin
problemas bajo la jurisdicción española, de
no haber sido por la irrupción en la escena
de Simón Bolívar, que les arrastró hacia
una independencia por la que sentían en
principio absoluta indiferencia.*

Con esta nueva maduración de las ideas en Europa, con una España
anclada en sus sempiternas creencias y una Europa vapuleada por reformas
religiosas y económicas, arrancó el siglo XVIII, cuyas consecuencias en América
iban a ser decisivas. Porque una serie de factores muy poderosos van a confluir
para minar, desde dentro y desde fuera, el precario equilibrio del Imperio hispano: a las apetencias, ya declaradas, de los comerciantes e industriales ingleses
por hacerse con los sabrosos mercados americanos, cerrados a cal y canto por
el celoso monopolio español, van a sumarse otros varios factores que han de
socavar el monolítico Imperio español.

Las nuevas filosofías de la Europa ilustrada penetran de una u otra forma en el bloque aparentemente impermeable de la América española. Los judíos mantienen su rencor contra un Estado que les había expulsado trescientos años atrás, y ricos comerciantes de Londres y Amsterdam proveen continuamente a América de remesas de libros prohibidos, los que hablan del librecambio y de las ideas liberales e ilustradas.

Esta semilla se vertía también desde las logias masónicas europeas, y caía en el campo abonado de los reinos españoles de Indias, donde los puestos burocráticos seguían siendo desempeñados exclusivamente por peninsulares; donde los criollos se sentían dueños naturales del territorio, pero excluidos de su administración; donde los «marqueses del cacao y del tabaco» venezolanos, como otros señores cuasifeudales de América, señores de tierras y ganados, anhelaban el poder político, pues ya poseían el económico; donde los comerciantes de Buenos Aires ansiaban la libertad de comercio para traficar con Inglaterra; donde acababan de ser expulsados los jesuitas, verdadera armazón de la sociedad civil (pese a que desde las aulas ensalzan los valores de la tierra, contribuyendo con ello al orgullo criollo, los jesuitas permanecían inconmovibles en su obediencia y fidelidad al rey de España; con su marcha, el clero secular, mucho más proclive a los más oscuros intereses criollos, había tomado el poder religioso); y donde grupos de intelectuales y abogados, también criollos, imbuidos de liberalismo, proclamaban el derecho de los americanos a gestionar por sí mismos sus destinos, sin interferencia de una metrópoli que les excluía de las responsabilidades de gobierno.

El antiguo orgullo por la tierra del Nuevo Mundo se había trocado en nacionalismo, y de este se había pasado a un explícito deseo emancipador. Y no es que los criollos estuvieran acosados por los impuestos, ni que la riqueza americana se drenara hacia España. Al contrario, la metrópoli sacaba muy poco de sus reinos, y los criollos detentaban el poder económico sin apenas trabas. Tenían el poder real, pero demandaban el único que les faltaba, el político, y agitaron la ideología liberalizadora imperante en Europa, e incluso en España, para obtenerlo, proclamando el derecho de las naciones naturales a la libertad, y de paso agitando la bandera de la reivindicación de los indígenas.

En este caldo social y cultural, solo faltó el detonante de la invasión napoleónica de España y el rapto de la Corona española, para que los reinos americanos, fieles todavía al rey legítimo, renegaran primero de este poder postizo en su metrópoli y más tarde repudiaran al propio Estado español. La independencia se había consumado, y en ella tuvo mucho que ver la atmósfera cultural forjada en el siglo XVIII. Los criollos ricos habían logrado su propósito último, que era manejar sin trabas la gestión política.

Si Bolívar fue el ideólogo y el caudillo impulsor de la independencia de América, José de San Martín fue el competente militar encargado de ejecutarla en buena parte de América del Sur. Era hijo de españoles, y supo organizar a la perfección los ejércitos para conducirlos a la victoria. Tenía el proyecto de una persona de la realeza española que mantuviera la unidad de América tras la independencia, pero le faltaba la ambición personal de Bolívar, y se retiró de la escena política cuando chocó con este tras el encuentro de ambos en Guayaquil.

Pronto se vio que la reivindicación india era un mero pretexto, pues los indígenas no mejoraron su condición, antes bien, en muchos países fueron privados de las tierras que les garantizaba la legislación española, su reducto de libertad y dignidad, y en otros, como ocurrió con los onas y tehuelches del sur de Argentina o los yaquis de Sonora, fueron brutalmente diezmados por las nuevas autoridades. La clase pudiente criolla, la formada por los hacendados, mineros y ricos comerciantes, con la emancipación vino a refundirse en una sola, la oligarquía, que de inmediato mezcló y manejó economía y política a conveniencia, sin interferencias, leyes ni inspecciones metropolitanas, dejando en papel mojado las grandes proclamas de la independencia, los sueños libertadores de Bolívar. Empezando por la unidad, pues convino mucho más a estos grupos, y desde luego a Inglaterra y su nuevo colonialismo, la desmembración del antiguo imperio en pequeños reinos de taifas.

La independencia fue, pues, un simple corte, y no la revolución social, económica, política, indigenista, liberalizadora, que preconizaba el criollismo. En nombre del nacionalismo las cosas siguieron igual, solo que gestionadas por otros. Ni los indios, ni los llaneros, ni los gauchos, ni los curas, ni los peones sin tierra, ni los obreros de los obrajes, ni las demás clases desfavorecidas, todos entusiastas seguidores de la independencia, mejoraron un ápice su posición, más bien la empeoraron. Solo México logró en parte construir su propia revolución social y zafarse a la larga del lastre de estas oligarquías, aunque no del todo. En la mayoría de los demás países los grupos oligarcas encontraron un magnífico aliado para lo que en realidad les interesaba: extender su influencia y su poder económico.

Ese aliado fueron los Estados Unidos, que pronto sustituyeron a Inglaterra como potencia económica predominante en la zona, desplazando a una Gran Bretaña que a su vez había tomado el puesto de España, desaparecida de la escena. La pujanza económica de Estados Unidos, ejercida a través de sus grandes corporaciones transnacionales, se asoció a las clases privilegiadas de América, ejerciendo una férrea y perdurable tenaza sobre aquellos países y sus gentes. E impidiendo, por las buenas o por las malas, por la persuasión o por la fuerza, que ninguna aventura política socavara el *status* económico del continente, basado en la apropiación, a coste muy bajo, de los grandes recursos agrícolas, mineros, petroleros o comerciales por parte de esas compañías, en estrecha connivencia con las citadas oligarquías.

El cuadro sociocultural, en los doscientos años transcurridos desde la independencia, ha variado menos en Hispanoamérica que en España. Puede sostenerse que, hasta la segunda mitad del siglo XX, España continuó siendo el país que mantenía parecidos valores a los que la llevaron a apartarse de Europa a partir del siglo XVI. Como hemos visto, mientras Europa, con Inglaterra ejerciendo de mascarón de proa, tomaba una senda diferente a la del humanismo tradicional cristiano, y la filosofía calvinista enraizaba firmemente en un modo de ser que de modo natural pedía a gritos esa manera de entender la vida, España apenas variaba el rumbo marcado por Felipe II. Por más que la apartaran momentáneamente de él los guiños liberalizantes, la línea maestra era la misma, y los ideales, muy otros de los que defendía la Europa liberal y librecambista (libre cambio en un solo sentido, el que favorecía a los intereses británicos, pues hasta para enterrar a un muerto en Inglaterra era preciso acreditar que la mortaja había sido fabricada en los telares ingleses).

Quienes ideológicamente alentaron la independencia de América, lo hicieron, según sus palabras, para liberarla de un yugo español que tachaban de arcaizante, oscurantista, medieval, caciquil, clerical y ultraconservador, en nombre de las ideas nuevas de la Ilustración. Mientras España exportaba religión, Francia enviaba ideas, e Inglaterra, comercio y economía.

Por causa de la defensa a ultranza de unos valores, España perdió el imperio y una hegemonía europea que había logrado culminar con gran trabajo e inteligencia Fernando el Católico: «Esta heredad que yo labré con mis manos», como él mismo expresó en su testamento. No obstante, pervivieron los valores por los que España luchó y, lo que es más importante, los hizo arraigar en América, donde aún pueden ser reconocidos.

En cambio, en la España del siglo XXI, esa filosofía tradicional empieza a ceder terreno a partir de la segunda mitad del siglo XX. Con el desarrollo económico se desdibujan los principios tradicionales: España deja de ser un país rural para hacerse urbano; la familia se reduce drásticamente; se disipan costumbres inmemoriales; la religión católica, en nombre de la cual España lo hizo todo, es un valor sin importancia entre las generaciones jóvenes, al lado de los nuevos ídolos del dinero, el consumo o el éxito profesional; brota una nueva cultura del trabajo, opuesta al antiguo desdén por él, como llave para conseguir todos estos bienes.

Las cosas no han cambiado en España en la misma medida en todas partes. Si la transformación sociológica ha sido muy rápida en las ciudades, en el ámbito rural el proceso es lento. Ya dijimos cómo el campo equivale al mar en ecología, un ecosistema altamente estable, que no acusa los cambios climáticos con la misma celeridad que la tierra emergida. El frío o el calor han de ser muy pronunciados y persistentes para que el océano los perciba, y aun así se altera moderadamente.

Reza así la leyenda inscrita en un mural de la plaza de las Tres Culturas de México: «El 13 de Agosto de 1521, heroicamente defendido por Cuauhtémoc, cayó Tlatelolco en poder de Hernán Cortés. No fue triunfo ni derrota, sino el doloroso nacimiento de ese pueblos mestizo que es el México de hoy». El insidioso veneno de la Leyenda Negra ha influido negativamente sobre el sentimiento de los iberoamericanos hacia España. Por fortuna, ese sentimiento está cambiando, una vez que se está revisando la historia con arreglo a la verdad y al criterio propio, y no de acuerdo a los mensajes lanzados por los enemigos ancestrales de España y de su acción en América.

El mundo rural obra de modo parecido, amortiguando las modas y mudanzas del presuroso ámbito urbano. En los pueblos españoles de Andalucía, Castilla o Extremadura aún pueden rastrearse modos del habla del siglo XVI; la religión, con sus ritos y sus fiestas, es vivida con mayor intensidad; los prejuicios sociales y morales son todavía muy fuertes; permanecen costumbres antiguas, inimaginables en las ciudades.

El campo español es pues, en cierto modo, el depositario, aunque no por mucho tiempo ya, de los valores tradicionales que troquelaron el carácter español durante varios siglos. Los mismos que aún podemos detectar en América, en especial, y una vez más, en la América rural. Los españoles de edad madura que viajan por ella se sorprenden al comprobar que muchas áreas del continente son muy parecidas al modo de ser y de hacer de la España de hace unas pocas décadas. Pueden contemplar usos, costumbres, devociones o giros léxicos que en España ya se desvanecieron. Son formas de vida que arrancan de la Europa de antes de la Reforma luterana, antes de que el vendaval de cambio aventara la vieja filosofía. España, durante los siglos sucesivos, logró quedarse al socaire de esos vientos, y ahora que también ella está renegando de su propia personalidad, queda todavía América para recordársela. La idiosincrasia de España se encuentra, pues, en Hispanoamérica, como la de Europa quedó remansada en España, aunque es previsible que tampoco por mucho tiempo. Allí es donde pueden aún reconocerse los elementos que llevaron a España a batallar en todos los escenarios del mundo y contra todos los enemigos.

XI

LAS *LEYES DE INDIAS*

Eʟ ʜᴇᴄʜᴏ ᴅᴇʟ ᴍᴇsᴛɪᴢᴀᴊᴇ ᴇs ᴇʟ ꜰᴀᴄᴛᴏʀ ᴇsᴇɴᴄɪᴀʟ en la conformación de la Civilización Hispánica. Porque la fusión de sangres entre los españoles y los nativos americanos no significó solamente la creación de una raza nueva biológicamente hablando, con intercambio mutuo de información genética física. Sino que una buena parte de ese acervo genético es cultural, ya que en los genes de todo ser humano no se guarda solamente información puramente biológica, sino también aspectos que afectan a los gustos, las costumbres o las tendencias, en suma, a la forma de ser.

De ahí que la comunidad hispánica actual, resultado de ese proceso de hibridación, sea tan uniforme en tantos apartados, como los que hemos visto a lo largo de esta obra. La identidad hispana se manifiesta no solo en los capítulos materiales de una misma lengua, religión o arquitectura, sino asimismo en una misma filosofía vital, que afecta desde el gusto por la fiesta a la afición a la comunicación entre unos y otros. Y si los demás aspectos materiales pueden variar con el tiempo, e incluso desaparecer, todo lo que atañe al patrimonio genético es prácticamente inextinguible. De ahí que la Civilización Hispánica, que abraza a varios cientos de millones de personas, esté llamada a perdurar en el tiempo.

El cruce de sangres o mestizaje comenzó en América desde el primer momento, desde la misma llegada de los españoles. Y es que la diferencia, entre tantas otras, entre la colonización española y la británica fue que, mientras los españoles viajaban a las Indias solos, los ingleses lo hacían con sus familias, y no tenían necesidad, pues, de otros emparejamientos. Los ingleses no tomaron en cuenta a los nativos ni siquiera en el aspecto físico, y mucho menos en otros como la posesión de la tierra, que los británicos juzgaron suya desde el primer momento.

Lo que importa ahora es saber cómo reaccionó la Corona española ante el hecho del cruce de sangres, que se produjo como se ha dicho desde la misma llegada de los pobladores a las tierras de América. Y ello entronca con la consideración general de España hacia la población nativa, un tema sobre el que ha volcado toda su insidia y falsía la Leyenda Negra. Que los hechos no fueron como esta los ha dibujado es asunto que tratamos a continuación.

Desde el Descubrimiento a las *Leyes de Indias*

El primer y más importante hito en la relación con el indio es la decisión de Isabel la Católica. A su vuelta de América, Cristóbal Colón planteó a la reina un ambicioso negocio de importación de esclavos, que la reina rechazó airada y contundentemente. Los indios no serían esclavos, sino súbditos, vasallos, y en esa decisión inicial encontramos el gran mérito histórico de la reina de Castilla, pues marcó la pauta para la salvación de los nativos americanos y el mestizaje, y tales razones avalan por sí solas las voces que claman por su canonización. La reina mantuvo esa opinión hasta su muerte, como reitera en su testamento:

> Cuando nos fueron concedidas por la Santa Sede Apostólica las Islas, y Tierra firme de el Mar Océano, descubiertas y por descubrir, nuestra principal intención fue, al tiempo que lo suplicamos al Papa Alexandro Sexto de buena memoria, que nos hizo la dicha concesión, de procurar inducir, y traer los pueblos dellas, y los convertir a nuestra Santa Fe Católica, y enviar a las dichas Islas, y Tierra Firme, Prelados, y Religiosos, Clérigos, y otras personas doctas, y temerosas de Dios, para instruir los vecinos, y moradores de ellas a la Fe Católica, y los doctrinar y enseñar buenas costumbres, y poner en ello la diligencia debida, según más largamente en las letras de la dicha concesión se contiene. Suplico al rey mi señor muy afectuosamente, y encargo, y mando a la Princesa mi hija, y al Príncipe su marido, que así lo hagan, y cumplan, y que este sea su principal fin, y en ello pongan mucha diligencia, y no consientan, ni dén lugar, a que los Indios vecinos, y moradores de las dichas Islas, y Tierra Firme, ganados, y por ganar, recivan agravio alguno en sus personas, y bienes: mas manden que sean bien, y justamente tratados, y si algún agravio han recevido, lo remedien, y provean de manera que no se exceda cosa alguna lo que por las letras Apostólicas de la dicha concesión nos es inyungido, y mandado.

Que los indios fueran súbditos, vasallos, y no esclavos, es lo que marca la diferencia entre su condición como personas y no como objetos. España así los trató, solo que el camino hasta su protección definitiva por las *Leyes de Indias* fue largo y plagado de incidencias y discusiones.

La primera etapa de la presencia española en América fue muy confusa. Por añadidura, en la región antillana habitaban los indios más frágiles, más sensibles al doble trauma que significó la irrupción de los forasteros: los trabajos para la obtención de oro, obligados por encomenderos codiciosos, y la penetración letal de los virus europeos, como el sarampión, la tosferina el tifus, la gripe o la viruela.

Ambas causas, y particularmente la segunda, hicieron descender la población nativa de una manera drástica. Y fueron los dominicos quienes, a partir del famoso sermón del padre Montesino, en una misa de domingo, denunciaron los abusos sobre los indios y la caída radical de la población nativa.

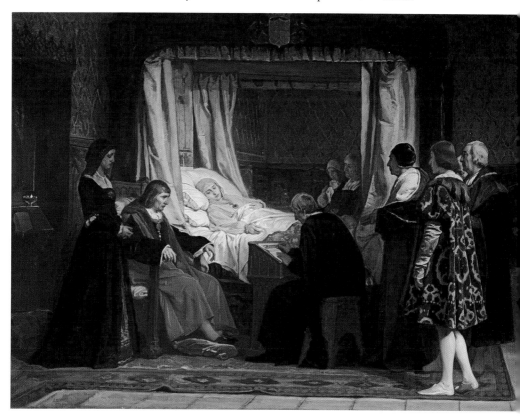

El testamento de Isabel la Católica declaraba a los indios súbditos y no esclavos, y proclamaba su evangelización como misión fundamental de la presencia de España en el Nuevo Mundo. De esta declaración arrancan las Leyes de Indias, *extenso compendio legislativo que estableció los principios de protección del indio americano, su libertad y dignidad, y sus tierras.*

El discurso no cayó en saco roto, sino que lo escuchó uno de los encomenderos presentes, Bartolomé de las Casas, quien sufrió un impacto moral de tal magnitud, que a renglón seguido liquidó su encomienda y se consagró de por vida a la defensa a ultranza del indio.

Su defensa más notoria fue la publicación del libro *Brevísima Relación de la Destrucción de las Indias*, hito fundamental en la creación de la Leyenda Negra antiespañola, que ha llegado hasta nuestros días sin perder vigor. De las Casas denunciaba las tropelías cometidas por los españoles, exagerando los casos hasta el límite, cuando no inventando por su cuenta, como el atribuir cien millones de habitantes al continente americano, cuando no pasaba de diecisiete millones, y silenciando la acción de los agentes patógenos europeos, causantes del mayor porcentaje de la mortandad indígena.

Lo cierto es que, tanto el libro como la propia persona de Las Casas, que se hizo dominico y se trasladó a España para denunciar los hechos ante el propio emperador Carlos V, suscitaron enorme preocupación en este, hasta el punto de que declaró su intención de abandonar las Indias si se demostraba la ilicitud de la conducta española. Para resolver cualquier duda convocó una junta de teólogos y juristas, que discutieran la situación del indio y los deberes y derechos de España hacia ellos. Fue la famosa *Controversia de Valladolid*, cuyos ponentes serían Ginés de Sepúlveda, por el lado de los encomenderos, y Bartolomé de las Casas, por el lado de los indios.

El famoso discurso del dominico Montesino en Santo Domingo contra los abusos de la clase encomendera, removió la conciencia de Bartolomé de las Casas, quien decidió consagrarse a la defensa del indio.
Contribuyó no poco a que España protegiera a ultranza y legislara profusamente a favor de los nativos americanos, pero su libro Brevísima Recopilación de la Destrucción de las Indias, *plagado de exageraciones y falsedades, fue el origen de la Leyenda Negra antiespañola, aventada por Inglaterra y otros países europeos.*

Ya es excepcional, porque no hay casos anteriores ni posteriores a la aventura de América en que una nación haya reflexionado sobre su posición y sus derechos hacia otros pueblos o naciones dominados, siendo norma que apliquen su dominio, sin más. Ni los romanos, ni los mongoles de Gengis Khan, ni los macedonios de Alejandro Magno se replantearon la licitud moral de sus conquistas. Pero España, en cuanto nación, alentada por la Corona, mostró «conciencia moral», y puso en tela de juicio su derecho sobre las Indias, aun contando ya para ello con la sanción favorable otorgada por las bulas papales de Alejandro VI. El solo hecho de replantearse las cosas indica que estamos ante una nación moralmente muy diferente, donde el catolicismo pesaba mucho más que el mero anhelo de hacerse con unos pueblos y sus riquezas, que ya se adivinaban deslumbrantes.

La *Controversia de Valladolid*

La junta se reunió en Valladolid a partir del 15 de agosto de 1550, y la componían juristas y teólogos. Entre estos últimos, pensadores de la talla de Domingo de Soto o Melchor Cano, pertenecientes a la Escolástica y muy influidos por Francisco de Vitoria.

Pero al lado de estos dos grupos, el verdadero protagonismo de la Junta correspondía a Bartolomé de las Casas y a Ginés de Sepúlveda, porque ellos representaban las dos tesis contrapuestas, las verdaderas posiciones enfrentadas de la *Controversia*. Sepúlveda era el portavoz de la rica clase encomendera española en las Indias, y defendía la posición imperialista tradicional, la de que el pueblo dominador ejerce un derecho superior sobre el dominado. Y en cuanto a Las Casas, conocida es su tesis defensora a ultranza de los indígenas, basada en la teoría del «buen salvaje», el pacifico, idílico, ingenuo nativo, cuya vida es de repente violentada por una jauría de forasteros, codiciosos y sanguinarios. Hasta qué punto llegó el manto protector de fray Bartolomé sobre los indios, que sugirió, como alternativa a su utilización como mano de obra forzosa, que se importaran negros africanos para tal fin.

Las Casas sostenía que la única causa que justificaba la presencia de España en América era la evangelización, tal como recogía el testamento de Isabel la Católica. Y esa evangelización nunca podía hacerse por la fuerza, sino mediante métodos pacíficos. Pretender ampararse en la fe para conquistar a unos pueblos incultos tergiversaba por completo el sentido de la conquista.

En Valladolid tres fueron las cuestiones que se sometieron a discusión:

• El derecho de España al dominio político de América. Esto es, la propia legitimidad de la soberanía española.

• La licitud de la guerra a los indios.

• La naturaleza humana del indio y las cuestiones derivadas de ello.

Los argumentos de Sepúlveda y Las Casas

1. Según Sepúlveda, existe una división natural entre los pueblos por la que unos deben obedecer a otros. Esta tesis deriva del pensamiento de Aristóteles, que de este modo justificaba hechos como la dominación de unos pueblos por otros, así como la esclavitud. De acuerdo con Sepúlveda, la naturaleza bárbara de los indios justificaba esta subordinación a los españoles. Los indios eran gente bárbara, de costumbres viciosas y corrompidas, situados en el escalón aristotélico inferior, en el límite de la razón humana, lo que justificaba su dominación por un pueblo civilizado.

El emperador Carlos V quedó muy impresionado por los argumentos de Las Casas y las acusaciones vertidas contra los encomenderos, hasta el punto de que no solo convocó la Junta de Valladolid para discutir los derechos de conquista y colonización, sino que su preocupación religiosa le llevó a plantearse incluso abandonar las Indias si se demostraba que la actuación de España en América era moralmente ilícita.

Pero Las Casas le contradecía: la interpretación de la doctrina aristotélica es errónea. Los indios de América no se hallan privados de uso de razón, como demuestran sus altas realizaciones en los planos urbanístico u organizativo: sus ciudades, sus templos, sus imperios bien gestionados. Es más, en no pocos aspectos, los indios estaban más adelantados que los europeos, como en astronomía o en matemáticas. A lo que oponía Sepúlveda que ni siquiera conocían la rueda.

2. La idolatría nativa. Sepúlveda presentaba a los indios como caníbales, devoradores de carne de sus propios semejantes. Este solo hecho justificaba todo tipo de violencia dominadora sobre ellos, y desde luego era causa justa de guerra.

Pero Las Casas contraargumentaba que no era así, porque el castigo puede aplicarse sobre gentes que se hallen bajo la jurisdicción de la Iglesia, como los herejes, pero no sobre pueblos que no estén bajo ella, como era el caso de los indios. La Iglesia carece de jurisdicción sobre esas idolatrías, y en su nombre no puede ejercerse violencia sobre quienes las practiquen.

3. Evitar sufrimientos a las víctimas de la idolatría. Sepúlveda justificaba las acciones bélicas contra los indios por la necesidad moral de evitar sufrimientos a las víctimas inocentes de las idolatrías y los sacrificios humanos. Pero una vez más, Las Casas argüía que la Iglesia no podía amparar tales acciones. Los indios, en potencia, eran súbditos de la Iglesia, pero esto no llegaría a ocurrir si eran asesinados, en tal caso no les alcanzaría la palabra de Dios. El remedio de la guerra traería males muchos mayores, y nunca la paz. Y paz era lo que necesitaban los naturales, una situación por completo distinta a la violencia a la que estaban sometidos. Lo que precisaban los indios era una convivencia pacífica con los españoles, un estado en el que pudieran recibir la doctrina que les apartara de sus vicios idólatras, pero nunca podría venir esto por la fuerza, sino por una paciente labor evangelizadora.

4. Como cuarto argumento, Sepúlveda acudía a la tesis agustiniana de la compulsión violenta. Es obligación corregir al que yerra, y esto puede hacerse de dos formas: a través de exhortaciones y doctrina, o por la fuerza, según decía San Agustín esgrimiendo la parábola del banquete. Sepúlveda utilizó el argumento, y lo apoyaba recordando que los indios, una vez eran vencidos, demandaban en masa ser bautizados, ya que unían al vencedor con la religión verdadera. Y respecto al requerimiento, la admonición que se leía a los indios previamente a una guerra, Sepúlveda declaraba su escasa utilidad, ya que solo servía para dilatar la lucha con una proclama de la que los indios nada entendían.

Frente a estos argumentos, Las Casas recuerda que San Agustín se refiere a los herejes, esto es, a los que voluntariamente se han apartado de la religión católica, pero en modo alguno podía ser aplicado a los indios, que desconocían la fe. Y la parábola del banquete está asimismo aplicada erróneamente, pues Jesucristo nunca dijo que se aplicara la compulsión corporal.

El resultado inicial de la *Controversia*: Las *Leyes Nuevas*

Las sesiones de la Junta de Valladolid se prolongaron durante siete meses. Y al final no hubo resolución oficial, debido a que el presidente del tribunal no emitió su voto.

No hubo, pues, resolución formal, pero sí la hubo en la práctica. Y esta fue que resultó vencedor indiscutible Bartolomé de las Casas. Y ello lo demuestra el documento legal levantado a partir de ese momento: Las *Leyes Nuevas*, que suponen un giro radical en la política seguida hasta ese momento por España en el Nuevo Mundo.

Hasta qué punto estas Leyes alteraban el panorama vigente hasta el momento, que en la Nueva España el virrey tuvo que suspenderlas bajo el lema aceptado del «se obedece pero no se cumple», y en el virreinato del Perú, donde el virrey se empeñó en aplicarlas, se desató una verdadera guerra de la clase encomendera contra España, que a punto estuvo de concluir en la independencia del Perú.

En efecto, las *Leyes Nuevas* limitaban drásticamente los derechos de los encomenderos cobre los indios. Se extinguía la encomienda antillana, propiciadora de abusos, y nacía una nueva en la cual lo importante era el adoctrinamiento de los indios, y por descontado su buen trato. Pero es que, además, se prohibían los servicios personales y se velaba por la protección del indio en todos los aspectos, con frases como estas:

> (…) que los españoles no tengan mano ni entrada con los indios, ni poder de mando alguno, ni se sirvan de ellos por vía de naboría ni en otra manera alguna, en poca ni en mucha cantidad, ni hagan más del gozar de su tributo…

Es decir, que a partir de entonces el contacto de los españoles con los indios se limitaba a recibir el tributo indígena (en esto residía la encomienda, en que el Estado, que debía recibir el tributo de los nativos, lo cedía a las personas que por sus méritos en la conquista hubieran recibido este derecho o encomienda. Estos encomenderos estaban obligados a proveer de auxilio militar a España en caso de necesidad, y a contratar a religiosos para que enseñaran a los indios la doctrina católica). Excepcionalmente, y siempre mediando la libre voluntad del indio, podrían trabajar para los españoles a cambio de salario justo, como cualquier trabajador de hoy mismo.

Si añadimos a esto que las *Leyes Nuevas* proclamaban la extinción de las encomiendas una vez muerto el encomendero, sin posibilidad de sucesión a los herederos, vemos de qué forma cambiaba el sistema vigente hasta entonces, cuando la voluntad de los españoles era poco menos que ley para los indios, y los servicios personales, obligatorios.

Como se ha apuntado, las *Leyes Nuevas* provocaron una gran revuelta entre la población española en América. Muchos fueron los que rasgaron públicamente las Leyes en público, y más preocupante aún fue la llegada de un barco a Sevilla con 700 colonos que abandonaban el Nuevo Mundo, porque juzgaban que con el nuevo sistema no merecía la pena permanecer allí, y habían decidido regresar. Eso fue lo que indujo al prudente virrey Mendoza a posponer la entrada en vigor de las *Leyes Nuevas*.

La discreción de Mendoza contrastó con la irreflexión del virrey enviado al Perú para aplicar las *Leyes Nuevas*, Blasco Núñez de Vela, quien, falto de experiencia, creyó que su autoridad iba a bastar para que los colonos peruanos acataran las Leyes. Craso error, porque los españoles, acaudillados por Gonzalo Pizarro, hermano del conquistador del Perú, no solo no se sometieron a las instrucciones del virrey, sino que acabaron ejecutándolo y advirtiendo de la secesión si no se derogaban las Leyes. De hecho, levantó un ejército con todos los colonos de su lado.

El dominico Francisco de Vitoria, creador de la llamada Escuela de Salamanca, *fue el verdadero inspirador intelectual de la protección del indio americano, plasmada de una manera nítida en las* Leyes de Indias. *Sus lecciones magistrales contienen los fundamentos del moderno derecho internacional y de los derechos humanos.*

Carlos V, por consejo de sus asesores reales envió esta vez, no ya a un virrey con las atribuciones de su autoridad, sino a un clérigo, Pedro de La Gasca, con el cargo de presidente de la Audiencia y la misión de pacificar el Perú y devolverlo a la obediencia a la Corona de España. La Gasca rechazó cualquier tipo de apoyo militar, y con el uso sabio y ponderado de la palabra, por medio del diálogo fue trayendo a la obediencia a los prohombres del virreinato. Y cuando tuvo de su lado a la mayor parte de los colonos, levantó un ejército que se enfrentó en los Andes al de Gonzalo Pizarro. No fue necesario un solo disparo, sino que todos los efectivos de la tropa rebelde se fueron pasando al bando realista en los llanos de Xaquijaguana.

Pacificado el Perú, La Gasca arbitró una aplicación paulatina de las *Leyes Nuevas* y regresó a la Corte con el encargo del monarca fielmente cumplido.

Los efectos a largo plazo de la *Controversia*: las *Leyes de Indias*

Hemos examinado hasta ahora los precedentes que sirvieron para fraguar la política de España en el Nuevo Mundo, y en particular la relación con los indios, una población que al tiempo del Descubrimiento podía alcanza la cifra de 17 millones de personas.

Hemos vistos que, tras los primeros tiempos balbucientes de la ocupación de las Antillas, los dominicos, encabezados por Bartolomé de las Casas, sacudieron las conciencias de los españoles encomenderos, y las protestas por el mal trato a los nativos, deliberadamente exagerado por el libro de fray Bartolomé, llegaron hasta la Corona, que se vio en la necesidad de someter a revisión sus derechos no solo sobre la población autóctona amerindia, sino sobre la propia legalidad de la presencia de España en América.

En la Controversia de Valladolid, se manifestaron las dos posturas antagónicas sobre la cuestión, representadas por Ginés de Sepúlveda, defensor del dominio natural de España sobre América y sus pobladores, y por Bartolomé de las Casas, defensor a ultranza de los indios.

La consecuencia inmediata de la gran discusión, en la que triunfaron las tesis de Las Casas, fue la aprobación de las llamadas *Leyes Nuevas*, que cercenaban no poco los derechos de la clase encomendera sobre los indios, poniendo fecha de caducidad a las propias encomiendas, lo que levantó un vendaval de indignación entre los pobladores españoles, e incluso un intento de secesión del Perú, conjurado magistralmente por Pedro de La Gasca.

Sin embargo, el resultado de la *Controversia* fue mucho más profundo y duradero. Porque marcó, de una forma definitiva, la política oficial de España y su Corona hacia los indios americanos. A partir de ese momento, España volcó su postura en la aprobación de sucesivas leyes que consideraron al indio no solo persona con sus derechos como tal, sino una persona frágil, débil, indefensa, que necesitaba protección por parte del Estado.

Y esa protección se la brindaron las llamadas *Leyes de Indias*. Gracias a ellas puede afirmarse categóricamente que las tribus indias se salvaron de la extinción en América en las zonas controladas por España, lo que no puede declararse de aquellas regiones colonizadas por Inglaterra, donde las comunidades indias se extinguieron.

Las *Leyes de Indias* y la protección del indio americano

En efecto, a partir de la Junta de Valladolid, y tras el primer envite contra la situación anterior de las *Leyes Nuevas*, que cercenaban drásticamente los derechos de los encomenderos, la Corona española no dejó de producir durante los siguientes dos siglos leyes que protegían a los nativos de una forma ostensible.

Estas leyes, por encargo de la Corona fueron objeto de una recopilación formal a finales del siglo XVII por los juristas Antonio de León Pinelo y Juan de Solórzano Pereyra, y aprobada por el rey Carlos II mediante Pragmática firmada el 18 de mayo de 1680. Es un excepcional documento que nos permite navegar fácilmente a través del proceloso mar normativo, ya que esta recopilación, precisa y claramente ordenada por capítulos, regula todo lo concerniente a la relación de España con las Indias, y desde luego lo concerniente a la postura hacia el indio.

Las Leyes Nuevas, *surgidas tras la famosa* Controversia *de Valladolid entre Sepúlveda y Las Casas, consagraban la postura definitiva de España en América: Se confirmaba que la razón esencial de España en las Indias era la evangelización de los nativos por las órdenes religiosas, y que, si los encomenderos querían servirse del trabajo de los indios, habían de contratarles bajo salario.*

La Recopilación se halla estructurada en nueve libros, con un total de 6385 leyes, agrupadas en 218 títulos. Cada ley señala el año, rey firmante, y lugar de la expedición de la norma en cuestión.

Todo este *corpus* legislativo se halla impregnado de la atención al indio, siendo continuas las referencias al cuidado de sus personas y sus bienes. Pero hay un Libro sexto, titulado *De los Indios*, específicamente consagrado a ellos. Y, como se ha dicho antes, las normas destilan, y de una manera casi obsesiva, la imperiosa necesidad de proteger a los nativos, por su especial fragilidad, un prejuicio seguramente derivado de los orígenes de la ocupación española, cuando las enfermedades europeas irrumpieron virulentamente sobre unos organismos indefensos a ellas, y sucumbieron masivamente en las Antillas, precisamente la morada de los indios más endebles de la América prehispánica.

Además del citado testamento de la reina Isabel, elevado a norma con rango de ley en la Recopilación, las *Leyes de Indias* contienen numerosos preceptos que recuerdan la posición de los naturales: «se procure que los indios sean bien tratados, mirados y tratados como próximos»; «que los Prelados eclesiásticos sean considerados padres de esta nueva Cristiandad»; «sean muy bien tratados, defendidos y mantenidos en justicia y libertad, como súbditos y vasallos nuestros…», dicen algunos de los muchos artículos que se refieren a esta nueva grey, nunca compuesta de esclavos, sino de súbditos y personas.

La legislación indiana es extremadamente paternalista hacia el indio, ya que le considera el elemento frágil y débil en su relación con los españoles. De ahí que estas leyes tendieran a su sobreprotección, como el respeto y aumento de sus tierras, la prohibición de los servicios personales sin salario, el cuidado hacia sus familias, la administración fácil y gratuita de justicia, etc.

Entresaquemos al efecto algunas referencias de las normas contenidas en las *Leyes de Indias*. Para empezar, el esencial derecho a la libertad de cualquier persona: «Elegimos por medio conveniente la libertad de los naturales, disponiendo que universalmente la gozaren… y conviene que a esta libertad se agregue el buen tratamiento» (Libro sexto, título décimo, Ley tercera). Otros artículos estipulan que «los indios son de naturaleza libres, como los mismos españoles, y así no se han de vender, mandar, donar, ni enajenar…»; o «que nadie sea osado de cautivar indios naturales… ni tenerlos por esclavos… y todas las licencias dadas las revocamos y suspendemos en lo que toca a cautivar y hacer esclavos en guerra, aunque sea justa». Ordenan otros preceptos que las autoridades «averigüen algún exceso contra su libertad», o que «los fiscales velen por la libertad de los indios»; o que «se de aviso a las autoridades si los indios no gozan de libertad».

Tratado antes el tema de la libertad del indio, examinemos brevemente otros valores fundamentales del ser humano, la Verdad y la Justicia, y cómo los contemplan las *Leyes de Indias* en relación con los nativos americanos.

La Verdad no es otra cosa que el acceso a la cultura, algo que preocupó desde el primer momento a las autoridades españolas. Pues, en efecto, no bastaba con evangelizar. Era necesario el desarrollo integral del indio, una vez que fue tenido por persona y no como objeto, por vasallo y no por esclavo. La redención del indio era no solo religiosa, también cultural, y por eso España desplegó una ingente labor con ese fin.

En otro capítulo hemos estudiado la figura de la misión, modelo integral de educación del indio en los valores religiosos y culturales, que tan eximio efecto causó en los indios de Norteamérica, vivos hoy gracias a la labor de los misioneros.

Las *Leyes de Indias* regulan el acceso a la Verdad en sentido amplio, y a sus diversas manifestaciones, desde la lengua española hasta el resto de los capítulos de la cultura: «Que los prelados procuren en las visitas y en todas las ocasiones la educación y enseñanza de los indios»; «que los indios sean enseñados y vivan en paz y policía»; «que a los indios se les pongan maestros para enseñarles la lengua castellana»; «que los indios sean puestos en policía, para que aprovechen más en cristiandad y policía, que vivan juntos y concertadamente».

Por lo que se refiere a la Verdad superior, la enseñanza del Evangelio, apenas hace falta recordar que este fue el objetivo prioritario de España en el Nuevo Mundo, como proclaman una y otra vez los textos legales, desde el citado testamento de Isabel la Católica, hasta el *corpus* de las *Leyes de Indias*, que con machaconería recuerdan a las autoridades españolas esta obligación esencial: «Mandamos a nuestros virreyes, Audiencias y gobernadores de nuestras Indias que tengan muy especial cuidado en la conversión y cristiandad de los indios, y que sean bien doctrinados y enseñados en las cosas de nuestra santa fe católica y ley evangélica» (Libro primero, Tít. primero, Ley primera).

En cuanto a la Justicia, es un término omnipresente en las *Leyes de Indias*. Porque ante cualquier actuación abusiva contra los indios, en última instancia solo queda la acción de la Justicia, y las Leyes indianas bien se encargan de procurarla: «Es nuestra voluntad enviar a los indios Justicias que amparen y defiendan sus derechos».

La preocupación por el acceso del indio a la Justicia llega a ser obsesión en las *Leyes de Indias*, hasta el punto de que se crea específicamente para velar por ellos la figura del Protector de Indios, en el Libro sexto, Tít. sexto, Ley primera: «Ordenamos que haya Protectores de Indios… y que estos sean personas de edad competente, y ejerzan sus oficios con la Cristiandad, limpieza y puntualidad que son obligados, pues han de amparar y defender a los Indios, y castigar con rigor los excesos que se cometieren».

La caridad es otro de los valores esenciales de la vida humana, y también encuentra su reflejo en las Leyes de Indias, que regulan el establecimiento de hospitales «donde sean curados los pobres enfermos y se ejecute la caridad cristiana». Y en otro pasaje dice que los indios «tengan Hospitales y todo lo demás necesario, en que sean curados los enfermos»; «encargamos a todas nuestras Justicias la buena y cuidadosa cura de los Indios enfermos que adolecieren en la ocupación de labores y trabajos… y que tengan socorro de medicinas».

Otro cuidado hacia los naturales atendido por las Leyes indianas es la protección de la familia, célula básica de la sociedad, imbuidas de profundo espíritu protector, ya que contienen numerosos preceptos para que los indios varones y hembras dispongan de facilidades para reunirse en sus casas, en el supuesto de que trabajen fuera de ellas.

Así, «el máximo traslado de un indio que trabaje fuera es de diez leguas, para que puedan volver a sus casas»; «los indios deben volver cada día a sus casas»; «los indios trabajadores puedan dormir en sus casas» «los indios que trabajen en obrajes tengan facultad de salir a sus casas y acudir a su mujer, hijos y labores». Cautelas que se miran especialmente por las indias y su virtud, prohibiendo que «hilen en corrales o galpones, debiendo hacerlo en sus casas»; «las indias casadas no pueden servir si no está el marido en la misma casa»; que «las indias no anden tanto tiempo fuera de sus casas», y otras normas de parejo tenor.

Teniendo en cuenta que la forma más generalizada, acaso la única, de acceso a la propiedad en el Nuevo Mundo era la tierra, las *Leyes de Indias* manifiestan una verdadera preocupación por que los indios conserven las que tenían antes de la llegada de los españoles, o reciban otras nuevas: Los repartimientos de tierra deben hacerse sin agravio de los indios (Libro cuarto, Tít. duodécimo, Ley séptima); en las composiciones (especie de reparcelaciones) de tierras, se deben dejar a los indios las suyas (Libro cuarto, Tít. duodécimo, Ley decimoctava); a los indios se les han de señalar y dar tierra, aguas y montes, aun quitándoselo a españoles (Libro sexto, Tít. tercero, Ley decimocuarta).

Otros preceptos de las leyes indianas inciden en que a los montes, aguas y pastos comunales deben tener el mismo acceso los indios como los españoles; que los indios deben tener sus propios ejidos o tierras comunales para que pasten sus ganados, sin que se revuelvan con los de españoles; que los indios puedan cortar libremente madera de los montes para su aprovechamiento; o que los montes de frutos silvestres deben ser comunes a indios y españoles.

El trabajo, en su doble vertiente de derecho y deber, es otra gran cuestión que regulan, una vez más con intenso sentido paternalista hacia el nativo. Las normas cuidaron el equilibrio entre el deber de trabajar del indio en cuanto persona y la tendencia de los individuos desaprensivos, que no veían en el indio otra cosa que mano de obra gratis o barata para sus intereses egoístas.

Las leyes sentaron firmemente la prohibición del trabajo personal de los indios según el modelo abusivo de los primeros tiempos de la ocupación española de América, y ya hemos visto las resistencias que ello produjo por parte de la clase encomendera. Pero, al mismo tiempo, se procura en el articulado alejar al indio de la ociosidad y la molicie, a las que tendía, incorporándolo al ciclo general de la producción. Al efecto, las Leyes acuñan frases como «no debe permitirse en los indios ociosidad y dejamiento… para que todos trabajen y se ocupen en servicio de la república por sus jornales acomodados y justos»;

«Que los corregidores y justicias hagan que los indios no sean holgazanes ni vagabundos, y que trabajen en sus haciendas o labranzas y oficios en los días de trabajo, y los industrien a que ganen soldada y se aprovechen de la tierra».

Profusamente se ocupan las leyes de que los indios que trabajen reciban un salario justo: «que nadie se sirva de los indios sin pagarles»; «los jueces eclesiásticos deben vigilar que no se defrauden los salarios de los indios»; «se les han de pagar muy competentes jornales»; «se debe pagar a los indios con puntualidad y en mano»; «se debe pagar un justo jornal»... Son algunas de las declaraciones que formulan las *Leyes de Indias* al respecto.

Las Leyes de Indias *pretendieron que los nativos americanos no solo fueran adoctrinados en el cristianismo, sino que fueran autosuficientes según los cánones occidentales. Se ha criticado a España la supuesta destrucción de las culturas autóctonas americanas, pero de no haber sido por el ingente esfuerzo de España en trasladar a los indios los fundamentos de la cultura occidental, estos no hubieran sobrevivido a largo plazo. El ejemplo más explícito de ello se encuentra en los Estados Unidos, donde únicamente han sobrevivido los indios que habitaban en las áreas españolas, donde conservaron sus tierras, habiéndose extinguido los que vivían en el área inglesa.*

También vela la legislación indiana por que se respete el descanso festivo en el trabajo, con preceptos como los que siguen: «los indios deben trabajar en sus haciendas, labranzas y oficios, pero solo en días de trabajo»; «se distribuyan las jornadas de forma que no dejen de oír Misa ningún día de fiesta»; «que los jornaleros oigan Misa y no trabajen los días de fiesta...».

En su afán por elevar la dignidad del indio, se llega a veces a anticipar cuestiones tan novedosas para esos tiempos tan tempranos como la participación del indio en la vida pública. A este fin se adscribirían las llamadas *reducciones de indios*, pueblos específicamente diseñados para los nativos, concebidos para concentrar a los que vivían en caseríos dispersos.

La finalidad de las reducciones era impedir que la dispersión y el aislamiento obraran en detrimento del indio, de su seguridad, de los posibles abusos, y también permitir un mayor control a la hora de impartir la fe y la cultura. Estas reducciones o pueblos debían estar separados de los pueblos de españoles, para evitar su influencia, y las leyes ordenaban «que en cada pueblo o reducción haya un alcalde indio de la misma reducción, y si pasase de ochenta casas, dos alcaldes, y dos regidores, también indios». Esto es, estableciendo la gestión autónoma por los indios de sus propios pueblos.

Las *Leyes de Indias* y la Doctrina social de la Iglesia

Teniendo en cuenta que las Leyes son la expresión de la voluntad de un Estado, como acaba de verse nada más lejos de la realidad las falsedades propaladas por la Leyenda Negra, ya que España en cuanto nación aplicó una política no solo protectora del indio, titular de los derechos y libertades inherentes a toda persona, sino que la legislación se manifiesta exquisitamente paternalista, previendo que los indios conservaran y aumentaran sus tierras, tuvieran acceso al trabajo y a la cultura, y estableciendo figuras específicamente dedicadas a su protección.

Y lo interesante ahora es resaltar que la Iglesia católica elabora, a finales del siglo XVIII, la llamada *Doctrina Social de la Iglesia*, en respuesta a los muchos cambios que había experimentado la sociedad mundial, entre ellos el nacimiento del capitalismo, en procura de la defensa y protección de las clases más desfavorecidas. Pero si volvemos a la lectura de las *Leyes de Indias* españolas, observamos, y no sin asombro, que estas se habían adelantado ya en al menos tres siglos a esa Doctrina, al legislar sobre la clase desfavorecida del Nuevo Mundo, los indios americanos. Es admirable constatarlo, pues no olvidemos que en los siglos XVI o XVII nos hallamos todavía inmersos en unos Estados y en unas sociedades civiles escasamente concienciadas por atender a los sectores débiles de la organización social.

Pero España sí fue consciente. La Doctrina Social de la Iglesia introduce conceptos novedosos, empezando por la persona en sí, y continuando por otros como el destino universal de los bienes, para que estos se pongan al servicio de la sociedad y ayuden en las situaciones desfavorecidas; la función social de la propiedad, el principio de subsidiariedad del Estado hacia las clases débiles, la participación de estas en la vida pública, la familia, el derecho y el deber del trabajo, las relaciones laborales, la retribución mediante salario justo… Conceptos casi revolucionarios en una sociedad como la europea, donde el peor capitalismo, egoísta, feroz y sin freno estaba golpeando durísimamente a las clases populares. Sin ambages, puede afirmarse, como se ha examinado en el capítulo anterior, que una gran parte de las cuestiones tratadas por la Doctrina Social de la Iglesia estaban contenidas en las *Leyes de Indias*, aplicadas en relación con la clase desfavorecida, el indio americano, solo que con varios siglos de adelanto.

APÉNDICE

DOS MODELOS DE COLONIZACIÓN EN AMÉRICA

El modelo general de colonización

Eʂᴘᴀ̃ᴀ ᴇ Iɴɢʟᴀᴛᴇʀʀᴀ ꜰᴜᴇʀᴏɴ ʟᴀꜱ ᴅᴏꜱ ɢʀᴀɴᴅᴇꜱ ᴘᴏᴛᴇɴᴄɪᴀꜱ europeas presentes de una forma intensa en el Nuevo Mundo, ya que otras naciones como Holanda, Francia e incluso Portugal, en Brasil, no tuvieron la envergadura, personalidad y pujanza de aquellas, y, de hecho, el Imperio portugués siguió el modelo español. Por ello, a la hora de definir los modelos colonizadores en América, cabe centrarlos en dos, el español y el británico, con diferencias esenciales entre uno y otro.

La colonización fue un asunto que la Corona inglesa delegó en compañías mercantiles y en particulares, con intervención mínima del Estado. Detrás de ello no había otra motivación que la de obtener beneficios, en el caso de las compañías; de buscar una vida mejor, en el caso de los particulares; y de obtener tributos, en el caso del Estado, que declaró «colonias» sus posesiones.

España, por su parte, declaró la colonización de América un asunto de Estado, impulsado por un designio superior, la evangelización del continente. Este principio inspira de modo general la presencia de España en América. Así figura en el testamento de Isabel la Católica: «el principal fin de la pacificación de las Indias no consiste sino en la evangelización de sus habitantes». Y así figura también en las *Leyes de Indias*: «consistiendo nuestro fin (el de España) en la propagación de la fe católica y que los indios sean enseñados a vivir en paz y civilización».

Inglaterra solo traslada a América colonos, individuos particulares, no establece una estructura administrativa. Declara *colonias* a sus posesiones, porque tiene solo un interés mercantil, derivado del calvinismo. Se trata de un nuevo modelo de imperio, puramente económico.

España traslada toda una estructura de Estado: llama «provincias» a sus posesiones y crea una compleja estructura administrativa de virreinatos, gobernaciones, capitanías, cabildos; construye ciudades y pueblos, caminos, monumentos, puentes; funda iglesias, hospitales, misiones; traslada colonos, frailes, soldados, funcionarios. Es el último imperio según el modelo clásico.

Los dos modelos de colonización en los Estados Unidos. Los colonos ingleses se asentaron en parcelas y vivieron de cultivarlas, sin tener en cuenta a los indios, ni sus tierras, sino que los desplazaron a medida que precisaron ocuparlas. Los españoles introdujeron en el oeste el modelo del manejo del ganado a caballo, respetaron las tierras indias, y les enseñaron las técnicas de la cultura occidental a través de las misiones.

El aspecto religioso

España ejerce el llamado *Patronato Real*, la delegación del Vaticano para evangelizar las Indias. Esta delegación viene establecida en las bulas de Alejandro VI, por las cuales se encomendó a España la evangelización del Nuevo Mundo. Como hemos visto, la reina Isabel la Católica asumió este compromiso de una forma estricta y literal, y en su testamento recuerda que el verdadero y único fin de la presencia de España en América es la conversión de los naturales a la fe católica. Testamento que fue elevado a rango de ley por las *Leyes de Indias*. Y de estos principios se deriva la acción evangelizadora de España en América, que fue intensa, costosa en vidas y recursos, pero a la larga fructífera, pues América se incorporó a la órbita de la religión católica.

En el polo opuesto, Inglaterra no acudió a América con propósito religioso alguno, sino con exclusivas intenciones mercantiles. La posible evangelización de los nativos de la costa atlántica es asunto que no preocupó en absoluto a los colonos ni a las autoridades británicas, toda vez que los propios indios no fueron objeto de atención alguna.

En aplicación del más puro calvinismo, los colonos buscaron la obtención del beneficio individual y el lucro por encima de todo. Los individuos carecieron de restricciones normativas en su forma de actuar. Lo que era bueno para los individuos era bueno para el Estado. España, por el contrario, impuso múltiples restricciones normativas a los colonos, para que se cumpliera el fin humanitario general que justificaba la presencia de España en las Indias: la evangelización, y la incorporación de los indios y del continente a la cultura europea. También hubo motivos económicos, pero fueron de segundo nivel para la Corona.

En relación con los nativos americanos

España declara a los indios vasallos, súbditos de la Corona. Y además, los trata en pie de igualdad con los ciudadanos de la Península. También aprueba un gran número de normas y medidas, a través de las *Leyes de Indias*, para la protección del indio y sus tierras, para su buen trato, etc. Además, España fomenta el mestizaje, incluso desde las propias *Leyes de Indias*, para lo cual habilita los matrimonios mixtos.

En el otro lado, Inglaterra no toma en consideración a los indios, no cuentan formalmente, los considera una raza inferior. Por tal razón es imposible hablar de cualquier forma de mestizaje, porque no lo hubo en la práctica, y mucho menos en el Derecho. Por eso los indios pueden ser desplazados, e incluso exterminados, como ocurrió reiteradamente en sus colonias. Tampoco legisló sobre los indios, por la misma razón excluyente de que no contaban entre sus planes.

En relación con las tierras, España protege las tierras de los indios a través de las *Leyes de Indias*, procurando que se acrecienten sus parcelas, cultiven tierras, críen ganado, etc.

Inglaterra se apropia de las tierras de los indios, de una manera sistemática, lo que fue fuente de conflictos y guerras entre los colonos y los nativos.

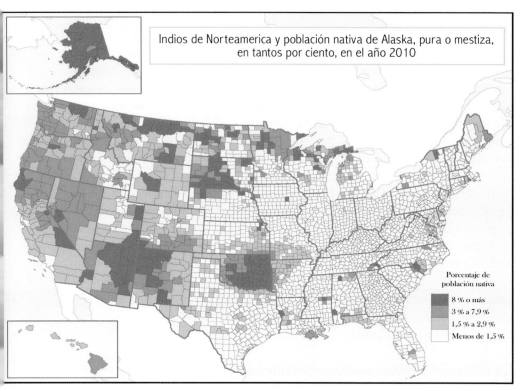

Indios de Norteamerica y población nativa de Alaska, pura o mestiza, en tantos por ciento, en el año 2010

Porcentaje de población nativa

8 % o más
3 % a 7,9 %
1,5 % a 2,9 %
Menos de 1,5 %

El panorama actual de las poblaciones indias en los Estados Unidos es elocuente. Al este del Misisipi, allí donde colonizaron los ingleses, prácticamente no existen indios. Al oeste del río, la región básicamente colonizada por España, los indios han sobrevivido. Más allá de las falsedades vertidas por la Leyenda Negra contra el supuesto genocidio de España, la realidad es inapelable.

En relación con la cultura

En la misma línea de lo anterior, y como es fácil colegir, Inglaterra no realiza esfuerzo alguno en trasladar a los indios la cultura occidental.

Por el contrario, España desarrolla un ímprobo esfuerzo para incorporar al indio a la cultura occidental. El aparato legislativo, burocrático y religioso de España en América se pone al servicio del indio, buscando elevar su dignidad como persona.

Ejemplo acabado de ello son las misiones, una fórmula diseñada por España para llevar la religión y la cultura a las áreas periféricas del imperio. En ellas no solo se les enseña la religión, sino agricultura, ganadería, oficios, lengua, cuentas…, capacitando a los indios para gestionarse por sí mismos según el modelo de la cultura occidental. La misión es el máximo exponente del humanismo español.

Las misiones conocieron especial extensión Estados Unidos, tanto en el este (Florida) como en el oeste, si bien ambas con sensibles diferencias en cuanto al tamaño, ya que las del suroeste fueron grandes focos de desarrollo regional sostenible, y las de Florida se incrustaron en el interior de las propias aldeas indígenas. Aquí, los franciscanos erigieron más de cien misiones para evangelizar y aculturar a los indios, una labor tenaz que abortaron los ingleses de Georgia y Carolina del Sur. En efecto, efectuaron continuas *razzias* sobre las misiones españolas, para capturar a los indios y llevarlos como esclavos a sus plantaciones, y de este modo acabaron con las misiones y exterminaron a los indios de Florida.

Una muy famosa variante del modelo misional fue el de las reducciones del Paraguay, donde los jesuitas realizaron un esfuerzo ingente para incorporar a los indios guaraníes de las selvas a la cultura y la religión.

El resultado de una y otra política, la española y la inglesa, es elocuente: al este del Misisipi, en la zona inglesa, no quedan indios. Al oeste, la zona española, los indios fueron salvados de la extinción, y hoy forman comunidades prósperas e integradas en la civilización. Del mismo modo, las razas indias, puras o mestizadas con los españoles, han subsistido en Iberoamérica.

En relación con los negros africanos

Inglaterra introdujo y extendió el tráfico de esclavos y los incorporó masivamente en sus colonias. La propia Inglaterra, Portugal y Holanda fueron los países que se dedicaron intensamente al tráfico negrero, que en total se calcula que produjo cuarenta millones de desplazados desde África a las colonias del Nuevo Mundo.

El mapa de la negritud en América es elocuente al respecto: los estados del sur de Estados Unidos, las islas de Jamaica y Antillas holandesas, así como amplias áreas del Brasil portugués, son las regiones donde mayor número de negros viven.

España no traficó con esclavos, y apenas los introdujo en sus territorios, como muestra el mapa de la negritud en América, donde claramente se observa que apenas hay negros en las antiguas posesiones españolas. Si España los importó ocasionalmente, fue por causa de las guerras europeas, en las que cada vez que Inglaterra salía triunfante, que no fueron pocas, obligaba a España a pasar por el llamado «asiento de negros», una introducción forzosa de partidas de esclavos por parte de Inglaterra en los territorios españoles, que en la práctica multiplicaba varias veces el número oficialmente permitido, gracias a mecanismos irregulares.

Que España rechazaba en términos generales la esclavitud lo demuestra el caso de La Florida. Allí, no solo la esclavitud no era tolerada, sino que a todo esclavo fugado de las plantaciones de Georgia y Carolina del Sur que ingresara en territorio español, se le concedía el *status* de hombre libre y, a más de ello, España construyó cerca de San Agustín un fuerte para albergar a los evadidos, el Fuerte Mosé.

Acaso la excepción a la renuencia española a aceptar esclavos sea Cuba, una de las áreas de la negritud en América. Pero hay razones para ello. En la Cuba española había muy pocos esclavos, pero cuando Inglaterra, a causa de uno de esos conflictos rematados en tratados, arrebató Cuba a España y detentó la soberanía sobre la isla durante más de un año, importó esclavos negros de una forma masiva, la base de la población negra de la Cuba actual. Fue pues Inglaterra, y no España, quien introdujo los esclavos en Cuba.

En relación con la economía

Inglaterra conceptuó su ocupación de las Indias como una actividad mercantil, sin otro objetivo que el de obtener recursos para la metrópoli. Por ello favoreció al máximo el comercio. Dentro de este destacó el llamado «comercio triangular», de devastadores efectos humanos: El azúcar de las colonias inglesas de América se llevaba a Inglaterra; con este azúcar se fabricaba ron; el ron era exportado a África, donde era cambiado a los caciques locales por negros que se llevaban como esclavos a América, donde se cambiaban por azúcar, etc.

En cambio, España conceptuó su empresa de América como una misión evangelizadora del indígena, aunque existiera asimismo un interés económico. En razón de ello, España limitó extraordinariamente el comercio, prohibiéndolo a los países extranjeros, y no permitiéndolo incluso entre las propias colonias españolas.

En relación con la tierra y los recursos naturales

España declaró propiedad del Estado todas las tierras de América, y luego reguló su uso. Podían ser dadas en concesión a particulares, con la condición de que las trabajaren, siendo la norma general que a los cinco años de trabajo efectivo el particular se hiciera dueño del predio.

Los ingleses particulares y las compañías mercantiles se apoderaron desde el primer momento de las tierras americanas, aunque fueran de los indios, lo que originó serios conflictos, terminados a veces con sangre.

España producía en sus posesiones americanas metales preciosos, tanto en un subcontinente (México) como en otro (Perú). En los territorios de las colonias inglesas no había oro ni metales, por lo que Inglaterra se lanzó a la piratería, el filibusterismo, la patente de corso y el contrabando para hacerse con oro y plata que no producían sus colonias. Fueron innumerables los procedimientos ideados por los súbditos ingleses para hacerse con las remesas de plata, pero a fe que lo consiguieron, pues a las pocas semanas de la llegada de una flota de Indias con cargamento de plata, esta desaparecía de Sevilla y se hallaba ya en poder de Inglaterra.

Esto lleva al mexicano Teodoro Esquivel a hacer la siguiente reflexión, a modo de colofón:

> Si el rey de España fue tan empeñoso por el bien de los indios, y el de Inglaterra tan por completo privado de sentimientos de piedad para ellos; si mientras en Nueva España se conservaban sus propiedades y se establecían misiones para su cultura y en las colonias inglesas por lo general se les despojaba y mataba, natural es preguntarse por qué fue el gobierno de las colonias españolas tratado de inhumano y cruel, en tanto que un complaciente silencio rodea la historia de las colonias inglesas en Norteamérica.

Terminamos esta obra con las frases de Erasmus Darwin, eminente naturalista y filósofo británico del siglo XVIII, miembro de la Royal Society de Londres, y considerado avanzadilla intelectual de la teoría de la evolución, que luego desarrollaría su nieto Charles, sobre el que influyó de modo sensible.

Erasmus Darwin había viajado por el Imperio español y conocido de primera mano su realidad, más allá de las insidias interesadas vertidas por la Leyenda Negra antiespañola, en boga entonces y ahora, y de la que Inglaterra fue su principal agitador. Pues bien, a la vuelta de su periplo americano, Erasmus Darwin pronunció estas palabras, que valen como síntesis excelsa de la obra de España en América y de la Civilización Hispánica construida como fruto de su encuentro con el Nuevo Mundo:

> En mis viajes por el inabarcable Imperio español he quedado admirado de cómo los españoles tratan a los indios, como a semejantes, incluso formando familias mestizas y creando para ellos hospitales y universidades, he conocido alcaldes y obispos indígenas y hasta militares, lo que redunda en la paz social, bienestar y felicidad general que ya quisiéramos para nosotros en los territorios que con tanto esfuerzo les vamos arrebatando.
>
> Parece que las nieblas londinenses nos nublan el corazón y el entendimiento, mientras que la claridad de la soleada España le hace ver u oír mejor a Dios. Sus señorías deberían considerar la política de despoblación y exterminio, ya que a todas luces la fe y la inteligencia española están construyendo, no como nosotros un imperio de muerte, sino una sociedad civilizada que finalmente terminará por imponerse como por mandato divino.
>
> España es la sabia Grecia, la Imperial Roma, Inglaterra el corsario turco.

NOTAS

Agricultura y Ganadería

[1] Arturo Warman: *Historia de un bastardo: Maíz y capitalismo*. México, 1988.
[2] George Foster: *Cultura y Conquista*. Jalapa, 1962.
[3] José García Mercadal: *Lo que España llevó a América*. Madrid, 1959.
[4] José García Mercadal: *op. cit.*
[5] José Tudela de la Orden: *Historia de la ganadería hispanoamericana*. Madrid, 1993.
[6] Luis Weckmann: *La herencia medieval de México*. México, 1994.
[7] Eloy Terrón: *España, encrucijada de culturas alimentarias*. Madrid, 1992.
[8] Arturo Warman: *op. cit.*
[9] Eduardo Laguna: *El ganado español, un descubrimiento para América*. Madrid, 1991.
[10] Luis Weckmann: *op. cit.*
[11] Francisco López de Gómara: *Historia de las Indias*.
[12] Eduardo Laguna: *op. cit.*
[13] Julius Klein: *La Mesta*. Madrid, 1936.
[14] François Chevalier: *La formación de los latifundios en México.*
[15] José Tudela de la Orden: *op. cit.*
[16] José Tudela de la Orden: *op. cit*
[17] Eduardo Laguna: *op. cit.*

Música

[18] Victoria Eli Zoila Gómez: *Música latinoamericana y caribeña*. La Habana, 1995.
[19] Victoria Eli Zoila Gómez: *op. cit.*
[20] Vicente T. Mendoza: *Panorama de la música tradicional de México*. México, 1984.
[21] Jas Reuter: *La música popular de México*. México. 1980.
[22] Aurelio Espinosa: *Romancero nuevomejicano*. Nueva York, 1917.
[23] Victoria Eli Zoila Gómez: *op. cit.*
[24] Luis Weckmann: *op. cit.*
[25] Jas Reuter: *op. cit.*

Religión

[26] Francisco Jesús Casla: *La Virgen de Guadalupe*. Segovia, 1992.
[27] Guillermo Céspedes del Castillo: *Historia de España y América*. Madrid, 1991.
[28] Pedro Borges: *Religiosos en Hispanoamérica*. Madrid, 1992.
[29] Pedro Borges: *op. cit.*

Idioma

[30] Rafael Cano Aguilar: *La historia del español. La lengua española, hoy*. Madrid, 1995.
[31] María Beatriz Fontanella de Weinberg: *El español de América*. Madrid, 1992.
[32] Angel Rosenblat: *El castellano de España y el castellano de América*. Madrid, 1973.
[33] María Beatriz Fontanella de Weinberg: *op. cit.*
[34] Ángel Rosenblat: *op. cit.*

[35] María Beatriz Fontanella de Weinberg: *op. cit.*
[36] Luis Weckmann: *op. cit.*
[37] Mary Montaño: *Hispano Arts and cultura of New Mexico*. Albuquerque.

Fiestas

[38] José María Mena: *Costumbres andaluzas*. León, 1992.
[39] José María Mena: *op. cit.*
[40] Rodrigo Viñuales: *Historia del Arte Iberoamericano*. Barcelona, 2000.

Costumbres

[41] José María Mena: *op. cit.*
[42] Arthur L. Campa: *Spanish culture in the Southwest*. Oklahoma, 1979.
[43] George Foster: *op. cit.*
[44] Marcelino Peñuela: *Lo español en el Suroeste de los Estados Unidos*. Madrid, 1964.
[45] José María Mena: *op. cit.*
[46] Félix Coluccio: *Fiestas y costumbres en Latinoamérica*. Buenos Aires, 1991.
[47] Luis Weckmann: *op. cit.*
[48] José María Mena: *op. cit.*

Cultura

[49] George Foster: *op. cit.*
[50] Lourdes Turrent: *La conquista musical de México*. México, 1993.
[51] Luis Weckmann: *op. cit.*
[52] Francisco Esteve Barba: *Historiografía indiana*. Madrid, 1992.

CRÉDITOS DE LAS ILUSTRACCIONES

Fotogramas largometraje *Crónicas paralelas de Iberoamérica* (Borja Cardelús): 4, 15, 16, 23, 28, 29, 30, 31, 33, 37, 39, 45, 46, 47, 52, 55, 61, 73, 96, 98, 99, 107, 108, 113, 117, 125, 126, 132, 136, 139, 140, 141, 142, 143, 144, 147, 149 (inf), 152, 155, 158, 163, 172, 173, 174, 179, 218, 222, 228, 231, 234, 236, 237, 241, 256, 267, 268, 269, 272, 281, 286, 287, 292, 295, 298, 302, 310, 313, 323, 324, 325, 333, 334, 340, 352, 354, 360, 378, 390, 391.

Fotogramas largometraje *El Camino Real*: 35, 58, 65, 67, 68, 69, 83, 84, 85, 86, 87, 88, 89, 121, 123, 154, 159, 165, 176, 184, 258, 266, 273, 274, 276, 278, 284, 285, 289, 297, 311, 331, 359, 366, 368, 372, 401.

Fotogramas largometraje *La obra de Legazpi* (Borja Cardelús): 303

Bernardo Lara: 22, 59, 60, 70, 72, 81, 103, 109, 110, 118, 157, 191, 214, 224, 265, 338, 347 ,421, 422.

Esther Merchán: 78, 124, 169, 203, 204, 207, 247, 300, 309, 316, 317, 371, 375, 428.

Juan Carlos Arbex: 106, 112, 209.

Borja Cardelús : 79, 195, 198, 202, 206, 213, 216, 227, 243, 245, 252, 306, 319, 327, 328, 343, 362, 370, 387, 425.

Sin identificar: 25, 26, 27, 36, 38, 40, 48, 49, 51, 53, 54, 63, 75, 76, 77, 93, 95, 100, 101, 114, 116, 122, 127, 129, 130, 135, 149 (sup), 156, 161, 167, 170, 178, 188, 190, 193, 197, 199, 200, 210, 212, 217, 220, 225, 232, 233, 239, 249, 251, 253, 259, 260, 263, 271, 277, 279, 280, 283, 288, 291, 294, 296, 299, 305, 308, 315, 330, 336, 341, 345, 356, 357, 365, 379, 381, 382, 384, 393, 395, 397, 398, 399, 402, 404, 405, 408, 413, 414, 416, 419, 430.

BIBLIOGRAFÍA

ARETZ, Isabel: *América Latina en su música*, México, 1990.

ARGELIERS, León: *Del canto y el tiempo.*

ARIAS, David: *Las raíces hispanas de los Estados Unidos*, Madrid, 1992.

ALIDA CARLONI, Franca: *Influencia de la arquitectura popular andaluza en Iberoamérica, en Andalucía y América*, Sevilla, 1990.

ALVAR, Manuel: *Norma lingüística sevillana y español de América*, Madrid, 1990.
—*Español en dos mundos*, Madrid, 2002.

ARJONA, Miguel: *Historia de América*, Madrid, 1973.

ASENSIO, Benigno: *La Naturaleza de España*, Madrid, 2002.

BARBA, Enrique: *Iberoamérica, una comunidad*, Madrid, 1989.

BAUDOT, Georges: *La vida cotidiana en la América española en tiempos de Felipe II*, México, 1983.

BAYO, Ciro: *Por la América desconocida*, Madrid, 1925.

BETHELL, Leslie: *Historia de América Latina*, Barcelona, 1990.
—*Colonial Spanish America*, Cambridge, 1998.

BLAS, Patricio de: *Historia común de Iberoamérica*, Madrid, 2000.

BLASI BRAMBILLA, Alberto: *Bolton and the spanish borderlands*, Oklahoma, 1974.

BORGES, Pedro: *Religioso en Hispanoamérica*, Madrid, 1992.

BUXÓ, María Jesús, y CALVO BUEZAS, Tomás: *Culturas hispanas de los Estados Unidos de América*, Madrid, 1990.

CAMPA, Arthur L.: *Spanish cultura in the southwest*, Oklahoma, 1979.
—*Spanish folk poetry in New Mexico*, Nuevo México, 1934.

CANO AGUILAR, Rafael: *La historia del español, en la Lengua española, hoy*, Madrid, 1995.

CARDELÚS, Borja: *Momentos estelares de las Américas.*
—*La huella de España y de la cultura hispana en los Estados Unidos*, Madrid, 2007.
—*La Florida española.* Madrid, 2013.
—*El Mar español.* Madrid, 2013.
—*El legado de España en los Parques Nacionales de los Estados Unidos*, Madrid, 2013.

CARVALHO-NETO, Paulo: *Antología del folklore ecuatoriano*, Quito, 1994.
—*Un caso de mestizaje cultural: los toros en el folklore ecuatoriano, sus raíces hispánicas*, Madrid, 1964.

CASTELO, Leopoldo: *Historia del Arte en Hispanoamérica*, Madrid, 1988.

CASTRO, Américo: *Iberoamérica: su presente y su pasado*, Nueva York, 1941.

—*En torno a la edición de la gramática de Bello*, Caracas, 1954.

—*Fray Bartolomé de las Casas*, París, 1965.

—*La peculiaridad lingüística rioplatense*, Madrid, 1961.

CÉSPEDES DEL CASTILLO, Guillermo: *Historia de España y América*, Barcelona, 1991.

COLUCCIO, Félix: *Fiestas y costumbres en Latinoamérica*, Buenos Aires, 1991.

COMELLAS, José Luis: *Sevilla, Cádiz y América*.

CÓMEZ RAMOS, Rafael: *Andalucía y México en el Renacimiento y Barroco, estudios de arquitectura y arte*, Sevilla, 1991.

CUADRA, Pablo Antonio: *El nicaragüense*, Madrid, 1969.

CUESTA, Mariano: *Extremadura y América*, Madrid, 1992.

CUTTER, Donald: *España en Nuevo México*, Madrid, 1992.

CHEVALIER, François: *La formación de latifundios en México*, México, 1953.

CHUECA GOITIA, Fernando: *Invariantes en la arquitectura hispanoamericana*, Madrid, 1981.

DELGADO, Jaime: *La independencia hispanoamericana*, Madrid, 1960.

DOMÍNGUEZ COMPAÑY, Francisco: *La vida en las pequeñas ciudades hispanoamericanas de la Conquista*, Madrid, 1978.

ELI, Victoria y ALFONSO, M.ª de los Ángeles: *La música entre Cuba y España*, La Habana, 1995.

ESPINOSA, Aurelio: *Romances novomejicanos*, Nueva York, 1917.

ESTEVE BARBA, Francisco: *Cultura virreinal*, Barcelona, 1965.

—*Historiografía indiana*, Madrid, 1992.

FERNÁNDEZ FLÓREZ, Darío: *La herencia española en los Estados Unidos*, Nueva York, 1992.

FONTANELLA DE WEINBERG, M.ª Beatriz: *El español de América*, Madrid, 1992.

FOSTER, George: *Cultura y Conquista*, Jalapa, 1962.

GALLEGOS, Rómulo: *Cantaclaro*, Caracas, 1984.

GARCÍA MERCADAL, José: *Lo que España llevó a América*, Madrid, 1959.

GÓMEZ, Zoila y ELI, Victoria: *Música latinoamericana y caribeña*, La Habana, 1995.

GONZÁLEZ, Juan Carlos: *Influencia del Derecho español en América*, Madrid, 1992.

GUTIÉRREZ, Ramón: *Arquitectura y Urbanismo en América*, Madrid, 1984.

HERNÁNDEZ y SÁNCHEZ-BARBA: *Historia de España y América*, Barcelona, 1977.

—*Historia General de España y América*, Madrid, 1987.

—*Gran Enciclopedia de España y América*, Madrid, 1987.

—*Historia de América*, Madrid, 1981.

JUAN, Jorge y ULLOA, Antonio: *Noticias secretas de América*, Madrid, 1947.

LAGUNA, Eduardo: *El ganado español, un descubrimiento para América*, Madrid, 1991.

LOHMANN, Guillermo y RAMOS, Demetrio: *Historia general de España y América*, Madrid, 1990.

LÓPEZ CANTOS, Ángel: *Juegos, fiestas y diversiones en la América española*, Madrid, 1992.

LÓPEZ IZQUIERDO, Francisco: *Los toros del Nuevo Mundo*, Madrid, 1992.

LUCENA Salmoral, Manuel *et al*: *Historias de Iberoamérica*, Madrid, 1990.

MADARIAGA, Salvador de: *Dios y los españoles*, Barcelona, 1981.
—*El auge y el ocaso del Imperio español en América*, Madrid, 1979.

MARÍAS, Julián: *Hispanoamérica*, Madrid 1986.

MARTÍNEZ, José Luis: *Pasajeros de Indias*, México, 1983.

MENDOZA, Vicente: *Panorama de la música tradicional de México*, México, 1984.

MENÉNDEZ-PIDAL, Ramón: *Los romances de América*, Madrid, 1972.

MORALES PADRÓN, Francisco: *Gran Enciclopedia de España y América*, Madrid, 1987.
—*Historia General de América*, Madrid, 1985.

MORENO ECHEVARRÍA, José M.ª: *Fernando el Católico*, Barcelona, 1981.

PAREDES, Américo: *Folklore and Culture on the Texas mexican border*, Texas, 1993.

PEÑUELA, Marcelino: *Cultura hispánica en Estados Unidos. Los chicanos*, Madrid, 1978.

PEREYRA, Carlos: *La obra de España en América*, Madrid, 1930.

PIZARRO, Francisco: *Extremadura y América*, Madrid, 1990.

RAMOS, Demetrio: *Historia General de España y América*, Madrid, 1992.

REAL, Cristóbal: *La gran siembra de España*, Madrid, 1974.

REUTER, Jas: *La música popular de México*, México, 1980.

ROJAS-MIX, Miguel: *La plaza mayor. El urbanismo*, Barcelona, 1978.

ROSENBLAT, Ángel: *El castellano de España y el castellano de América*, Madrid, 1973.

TERRÓN, Eloy: *España, encrucijada de culturas alimentarias*, Madrid, 1992.

TOUSSAINT, Manuel: *Arte colonial en México*, México, 1990.

VÁZQUEZ DE PRADA, Valentín: *Historia General de España y América*, Madrid, 1986.

VICENS VIVES, Jaime: *Historia de España y América*, Barcelona, 1977.

VIÑUALES, Rodrigo: *Historia del Arte iberoamericano*, Barcelona, 2000.

WARMAN, Arturo: *La historia de un bastardo: Maíz y capitalismo*, México, 1988.

WEBER, David: *La frontera española en América del Norte*, México, 2000.

WECKMANN, Luis: *La herencia medieval de México*, México, 1994.